새 시대를 위한 서경
하

새 시대를 위한 서경

書經

下

서정기 역주

살림터

새 시대를 위한 서경 (하)

하경(下經)

부록

새 시대를 위한 서경 (상)

상경(上經)

하경(下經)

IIII. 주서(周書) / 주(周)나라의 실록(實錄)

　주(周)는 나라이름이고 서(書)는 실록(實錄)이다. 순(舜)임금이 당시 농업장관이었던 기(棄)를 태(邰)나라 임금으로 봉(封)하고 호(號)를 후직(后稷)이라 하며 성(姓)을 희(姬)씨라고 하였다. 후직의 후손 고공단보(古公亶父)가 융적(戎狄)의 살상전을 피하여 기산(岐山) 아래로 옮기니 인민이 모두 따라와서 다시 체제를 갖추었고 고공단보의 손자인 문왕(文王)이 나라이름을 주(周)로 바꾸고 요(堯), 순(舜), 우(禹), 탕(湯)의 정치도덕을 계승하여 인정(仁政)을 베풀어 노인을 공경하며 어린이를 자애(慈愛)하고 어진 이를 존중하니 천하의 민심을 얻어 주(紂)의 제후(諸侯) 가운데 3분의 2가 문왕을 받들었다. 문왕이 붕(崩)하고 그 아들 무왕(武王)이 즉위하여 은(殷)왕조의 마지막 임금이었던 주(紂)를 추방하고 역성혁명(易姓革命)을 하여 주(周)왕조를 세워 예법(禮法)을 제정하고 음악(音樂)을 창작하여 천하문명(天下文明)을 재건하여 700여 년의 장구한 역사를 창조하였다.

　주서(周書)는 모두 32편이 수록되어 있는데 주나라 건설의 과정과 문물제도(文物制度)에 관한 내용이 많이 포함되어 있다.

1. 태세상(泰誓上) / 큰 맹세(盟誓) 상편(上篇)

태(泰)는 대(大)의 뜻이고 세(誓)는 앞 권 하서(夏書)의 감세(甘誓) 편과 상서(商書)의 탕세(湯誓) 편에서 이미 해설하였다. 무왕(武王)이 주(紂)를 정벌하면서 군사를 맹진(孟津)에 집결시키고 군사들에게 크게 맹세(盟誓)하였으니 상편(上篇)은 아직 도하작전(渡河作戰)을 실행하기 전이고 중편(中篇)과 하편(下篇)은 도하작전 이후의 내용이다.

태세(泰誓)의 상·중·하편은 모두 『금문상서(今文尙書)』에는 없고 『고문상서(古文尙書)』에만 수록되어 있다.

유 십 유 삼 년　　　　춘　　대 회 우 맹 진
4-1-1 ······················ 惟十有三年이라 春에 大會于孟津하다

『바야흐로 13년 봄에 맹진에서 크게 모였다.』

☯ 주나라 무왕이 즉위한 지 13년 봄에 은나라 폭군 주(紂)를 정벌하기 위하여 맹진에 연합군을 집결한 사실을 사관이 기록하였다.

십유삼년(十有三年)은 문왕(文王)이 붕(崩)하고 다음해 정월(正月)에 무왕(武王)이 즉위하여 원년(元年)으로 계산한 햇수이고 춘(春)은 은(殷)나라의 역법(曆法)으로 맹춘(孟春)이니 곧 축월(丑月)이다. 대회(大會)는 많은 연합군이 집결함이고 맹진(孟津)은 나루이름으로 앞 (2-1-73)에서 이미 해설하였다.

○ 무왕(武王)이 주(紂)를 정벌한 시기에 대하여 한(漢)나라 이후로 이론이 많다. 『서경(書經)』의 무성(武成) 편에 '유구년대통미집(惟九年

大統未集)'이라는 경문(經文)과 『대대례(大戴禮)』에 기록된 '문왕십오이생무왕(文王十五而生武王)'이라는 말과 『예기(禮記)』 문왕세자(文王世子) 편에 '문왕구십칠내종 무왕구십삼이종(文王九十三而終 武王九十三而終)'이라는 글과 『중용(中庸)』의 '무왕말수명(武王末受命)'이라는 전문(傳文)으로 인하여 각자 추론하여 주장을 세웠으니 사마천(司馬遷)은 『사기(史記)』 주본기(周本紀)에서 무왕이 즉위하고 9년에 맹진(孟津)에서 정벌을 시작했다고 하였고 공안국(孔安國)은 우(虞)나라와 예(芮)나라가 문왕(文王)을 섬긴 때로부터 천명(天命)을 받아 원년(元年)을 바꾼 다음 무릇 9년 만에 문왕이 붕하고 무왕이 즉위하여 3년에 정벌을 시작했다고 주장하였다.

이러한 논거는 모두 문왕과 무왕의 나이 차이가 14세이므로 문왕이 붕한 다음 무왕은 84세에 즉위하여 93세에 붕하였으니 재위(在位)가 10년뿐이므로 13년은 오기(誤記)라는 전제에서 추론한 것이다.

그러나 주자(朱子)는 『서경(書經)』 홍범(洪範) 편에서도 역시 '유십유삼사왕방우기자(惟十有三祀王訪于箕子)'라는 경문(經文)이 있는 것으로 미루어 무왕이 13년에 정벌을 시작한 것이 확실하다고 하였으니 학자는 저것을 믿고 이것을 의심하지 말고 이것을 믿고 저것을 의심하기 바란다.

4-1-2 ·································· 王이 曰嗟라 我友邦家君과
越我御事庶士여 明聽誓하라

『왕이 말씀하시기를 '아이고', 우리 우방의 위대한 임금 및 우리 어사와 여러 군사여 밝게 맹세하는 말을 들어라.』

◑ 무왕이 연합국의 임금과 군지휘관 및 여러 군사들에게 맹세하는 말을 밝게 들으라고 하였다.

왕(王)은 무왕(武王)이요 우방(友邦)은 폭군(暴君) 주(紂)를 배척하고 주(周)나라와 우호협력(友好協力)하는 연합국이며 총군(冢君)은 제후(諸侯)를 존칭하는 말로 위대한 임금이라는 뜻이다. 월(越)은 급(及)과 같은 뜻이고 어사(御事)는 군사를 주관하는 각급 지휘관이며 서사(庶士)는 여러 군사이다.

유천지 만물부모 유인
4-1-3 ································ 惟天地는 萬物父母요 惟人은
만물지령 단총명 작원후
萬物之靈이니 亶聰明이 作元后요
원후 작민부모
元后가 作民父母니라

『오직 하늘과 땅은 만물의 아버지와 어머니요 오직 사람은 만물의 영장이니 진실로 총명한 사람이 원후가 되고 원후가 인민의 아버지와 어머니가 되느니라.』

◒ 무왕이 만물의 존재원리와 생성발전법칙을 밝혀 하늘과 땅이 만물을 창조하였으므로 하늘은 만물의 아버지요 땅은 만물의 어머니이며 인간은 만물 가운데 가장 우수한 영장으로서 진실로 총명한 사람이 왕이 되어야 하고 왕은 인민을 어버이처럼 양육해야 할 책임이 있다고 변증하였다.

천(天)은 만물의 창조원리요 진화의 자연법칙으로서 만물이 시원(始元)하는 본연성(本然性)의 바탕이며 지(地)는 만물의 생성원질(生成原質)이요 진화하는 원동력으로서 만물이 발생하는 기질성(氣質性)의 바탕이다. 부모(父母)는 육친(肉親)이니 혈연으로 맺어진 직계존속(直系尊屬)으로 정통성과 주체성을 확인하는 근본이다. 영(靈)은 영장(靈長)으로 하늘과 땅 사이에 만물의 종류도 많지만 인간의 본성과 지각이 가장 온전하고 밝기 때문에 살아서는 정신이 영명(靈明)하고 죽어서도 영혼이 불멸하여 귀신으로 남는 까닭에 만물 가운데 가장 신령한

존재라는 뜻이다. 단(亶)은 진실로, 원후(元后)는 중앙정부의 최고지도
자인 왕(王)이고 민부모(民父母)는 민중의 어버이로서 애민(愛民), 양민
(良民), 호민(護民)의 책임이 있다는 말이다.

하늘이 만물을 살리는 호생지덕(互生之德)을 본받아 왕은 민중을
살리는 정치를 베풀어 민중의 생존권을 보장해야 된다는 정치철학과
사람 가운데 가장 총명한 지성인이 국민을 지도해야 된다는 국가의
지도자에 대한 자격론은 인간중심의 민주적 화합사회를 건설하는 기
본 도덕이다.

4-1-4 ····················· 今商王受가 弗敬上天하고 降災下民하도다
　　　　　　　　　　　　　금 상 왕 수　　불 경 상 천　　　강 재 하 민

『이제 상나라의 왕 수가 하느님을 공경하지 아니하고 하층 민중에
게 재앙을 내리도다.』

◉ 무왕이 상나라 임금 주의 죄악상을 열거하여 정벌의 이유를 밝
혔으니 아래도 같다.

수(受)는 주(紂)의 이름인데 이미 천명(天命)이 끊어지고 민심을 잃
은 독재자이기 때문에 이름을 호칭하였으니 본래 왕은 공인이므로 살
아서는 이름을 일컫지 않는 법이다.

4-1-5 ···························· 沈湎冒色하야 敢行暴虐하며
　　　　　　　　　　　　　　　　침 면 모 색　　감 행 포 학
　　　　　　　　　　　　　　　　罪人以族하고 官人以世하며
　　　　　　　　　　　　　　　　죄 인 이 족　　관 인 이 세
　　　　　　　　　　　　　　　　惟宮室臺榭陂池侈服으로
　　　　　　　　　　　　　　　　유 궁 실 대 사 파 지 치 복
　　　　　　　　　　　　　　　　以殘害于爾萬姓하며 焚炙忠良하며
　　　　　　　　　　　　　　　　이 잔 해 우 이 만 성　　분 적 충 량

고척잉부   황천   진노
刳剔孕婦한대 皇天이 震怒하사

명아문고   숙장천위
命我文考하사 肅將天威하시니

대훈   미집
大勳을 未集하시니라

『술에 **빠져** 여색을 탐하여 감히 포학한 짓을 행하며 사람에게 죄를 줌에 가족을 연루시키고 사람에게 벼슬을 내림에 세습시키며 오직 궁실, 누대, 정자와 방죽, 못과 사친한 의복으로 그대들 만성을 모질게 해치며 충직하고 어진 이를 불에 구우며 아이를 밴 여자의 배를 쪼개므로 하느님이 진노하사 우리 문왕 아버지에게 명령하시어 하느님의 위력을 엄숙히 받들게 하시니 대훈로를 아직 이루지 못하시니라.』

☯ 침면(沈湎)은 술에 **빠짐**이요 모(冒)는 탐하여 즐기는 것이고 족(族)은 가족을 연루시켜 처벌하는 연좌제(連坐制)이며 세(世)는 벼슬을 대대로 내리는 세습제(世襲制)이다. 대(臺)는 높은 곳에 세운 누대(樓臺)이고 사(榭)는 숲속에 세운 정자(亭子)이며 파(陂)는 뚝을 쌓아서 만든 방죽이며 지(池)는 물이 고인 못이며 치복(侈服)은 사친한 의복이다. 분적(焚炙)은 포락(炮烙)의 형벌이고 고척(刳剔)은 쪼개서 속을 긁어내는 것이며 잉부(孕婦)는 임신부(姙娠婦)이다. 문(文)은 문왕(文王)이요 고(考)는 돌아가신 아버지이며 장(將)은 받들어 거행함이다. 천위(天威)는 하느님의 위력(威力)이니 죄악을 반드시 징계하는 최고 권위(權威)를 가지고 있으며 대훈(大勳)은 대훈로(大勳勞)이니 폭군을 축출하여 혁명을 성공해서 인민을 해방하는 공덕(功德)이요 집(集)은 성(成)의 뜻이다.

문왕은 이미 천명을 받고도 살상전을 피하여 정벌군을 일으키지 않았음을 밝혔으니 대저 도덕문화의 힘으로 주(紂)를 고립시켜 자멸케 하려는 정책이었다.

4-1-6 ···························· 肆予小子發이 以爾友邦冢君으로

사여소자발　　이이우방총군

觀政于商하니 惟受가 罔有悛心하야

관정우상　　유수　　망유전심

乃夷居하야 弗事上帝神祇하며

내이거　　불사상제신기

遺厥先宗廟하야 弗祀하야 犧牲粢盛이

유궐선종묘　　불사　　희생자성

旣于凶盜어늘 乃曰吾有民有命이라하야

기우흉도　　내왈오유민유명

罔懲其侮하도다

망징기모

『그래서 나 소자 발이 그대들 우방의 위대한 임금으로 상나라에 정치를 관찰케 하니 오직 수가 잘못을 바로잡은 마음이 있지 아니하야 이에 걸터앉아 하느님과 하늘땅의 신을 섬기지 않으며 그 선조의 종묘를 버려두고 제사를 지내지 아니하여 나라의 큰 제사에 쓸 희생과 메를 지을 기장과 피가 흉악한 도적에게 다 잃었거늘 곧 말하기를 "나에게는 인민이 있고 천명이 있노라." 하여 그 남을 얕보고 저만이 스스로 잘난 체함을 징계함이 없도다.』

◐ 폭군 주가 하느님과 사직과 종묘의 제사도 지내지 않고 교만방자한 독재체제를 구축하여 문란한 정치를 하면서도 전혀 개전의 정이 없는 것을 우방국 임금의 증언으로 무왕이 논고하였다.

사(肆)는 그래서, 발(發)은 무왕(武王)의 이름이요 관정(寬政)은 정치의 득실을 관찰함이며 수(受)는 주(紂)의 이름인데 죄인이므로 이름을 써서 폄하하였다. 전심(悛心)은 잘못을 반성하고 고치려는 마음이며 이거(夷居)는 이거(夷踞)와 같으니 오만하게 걸터앉아서 사람을 대함이다. 신기(神祇)는 하늘의 신과 땅의 신이고 유(遺)는 유기(遺棄)함이요 자성(粢盛)은 기장과 피로 메를 지어 제기에 담을 제삿밥이다. 기(旣)는 진(盡)의 뜻이요 내왈(乃曰)은 주(紂)가 곧 말함이며 징(懲)은 징계(懲戒)이고 모(侮)는 모만(侮慢)이니 남을 무시하고 자기만 잘난 체함이다.

죄악이 천하에 가득한데도 그 잘못을 알지도 못하니 용서할 수 없는 흉물이다.

4-1-7 ·································· 天佑下民하사 作之君하시고
　　　　　　作之師하시니 惟其克相上帝하야
　　　　　　寵綏四方이라 有罪無罪에
　　　　　　予는 曷敢有越厥志리오

『하늘이 하층민중을 도우시려고 그들의 임금이 되게 하시고 그들의 스승이 되게 하시니 오직 그 임금과 스승은 하느님을 잘 도와서 사방을 사랑하여 편안케 하므로 죄가 있다고 하거나 죄가 없다고 함에 내가 어찌 감히 그 뜻을 넘어감이 있으리오.』

☯ 하늘이 하층민중을 위하여 임금의 자리에 오르게 했으므로 임금은 하느님을 잘 도와서 사방을 사랑하고 안정시키는 사명이 있는 까닭에 임금의 유죄와 무죄를 심판하는 권능은 오직 하느님에게만 있다고 무왕이 변증하였다.

지(之)는 하민(下民)을 지칭하는 대명사이고 상(相)은 돕는 것이며 총수(寵綏)는 사랑하여 편안케 함이다. 유죄(有罪)와 무죄(無罪)는 죄가 있고 없음을 살펴서 판결하는 권능(權能)이며 여(予)는 무왕(武王)이 자기를 지칭하는 대명사요 월(越)은 넘어가는 것이고 지(志)는 하느님의 뜻이다.

주(紂)는 일찍이 천명을 받은 임금이었기 때문에 그에게 죄가 있고 없음을 판결하는 심판권은 오직 하늘에만 있으므로 무왕이 자의적으로 판단한 것이 아님을 논증하였으니 곧 앞에서 주가 자기에게는 인민이 있고 천명이 있다고 주장한 말을 반박한 논리이다.

4-1-8 ·····················
^{동 력} ^{탁 덕} ^{동 덕} ^{탁 의}
同力이면 度德하고 同德이면 度義하나니
^수 ^{유 신 억 만} ^{유 억 만 심}
受는 有臣億萬이나 惟億萬心이요
^여 ^{유 신 삼 천} ^{유 일 심}
予는 有臣三千이나 惟一心이니라

『힘이 같으면 덕을 헤아리고 덕이 같으면 의를 헤아리나니 수는 신하를 둠이 억만 명이나 오직 억만 마음이요 나는 신하를 둠이 삼천 명이나 오직 한 마음이니라.』

　● 무왕이 병사의 전투력을 평가하는 방법은 능력(能力)과 심덕(心德)과 의기(義氣)를 분석 비교하는 것임을 밝히고 주의 병사는 비록 많아도 무능하고 사리사욕을 탐하는 불의한 무리요 무왕의 병사는 비록 적어도 유능하고 도덕심과 정의감이 충만하기 때문에 필승할 것임을 단언하였다.

　역(力)은 능력(能力)이고 탁(度)은 헤아려 평가함이며 덕(德)은 도덕심(道德心)이요 의(義)는 정의감(正義感)이니 모두 병사(兵士)의 전력을 평가하여 승패를 예측하는 기준이다. 억만심(億萬心)은 각각 사심(私心)을 품고 있어서 서로 다른 것이고 일심(一心)은 모두 도덕심을 가지고 서로 화합단결함이다.

　전쟁의 대의명분이 인도주의에 바탕하여 정의로우면 전사의 용기를 북돋아 전투력이 상승하고 이와 반대로 도덕심과 정의감을 상실한 군사는 마침내 전의를 잃고 도망하기 때문에 스스로 궤멸하는 것이다.

4-1-9 ······························
^{상 죄 관 영} ^{천 명 주 지}
商罪貫盈이라 天命誅之하시니
^{여 불 순 천} ^{궐 죄 유 균}
予弗順天하면 厥罪惟鈞하리라

『상나라 주의 죄가 모두 가득하므로 하늘이 명령하여 그를 처벌하여 죽이라고 하시니 내가 하늘을 따르지 않으면 그 죄가 오직 균등하리라.』

● 폭군의 죄악이 온 세상에 가득함에도 수수방관하는 것은 그 죄가 같은 것임을 지적하였다.

상(商)은 상(商)나라 주(紂)를 지칭하고 관영(貫盈)은 모두 가득 찬 것이며 주(誅)는 주벌(誅罰)이요 균(鈞)은 균(均)과 같다.

반정(反正)의 제1차적인 책임은 사직(社稷)을 지키는 대신(大臣)에게 있고 혁명(革命)의 제1차적인 책임은 천하를 지키는 대국(大國)의 임금에게 있으므로 대신이 혼군(昏君)을 방관하면 그 죄가 동등하고 대국의 임금이 폭군(暴君)을 방관하면 그 죄가 균등하니 죄악을 방조한 혐의를 벗어날 수 없기 때문이다.

4-1-10 ······················
予小子는 夙夜祗懼하야 受命文考하야
類于上帝하고 宜于冢土하며
以爾有衆으로 底天之罰하노라

『나 소자는 이른 아침부터 늦은 밤까지 삼가 두려워하여 돌아가신 문왕 아버지에게 명령을 받아 하느님께 유제를 지내고 태사에 의제를 지내면서 너희들 친애하는 군사로 하늘의 벌을 집행하노라.』

● 하늘이 문왕에게 준 천명을 무왕이 이어받아서 정벌하는 것임을 밝혔다.

여(予)는 무왕(武王)이 자기를 지칭한 말이고 문고(文考)는 앞(4-1-5)에서 이미 해설하였다. 유(類)는 천신(天神)에게 제사를 지내는 제명(祭名)이고 의(宜)는 국토신(國土神)에게 제사를 지내는 제명이며 총토(冢土)는 봉토(封土)와 같으니 곧 태사(大社)요 지(底)는 이룩함이니 집행을 완수함이다.

　정벌군이 출정할 때에 하늘과 땅에 제사를 지내는 것은 천지신명께 사실을 알려도 부끄럽지 않은 떳떳한 행동임을 확인하는 작업이니 만천하에 당당함을 보이는 행사이다.

4-1-11 ·································· _{천긍우민}天矜于民이라 _{민지소욕}民之所欲을
　　　　_{천필종지}天必從之하시나니 _{이상필여일인}爾尙弼予一人하야
　　　　_{영청사해}永淸四海하라 _{시재}時哉라 _{불가실}弗可失이니라

『하늘이 민중에게 민망해하시므로 민중의 하고자 하는 바를 하늘이 반드시 따르시나니 너희들은 모두 나 한 사람을 도와서 길이 사해를 청소하라. 때가 왔으므로 잃어서는 아니 된다.』

　◉ 민중의 소원을 하늘이 따르므로 인민을 해방하는 정벌이 반드시 성공할 것임을 단언하였다.

　긍(矜)은 민망(憫惘)함이니 하늘이 폭군 주(紂)를 징계하기 위하여 재앙을 내려 흉년이 되니 도리어 하층민중들만 기아에 허덕이므로 하늘이 답답하고 딱하여 걱정한다는 뜻이다. 민지소욕(民之所欲)은 독재를 타도하고 민중의 해방을 소원함이요 청(淸)은 깨끗이 청소함이며 시(時)는 때를 얻은 것이고 실(失)은 실기(失期)이니 기회를 놓침이다.

　민중의 소원을 하늘이 반드시 따른다는 무왕의 민주정치사상은 영원한 민본정치의 강령이고 민중혁명의 대의이다. 이 편에서 밝힌 무왕의 군사혁명에 대한 논리는 매우 간결하면서도 그 논리가 합리적이고 그 기상이 높으며 그 말이 단호하여 천고에 사람을 감격케 한다.

2. 태세중(泰誓中) / 큰 맹세(盟誓) 중편(中篇)

태세(泰誓) 상편(上篇)의 해제(解題)에서 이미 해설하였다.

4-2-1 ························· 惟戊午에 王이 次于河朔하시거늘
群后가 以師로 畢會한대
王이 乃徇師而誓하시다

『때는 바야흐로 무오일에 왕이 하삭 땅에 머무르시거늘 여러 임금이 군사를 거느리고 모두 모인대 왕이 이에 군사를 사열하면서 맹세하시다.』

◐ 무왕이 연합국의 군사를 이끌고 맹진에서 도하하여 하삭에 이르러 군사를 사열하며 다시 맹세한 사실을 사관이 기록하였다.

무오(戊午)는 일진(日辰)인데 태세(泰誓) 상편(4-1-1)에서 밝힌 13년 봄과 같은 달이며 또한 무성(武成) 편에(4-5-1)서 1월 2일이 임진(壬辰)이라고 하였으니 이를 추리하면 1월 28일인데 이 날에야 출정군이 전부 도하작전을 완료했기 때문에 특별히 기록했다. 왕(王)은 무왕(武王)이요 차(次)는 군사가 머물러 3일 이상 주둔함이고 하삭(河朔)은 황하(黃河) 이북에 있는 땅이름인데 하북성(河北省)에 있다. 이(以)는 거느려 통솔함이요 사(師)는 군사로 사단급 이상의 군부대이며 필회(畢會)는 모두 다 모이는 것이고 순사(徇師)는 군사를 사열함이다.

왈오호　서토유중　함청짐언
曰嗚呼라 西土有衆아 咸聽朕言하라

『말씀하시기를 오호라, 서쪽 지방의 친애하는 군사여 모두 나의 말을 들어라』

◐ 무왕이 서쪽 나라의 군사를 이끌고 동쪽에 있는 은나라를 정벌하기 때문에 서토(西土)의 친애하는 군사라고 하였다.

아문길인　위선　유일부족
我聞吉人은 爲善에 惟日不足이요
흉인　위불선　유일부족
凶人은 爲不善에 惟日不足이라하니라
금상왕수　역행무도　파기리로
今商王受가 力行無度하야 播棄犁老하고
닐비죄인　음후사학　신하
昵比罪人하며 淫酗肆虐하니 臣下가
화지　붕가작구　협권상멸
化之하야 朋家作仇하야 脅權相滅한대
무고　유천　예덕　창문
無辜가 籲天하니 穢德이 彰聞하니라

『나는 들으니 길한 사람은 착한 일을 함에 오직 날이 부족하고 흉한 사람은 착하지 못한 일을 함에 오직 날이 부족하다고 하니라. 이제 상나라의 왕 수가 법도에 없는 일을 힘써 행하여 쇠약한 늙은이를 버리고 죄인을 임의롭게 가까이 하며 음탕하게 술주정을 하며 방자하고 포학하니 신하들도 감화되어 가문끼리 무리를 지어 원수를 맺어 권력을 빼앗으려고 서로 죽이니 죄없는 사람이 하늘에 부르짖으므로 추악한 덕이 뚜렷이 들렸느니라.』

◐ 무왕이 상나라 주와 그 신하의 악덕패륜은 하늘도 뚜렷이 알고 있음을 증언하였다.

유일부족(惟日不足)은 일이 많아서 시간이 짧다는 뜻이고 도(度)는
법도(法度)이며 리(犂)는 늙은이의 피부이니 쇠약함이며 일비(昵比)는
마음대로 임의롭게 가까이 친함이고 음후(淫酗)는 음탕하게 술주정을
함이며 사(肆)는 방자(放恣)함이다. 화(化)는 감화됨이고 붕가(朋家)는
가문끼리 붕당(朋黨)을 지어 뭉침이며 작구(作仇)는 협조하지 않은 사
람을 원수로 지목하여 배척하는 것이다. 협(脅)은 협탈(脅奪)이니 위협
하여 빼앗는 것이며 유천(籲天)은 하늘에 부르짖음이며 예덕(穢德)은
추악한 덕(德)이니 사악한 행위를 선행으로 위장한 속임수의 덕이다.

유천   혜민   유벽   봉천
4-2-4 ··· 惟天이 惠民이라 惟辟은 奉天하나니
유하걸   불극약천   유독하국
有夏桀이 弗克若天하야 流毒下國한대
천내우명성탕   강출하명
天乃佑命成湯하사 降黜夏命하시니라

『오직 하늘이 민중을 사랑하시므로 오직 임금은 하늘을 받들어야
하나니 하나라 정부의 걸이 하늘을 잘 따르지 아니하여 아래 나라에
해독을 끼치거늘 하늘이 이에 성탕을 도와 명령하사 하나라의 천명을
강등해서 내어쫓으셨느니라.』

◉ 임금은 하늘의 뜻을 받들어 민중을 사랑해야 함으로 만일 민중
을 해치는 임금이 있다면 언제든지 축출의 대상이 되는 것임을 하나
라 걸을 추방한 성탕의 혁명으로 증거하였다.

혜(惠)는 인애(仁愛)함이고 걸(桀)의 죄악은 앞(3-3-3)에서 이미 밝혔
으며 약(若)은 순(順)의 뜻이다. 유독(流毒)은 해독을 끼침이고 성탕(成
湯)은 탕(湯)임금이며 강(降)은 강등(降等)시킴이요 출(黜)은 방출(放黜)
시킴이다.

4-2-5 ·························· 惟受는 罪浮于桀하니 剝喪元良하며
<small>유수   죄부우걸   박상원량</small>

賊虐諫輔하며 謂己有天命이라하며
<small>적학간보   위기유천명</small>

謂敬不足行이라하며 謂祭無益이라하며
<small>위경부족행   위제무익</small>

謂暴無傷이라하나니 厥鑒이 惟不遠하야
<small>위포무상   궐감   유불원</small>

在彼夏王하니라 天其以予로 乂民이라
<small>재피하왕   천기이여   예민</small>

朕夢協朕卜하야 襲于休祥하니 戎商에
<small>짐몽협짐복   습우휴상   융상</small>

必克하리라
<small>필극</small>

『오직 수는 죄가 걸보다도 더하니 아주 선량한 사람을 떨어져 나아
가게 하며 간하여 보필하는 신하를 해치고 학대하며 자기에게 천명
이 있다고 말하며 공경은 넉넉하지 못한 행동이라고 말하며 제사는
이익이 없다고 말하며 포악은 손상이 없다고 말하나니 그 거울이 오
직 멀지 아니하여 저 하나라 왕에게 있느니라. 하늘이 그래서 나로 민
중을 편안히 다스리게 하므로 나의 꿈이 나의 점과 맞아서 아름다운
상서로움에 합하니 상나라를 정벌함에 반드시 이기리라.』

● 무왕이 주의 죄악은 걸보다도 더욱 크기 때문에 반드시 승리할
것이라고 군사를 격려하였다.

부(浮)는 과(過)의 뜻이고 박상(剝喪)은 떨어져 나아가게 함이며 원
량(元良)은 매우 선량(善良)한 사람으로 곧 미자(微子)가 망명한 것을
지적한다. 적학(賊虐)은 해치고 학대함이며 간보(諫輔)는 간(諫)하여 보
필(輔弼)하는 신하인데 곧 비간(比干)이 간하다가 살해된 것을 말한다.
기유천명(己有天命)은 앞(4-1-6)에서 이미 해설하였고 감(鑒)은 거울이
며 하왕(夏王)은 걸(桀)을 지칭한다. 예(乂)는 편안하게 다스림이고 협
(協)은 맞는 것이며 습(襲)은 합(合)의 뜻이다. 융(戎)은 전쟁이니 곧 정
벌함이고 극(克)은 이기는 것이다.

무왕이 꿈과 점까지 언급하여 맹세한 것은 장병에게 하늘의 이치를 밝혀 필승의 용기를 격려하기 위함이니 그 말이 간절하다.

4-2-6 ························ 受有億兆夷人이나 離心離德이요
　　　　　　　　　　　　　 (수유억조이인)　　(이심리덕)
　　　　　　　　　　　　　 予有亂臣十人이나 同心同德하니
　　　　　　　　　　　　　 (여유란신십인)　　(동심동덕)
　　　　　　　　　　　　　 雖有周親이라도 不如仁人이니라
　　　　　　　　　　　　　 (수유주친)　　　(불여인인)

『수에게는 억조의 평범한 사람이 있으나 마음이 떠나서 덕을 배반하고 나에게는 혼란을 다스리는 신하 열 사람이 있으나 마음을 같이하여 덕을 함께 하니 비록 두루 친한 이가 있더라도 어진 사람만 같지 못하니라.』

☯ 주의 신하는 비록 많아도 평범한 소인배들이고 무왕의 신하는 비록 적어도 어진 인물이기 때문에 인인이 필승할 것임을 논증하였다.

이인(夷人)은 평범한 사람이고 이(離)는 이탈하여 배반함이며 난(亂)은 혼란을 다스리는 것이요 십인(十人)은 무왕(武王)의 신하 열 사람이니 곧 합심협력하여 인정(仁政)을 베풀었던 주공단(周公旦), 소공석(召公奭), 태공망(太公望), 필공(畢公), 영공(榮公), 태전(太顚), 굉요(閎夭), 산의생(散宜生), 남궁괄(南宮括)과 읍강(邑姜)이니 읍강은 무왕의 부인인데 아홉 신하가 밖에서 다스리고 부인이 안에서 다스리므로 주(周)나라의 정치가 투명하고 공정하였다. 주친(周親)은 두루 친한 사람이니 분별없이 친함이라 일에 두서가 없고 인인(仁人)은 어진 사람이니 분별력이 있는 현명한 사람이기 때문에 이념과 목적을 명확히 밝히고 사업과 방법을 확실하게 정하여 추진하므로 반드시 성공한다. 그러므로 주친(周親)이 인인(仁人)만 같지 못한 것이다.

4-2-7 ·········· 천 시　자 아 민 시　천 청
天視는 自我民視하시며 天聽은
자 아 민 청　백 성 유 과
自我民聽하시나니 百姓有過가
재 여 일 인　금 짐　필 왕
在予一人하니 今朕은 必往인저

『하늘의 보심은 우리 민중의 봄으로부터 하시며 하늘의 들으심은 우리 민중의 들음으로부터 하시나니 백성에게 허물이 있음이 나 한 사람에게 있나니 이제 나는 반드시 갈진저.』

　◑ 하늘의 보고 들음은 민중의 보고 들음을 통하여 간접적으로 인식함을 밝혀 하늘은 추상적으로 정치행정의 득실을 판단하는 것이 아니라 민중의 현실적인 삶의 질에서 직접 확인하여 평가하는 것임을 밝히고 주의 백성에게 과오가 있는 것을 무왕이 가서 반드시 바로잡겠다고 맹세하였다.

　백성(百姓)은 주(紂)의 포학(暴虐)을 보고도 묵인하거나 또는 동조하면서 하층민중을 탄압하는 주의 도당을 지칭하며 과(過)는 동조한 죄과(罪過)와 묵인한 과오(過誤)인데 이것도 또한 무왕(武王)에게 책임이 있다는 뜻이고 왕(往)은 진군하여 정벌함이다.

　무왕이 민중의 소견(所見)과 소문(所聞)을 하늘의 소견과 소문으로 받들어 천하를 자임(自任)하고 세상의 모든 죄악을 자기의 책임으로 인식하였으니 그 기상이 장엄하기 그지없다.

4-2-8 ·········· 아 무　유 양　침 우 지 강
我武를 惟揚하야 侵于之疆하야
취 피 흉 잔　아 벌　용 장
取彼凶殘하야 我伐이 用張하면
우 탕　유 광
于湯에 有光하리라

『우리의 무력을 오직 드날리어 그 강토에 쳐들어가서 저 흉악하고 잔혹한 무리들을 취조하여 우리의 정벌이 베풀어지면 탕의 공보다도 빛남이 있으리라.』

☯ 무왕이 씩씩한 무력으로 폭군 주를 정벌하여 제거하고 민중을 해방시켜서 혁명을 완수하면 탕임금이 걸을 정벌하고 민중을 해방시킨 혁명보다도 더욱 빛나는 위업이 될 것임을 선언하였다.

침(侵)은 쳐들어감이요 강(疆)은 주(紂)의 거점지역이며 취(取)는 취조(取調)이니 범죄사실을 속속들이 조사하여 처벌함이다.

주(紂)는 비록 탕(湯)의 후손이지만 탕임금의 정치도덕을 파기하였기 때문에 불효불충의 극치로서 이미 종통(宗統)과 왕통(王統)이 모두 끊어진 독부(獨夫)에 지나지 않으므로 무왕이 탕임금의 덕치인정을 계승하기 위하여 주를 정벌한 것은 요(堯), 순(舜), 우(禹), 탕(湯)의 대통(大統)을 계승하는 일대 성사(盛事)이다. 그러므로 맹자(孟子)는 말하기를 천하는 천하사람의 것이요 한 사람의 것이 아니라고 선언하였다.

4-2-9 ···················· 勗哉夫子여 罔或無畏나 寧執非敵하리오
百姓懍懍하야 若崩厥角하나니 嗚呼라
一德一心하야 立定厥功하야 惟克永世하라

『힘쓸진저, 장사들이여. 그 누구도 두려울 것이 없으나 어찌 적이 아닌 사람을 보호하지 않으리오. 백성이 위태롭고 두려워서 마치 그 모퉁이가 무너지듯이 하나니 오호라, 덕을 하나로 하고 마음을 하나로 하여 그 공로를 확고하게 세워서 오직 능히 세상에 길이 하라.』

☯ 무왕이 끝으로 당당하게 진군하여 정벌하되 항복한 백성은 잘

보호하여 안심하고 살게 하라고 당부하였다.

욱(勖)은 힘쓰는 것이고 부자(夫子)는 장사(將士)를 지칭하며 무외 (無畏)는 주(紂)의 군사를 두려워하지 않음이요 영(寧)은 어찌, 집(執)은 수호(守護)함이며 비적(非敵)은 대항하지 않고 항복한 적군(敵軍)이다. 전배(前輩)들은 이 구문을 오해하여 망혹무(妄惑無)를 붙여서 해석하 고 영(寧)을 차라리, 집(執)을 집심(執心)으로 풀어놓고 성왕(聖王)의 말 이 아니라고 의심하였으니 쉬운 글을 어렵게 해석한 착각이라고 하겠 다. 백성(百姓)은 주의 백성이고 름름(懍懍)은 위태로워서 두려워하는 모양이며 각(角)은 모퉁이요 입정(立定)은 확고하게 세움이다.

무왕이 항복한 포로를 잘 보호하여 주의 백성들이 안심하고 정벌군 을 맞이하도록 이끌었으니 진정 신무불살(神武不殺)의 인덕(仁德)에 바탕한 전략작전이다.

3. 태세하(泰誓下) / 큰 맹세(盟誓) 하편(下篇)

태세(泰誓) 상편(上篇)의 해제(解題)에서 이미 해설하였다.

4-3-1 · 時厥明에 王이 乃大巡六師하야
明誓衆士하시다

『때는 그 다음날에 왕이 이에 육사를 대대적으로 순시하여 밝게 여러 군사에게 맹세하시다.』

◐ 무왕이 하삭에서 맹세한 다음날 다시 6군을 순시하고 맹세하였음을 사관이 기록하였다.

명(明)은 무오(戊午)의 명일(明日)이요 대순(大巡)은 대대적으로 사열함이니 모든 장병과 병기와 장비를 검열함이다. 6사(六師)는 6군(六軍)인데 이 때에 연합군을 총칭하여 말함이다.

무왕이 연달아 세 번에 걸쳐서 장병에게 직접 맹세하였으니 성왕(聖王)은 일을 착수하는 단계에서 주도면밀하게 도모하여 시행착오가 없게 함으로써 유종지미(有終之美)를 거두는 사업추진방법을 확인하라.

4-3-2 · 王이 曰嗚呼라 我西土君子여
天有顯道하야 厥類惟彰하니

今商王受가　狎侮五常하며
荒怠弗敬하야　自絶于天하며
結怨于民하니라

『왕이 말씀하시기를 오호라, 우리 서쪽 지역의 군자여, 하늘에 뚜렷
한 도가 있어서 그 유형이 오직 밝게 나타나나니 이제 상나라의 왕
수가 5상을 무시하며 술에 빠져 게을러 공경하지 아니하여 스스로 하
늘을 끊고 민중에게 원수를 맺으니라.』

◑ 무왕이 하늘에 뚜렷한 진리가 있어서 현상세계에 그 유형이 밝
게 나타남에도 주가 이를 망각하고 5륜의 도덕을 무시함으로써 천명
이 끊어지고 민심을 잃었음을 다시 강조하였다.
　군자(君子)는 장사(將士)를 지칭하고 현도(顯道)는 분명하게 나타난
천리(天理)이며 류(類)는 유형(類型)이니 특색으로 분류되는 사물의 종
류들이고 창(彰)은 현상으로 뚜렷하게 나타남이다. 5상(五常)은 오전
(五典)과 같으니 앞(1-2-2)에서 이미 해설하였고 황태(荒怠)는 술에 빠
져 게으른 것이다.
　5륜의 도덕이 무너진 사회는 인간관계의 모순과 갈등이 첨예하게
대립하여 각박한 암흑사회로 전락해서 사기와 폭력 그리고 참소가 극
성하기 때문에 반드시 하늘이 징벌하고 민중이 원망하는 것이다.

4-3-3 ·····························　斮朝涉之脛하고　剖賢人之心하며
作威殺戮하고　毒痛四海하며
崇信姦回하고　放黜師保하며
屏棄典刑하고　囚奴正士하며

교사 불수　　　종묘 불향
郊社不修하고 宗廟不享하며

작 기 기 음 교　　　이 열 부 인
作奇技淫巧하야 以悅婦人한대

상 제 불 순　　　축 강 시 상
上帝弗順하사 祝降時喪하시나니

이 기 자 자　　　봉 여 일 인
爾其孜孜하야 奉予一人하야

공 행 천 벌
恭行天罰하라

　『아침에 물 건너는 사람의 정강이뼈를 쪼개서 어진 사람의 심장을 가르며 사람을 마구 죽임으로 위협하고 사해의 인민을 해쳐서 아프게 하며 간사한 것들을 숭배하여 믿고 스승과 보호자를 쫓아내며 아름다운 법규를 버리고 바른 선비를 죄수로 가두며 교와 사를 다스리지 않고 종묘를 제사지내지 않으며 기괴하고 기술적이고 음란하고 교묘한 것을 만들어 부인을 즐겁게 하므로 하느님이 쫓지 아니하사 비로소 이 멸망을 내리시나니 그대들은 그것을 부지런히 하여 나 한 사람을 받들어 공손히 하늘의 벌을 시행하라.』

　☯ 주의 죄악을 낱낱이 거론하여 하늘이 이미 멸망시키기로 심판하였으니 무왕이 군사들에게 천벌(天罰)을 받들어 시행하라고 격려하였다.

　작(斮)은 쪼개는 것이고 조섭(朝涉)은 한(漢)나라 공안국(孔安國)이 말하기를 겨울 아침에 물을 건너가는 사람의 정강이를 쪼개서 그 추위를 견디는 정도를 실험했다고 하였다. 경(脛)은 무릎 아래의 정강이며 부(剖)는 가르는 것이요 현인(賢人)은 비간(比干)이니 『사기(史記)』에 말하기를 비간이 강력하게 간(諫)하자 주(紂)가 분노하여 이르기를 성인(聖人)은 심장에 일곱 구멍이 있다고 들었다면서 마침내 비간의 심장을 해부하였다고 밝혔다. 독통(毒痛)은 해쳐서 아프게 함이고 회(回)는 간사함이며 사보(師保)는 태사(太師)와 태보(太保)로 임금을 바르게 깨우치고 나라를 보호하는 책무가 있는 사람이니 곧 미자(微子)

를 지칭하며 정사(正士)는 기자(箕子)를 지칭한다. 교(郊)는 하늘에 제사지내는 것이고 사(社)는 땅에 제사지내는 것이며 기기(奇技)는 포락지형(炮烙之刑)이요 음교(淫巧)는 주지육림(酒池肉林)이며 부인(婦人)은 달기(妲己)이다. 축(祝)은 비로소, 상(喪)은 멸망이며 자자(孜孜)는 부지런히 힘쓰는 것이다.

무왕이 주의 죄악을 거듭 논하면서 더욱 준엄하고 구체적으로 밝혔으니 앞 부분(4-1-5, 4-1-6, 4-2-3, 4-2-5)과 비교하면 알 것이다.

4-3-4 ·································
고인유언   왈무아즉후
古人有言하니 曰撫我則后요
학아즉수   독부수
虐我則讎라 하니라 獨夫受가
홍유작위   내여세수
洪惟作威하나니 乃汝世讎니라
수덕   무자   제악   무본
樹德에는 務滋하고 除惡에는 務本이니
사여소자   탄이이중사
肆予小子는 誕以爾衆士로
진섬내수   이중사
殄殲乃讎하노니 爾衆士는
기상적과의   이등내벽
其尙迪果毅하야 以登乃辟이어다
공다   유후상   불적
功多하면 有厚賞하고 不迪하면
유현륙
有顯戮하리라

『옛사람의 말이 있나니 이르기를 우리를 어루만지면 임금이요 우리를 학대하면 원수라고 하니라. 독재자 수가 널리 오직 위협만 하나니 이에 너희 세대에 원수니라. 덕을 심음에는 번성하기를 힘쓰고 악을 제거함에는 뿌리를 힘써 캐나니 그리하여 나 소자는 크게 그대를 여러 군사로써 너희들의 원수를 섬멸하노니 그대들 여러 군사는 그 더욱 과감하고 씩씩하게 진격하여 너희 임금을 이루게 하라. 공로가 많으면 두터운 상이 있고 진격하지 않으면 공개처형 하리라.』

☯ 무왕이 주의 무리를 완전히 섬멸할 때까지 더욱 과감하고 씩씩하게 진격하여 정벌 목적을 달성해서 민중을 해방하는 큰 공을 세우라고 격려하였다.

무(撫)는 어루만져 안전을 보장함이고 후(后)는 천명(天命)과 민심(民心)을 얻은 임금이요 학(虐)은 학대하여 괴롭힘이며 수(讎)는 천명이 끊어지고 민심을 잃은 탄핵의 대상자인즉 앞(3-7-1)에서 말한 천명과 민심의 무상하다는 사상에 근거한 논리이다. 독부(獨夫)는 독재자(獨裁者)이니 추방의 대상이고 수(樹)는 베풀어 심는 것이며 자(滋)는 번성함이요 본(本)은 뿌리를 캐는 것이다. 사(肆)는 그리하여, 탄(誕)은 대(大)의 뜻이며 상(尙)은 더욱, 적(迪)은 진(進)의 뜻이다. 등(登)은 성(成)의 뜻이고 현륙(顯戮)은 공개처형이다.

무왕이 인용한, 우리를 보살펴 살게 하면 임금이요 우리를 학대하여 괴롭히면 원수라는 논리는 동양에서 왕의 임기제를 만들지 않은 근거가 되었으니 폭군(暴君)이나 용군(庸君)은 즉각 그 날로 축출하여 반정이나 혁명을 해야지 일정한 임기까지 참으면서 방치할 수 없는 까닭이었다.

4-3-5 ······················ 嗚呼라 惟我文考는 若日月之照臨하사
光于四方하시고 顯于西土하시니
惟我有周는 誕受多方하니라

『오호라, 오직 우리 돌아가신 문왕 아버지는 마치 해와 달이 위에서 빛나시고 서쪽 지역에 뚜렷하시니 오직 우리 주나라 정부는 크게 많은 지방국가를 입혔느니라.』

◑ 문고(文考)는 앞(4-1-5)에서 이미 해설하였고 조림(照臨)은 위에서 아래로 비추는 것이며 유주(有周)는 주(周)나라 정부요 탄수(誕受)는 크게 덕(德)을 입히는 것이며 다방(多方)은 많은 지방국가이다.

주나라 문왕의 덕은 해와 달처럼 공명정대하여 100리의 적은 땅으로 천하에 많은 덕을 입혀서 마침내 천명을 받고 민심을 얻었더니 문왕정치를 표방한 무왕의 혁명군은 천하에 대적할 사람이 없는 무적의 의군(義軍)임을 선포하였다.

4-3-6 ······························ 予克受는 非予武요 惟朕文考가
無罪시며 受克予면 非朕文考가
有罪라 惟予小子가 無良이니라

『내가 주를 이기는 것은 나의 무력이 아니고 오직 나의 돌아가신 문왕 아버지께서 죄가 없으심이며 주가 나를 이기면 나의 돌아가신 문왕 아버지께서 죄가 있는 것이 아니라 오직 나 소자가 어짐이 없음이니라.』

◑ 무왕이 끝으로 문왕의 정신으로 정벌에 임할 것을 맹세하고 그러나 승패는 병가(兵家)의 상사(常事)이므로 무왕이 승전하면 문왕의 공덕이요 실패하면 자기의 어질지 못한 책임이라는 것을 미리 밝혀 두었다.

극(克)은 힘이 강해서 이기는 것이니 승리는 정의가 불의를 이기는 것이며 무(武)는 무력(武力)이요 양(良)은 양책(良策)이니 좋은 전략전술이다.

무왕이 성공은 아버지의 공덕으로 돌리고 실패는 자기의 책임으로 인정하겠다고 맹세하였으니 효자의 마음인즉 후세의 아들은 본받을 지어다.

4. 목세(牧誓) / 목(牧) 땅의 맹세(盟誓)

　목(牧)은 지명으로 조가(朝歌)의 남쪽에 있으며 지금은 하남성(河南省) 기현(淇縣)의 남쪽이다. 무왕(武王)이 주(紂)를 정벌하는데 주의 군대가 도읍으로부터 30리 떨어진 교외에 방어진지를 구축하여 대적하므로 무왕이 이것을 돌파하기 위하여 총공세작전을 펴면서 전군을 사열하고 다시 맹세(盟誓)하였다.

　무왕이 이 전투에서 대승하였으므로 후세에 이를 목야(牧野)의 전쟁(戰爭)이라고 이름하였다.

　옛날의 독재자는 대비책이 허술하였기 때문에 정벌이 비교적 쉬웠으나 후세의 독재자는 권력의 안전을 보장하는 강력한 친위세력을 양성했으므로 이를 제거하기가 매우 어려웠기 때문에 무왕이 네 번이나 맹세하여 장병을 격려하였다.

4-4-1 ·· 時甲子昧爽에 王이
朝至于商郊牧野하사 乃誓하시니
王이 左杖黃鉞하시고
右秉白旄하사 以麾하시니
曰逖矣라 西土之人아

　『때는 갑자일 어슴푸레한 새벽에 왕이 아침에 상나라 교외의 목 땅 벌판에 이르시어 이에 맹세하시니 왕이 왼손에 황금도끼를 가지고 오른손에 흰 소꼬리기를 잡으시어 지휘하시어 신호하시기를 멀구나

서쪽지방의 사람아.』

● 무왕이 갑자일에 목야의 전쟁을 직접 지휘하면서 맹세한 광경을 사관이 기록하였다.

갑자(甲子)는 일진(日辰)으로 2월 4일이며 왕(王)은 무왕(武王)이고 황월(黃鉞)은 황금도끼로 왕이 정벌할 때에 사용한 의장용 도구이며 백모(白牦)는 흰 소꼬리기로 지휘용 기(旗)다. 이휘(以麾)는 흰 소꼬리 기를 흔들어 가까이 오라고 신호를 보냄이고 왈(曰)은 기를 흔들어 신호를 보낸 내용을 사관(史官)이 풀어서 해설한 말이다. 전배(前輩)들은 왈(曰)자를 무왕이 말한 것이라고 했지만 그렇다면 다음의 왕왈(王曰)과 중첩하니 옛사람의 서술법이 아니다. 무왕이 이미 세 번이나 맹세했기 때문에 더 이상 맹세가 없을 줄 알고 멀리 부대를 정렬시켰는데 무왕이 가까이 오라고 신호를 한 것이다. 적(逖)은 멀다는 것이니 가까이 오라는 뜻이고 서토지인(西土之人)은 무왕이 직접 지휘하는 정벌군의 주력군단이다.

4-4-2 · 王이 曰嗟라 我友邦家君과
御事인 司徒와 司馬와 司空과
亞旅와 師氏와 千夫長과
百夫長과 及庸蜀羌髳微盧彭濮人아
稱爾戈하며 比爾干하며
立爾矛하라 予其誓하리라

『왕이 말씀하시기를 '아이고' 우리 우방의 위대한 임금과 어사인 교육부장관과 국방부장관과 건설부장관과 사대부와 교사와 연대장과

대대장 및 용나라, 촉나라, 강나라, 모나라, 미나라, 노나라, 팽나라, 복나라의 군인들아 그대들의 짧은 창을 들고 그대들의 방패를 나란히 하며 그대들의 긴 창을 세워라. 내가 그러면 맹세하리라.』

◑ 무왕이 부대를 가까이 오게 하여 다시 정렬시키면서 각 부대의 통솔 책임자를 일일이 점검하였다.

앞(4-1-2)에서는 어사(御事)와 서사(庶士)라고 하였는데 여기서는 어사(御事)로 사도(司徒), 사마(司馬), 사공(司空)을 지칭하였으니 사도(司徒)는 교육부장관이고 사마(司馬)는 국방부장관이며 사공(司空)은 건설부장관이다. 아려(亞旅)는 다음의 무리들이니 곧 사대부(士大夫)이고 사씨(師氏)는 교사(敎師)이며 천부장(千夫長)은 1천 명의 무사를 거느리는 우두머리로 연대장급이요 백부장(百夫長)은 1백 명의 무사를 거느리는 우두머리로 대대장급이다. 용(庸)과 복(濮)은 양자강(揚子江)과 한수(漢水)의 남쪽에 있는 나라이고 강(羌)과 촉(蜀)은 서촉(西蜀)에 있고 모(髳)와 미(微)는 파촉(巴蜀)에 있으며 노(盧)와 팽(彭)은 서북쪽에 있는 나라이름이다. 칭(稱)은 드는 것이요 과(戈)는 자루가 짧은 창이고 비(比)는 연달아 나란히 함이며 간(干)은 방패, 모(矛)는 자루가 긴 창이다.

무왕의 정벌에 미리 기약하지 않았어도 800 제후가 연합하여 동참했지만 주력부대는 무왕이 직접 지휘한 주나라의 군대와 그 주변의 8개국 군사이었음을 여기에서 확인할 수 있다. 후세의 폭군은 외국의 용병만 사지에 몰아넣고 자기의 주력군은 안전하게 보호했으니 성왕(聖王)의 작전과 다른 점이다.

4-4-3 ······················· 王이 曰古人有言하나니
曰牝鷄는 無晨이니 牝鷄之晨은
惟家之索이라하도다

『왕이 말씀하시기를 옛사람에게 말이 있나니 이르기를 암탉은 새벽을 알림이 없나니 암탉이 울어 새벽을 알림은 오직 집이 쓸쓸하리라고 하도다.』

◉ 무왕이 주가 달기를 총애하여 정사를 어지럽히기 때문에 속담을 언급하였다.

왕왈(王曰)을 다시 쓴 것은 앞의 말과 시차가 있었음을 밝힌 것이다. 빈계(牝鷄)는 암탉이고 신(晨)은 새벽을 알리기 위하여 닭이 우는 것이며 삭(索)은 삭막(索莫)함이니 황폐하여 정신을 잃음이다.

장닭이 새벽에 우는 것은 정상이고 암탉이 새벽에 우는 것은 비정상이므로 가도(家道)가 무너져서 가금(家禽)까지도 요망스럽게 재앙의 징조를 나타낸다는 세속의 경험론이다.

4-4-4 ······························ 今商王受는 惟婦言을 是用하야
昏棄厥肆祀하야 弗答하며
昏棄厥遺王父母弟하야 不迪하고
乃惟四方之多罪逋逃를 是崇是長하며
是信是使하야 是以爲大夫卿士하야
俾暴虐于百姓하여 以姦宄于商邑하니라

『이제 상나라 왕 수는 오직 부인네의 말만을 이에 쓰면서 혼미하여 그 베풀어야 할 제사를 버리고 보답하지 아니하며 혼미하여 남기신 왕의 부모의 아우를 버리고 순종하지 아니하고 이에 오직 사방의 죄가 많아 도망친 사람을 이에 숭배하고 이에 어른으로 하며 이에 신뢰하고 이에 부리어 이들로서 대부와 경사를 삼아 하여금 백성에게 포악하게

하여 상나라 도읍에 내부의 도적과 외부의 도적이 되게 하니라.』

☯ 주가 장부로서의 시비와 선악을 분별하는 지성을 상실하고 오직 이해와 득실만을 계산하는 달기의 말만을 쓰면서 조상도 망각하고 숙부도 멀리할 뿐만 아니라 죄가 많아 도망친 사람만을 가까이 하여 포악한 도적의 정권으로 전락했음을 밝혔다.

부(婦)는 달기(妲己)를 지칭하고 혼기(昏棄)는 혼미(昏迷)하여 버리는 것이며 사(肆)는 진(陳)의 뜻이고 답(答)은 보답(報答)함이다. 유(遺)는 남긴 것이요 왕부모제(王父母弟)는 왕의 아버지와 어머니의 아우이니 곧 주(紂)의 숙부인 기자(箕子)와 비간(比干)을 지칭한다. 적(迪)은 순(順)의 뜻이고 포도(逋逃)는 죄를 짓고 도망하는 것이며 시(是)는 모두 도망자를 지칭한다.

정치지도자가 부인을 총애하면 반드시 소인배가 득세하고 소인배가 득세하면 반드시 부정부패하여 포학한 도적의 집단으로 전락하는 것이 고금의 철칙이다. 그리하여 부부 사이에 분별이 있는 도덕을 밝혔으니 사랑하되 엄격한 절도를 지켜서 문란함이 없어야 숭고한 사랑이다.

4-4-5 ·································· 今予發은 惟恭行天之罰하노니
今日之事는 不愆于六步七步하야
乃止齊焉하리니 夫子는 勗哉인저

『이제 나 발은 오직 공경하여 하늘의 벌을 시행하노니 오늘의 일은 6보법과 7보법에 어그러지지 아니하여야 이에 멈춤이 가지런하리니 장병은 힘쓸진저.』

☯ 무왕이 목야(牧野)의 전쟁에서 펼칠 전진과 후퇴의 보법을 지시

하였다.

건(愆)은 어기는 것이고 6보(六步)와 7보(七步)는 전진이나 후퇴를 할 때에 1진(陣)은 여섯 걸음을 가고 2진은 일곱 걸음을 가서 멈추는 것이니 1차에 6보를 갔으면 2차 전진에는 7보를 가고 1차에 7보를 갔으면 2차 전진에는 6보를 가면 모두 가지런하게 되는 것이다.

합동작전을 전개함에 있어서 전투대형을 유지하는 것이 대단히 중요하므로 물샐 틈이 없는 공동전선을 구축하기 위하여 자주 대열을 확인하게 하였다.

4-4-6 ························ 不愆于四伐五伐六伐七伐하야

乃止齊焉하리니 勖哉인저 夫子여

『4벌법과 5벌법과 6벌법과 7벌법에 어그러지지 아니하여야 이에 멈춤이 가지런하리니 힘쓸진저 장병들이여.』

◉ 여기에서는 적군과 교전함에 전투조를 편성하여 싸우는 보병과 기마병 및 전차병 등의 공격법을 지시하였다.

4벌(伐)은 네 명이 한 조(組)가 되어 함께 공격함이요 오(五)는 다섯 명, 육(六)은 여섯 명, 칠(七)은 일곱 명이니 전투소조(戰鬪小組)와 그 무기를 다양하게 편성하여 적을 혼란에 몰아넣기 위한 작전이다.

전투소조와 전투술은 비록 많지만 진격하거나 후퇴함에 항상 가지런한 대열을 유지하니 불패의 전술이다. 여기에서 성왕(聖王)은 기습 돌격작전을 쓰지 않고 평이하고 안전한 작전을 전개함을 확인하라.

4-4-7 ···························· 尙桓桓如虎如貔하며

如熊如羆于商郊하되 弗迓克奔하야

以役西土하라 勖哉인저 夫子야

『더욱 굳세고 씩씩하여 상나라 교외에서 범같이 비휴같이 곰같이 불곰같이 하되 능히 도망치는 적군을 맞아 공격하지 말고 서쪽 지방의 군사에 노역케 하라. 힘쓸진저 장병들이여.』

☯ 여기에서는 전장에서 용감하게 싸우되 항복하거나 도망치는 적군은 모두 수용하여 정벌군의 노역에 종사시키라고 지시하였다.

상(尙)은 더함이고 **환환**(桓桓)은 용기백배하여 굳세고 씩씩함이며 비(貔)는 비휴(貔貅)라는 맹수(猛獸)로 대단히 빠르고 사납다. 아(迓)는 영(迎)과 같으니 맞아 싸우는 것이고 분(奔)은 패배하여 도망치거나 항복함이며 역(役)은 노역(勞役)이다.

무왕은 앞(4-2-9)에서 처음부터 대항하지 않은 적군을 안심하고 살게 하라고 지시하였는데 여기에서는 비록 대항하여 싸우다가 항복하거나 도망하는 적군도 죽이지 말고 수용해서 노역에 종사시키라고 하였으니 사람을 살리기 위한 성전(聖戰)이다.

이 소 불 욱　기 우 이 궁 유 륙
4-4-8 ······························ 爾所弗勖이면 其于爾躬有戮인저

『그대들이 힘쓰지 아니한 바이면 그 그대의 몸에 형벌이 있을진저.』

☯ 무왕이 앞에서 지시한 보법과 벌법 및 포로보호법을 어기면 그 정도에 따라 처벌할 것임을 경계하였다.

육(戮)은 육욕(戮辱)이니 형벌로 다스린다는 말이다.

무왕이 전선에서 군율을 세워 엄숙한 군용(軍容)으로 전쟁에 임하니 장병이 모두 사기가 충천하여 천하에 무적이었다. 그러므로 맹자는 말하기를 인자(仁者)는 무적(無敵)이라고 하였다.

5. 무성(武成) / 무공(武功)을 완성함

　무(武)는 무공(武功)이니 무왕(武王)이 주(紂)를 정벌하여 군사혁명을 함이고 성(成)은 완성(完成)함이다.

　무왕(武王)이 무력(武力)으로 주(紂)를 추방하고 은(殷)나라를 멸(滅)한 다음 풍읍(豊邑)에서 천지신명(天地神明)과 종묘(宗廟)에 그 사유를 고(告)하니 사관(史官)이 기록한 내용이다.

　이 편은 『금문상서(今文尚書)』에는 없고 『고문상서(古文尚書)』에만 기재되어 있으니 그 내용이 태세(泰誓)와 목세(牧誓)와 다름이 없다.

4-5-1 ·····························　惟一月壬辰旁死魄越翼日癸巳에

王이　朝步自周하사　于征伐商하시다

『때는 바야흐로 1월 임진 초 이틀날을 건너 다음날 계사에 왕이 아침에 주나라로부터 걸으시어 상나라를 정벌하시다.』

　◉ 1월 3일에 무왕이 보군을 이끌고 주나라를 출발하여 상나라를 정벌하였음을 밝혔다.

　일월(一月)은 은(殷)나라의 역법(曆法)에 따른 것이므로 정월(正月)이라고 하지 않았으며 임진(壬辰)과 계사(癸巳)는 일진(日辰)이요 사백(死魄)은 음력 초하루이니 달의 윤곽에 광채가 있는 것을 백(魄)이라고 하는데 사백(死魄)은 달의 광채를 잃었다는 뜻이요 방사백(旁死魄)은 그 다음날이니 곧 음력 초이튿날이다. 월(越)은 건너감이고 익일(翌日)은 다음날이니 여기에서는 3일이며 왕(王)은 무왕(武王)이요 조(朝)는

아침인데 일을 함에는 아침의 출발이 중요하므로 특별히 기록하였다. 보(步)는 보군(步軍)과 함께 갔다는 뜻이며 주(周)는 호경(鎬京)이고 우(于)는 위(爲)의 뜻이다.

사관이 날짜를 자세하게 밝힌 것은 혁명의 성공을 기념함에 있어서 그 시작을 뚜렷이 밝히기 위함인데 특별히 달의 윤곽에 빛을 잃은 것으로 기록한 것은 초하루의 달이 빛을 완전히 잃은 것으로 주(紂)의 암흑시대를 상징하고 3일에는 초생달의 광채가 생기기 시작하기 때문에 무왕의 광명세계건설이 시작하는 것을 상징하였으니 그 의미가 깊다.

4-5-2 ······························ 厥四月哉生明에 王이 來自商으로
　　　　　　　　　　　　　　　　　至于豊하사 乃偃武修文하시고
　　　　　　　　　　　　歸馬于華山之陽하며 放牛于桃林之野하야
　　　　　　　　　　　　　　　　　示天下弗服하시다

『그 해 4월 바야흐로 초생달이 생길 때에 왕이 상나라로부터 와서 풍읍에 이르시어 무치를 중지하고 문치를 닦으시어 말을 화산의 남쪽으로 보내고 소를 도림의 벌판에 방목하여 천하에 복종하지 않은 사람에게 보이시다.』

◉ 무왕이 정벌 3개월 만에 주를 추방하고 상나라를 멸한 다음 즉각 풍읍으로 돌아와 비상계엄령을 해제하고 문치를 복원한 사실을 사관이 서술하였다.

궐(厥)은 그 해를 지칭하니 무왕(武王) 13년이며 재(哉)는 바야흐로, 명(明)은 광채인데 달이 바야흐로 광채가 생기는 것은 음력 초3일에 뜨는 초생달이므로 재생백(哉生魄)은 곧 음력 초사흘 계해(癸亥)로 무

왕의 정벌이 3개월을 넘지 않았음을 밝히기 위하여 날짜를 밝혔다. 풍(豊)은 문왕(文王)의 옛날 도읍이름 풍수(豊水) 위에 위치하여 주(周)나라 선왕(先王)의 종묘(宗廟)가 있었는데 지금은 섬서성(陝西省) 장안현(長安縣) 서북쪽이다. 언무(偃武)는 무치(武治)를 중지하여 무기(武器)를 눕히는 것이요 수문(修文)은 문치(文治)를 닦아세우는 것이며 화산(華山)은 앞(2-1-51)에서 해설하였고 도림(桃林)은 화산의 북쪽에 있으니 화음현(華陰縣) 동관(潼關) 부근인데 낙양(洛陽)으로부터 장안(長安)으로 들어가는 요지이다. 시(示)는 전차를 이끄는 말과 군수품을 운반하는 소를 모두 목장으로 보내서 전쟁을 중지했음을 보이는 것이요 불복(弗服)은 각지에 산재하여 숨어버린 주(紂)의 잔당들이다.

성왕(聖王)의 정벌은 주적만 제거하고는 즉각 비상계엄을 해제하여 평상으로 돌아가서 잔당이 항복하여 돌아오기를 기다리는 것이다. 그러나 폭군(暴君)의 침략전쟁은 최후의 한 사람까지도 모두 소탕할 때까지 군사통치를 계속하나니 악독한 살육전쟁이요 약탈을 일삼는 날강도에 지나지 않는다.

○ 채침(蔡沈)은 이 편의 문장이 뒤바뀌었다고 생각하여 바로잡으면서 이 글(4-5-2)이 다음(4-5-8)의 만성열복(萬姓悅服)뒤에 놓여야 한다고 말했으나 그렇다면 만성(萬姓)이 열복(悅服)했는데 천하에 어찌 불복(弗服)이 있겠는가? 문의(文意)를 깊이 파악하지 않고 한갓 가볍게 의심만 하지말고 깊이 문리(文理)를 체득하는 것이 경(經)을 읽는 바른 자세임을 깨달을지어다.

4-5-3 ···························· 丁未에 祀于周廟하실새 邦甸侯衛가

駿奔走하야 執豆籩하더니 越三日庚戌에

柴望하사 大告武成하시다

『정미일에 주나라 종묘에 제사지내심에 연방의 전복, 후복, 위복나라 임금이 빨리 달려와서 제기를 잡더니 3일을 건너 경술일에 하늘에 시제지내고 명산대천에 망제지내시어 크게 무공의 완성을 아뢰시다.』

◐ 무왕이 종묘와 천지신명께 정벌의 성공을 알리는 제사를 지낸 사실을 기록하였다.

정미(丁未)는 이 해의 4월에는 없고 제사(祭祀)는 중월(中月)에 지내는 것이므로 5월 중정(中丁)이니 대략 16일경이다. 방(邦)은 우방(友邦)이니 정벌에 동참했던 연합국이요 전(甸)은 전복(甸服), 후(侯)는 후복(侯服), 위(衛)는 위복(衛服)지역의 임금이니 앞(2-1-83, 84)에서 이미 해설하였다. 준(駿)은 빨리 함이고 집(執)은 집행함이며 두(豆)와 변(邊)은 제기(祭器)로 제사의 의식을 뜻한다. 경술(庚戌)은 5월 19일경이고 시(柴)는 나무를 태워 불을 놓고 하늘에 제사지내는 번시(燔柴)이고 망(望)은 명산대천(名山大川)에 제사지내는 제명(祭名)으로 앞(1-2-6)에서 이미 해설하였다. 대고(大告)는 공명정대하게 알림이요 무(武)는 무공(武功)이며 성(成)은 완성함이다.

채침(蔡沈)은 이 글을 다음(4-5-4)의 아래에 놓아야 된다고 하였으나 즉위식은 종묘에 먼저 고한 다음에 거행하는 것이므로 제사를 먼저 기록하였으니 사필(史筆)의 간략명료한 기술법인즉 지나치게 의심할 필요가 없다.

4-5-4 ··· 既生魄에 庶邦冢君과

賢百工이 受命于周하니라

『기생백에 여러 나라의 위대한 임금 및 일백 관리가 주나라에서 임명을 받으니라.』

☯ 5월 16일 정미에 무왕이 정벌의 완성을 주나라 종묘에 고하고 즉위식을 거행한 다음 여러 나라의 임금 및 일백 관리를 임명한 사실을 기록하였다.

기생백(旣生魄)은 16일이니 바로 앞(4-5-3)에서 말한 정미일(丁未日)이요 수명(受命)은 임명장(任命狀)을 받은 것이며 우주(于周)는 천자국(天子國)이 된 주(周)나라를 말한다. 사관(史官)이 정미와 기생백이 같은 날이기 때문에 표현을 달리하였다.

채침(蔡沈)은 이 구절을 앞(4-5-2)에서 말한 천하불복(天下弗服)의 다음에 놓아야 된다고 하였으나 무왕이 선왕의 도덕정신을 계승하여 정벌을 완성했기 때문에 즉위식도 풍읍(豊邑)의 주묘(周廟)에서 거행한 뜻을 헤아리지 못한 주장이다.

4-5-5 ························· 王이 若하시고 曰嗚呼라 群后여
　　　　　　惟先王이 建邦啓土하시거늘 公劉가
　　　　　　克篤前烈하시고 至于大王하야
　　　　　　肇基王跡하시거늘 王季가
　　　　　　其勤王家하신대 我文考文王이
　　　　　　克成厥勳하사 誕膺天命하사
　　　　　　以撫方夏하신대 大邦은 畏其力하고
　　　　　　小邦은 懷其德하야 惟九年이러니
　　　　　　大統을 未集이어시늘
　　　　　　予小子가 其承厥志하니라

『왕이 '아이고' 하시고 말씀하시기를 오호라, 여러 임금이여, 오직

선왕이 나라를 세우고 토지를 개척하시거늘 공류가 능히 전대의 사람이 세운 공렬을 돈독히 하시고 태왕에 이르러 비로소 왕업을 터닦으시거늘 왕계가 그 왕가를 두텁게 하신대 우리 문채 나는 돌아가신 아버지 문왕이 그 훈로를 잘 이루시어 크게 천명을 받으시어 사방과 중하를 어루만지신대 큰 나라는 그 힘을 두려워하고 작은 나라는 그 덕을 사모하여 오직 9년이러니 성인이 왕위를 계승하는 전통을 이루지 못하시거늘 나 소자가 그리하여 그 뜻을 받들었느니라.』

● 무왕이 주나라가 오랫동안 선정을 베풀어 천명을 받아 천하를 혁명하는 주체가 된 내력을 밝혔다.

선왕(先王)은 후직(后稷)을 지칭하고 공류(公劉)는 후직(后稷)의 증손(曾孫)이며 전렬(前烈)은 전대(前代) 사람이 세운 공렬(功烈)이다. 태왕(大王)은 고공단보(古公亶父)인데 일찍이 적인(狄人)의 침략에 살상전을 피하여 빈(邠)나라를 버리고 기산(歧山) 아래로 가니 빈나라 사람이 어진 임금이라고 하여 모두 쫓아갔기 때문에 주(周)나라를 세우는 기초가 되었다. 왕계(王季)는 태왕(大王)의 셋째 아들로 왕위를 이어 민심을 얻으니 왕가가 튼튼하게 되었고 문왕(文王)은 왕계(王季)의 아들로 문덕(文德)을 닦아 천명(天命)을 받아 천하 제후(諸侯)의 3분의 2가 문왕을 받들었다. 탄응(誕膺)은 크게 받음이고 방(方)은 사방(四方)이요 하(夏)는 중하(中夏)이니 문화의 중심국이다. 구년(九年)은 문왕이 서백(西伯)이 되어 서쪽 변방을 정벌하여 천하에 위엄(威嚴)과 덕의(德義)가 떨친 때로부터 9년이고 대통(大統)은 성인(聖人)이 왕위를 계승하는 전통이며 집(集)은 성(成)의 뜻이고 지(志)는 성인(聖人)의 도덕으로 태평세계를 건설하려는 이념과 목적이다.

무왕이 역성혁명을 완성하고 천자의 자리에 오르는 즉위식에 임하여 먼저 모든 공로를 조상에게 돌리니 아름답기 그지없다.

4-5-6 ······································ 底商之罪하야 告于皇天后土와

지 상 지 죄　　고 우 황 천 후 토

소 과 명 산 대 천　　　왈 유 유 도 증 손 주 왕 발
所過名山大川하야 曰惟有道曾孫周王發은

장 유 대 정 우 상　　　금 상 왕 수
將有大正于商하노니 今商王受는

무 도　　　폭 진 천 물　　　해 학 증 민
無道하야 暴殄天物하며 害虐烝民하며

위 천 하 포 도 주　　　췌 연 수
爲天下逋逃主라 萃淵藪어늘

여 소 자　기 획 인 인　　　감 지 승 상 제
予小子는 旣獲仁人하야 敢祗承上帝하야

이 알 란 략　　　화 하 만 맥
以遏亂略하니 華夏蠻貊이

망 불 솔 비
罔不率俾라하니라

『상나라의 죄를 인정하여 하느님과 땅의 신 그리고 지나는 곳의 명산과 대천에 고발하여 말하기를 "오직 도가 있는 증손 주나라 왕 발은 장차 크게 상나라에서 천하를 바로잡으려고 결정하오니 이제 상나라의 왕 수는 도가 없어 하늘의 물건을 함부로 쓰고도 아까운 줄을 모르며 민중을 해쳐서 학대하며 천하에 죄를 짓고 도망한 사람들의 주인이 되었으므로 고기가 깊은 못으로 모이고 짐승이 숲으로 모이듯이 하거늘 나 소자는 이미 어진 사람을 얻어 감히 공경하여 하느님을 받들어 음란한 계략을 막으려 하니 화하와 만과 맥나라가 따라서 쫓지 아니함이 없나이다."라고 하니라』

　● 무왕이 주의 죄악을 하늘땅 및 명산과 대천에 고발하여 하늘의 뜻을 받들어 정벌하였음을 밝혔다.

　지(底)는 정(定)의 뜻이니 인정(認定)함이요 상(商)은 주(紂)를 지칭하며 왈(曰)은 무왕(武王)이 고발한 내용을 말한 것이다. 증손(曾孫)은 무왕(武王)이 태왕(大王)의 증손자(曾孫子)라는 말인데 세덕(世德)이 오래되었음을 강조한 말이다. 유(有)는 질정(質定)의 뜻이니 옳게 결정함이며 대정(大正)은 크게 천하를 바로잡는 것이다. 폭진(暴殄)은 함부로 쓰고도 아까운 줄을 모르는 것이고 천물(天物)은 자연자원이며 증민

(蒸民)은 서민대중이요 포도주(逋逃主)는 죄를 짓고 도망한 사람들의 주인(主人)이 된 것이다. 췌(萃)는 모으는 것이고 연(淵)은 못이요 수(藪)는 숲이니 고기는 못으로 모이고 짐승은 숲으로 모인다. 인인(仁人)은 태공망(太公望)을 비롯한 우방(友邦)의 임금들이고 알(遏)은 막는 것이며 난략(亂略)은 주(紂)가 기도하는 음란한 계략이며 화하(華夏)는 예의(禮義)와 도덕(道德)이 있는 문화중심국(文化中心國)을 지칭하니 지역이나 민족을 지칭하는 말이 아니며 만(蠻)은 남쪽의 변방에 사는 만복(蠻服)의 나라이니 앞(2-1-87)에서 이미 해설하였고 맥(貊)도 만(蠻)처럼 변방의 나라이며 솔(率)과 비(俾)는 모두 따르고 좇는 것이다.

무왕의 역성혁명은 역사적 정통성을 확립하였기 때문에 요(堯), 순(舜), 우(禹), 탕(湯)의 대통을 계승하였음을 확인하라.

4-5-7 ···
恭天成命하야 肆予東征하야
공천성명　　　사여동정
綏厥士女하니 惟其士女가
수궐사녀　　　유기사녀
篚厥玄黃하야 昭我周王은
비궐현황　　　소아주왕
天休震動이라 用附我大邑周라하니라
천휴진동　　　용부아대읍주

『하늘이 결정한 명령을 공손히 받들어 드디어 내가 동쪽으로 정벌하여 그 남자와 여자를 편안케 하니 오직 그 남자와 여자가 그 검고 노란 폐백을 광주리에 담아 우리 주나라 왕을 밝게 나타냄은 하늘의 칭찬이 진동함이라고 하여 우리의 큰 도읍 주나라에 붙는다고 하니라.』

● 무왕이 정벌을 시작하니 서민대중의 남자와 여자가 예물을 가지고 와서 주나라에 의지한 것으로 민심을 얻었음을 밝혔다.

공(恭)은 공손히 받드는 것이고 성명(成命)은 결정한 명령이며 사

(肆)는 드디어, 사녀(士女)는 남자와 여자이요 현황(玄黃)은 검은색의 비단과 노랑색의 비단으로 폐백(幣帛)이며 소(昭)는 뚜렷하게 나타냄이고 아(我)는 사녀(士女)들이 자기를 지칭하는 대명사이다. 주왕(周王)은 주(周)나라의 선왕(先王)이요 천휴(天休)는 하늘의 칭찬이며 진동(震動)은 흔들려 움직이는 것이니 크게 울린다는 뜻이다. 부(附)는 의지하여 붙은 것이고 대읍(大邑)은 중앙정부의 도읍(都邑)이니 천자국(天子國)으로 받든다는 뜻이다.

무왕의 역성혁명은 민중의 적극적인 지지를 얻었기 때문에 자체적으로 혁명을 완수할 수 있는 능력이 있었음을 밝혔다.

4-5-8 ························· 惟爾有神은 尙克相予하야 以濟兆民에
　　　　　　　　　　　　　　　　　　 유이유신　　 상극상여　　 이제조민

　　　　　　　　　　　 無作神羞하였나니 旣戊午에
　　　　　　　　　　　 무작신수　　　 기무오

　　　　　　　　 師渡孟津하야 癸亥에 陳于商郊하야
　　　　　　　　 사도맹진　　 계해　 진우상교

　　　　　　 俟天休命이러니 甲子昧爽에 受가
　　　　　　 사천휴명　　　 갑자매상　 수

　　　　　　 率其旅하되 若林하야 會于牧野하니
　　　　　　 솔기려　　 약림　　 회우목야

　　　　　 罔有敵于我師요 前徒는 倒戈하야
　　　　　 망유적우아사　 전도　 도과

　　　　　 攻于後以北하니 血流漂杵하니라
　　　　　 공우후이배　　 혈류표저

『오직 그대들 정신이 있는 사람은 더욱 잘 나를 도와서 억조 민중을 구제함에 정신을 부끄럽게 함이 없었나니 이미 무오일에 군사가 맹진을 건넜고 계해일에 상나라의 교외에 진열하여 하늘의 아름다운 명령을 기다렸더니 갑자일 어슴푸레한 새벽에 수가 그 군대를 통솔하되 마치 숲처럼 하여 목 땅의 들판에서 회전하니 우리 군사에 대적한 사람이 있지 않고 앞의 무리들은 창을 거꾸로 들고 뒤를 공격하여 패하고 달아나니 피가 흘러 방망이가 떠내려가니라.』

● 무왕이 민중해방혁명을 위하여 신성한 정신으로 일치단결한 정벌군을 높이 치하하고 주가 대군을 집결하여 결사전을 감행한 결과 군심이 이탈하여 스스로 궤멸했음을 밝혔다.

신(神)은 군인정신(軍人精神)이고 무작신수(無作神羞)는 군인정신에 부끄러운 행동이 없었다는 말로 정벌군을 치하한 것이다. 무오(戊午)는 앞(4-2-1)에서 이미 해설하였고 계해(癸亥)는 앞(4-3-1)에서 말한 궐명(厥明)이며 갑자매상(甲子昧爽)은 앞(4-4-1)에서 이미 해설하였다. 임(林)은 군진(軍陣)을 숲처럼 겹겹이 포진하여 물러나지 못하게 하고 결사전을 감행토록 하는 잔인한 진법이요 회(會)는 회전(會戰)이다. 적(敵)은 대적(對敵)함이니 맞서 싸움이며 전도(前徒)는 주(紂)의 군대의 선봉부대이고 후(後)는 주의 군대의 후미부대이며 배(北)는 패배(敗北)하여 달아남이다. 혈(血)은 주의 군사끼리 분열하여 살육전을 벌려서 흘린 피이고 표(漂)는 떠내려감이며 저(杵)는 방망이다.

폭군 주는 전쟁에서도 가장 포악한 결사전을 감행하였으니 그 군사를 믿지 못하는 까닭이었다.

4-5-9 ·························· 一戎衣(일융의)에 天下(천하)가 大定(대정)이어늘
乃反商政(내반상정)하고 政由舊(정유구)하여 釋箕子囚(석기자수)하여
封比干墓(봉비간묘)하여 式商容閭(식상용려)하여
散鹿臺之財(산록대지재)하며 發鉅橋之粟(발거교지속)하야
大賚于四海(대뢰우사해)한대 而萬姓(이만성)이 悅服(열복)하니라

『한 번 전투복을 입음에 천하가 크게 평정되거늘 이에 상나라 정권을 엎어버리고 정치는 옛것을 말미암으며 기자를 감옥에서 석방하며 비간의 묘를 봉분하며 상나라를 존중하고 마을을 포용하며 녹대의 재물창고를 풀어 나누고 거교의 곡식창고를 열어서 크게 사해의 민중에

게 주니 만성이 기쁘게 복종하니라.』

● 무왕이 목야(牧野)의 전쟁에서 승리한 다음 상나라의 도읍을 접수하고 전후처리를 지극히 정당하게 함으로써 만민이 열복하였음을 밝혔다.

융의(戎衣)는 군복(軍服)이며 대정(大定)은 크게 안정(安定)함이고 반(反)은 엎어버리는 것이요 상정(商政)은 상(商)나라 정권이다. 정유구(政由舊)는 정치체제를 옛날 요(堯), 순(舜), 우(禹), 탕(湯)의 왕도정치(王道政治)체제로 복원시켰다는 뜻이고 석(釋)은 석방이요 봉(封)은 봉분(封墳)을 하여 묘역을 다듬은 것이다. 식(式)은 공경의 뜻을 표함이고 상(商)은 상(商)나라의 마을사람들인데 무왕(武王)이 주(紂)를 축출하고 상나라를 접수한 다음 그 주민들에게 경의를 표하고 너그럽게 포용했다는 뜻이니 곧 상나라의 하층민중들을 해방시켰다는 말이다. 산(散)은 풀어서 나눔이요 녹대(鹿臺)는 주의 재물창고가 있는 땅이름이고 발(發)은 개방함이며 거교(鉅矺)는 주의 곡식창고가 있는 지역 이름이다. 대뢰(大賚)는 대대적으로 나누어줌이고 열복(悅服)은 즐거운 마음으로 복종함이다.

무왕이 폭군을 제거하고 즉각 덕치인정의 체제를 복원하면서 독재에게 탄압받은 사람을 위로하여 포용하고 독재가 수탈한 재물과 곡식을 그 주민에게 나누어주었으니 진실로 해방군임을 실증하였다. 후세의 침략군은 잔혹하게 주민을 학살하고 재물과 곡식을 전리품으로 취하였으니 무왕의 해방군과는 전혀 다르다.

4-5-10 ·······················
열작유오   분토유삼
列爵惟五요 分土惟三이며
건관유현   위사유능
建官惟賢하고 位事惟能하며
중민오교   유식상제
重民五敎하되 惟食喪祭하며

돈 신 명 의 　　　숭 덕 보 공
惇信明義하며 崇德報功하야
수 공 이 천 하 치
垂拱而天下治하리라

『작위를 서열함은 다섯 품계가 있고 영토를 나눔은 오직 세 등급이
며 관직을 세움에는 오직 어진 이로 하고 사업을 벌림에는 오직 유능
한 사람으로 하며 인민의 다섯 가지 가르침을 신중히 하되 오직 먹이
고 초상치르며 제사지내게 하며 믿음을 두텁게 하고 의리를 밝히며
덕을 높이고 공로를 보답하여 임금은 옷을 드리우고 손을 모으고 있
어도 천하가 잘 다스려지도록 하리라.』

　●　무왕이 끝으로 주나라의 정치제도와 이상국가건설의 정책과 목
표를 밝혔다.
　열(列)은 서열(序列)을 정함이고 오(五)는 오작(五爵)이니 공(公), 후
(侯), 백(伯), 자(子), 남(男)이요 토(土)는 영토(領土)이니 삼(三)은 대국
(大國)은 사방 100리의 땅으로 공(公)과 후(侯)를 봉(封)하고 차국(次國)
은 70리의 땅으로 백(伯)을 봉하며 소국(小國)은 50리의 땅으로 자(子)
와 남(男)을 봉하는 것이다. 건관(建官)은 공경(公卿)을 임명하여 행정
부를 수립함이고 위사(位事)는 사대부(士大夫)를 임명하여 정치사업을
전개함이며 현(賢)과 능(能)은 현명하고 유능한 사람을 발탁하여 등용
하는 것을 원칙으로 한다는 뜻이다. 중(重)은 신중(愼重)이요 오교(五
敎)는 앞(1-2-19)에서 이미 해설하였고 식(食)은 노인을 봉양(奉養)하고
어린이를 양육(養育)함이며 상(喪)은 사람이 죽음에 엄숙하게 초상치
르는 것이고 제(祭)는 조상에게 제사지내는 것이니 모두 5륜(五倫)의
행실(行實)이 나타나는 때이다. 돈신(惇信)은 믿음의 사회를 건설함이
고 명의(明義)는 정의사회를 이룩하는 것이며 숭덕(崇德)은 도덕(道德)
을 숭상함이요 보공(報功)은 은공을 갚는 것이니 모두 미풍양속(美風
良俗)을 일으켜 자율자치(自律自治)하는 국풍(國風)이다. 수(垂)는 수의
(垂衣)요 공(拱)은 공수(拱手)로 임금이 곤룡포만 입고 왕좌(王座)에 앉

아 손을 포개고 있으면서 정무에 간섭하지 않은 최고의 지도력을 뜻하고 천하치(天下治)는 천하가 잘 다스려져서 천재(天災)나 인화(人禍)가 전무한 완전정치인데 이것을 지치(至治)라고 한다.

무왕의 정치이념과 목표가 바로 요(堯)와 순(舜)을 계승하여 봉황이 노래하는 태평성대를 건설하는 데 있었음을 여기에서 확인할 수 있고 그것을 실현하는 사업과 방법은 완전한 지방자치를 실현해서 어질고 유능한 인재를 등용하여 능률행정을 통해 국민을 5륜의 행실로 가르쳐서 교육입국으로 문명사회를 여는 것이었으니 대단히 아름다운 정치문화이다.

6. 홍범(洪範) / 큰 규범(規範)

홍(洪)은 홍대(洪大)함이요 범(範)은 규범(規範)이니 정치의 대경대법(大經大法)인데 하늘이 우(禹)에게 홍범구주(洪範九疇)를 내렸다고 하였다.

『한지(漢志)』에 말하기를 우(禹)가 홍수(洪水)를 다스림에 낙수(洛水)에서 신령한 거북이가 나타났는데 그 등에 무늬의 점을 수(數)로 펼쳐 놓은 것이 낙서(洛書)이고 그 낙서의 법칙을 본받아 응용하는 원리가 홍범(洪範)이라고 하였다.

낙서는 1에서부터 9까지의 수가 조리정연하게 배열되어 있는데 가로와 세로로 각각 3줄씩 배열된 숫자는 맨 앞줄에 가로로 4·9·2가 있고 가운데 줄에는 3·5·7이 있고 맨 뒷줄에는 8·1·6이 있어 가로, 세로, 대각에 있는 3개의 수를 합하면 모두 15가 되어 수량적 균형이 잡혀 있으므로 가운데의 5를 중심으로 동서남북이 조화를 이루는 체계이다.

이것은 하(夏)나라와 상(商)나라를 거치면서 균평한 정치사회를 건설하는 대원칙으로 부상하여 음양(陰陽)과 5행(五行)의 사상과 더불어 9주(九疇)의 논리로 발전해서 정부를 조직하고 지역을 나누는 기본원칙이 되었다.

이 편은 무왕(武王)이 주(紂)를 축출하고 기자(箕子)가 홍범구주(洪範九疇)를 차례로 서술한 내용인데 『금문상서(今文尚書)』와 『고문상서(古文尚書)』에 모두 수록되어 있다.

4-6-1 ························· 惟十有三祀에 王이 訪于箕子하시다

『때는 바야흐로 13년에 왕이 기자에게 찾아가서 물으시다.』

◉ 무왕이 제왕학(帝王學)의 대가인 기자를 스승으로 높여 찾아가서 물은 사실을 밝혔다.

십유삼사(十有三祀)는 앞(4-1-1)에서 밝힌 십유삼년(十有三年)과 같은 해인데 주(周)나라는 연(年)을 사용했으나 기자(箕子)는 주나라의 신(臣)이 되기를 거부하였기 때문에 은(殷)나라가 사용하던 사(祀)를 써서 신하가 되지 않았음을 밝혔다. 왕(王)은 무왕(武王)이니 사관(史官)이 기록한 것이고 방(訪)은 찾아가서 물은 것이며 기자(箕子)는 앞(4-5-9)에서 무왕이 석방한 기자이다.

스승은 가서 가르치는 의리가 없으므로 무왕이 기자를 스승으로 받들어 찾아가서 물으니 그 도를 소중하게 여기고 스승을 존경하여 배우려는 마음이 아름답기 그지없다. 모름지기 정치지도자는 무왕의 학문을 좋아함을 본받을지어다.

4-6-2 ······························ 王이 乃言하사 曰嗚呼라 箕子여
惟天陰騭下民하사 相協厥居하시니
我는 不知其彝倫攸叙하노라

『왕이 겨우 언급하시어 말씀하시기를 오호라, 기자여! 오직 하늘이 몰래 하층민중을 안정하시어 그 삶을 도와서 협력하게 하시니 나는 그 사람으로서 떳떳이 지켜야 할 윤리가 베풀어지는 바를 알지 못하노라.』

◉ 무왕이 마침내 기자를 찾아온 목적에 대하여 언급하면서 하늘이 음밀하게 하층민중을 안정시켜 자율협동사회를 만드는 원리를 받들어 사람답게 사는 사회를 건설할 수 있는 정치강령을 가르쳐 달라고

하였다.

내(乃)는 겨우, 언(言)은 언급(言及)이니 무왕(武王)이 주(紂)를 추방하여 상(商)나라를 멸망시키고 기자(箕子)를 감옥에서 석방시켰으므로 그 동안의 큰 변화가 있었기 때문에 서로의 심경을 헤아려 머뭇거리다가 겨우 언급한 것이다. 음(陰)은 음밀(陰密)함이니 몰래 비밀로 함이며 즐(騭)은 안정함이요 상협(相協)은 도와서 협력함이고 이륜(彝倫)은 사람으로서 떳떳하게 지켜야 할 윤리(倫理)요 서(叙)는 베풀어 펼치는 것이다.

하늘의 자연적인 화합질서를 본받아 인민이 스스로 자율자치하여 화합세계를 건설하는 정치강령을 찾아 구하는 무왕의 정치이상은 지극히 높으니 곧 태평성대를 경영하려고 뜻을 세운 것이다.

4-6-3 ······················ 箕子가 乃言하야 曰我聞하니
在昔鯀이 陻洪水하야 汨陳其五行한대
帝乃震怒하사 不畀洪範九疇하시니
彝倫攸斁이라 鯀則殛死어늘 禹乃嗣興한대
天乃錫禹洪範九疇하시니 彝倫攸叙니라

『기자가 겨우 언급하여 말하기를 나는 들으니 옛날에 곤이 홍수를 막아 그 오행을 펼치는 것을 어지럽힌대 하느님이 이에 크게 분노하시어 홍범구주를 주지 아니하시니 사람이 지켜야 할 떳떳한 윤리가 무너지는 바이라 곤은 곧 귀양을 가서 죽거늘 우가 이에 이어받아서 일으킨대 하늘이 이에 홍범구주를 내리시니 사람이 지켜야 할 떳떳한 윤리가 베풀어지는 바이니라.』

◐ 기자가 제왕학(帝王學)을 후세에 전하기 위하여 스승의 사명감

으로 무왕에게 홍범구주의 학문적 연원을 밝혔으니 아래는 모두 그것을 차례로 해설한 내용이다.

　내언(乃言)은 앞(4-6-2)에서 이미 해설하였고 재석(在昔)은 옛날이며, 곤(鯀)은 앞(1-2-12)에서 이미 해설하였다. 인(陻)은 막는 것이요 골진(汨陳)은 진열(陳列)한 것을 어지럽혀 흩어지게 함이고 오행(五行)은 앞(1-3-7)에서 이미 해설하였으며 제(帝)는 하느님이다. 비(畀)는 주는 것이고 홍범구주(洪範九疇)는 이 편의 해제(解題)에서 해설하였는데 아래 경문(經文)에 일왈(一曰)부터 구왈(九曰)까지가 그 내용이다. 이륜(彝倫)은 앞(4-6-2)에서 해설하였고 도(斁)는 무너짐이요 사(嗣)는 우(禹)가 곤(鯀)의 아들로서 그 치수사업(治水事業)을 계승함이며 흥(興)은 홍수(洪水)를 성공적으로 다스려 부흥(復興)함이다. 석(錫)은 내려주는 것이고 서(叙)는 베풀어 펼치는 것이다.

　하늘과 땅은 감응하는 이치가 있어서 합리적으로 착하게 하면 복을 내려 돕고 억지로 악하게 하면 재앙을 내려 해치는바 우(禹)가 수(水), 화(火), 목(木), 금(金), 토(土)의 5행의 상생과 상극의 자연법칙에 따라 합리적으로 치수공사를 추진하여 성공하니 하늘이 신령한 거북을 내려주어서 우가 이를 연역해서 홍범구주의 화합질서체계를 발견하여 국가를 경영하는 대원칙으로 삼은 것이다.

　　　　　　　　　　　　　초일　　　왈오행　　　차이　　왈경용오사
4-6-4 ‥‥‥‥‥‥‥‥‥ 初一은 曰五行이요 次二는 曰敬用五事요
　　　　　　차삼　　　왈농용팔정　　　차사　　왈협용오기
　　　　　次三은 曰農用八政이요 次四는 曰協用五紀요
　　　　　차오　　　왈건용황극　　　차육　　왈예용삼덕
　　　　　次五는 曰建用皇極이요 次六은 曰乂用三德이요
　　　　　차칠　　　왈명용계의　　　차팔　　왈념용서징
　　　　　次七은 曰明用稽疑요 次八은 曰念用庶徵이요
　　　　　　차구　　　왈향용오복　　　위용륙극
　　　　　次九는 曰嚮用五福하고 威用六極이니라

　『처음에 하나는 말하기를 오행이요 다음에 둘은 말하기를 공경하

되 오사로써 함이요 다음 셋은 말하기를 농사에 힘쓰되 팔정으로써 함이요 다음 넷은 말하기를 협조하되 오기로써 함이요 다음 다섯은 말하기를 세우되 황극으로써 함이요 다음 여섯은 말하기를 다스리되 삼덕으로써 함이요 다음 일곱은 말하기를 밝히되 계의로써 함이요 다음 여덟은 말하기를 생각하되 서징으로써 함이요 다음 아홉은 말하기를 누리되 오복으로써 하고 두려워하되 육극으로써 함이니라.』

◑ 일찍이 우가 정립한 홍범구주의 강령을 차례로 밝혀 정치의 체계와 행정의 순서에 따라 사업분야에 특성이 있음을 논증하였다.

1로부터 9까지의 자연수는 신령한 거북의 등에 있는 낙서(洛書)의 배열수이고 그 아홉 가지 범주의 주체적인 사업과 방법은 아래 경문(經文)에 차례로 기술되어 있다. 오행(五行)은 자연의 진리에 순응함이고 경(敬)은 인간을 존중함이며 오사(五事)는 다섯 가지의 사람이 갖추어야 할 일이다. 농(農)은 식량을 생산함이고 팔정(八政)은 여덟 가지의 정부를 구성하는 기구이며 협(協)은 협동사회를 만드는 것이요 오기(五紀)는 다섯 가지 통일질서이고 건(建)은 자립자치(自立自治)의 체제를 확립함이고 황극(皇極)은 위대한 지도력이요 예(乂)는 아름답게 다스리는 것이며 삼덕(三德)은 세 가지 사회도덕이다. 명(明)은 현명하게 사업을 추진함이요 계의(稽疑)는 의문점을 논의함이여 염(念)은 항상 생각하여 잊지 않고 확인함이고 서징(庶徵)은 여러 가지 징험이다. 향(嚮)은 인생의 행복을 누리는 것이고 오복(五福)은 다섯 가지 행복이요 위(威)는 인생의 불행을 두려워하는 것이며 육극(六極)은 여섯 가지 큰 불행이다.

이 아홉 가지는 정치의 이념이며 동시에 행정의 목표인즉 홍범구주를 배우는 사람은 그 간결한 말 속에 무한한 뜻이 들어 있는 것을 속속들이 헤아려 정치지도력을 배양해야 한다.

4-6-5 ····················· 一의 五行이란 一은 曰水요 二는 曰火요

일 오행 일 왈수 이 왈화

삼　왈목　　　사　왈금　　　오　왈토
三은 曰木이요 四는 曰金이요 五는 曰土니
　　　　　　수　왈윤하　　　화　왈염상
　　　水는 曰潤下요 火는 曰炎上이요
　　　　　목　왈곡직　　　금　왈종혁
　　　木은 曰曲直이요 金은 曰從革이요
　　　토　원가색　　　　윤하　작함
　　　土는 爰稼穡이니라 潤下는 作鹹하고
　　　염상　작고　　　곡직　작산
　　　炎上은 作苦하고 曲直은 作酸하고
종혁　작신　　　가색　작감
從革은 作辛하고 稼穡은 作甘이니라

『첫째의 오행이란 하나는 말하기를 물이요 둘은 말하기를 불이요
셋은 말하기를 나무요 넷은 말하기를 쇠요 다섯은 말하기를 흙이니
물은 말하기를 물건을 적시며 아래로 흐르고 불은 말하기를 불꽃을
뿜으며 타오르고 나무는 말하기를 굽으면서 곧게 자라고 쇠는 말하기
를 따르면서도 바꾸고 흙은 농작물을 심어서 거두어들이니라. 물건을
적시며 아래로 흐르는 것은 짜게 되고 불꽃을 뿜으며 타오르는 것은
쓰게 되고 굽으면서 곧게 자라는 것은 시게 되고 따르면서 바꾸는 것
은 맵게 되고 농작물을 심어서 거두는 것은 달게 되느리라.』

　● 오행은 만물을 조직하여 생성변화하는 5대 원기(元氣)로서 곧 수
(水), 화(火), 목(木), 금(金), 토(土)로 상징되는바 그 성질과 맛이 서로
달라서 상생과 상극의 복합구조로 이루어진 가운데 질서와 조화가 있
는 자연법칙임을 밝혔다.
　일(一), 이(二), 삼(三), 사(四), 오(五)는 오행(五行)이 생성하여 나온
순서인데 태허(太虛)의 담일청허(湛一淸虛)한 일원의(一元)의 기(氣)가
태극(太極)의 원리에 따라 스스로 발동해서 맑고 가벼운 기운은 위로
올라가서 하늘이 되고 흐리고 무거운 기운은 아래로 내려와서 땅이
되니 비로소 음(陰)과 양(陽)이 나누어졌다. 이에 하늘이 1로 물을 내
니 땅이 6으로 물을 이루며 땅이 2로 불을 내니 하늘이 7로 불을 이루

며 하늘이 3으로 나무를 내니 땅이 8로 나무를 이루며 땅이 4로 쇠를 내니 하늘이 9로 쇠를 이루며 하늘이 5로 흙을 내니 땅이 10으로 흙을 이루어 오행(五行)이 갖추어졌다. 따라서 하늘땅이 창조된 이래로 가장 먼저 물이 생성하였고 그 다음 불·나무·쇠·흙의 순서로 생겨나왔으니 물과 나무와 흙은 양성음질(陽性陰質)이고 불과 쇠는 음성양질(陰性陽質)이다. 윤하(潤下)는 물건을 적시며 아래로 흐르는 것이고 염상(炎上)은 불꽃을 뿜으며 타오르는 것이며 곡직(曲直)은 굽으면서 곧게 자라는 것이요 종혁(從革)은 순종하여 그대로 있지만 조건이 바뀌면 변화하는 것이고 가색(稼穡)은 농작물을 심어서 거두어들이는 것이니 모두 오행의 특징적 성질과 기능의 차이점을 밝힌 내용이다. 작(作)은 위(爲)의 뜻이니 함(鹹)은 짠 것이요 고(苦)는 쓴 것이며 산(酸)은 신 것이고 신(辛)은 매운 것이며 감(甘)은 단 것인데 오행의 맛과 색깔과 모양과 소리가 서로 다른 특징이 있음을 밝힌 내용이다.

이 음양(陰陽) 오행(五行)의 논리는 만물은 모두 각각 자기의 특성을 가지고 있어서 서로 다르다는 만물상이론(萬物相異論)을 정립한 철학으로서 합리적으로 개발하여 이용하면 무한한 가치를 창출하지만 만일 그 특성을 무시하고 무리하게 다루면 재앙을 초래한다는 엄연한 사실을 변증한 것인즉 학자는 천리(天理), 물리(物理), 사리(事理)를 연구하여 자연과학적 합리주의에 철저한 오행의 상생과 상극체계를 통달하여 자연의 대화합질서를 깨닫기 바란다. 왜냐하면 사람은 본래 이 세상에서 태어나서 이 세상에서 살다가 이 세상으로 돌아가는 것이므로 이 세상의 진리를 본받아 천인합일(天人合一), 물아일체(物我一體)의 경지에 올라 쾌활한 우주 속에서 활발하게 사는 것이 가장 이상적인 삶의 방식이기 때문이다.

4-6-6 ·······················
二의 五事란 一은 曰貌요 二는 曰言이요
이 오사 일 왈모 이 왈언
三은 曰視요 四는 曰聽이요 五는 曰思니
삼 왈시 사 왈청 오 왈사

貌는 曰恭이요 言은 曰從이요 視는
曰明이요 聽은 曰聰이요 思는 曰睿니라
恭은 作肅하며 從은 作乂하며 明은
作哲하며 聽은 作謀하며 睿는 作聖이니라

『둘째의 오사란 하나는 말하기를 모양새요 둘은 말하기를 말이요
셋은 말하기를 봄이요 넷은 말하기를 들음이요 다섯은 말하기를 생각
함이니 모양새는 말하기를 공경함이요 말은 말하기를 조용히 부드럽
게 함이요 봄은 말하기를 밝음이요 들음은 말하기를 예민하게 알아들
음이요 생각은 말하기를 슬기로움이니라. 공경함은 정숙하게 되며 조
용히 부드럽게 함은 평온하게 되며 밝음은 어질게 되며 예민하게 알
아들음은 의논하게 되며 슬기로움은 신성하게 되느니라.』

● 두번째의 오사(五事)란 모(貌), 언(言), 시(視), 청(聽), 사(思)의 다
섯 가지의 동작과 운위(云爲)임을 밝히고 그 특징적 기능과 효과를 서
술하여 인간의 존엄성은 인간의 능력개발에서 실현된다는 사실을 변
증하였다.

모(貌)는 용모(容貌)로 인간의 모양새이고 공(恭)은 공경(恭敬)함이며
종(從)은 종용(從容)하고 부드럽게 말함이고 명(明)은 눈이 밝아서 명
확(明確)하게 살핌이다. 총(聰)은 귀가 밝아서 민첩하게 알아듣는 것이
고 예(睿)는 마음이 밝아서 도리(道理)를 통달함이며 숙(肅)은 정숙(整
肅)함이요 예(乂)는 평온함이고 철(哲)은 현철(賢哲)함이다. 모(謀)는 꾀
하여 의논함이고 성(聖)은 신성(神聖)함이니 인간의 외면적인 시청언
동(視聽言動)과 내면적인 생각으로 훌륭한 인격을 완성한다는 뜻이다.

그러므로 공자(孔子)는 극기복례(克己復禮)가 인(仁)함이라고 하면서
그 수양방법으로 예(禮)가 아니면 보지 말고 듣지 말고 말하지 말고
움직이지 말라고 하였으니[『논어(論語)』 안연(顏淵)] 그 의미가 매우

깊고 멀다. 결국 정치의 목적은 현명한 국민을 만들어 자율자치하는 사회를 건설하는 것이므로 인간의 성리(性理), 심리(心理), 정리(情理)를 다하는 능력개발이 대단히 중요한 까닭에 홍범(洪範)에서 오행(五行)의 자연과학적 합리주의를 첫번째 말하고 오사(五事)의 인문과학적 합리주의를 두 번째로 말하여 천리(天理)를 밝힌 우주론과 인성(人性)을 닦은 인생론이 홍범의 바탕임을 설파하였다.

4-6-7 ·························· 三의 八政이란 一은 曰食이요 二는 曰貨요
三은 曰祀요 四는 曰司空이요
五는 曰司徒요 六은 曰司寇요
七은 曰賓이요 八은 曰師니라

『셋째의 팔정이란 하나는 말하기를 식량이요 둘은 말하기를 재화요 셋은 말하기를 제사요 넷은 말하기를 토목이요 다섯은 말하기를 교육이요 여섯은 말하기를 사법이요 일곱은 말하기를 외교요 여덟은 말하기를 국방이니라.』

◉ 세번째로 여덟 가지 정사(政事)를 펼치는 국가의 정부조직기구를 두어서 업무를 분담하는 행정체계를 밝혔다.

식(食)은 식량정책을 주관하는 농림부(農林部)이고 화(貨)는 재정(財政)을 주관하는 재무부(財務部)이며 사(祀)는 제사(祭祀)를 주관하는 전사부(典祀部)이며 사공(司空)은 토지를 개간하고 도시를 개발함에 토목사업을 주관하는 건설부(建設部)이고 사도(司徒)는 학술을 연마하여 학생을 교육하는 교육부(敎育部)이며 사구(司寇)는 치안(治安)과 재판(裁判)을 주관하는 법무부(法務部)와 사법부(司法府)이고 빈(賓)은 국빈(國賓)을 영접하는 외교부(外交部)이며 사(師)는 군사를 훈련하여 국토

를 수호하는 국방부(國防部)이다.

국가는 그 정치이념을 구현하기 위하여 가장 공명하고 능률적인 방법으로 정부를 조직하여 민생의 안정을 도모하고 복지사회를 건설해서 국가의 안전을 보장해야 된다. 그리하여 순(舜)임금 시대로부터 6부3사를 두어서(1-3-8) 각 분야별로 나누어 전담하게 하였으니 공동분수주의(共同分數主義)에 바탕한 사회과학적 합리주의의 실현이다.

4-6-8 ································ 四의 五紀란 一은 曰歲요

二는 曰月이요 三은 曰日이요

四는 曰星辰이요 五는 曰曆數니라

『넷째의 오기란 하나는 말하기를 해요 둘은 말하기를 달이요 셋은 말하기를 날이요 넷은 말하기를 해가 뜨고 지는 시각과 초하루요 다섯은 말하기를 절기가 돌아가는 순서이니라.』

● 네번째로 자연과 인간의 통일질서를 구현하기 위하여 정확한 역법을 계산해서 책력(冊曆)을 만들어 인간의 활동시간을 조절해야 건강하고 명랑한 사회를 건설할 수 있음을 밝혔다.

기(紀)는 통일질서를 세우는 기율(紀律)이고 세(歲)와 월(月)과 일(日)과 성신(星辰)과 역수(曆數)는 앞(1-1-3, 8)에서 자세히 해설하였는데 이것은 철에 따라 기후가 변하고 밤과 낮의 길이가 다르기 때문에 인간의 활동시간을 조절하여 지치거나 병들지 않도록 배려해서 항상 명랑하고 쾌활한 삶을 통일적으로 경영케 하는 방법이다.

4-6-8 ····························· 五의 皇極이란 皇이 建其有極이니

염 시 오 복　　　용 부 석 궐 서 민
歆時五福하야 用敷錫厥庶民하면

유 시 궐 서 민　　우 여 극　　　석 여 보 극
惟時厥庶民이 于汝極하야 錫汝保極이니라

『다섯째의 황극이란 황이 그 지극함이 있는 것을 세움이니 이 다섯 가지 복을 모아서 그 서민대중에게 베풀어주면 오직 때로 그 서민대중이 그대의 지극함을 하여 그대에게 지극함을 보호하여 주니라.』

● 황제가 도덕을 밝혀 정치인의 지극한 모범을 보이고 인류의 사표가 되어 서민대중에게 행복을 누리게 하면 서민대중도 그 모범을 본받아 실천하여 안락태평한 국풍을 일으켜 황제의 신성한 도덕을 보호하여 주는 군민일체(君民一體)의 지도력을 밝혔다.

황(皇)은 위대한 정치지도력이요 극(極)은 지극한 표준이니 왕(王)이 그 나라의 최고 표준을 먼저 세워야만 국민이 정부를 신임하고 따르기 때문에 국정집행에 협력체제를 갖추게 되는 것이다. 염(歆)은 염(歛)과 같고 오복(五福)은 앞(4-6-4)에서 해설하였으며 부(敷)는 베풀어 펼침이요 석(錫)은 주는 것이며 우(于)는 위(爲)의 뜻이다.

아래에 왕의 지극한 모범행실을 차례로 기술하였으니 정치지도자는 깊이 연구할지어다.

범 궐 서 민　　　무 유 음 붕
4-6-10 ······································ 凡厥庶民에 無有淫朋하며

인 무 유 비 덕　　　유 황　　작 극
人無有比德은 惟皇이 作極함이니라

『무릇 그 서민에게 음란한 붕당이 있지 아니하며 사람에게 끼리끼리 가까이 하는 덕이 있지 아니함은 오직 황이 지극한 모범을 이루기 때문이니라.』

◉ 서민사회에 분열과 대립이 없고 관리와 지도층에 파벌과 당파가 없는 것은 왕이 공명정대한 지도력으로 대동공화의 정치를 이룩하기 때문임을 서술하여 황극(皇極)이 지공무사(至公無私)한 표준임을 밝혔다.

음붕(淫朋)은 음란하고 사악(邪惡)한 붕당(朋黨)이요 인(人)은 벼슬자리에 있는 사람과 사회지도층에 있는 인사이며 비덕(比德)은 개인적으로 특별히 친근하게 보살피는 덕(德)이다. 황(皇)은 위대하고 거룩한 왕(王)이고 작극(作極)은 지극한 표준을 이룩함이다.

4-6-11 ····························· 凡厥庶民이 有猷有爲有守하나니
　　　　　　　　　　　　　　 汝則念之하며 不協于極이라도
　　　　　　　　　　　　　　 不罹于咎어든 皇則受之하고
　　　　　　　　　　　　　　 而康而色하야 曰予攸好德이라거든
　　　　　　　　　　　　　　 汝則錫之福하면 時人이
　　　　　　　　　　　　　　 斯其惟皇之極하리라

『무릇 그 서민이 꾀가 있으며 함이 있으며 지킴이 있나니 그대는 곧 그것을 생각하며 지극한 모범에 화합하지 않을지라도 허물에 걸리지 않거든 왕은 곧 수용하고 이에 건강하며 이에 얼굴색을 꾸며 말하기를 나는 덕을 좋아하는 바라고 하거든 그대가 곧 그들에게 복을 내리면 이 사람이 이에 그 왕이 지극한 모범을 사모하리라.』

◉ 황극(皇極)은 자연스러운 덕화(德化)로 세우는 것이지 절대로 강요하여 조장한 것이 아님을 밝혔다.

유유(有猷)는 좋은 계책이 있는 것이고 유위(有爲)는 추진력이 있는

것이며 유수(有守)는 확고하게 지킴이 있는 것이니 모두 서민대중의 잠재역량이다. 여(汝)는 무왕(武王)을 지칭하는 대명사이고 념(念)은 서민대중의 잠재역량을 개발하여 국가건설의 추동력으로 삼을 것을 생각하라는 뜻이다. 협(協)은 화합(和合)이고 이(罹)는 걸리는 것이며 구(咎)는 과오나 실수이다. 수(受)는 배척하지 않고 수용(受容)함이요 이(而)는 이에, 강(康)은 건강함이며 색(色)은 얼굴빛을 꾸밈이다. 여(予)는 서민이 자기를 지칭하는 대명사이고 시(時)는 시(是)와 같으며 유(惟)는 사모하여 생각함이다.

왕이 황극을 세우는 목적은 자기의 권위를 높이기 위함이 아니고 서민대중의 무한한 잠재력을 개발하여 국가건설의 추동력을 발굴하기 위함이므로 절대로 총화(總和)를 해쳐서는 안 된다.

4-6-12 ·· 無虐煢獨하고 而畏高明하라

『형제가 없는 사람과 자식이 없는 늙은이를 학대하지 말고 고상하고 현명한 사람을 두려워하라.』

◎ 왕은 만민을 똑같이 사랑하여 외로운 사람들을 학대하지 말고 고상한 뜻을 가진 선비와 현명한 지식인들의 비판을 두려워하여 시행착오가 없어야 함을 밝혔다.

학(虐)은 학대하여 차별대우함이고 경(煢)은 형제가 없는 고단한 사람이며 독(獨)은 늙어서 자식이 없는 독거노인이다. 외(畏)는 두려워하여 조심함이요 고(高)는 고상한 뜻을 가진 선비이고 명(明)은 현명한 사람들이다.

전배(前輩)들이 고명(高明)을 높고 밝은 집을 가진 부귀한 사람으로 해석하고 무(無)자를 외(畏)에다 부쳐서 두려워하지 말라고 해석하였으니 문법과 어의를 모두 해치는 어리석음을 범했다.

인지유능유위 　 사수기행 　 　이방
人之有能有爲로 使羞其行하면 而邦이

기창 　 　 　 범궐정인 　 기부
其昌하리라 凡厥正人은 旣富라야

방곡 　 　 여불능사유호우이가
方穀이니 汝弗能使有好于而家하면

시인 　 사기고 　 　 우기무호덕
時人이 斯其辜리라 于其無好德에

여수석지복 　 　 　 　기작여용구
汝雖錫之福이라도 其作汝用咎리라

『사람이 능력을 가지고 있으며 함이 있는 이로 하여금 그 행실을
부끄러워하게 하면 너의 나라가 그 번창하리라. 무릇 그 바른 사람은
이미 넉넉해야 바야흐로 착하나니 그대가 능히 하여금 너의 집에 좋
아함이 있지 못하면 이 사람들이 곧 그 죄를 지으리라. 그 덕을 좋아
함이 없는 사람에게 그대가 비록 복을 내려줄지라도 그것은 그대에게
허물로서 작용하리라.』

　●　황극(皇極)은 대동공화(大同共和)사회를 추구하여 만민을 두루
사랑하여 일시동인(一視同仁)하지만 그러나 도덕심을 가지고 공동선
(共同善)을 추구하는 사람을 관리로 등용하고 소인배를 멀리하여야
국가가 발전하는 것임을 밝혔다.
　수(羞)는 부끄러워함이니 능력이나 또는 추진력이 남만 같지 못함
을 부끄러워함이다. 이방(而邦)은 너의 나라이고 창(昌)은 번창함이며
정인(正人)은 바른 사람으로 곧 선량한 공민(公民)이며 부(富)는 경제
적으로 넉넉함이요 곡(穀)은 착하게 사는 것이다. 호(好)는 좋아함이고
이가(而家)는 너이 집이니 곧 왕가(王家)를 지칭하며 사(斯)는 곧, 고
(辜)는 죄를 지음이다. 이것은 선량한 사람도 생활이 넉넉해야 착하게
사는 것임을 지적하고 만일 그 생활이 궁색하게 되면 왕가(王家)를 원
망하면서 곧 죄를 짓는 데 이르름을 밝힌 것이다. 무호덕(無好德)은
사리사욕(私利私慾)만을 탐하는 소인대(小人輩)요 복(福)은 녹(祿)이니
소인배에게 관작(官爵)을 주어 등용하는 것이다.

여기에서는 세 가지를 경계하였으니, 첫째 유능하고 유위(有爲)한 사람은 영달케 하여 능력발휘를 권장할 것, 둘째 바르게 사는 양민들의 살림이 넉넉하도록 경제를 개발하고 사회정의를 확립할 것, 셋째 사리사욕만 탐하는 소인배는 절대로 관리에 임용하지 말 것 등이니 의미가 심장하다.

4-6-14 ‥‥‥‥‥‥‥‥‥‥‥‥‥‥

무편무피 준왕지의
無偏無陂하야 遵王之義하며

무유작호 준왕지도
無有作好하야 遵王之道하며

무유작오 준왕지로
無有作惡하야 遵王之路하리라

무편무당 왕도탕탕
無偏無黨하면 王道蕩蕩하며

무당무편 왕도평평
無黨無偏하면 王道平平하며

무반무측 왕도정직
無反無側하면 王道正直하리니

회기유극 귀기유극
會其有極하야 歸其有極하리라

『치우침이 없고 기울어짐이 없어야 왕의 의무를 따라 행하며 좋아함을 나타냄이 없어야 왕의 도덕을 따라 행하며 미워함을 나타냄이 없어야 왕의 노선를 따라 행하리라. 치우침이 없고 붕당이 없으면 왕의 도덕이 넓고 크며 붕당이 없고 치우침이 없으면 왕의 도덕이 평평하고 쉬우며 반전함이 없고 기울어진 쪽이 없으면 왕의 도덕이 바르고 곧으리니 그 지극한 모범이 있는 것을 모아 그 지극한 모범이 있는 데로 돌아가리라.』

● 황극(皇極)은 왕의 지공무사(至公無私)한 정치지도력으로 세우는 것임을 노랫말로 서술하였다.

편(偏)은 불공평(不公平)함이고 피(陂)는 중심(中心)이 없어서 자주자

립(自主自立)하지 못함이며 준(遵)은 따라서 행함이요 왕(王)은 요(堯), 순(舜), 우(禹), 탕(湯)처럼 덕치인정(德治仁政)을 베풀어 태평성대를 건설한 거룩한 임금이고 의(義)는 임금이 세상을 경영하여 인민을 구제(救濟)하는 의무(義務)이다. 유작호(有作好)와 유작오(有作惡)는 임금이 좋아하고 싫어하는 감정을 밖으로 나타내는 것이니 곧 임금이 감정을 조절하고 기분을 통제하는 능력을 상실하여 경박하게 됨으로써 즉흥적 또는 감정적으로 국사를 처리하게 될 뿐만 아니라 또한 신하들이 임금의 감정과 기분을 살펴 아첨하는 풍조가 일어나기 때문에 중용(中庸)의 도덕과 정치의 목적을 추구하여 나아가는 기본노선(基本路線)을 벗어나게 되는 것이다. 당(黨)은 붕당(朋黨)이니 국가사회의 정의를 추구하는 군자당(君子黨)이 아니고 사리사욕(私利私慾)만 채우려고 열중하는 소인당(小人黨)이요 왕도(王道)는 문덕(文德)으로 자율자치(自律自治)하는 정치문화를 숭상하는 위대한 정치지도자의 길이며 탕탕(蕩蕩)은 넓고 큰 모양이니 광대(廣大)하여 천하에 막힘이 없다는 뜻이고 평평(平平)은 평탄하고 쉬움이니 전체 인류가 쉽게 이해하고 따른다는 뜻이다. 반(反)은 반전(反轉)함이니 180도로 뒤집힘이고 측(側)은 90도로 뒤집힘인데 곧 주의주장(主義主張)이 없어서 변덕이 심함이고 정직(正直)은 정위(正位)의 권능(權能)이 확립되는 것이다. 회(會)는 회통(會通)하여 하나로 통일함이고 유극(有極)은 지극한 표준이 있는 것이며 귀(歸)는 성왕(聖王)이 거룩한 모범에 합하여 귀일(歸一)한다는 말이다.

이것은 정치의 최고지도자가 반드시 갖추어야 될 공명정대한 지도력의 표상이니 정치가와 학자는 천만 번을 읽어서 간과 뇌에 새겨야 영원히 잊지 못하는 정치지도자가 될 것이다.

4-6-15 ······························ 曰皇極之敷言은 是彝是訓이니
于帝其訓이니라

『말하건대 황극에 대하여 자세히 풀이한 말은 이에 떳떳한 법이요 이에 훌륭한 교훈이니 하느님으로부터 그 가르치심이니라.』

☯ 앞에서 부연 설명한 황극의 논리는 정치지도자가 지켜야 될 떳떳한 행실인데 이것은 모두 천덕(天德)을 본받고 천리(天理)를 밝혀서 얻은 이훈임을 지적했다.

왈(曰)은 결론적으로 요약하여 말함이요 부언(敷言)은 부연(敷衍)하여 더욱 자세히 설명함이니 곧 앞에서 말한 황극(皇極)을 세우는 왕의 행동수칙이다. 이(彝)는 떳떳한 법(法)이요 훈(訓)은 훌륭한 교훈(敎訓)이며 우(于)는부터, 제(帝)는 하느님이다.

천도(天道)는 말이 없지만 날마다 자연현상으로 뚜렷이 나타나는 것이니 이것을 추리하여 천덕(天德)을 헤아리면 진실하고 착하고 아름다운 공명정대한 성실체(誠實體)를 확인할 수 있는 것이다.

4-6-16 ························ 凡厥庶民이 極之敷言을 是訓是行하면
以近天子之光하야 曰天子가
作民父母하사 以爲天下王하나니라

『무릇 그 서민대중이 황극에 대하여 자세히 풀이한 말을 이에 교훈으로 하고 이에 실행하면 천자의 아름다움을 가까이 하여 말하기를 천자가 민중의 부모가 되시어 천하의 왕 노릇을 하신다고 하니라.』

☯ 여기에서는 서민대중이 황극의 공명정대한 행동수칙을 받들어 실행하면 군민일체(君民一體)의 정치역량을 발휘하여 천자를 부모처럼 가까이 하고 믿어서 천하에 왕 노릇을 하게 됨을 밝혔다.

근(近)은 친근(親近)하여 신임함이고 광(光)은 도덕문화(道德文化)가 아름답게 빛남이며 왈(曰)은 서민대중이 말함이요 천하왕(天下王)은

천하에 왕(王) 노릇을 함이니 모든 인류가 기쁘게 따른다는 뜻이다.

황극(皇極)은 위대한 왕의 지극한 표준이므로 왕이 먼저 모범을 보이면 서민대중들도 그것을 본받아 실행하므로 민도(民度)가 높아지고 문화가 발전하여 자율자치질서가 확립되는 까닭에 아름다운 국풍(國風)이 이룩되는 것이다. 따라서 정치지도자는 정치문화가 타락한 이유를 다른 데서 찾지 말고 자기자신이 황극을 세우지 못한 것을 반성하라.

4-6-17 ·····························
六의 三德이란 一은 曰正直이요
二는 曰剛克이요 三은 曰柔克이니
平康에는 正直이요 彊弗友에는
剛克하고 燮友에는 柔克하며 沈潛에는
剛克하고 高明에는 柔克이니라

『여섯째의 삼덕이란 하나는 말하기를 바르고 곧음이요 둘은 말하기를 굳셈으로 다스림이요 셋은 말하기를 부드러움으로 다스림이니 화평하고 편안함에는 바르고 곧게 하고 억세고 화합하지 아니함에는 굳셈으로 다스리고 조화하여 화합함에는 부드러움으로 다스리며 마음이 가라앉아 생각이 깊음에는 굳셈으로 다스리고 뜻이 높고 사리에 밝음에는 부드러움으로 다스리니라.』

◉ 여기에서는 국가관리의 기강을 확립하여 관기(官紀)를 숙정하고 이도(吏道)를 쇄신하는 대책을 밝혔다.

삼덕(三德)은 왕(王)이 신하(臣下)를 통솔하여 정치와 행정을 주재하는 세 가지 지도방법으로 곧 정직함과 굳셈과 부드러움의 덕(德)이다. 정직(正直)은 바르고 곧아서 편벽됨이나 굽힘이 없는 것이고 강극(剛

克)은 굳세게 다스려 꺾음이나 변함이 없는 것이며 유극(柔克)은 부드럽게 다스려서 관대하게 포용하는 것이니 극(克)은 다스리는 것이다. 강(彊)은 억센 기질이고 우(友)는 화합함이며 섭(燮)은 조화함이다. 침잠(沈潛)은 마음이 가라앉아 깊이 생각하여 결단력이 부족한 보수적인 것이고 고명(高明)은 뜻이 높고 사리에 밝아서 진보적인 생각을 하는 것이다.

정직은 관리가 지켜야 할 제1의 수칙이요 억세고 화합하지 않은 사람과 마음이 가라앉아 깊은 생각 속에 빠진 사람은 단호하게 다스려 화합발전의 길로 이끌고 조화하여 화합하는 사람과 뜻이 고상하고 사리에 밝은 사람은 부드럽게 다스려 적극적으로 일을 하도록 권장함으로써 정치적 분열과 행정적 정체를 방지하여 활발하게 약동하는 정부를 만드는 것이다.

4-6-18 ······························ 惟辟이 作福하며 惟辟이 作威하며
惟辟이 玉食하나니 臣無有作福作威玉食니라

『오직 임금이 복을 만들며 오직 임금이 권위를 만들며 오직 임금이 먹임을 이루나니 신하는 복을 만들고 권위를 만들며 먹임을 이룩함이 있지 않으니라.』

◉ 여기에서는 관리의 능력을 개발하여 정치사업을 성공해서 국리민복을 이룩하고 국가의 권위를 떨쳐서 인민이 배불리 먹고 살게 하는 모든 책임은 오직 임금에게 있음을 밝혔다.

벽(辟)은 임금이고 작복(作福)은 복지낙원(福祉樂園)을 건설함이요 작위(作威)는 나라의 권위(權威)를 드날리게 함이며 옥(玉)은 성(成)의 뜻이고 사(食)는 음식을 인민에게 먹이는 것이니 곧 민생경제를 튼튼하게 함이다.

4-6-19 ······························· 臣之有作福作威玉食하면
其害于而家하며 凶于而國하야
人用側頗僻하며 民用僭忒하니라

『신하가 복을 만들고 권위를 만들며 먹임을 이룩함이 있으면 그것은 그대의 집에 해로우며 그대의 나라에 재앙을 끼쳐서 사람이 기울어지고 비뚤어지며 편벽하게 되며 민중이 분수를 벗어나서 어기게 되니라.』

◐ 임금이 임금의 책임을 다하지 못하여 신하가 그 일을 대신하는 사태에 이르면 인민이 임금을 무시하고 국가를 멸시하여 나라에 기강이 무너져서 행정이 문란하게 됨을 밝혔다.
파(頗)는 비뚤어짐이요 벽(僻)은 편벽함이며 참(僭)은 분수를 넘어감이고 특(忒)은 어기는 것이다.
임금이 관리를 지도 감독하는 일은 대단히 중요한 직무로서 원할한 조직을 유지하여 능률적으로 정치사업을 추진하는 체제를 갖추는 것은 지도자의 지혜와 사랑과 용기에 달렸다.

4-6-20 ····························· 七의 稽疑란 擇建立卜筮人하야
乃命卜筮니라

『일곱째의 계의란 거북점과 산가지점을 칠 사람을 세워서 이에 거북점과 산가지점을 치라고 명령하나니라.』

◐ 여기에서는 정부의 정책결정에 있어서 국민적 합의를 얻어야 성공할 수 있음을 밝혔다.

계(稽)는 자세히 고찰함이고 의(疑)는 의심스러움이니 찬성과 반대가 서로 옳다고 주장하여 의견이 대립하기 때문에 공론(公論)을 알 수 없는 상황이다. 택(擇)은 가장 공정한 중립적 위치에 있는 사람을 선택함이고 건립(建立)은 건물을 세우듯이 사방에서 대립하는 양쪽이 모두 인정하는 행사로 공인(公認)을 받음이며 복(卜)은 거북점이니 큰 거북을 불에 태워 그 등이 갈라져서 터진 균열의 현상으로 길흉(吉凶)을 판단하는 것이고 서(筮)는 시초(蓍草)로 만든 산가지 49개로 18번 셈하여 괘(卦)를 얻어서 그 괘상(卦象)으로 길흉을 판단하는 것이니 모두 지공무사(至公無私)한 마음으로 신령의 계시를 받아 의견을 통일하는 방법이다. 인(人)은 성실하고 정직하게 사실대로 점괘를 풀이하겠다고 하늘땅에 맹세한 사람이며 명(命)은 왕(王)이 이에 공식적으로 직접 명령함이다.

계의(稽疑)는 인간의 지능으로는 도저히 그 이해득실과 길흉화복을 판단할 수 없을 때에 마지막의 합의과정으로 천지신명에게 물어서 결정하는 것인즉 대단히 엄중한 행사이다. 따라서 인간의 지혜로 능히 알 수 있는 일을 가지고 점을 치면 신령을 모독하는 행위가 되는 까닭에 가볍게 여겨서는 안 된다.

　　　　　　　　　　　　　왈 우　　왈 제　　　왈 몽　　　왈 역　　　왈 극
4-6-21·····················　曰雨와　曰霽와　曰蒙과　曰驛과　曰克이니라

『말하기를 비가 내리는 모양과 말하기를 날이 개인 모양과 말하기를 흐리멍텅한 모양과 말하기를 역로의 모양과 말하기를 서로 뒤섞여서 얼크러져 싸워 이기는 모양이니라.』

◉ 이것은 거북점을 쳐서 생긴 균열의 모양새를 살피는 복조(卜兆)의 종류이다.

우(雨)는 비가 내리는 모양이니 물을 상징하고 제(霽)는 날이 개인 모양이니 불을 상징하고 몽(蒙)은 흐리멍덩한 모양이니 나무를 상징

하고 역(驛)은 역(驛)으로 통하는 교통로(交通路)의 모양이니 끊어지지 않은 쇠를 상징하며 극(克)은 서로 뒤섞여 얼크러져 싸워 이기는 십자형(十字形)이니 흙을 상징한다. 이러한 수, 화, 목, 금, 토의 오행으로 미래의 운명을 예단하는 것이다.

4-6-22 ··· 曰貞과 曰悔니라
왈 정　　왈 회

『말하기를 바르게 지킴과 말하기를 고침이니라.』

◉ 이것은 역학(易學)에 의거하여 산가지점을 쳐서 얻은 여섯 효의 모양새를 살피는 점괘의 종류이다.

정(貞)은 바르게 지켜 고정된 모양이니 여섯 효(爻)가 모두 소양(少陽)이나 소음(少陰)이어서 상당기간에 변화가 없는 괘인데 굳이 이러한 괘에서도 정(貞)과 회(悔)를 나누면 내괘(內卦)의 세 효(爻)는 정이고 외괘(外卦)의 세 효(爻)는 회이다. 회는 개(改)의 뜻이니 처음 산가지를 셈하여 얻은 우괘(遇卦)에 노양(老陽)이나 노음(老陰)이 있어서 그 노양을 소음(少陰)으로 바꾸고 그 노음을 소양(少陽)으로 바꾸어 지괘(之卦)를 얻으니 이렇게 변화한 것을 회라고 한다. 따라서 정은 현상이 그대로 유지된다는 것이요 회는 곧 상황이 바뀐다는 것을 암시한다.

4-6-23 ··· 凡七에 卜이 五요
범 칠　　복　　오

占은 用二니 衍忒하니라
점　용 이　　연 특

『모두 일곱 가지 종류에 거북점이 다섯 가지요 산가지점은 두 가지를 쓰니 차이점을 추리하니라.』

☯ 거북점과 산가지점으로 판단할 수 있는 자료가 모두 앞에서 밝힌 일곱 가지임을 밝혔다.

오(五)는 거북등에 나타난 균열의 모양이 우(雨), 제(霽), 몽(蒙), 역(驛), 극(克)처럼 생김이고 이(二)는 산가지를 셈하여 얻은 정괘(貞卦)와 회괘(悔卦)이다. 연(衍)은 연구하고 비교하며 추리함이고 특(忒)은 어그러져서 서로 다른 차이점이다.

일곱 가지 모양은 분명하게 서로 다르므로 각각 그 모양을 바르게 헤아려서 밝혀내야만 신령의 뜻을 정확히 확인할 수 있는 것이다.

4-6-24 ························· 立時人하야 作卜筮하되 三人이
占하고 則從二人之言이니라

『이 사람을 세워서 거북점과 산가지점을 치되 세 사람이 점을 쳐서 곧 두 사람의 말을 따르니라.』

☯ 점의 공정성을 확보하기 위하여 반드시 세 사람이 각각 점을 쳐서 두 사람 이상이 일치한 말을 따르는 것을 밝혔다.

입(立)은 앞(4-6-20)에서 말한 건립(建立)이요 시(時)는 시(是)와 같으며 삼인점(三人占)은 점의 공정성을 확보하기 위하여 같은 내용을 동시에 세 사람에게 점치게 함이다. 종이인지언(從二人之言)은 대길(大吉), 원길(元吉), 길(吉), 무구(無咎), 회(悔), 인(吝), 흉(凶) 등의 점사(占辭)가 두 사람 이상이 일치한 내용을 따른다는 뜻이니 만일 세 사람이 모두 다르게 말하여 일치점이 전혀 없으면 흉(凶)한 것으로 인정하여 따르지 않고 다시 성실한 사람을 골라서 점을 치게 한다.

4-6-25 ························· 汝則有大疑어든 謀及乃心하며

모급경사   모급서인
謀及卿士하며 謀及庶人하며

모급복서
謀及卜筮하니라

『그대에게 곧 큰 의심이 있거든 논의함을 그대의 마음에 미치며 논의함을 경대부에 미치며 논의함을 서민대중에게 미치며 논의함을 거북점과 산가지점에 미치느니라.』

☯ 여기에서는 의심을 해결하는 논의의 단계를 차례로 서술하였다.

여(汝)는 왕(王)을 지칭하는 대명사이고 대의(大疑)는 중대한 정책에 대하여 확신이 없는 것이며 모(謀)는 상의하고 토론해서 옳은 길을 찾는 것이다. 급(及)은 미쳐서 더불음이고 내심(乃心)은 그대의 마음이니 왕(王)의 마음속이며 경사(卿士)는 공경(公卿)과 대부(大夫)를 총칭함이요 서인(庶人)은 서민대중이니 하층민중이다.

왕이 스스로 자기의 양심과 더불어 논의해도 해결이 안 되면 정부의 일백 관리들과 더불어 논의하고 그래도 의견일치가 안 되면 서민대중에게 물어서 여론을 들으며 그래도 공론이 나오지 않으면 최종적으로 거북점이나 산가지점으로 하늘땅의 뜻을 물어서 결정하는 것이 순서이다. 이것은 인간이 할 수 있는 노력을 다한 다음에 신명(神明)에게 묻는 방법으로 곧 진인사대천명(盡人事待天命)의 논리이다.

여기에서 하층민중에게 물어본 다음에 천지신명에게 물어보게 한 것은 큰 의미가 있으니 정책은 서민대중을 위하여 펼쳐야 함을 강조하고 또한 하늘은 서민대중의 편임을 말하고 있는 것이다.

4-6-26 ·······································
여즉종   귀종   서종
汝則從하고 龜從하며 筮從하며

경사종   서민종   시지위대동
卿士從하며 庶民從하면 是之謂大同이니

신기강강   자손봉길
身其康彊하며 子孫逢吉하니라

『그대가 곧 찬성하여 따르고 거북점이 따르며 산가지점이 따르며 경대부가 따르며 서민대중이 따르면 이것을 일러 전체가 찬동하는 대동이라 하나니 몸이 그 건강하고 힘차며 자손이 길함을 만나니라.』

◯ 왕과 관과 민 그리고 하늘땅이 모두 찬동하는 정책으로 나라를 다스리는 대동정치는 오직 당대의 사람들을 건강하고 활발하게 할 뿐만 아니라 후세의 자손들까지 길함을 맞이하게 되는 것임을 밝혔다.

여(汝)는 왕(王)을 지칭하니 아래도 같다. 종(從)은 찬성(贊成)하여 따르는 것이고 대동(大同)은 전체가 빠짐없이 모두 찬동(贊同)함이며 강강(康彊)은 건강하고 활력이 넘침이다.

앞(4-6-25)에서는 거북점과 산가지점이 가장 끝에 놓였으나 여기에서는 왕(王)과 경사(卿士)의 사이에다가 놓았으니 이것은 천지신명(天地神明)을 높이기 위함이요 결코 경사와 서민대중에게 논의하기 전에 먼저 점을 친다는 말이 아니다.

천지인귀(天地人鬼)가 모두 찬동하는 정책으로 세상을 다스리는 것은 유교정치의 지상목표인즉 유학자는 이러한 정책개발에 전심전력하여 복지낙원을 건설하라.

4-6-27 ······························ 汝則從하고 龜從하며 筮從하면
卿士逆하며 庶民逆이라도 吉하니라

『그대가 곧 찬성하여 따르고 거북점이 따르며 산가지점이 따르면 경대부가 거역하며 서민대중이 거역하여도 길하니라.』

◯ 여기에서는 왕과 하늘땅이 찬성하면 관과 민이 반대하여도 왕이 확신을 가지고 추진하는 것이 길함을 밝혔다.

역(逆)은 반대하여 거역함이니 관민(官民)이 반대한 것은 일시적인

공론(公論)일 가능성이 있으므로 만세의 공론을 따르는 것이 옳다는
뜻이다.

4-6-28 ····························· 卿士從하고 龜從하며 筮從하면
汝則逆하며 庶民逆이라도 吉하니라

『경대부가 찬동하여 따르고 거북점이 따르며 산가지점이 따르면
그대가 곧 거역하며 서민이 거역하여도 길하니라.』

☯ 여기에서는 경사와 하늘땅이 찬성하면 왕과 민이 반대하여도 경
대부가 확신을 가지고 추진하는 것이 길함을 밝혔다.

4-6-29 ····························· 庶民從하고 龜從하며 筮從하면
汝則逆하고 卿士逆이라도 吉하니라

『서민대중이 찬성하여 따르고 거북점이 따르며 산가지점이 따르면
그대가 곧 거역하고 경대부가 거역하여도 길하니라.』

☯ 여기에서는 서민대중과 하늘땅이 찬성하면 왕과 관이 반대하여
도 서민대중이 확신을 가지고 추진하는 것이 길함을 밝혔다.
하늘땅의 뜻을 받들어 시행함에 반드시 왕이나 관이나 민의 주도세
력이 있어야 함을 차례로 논증하였으니 곧 하늘땅의 지상명령도 그것
을 받드는 사람이 있어야 된다는 인본주의(人本主義)사상의 극치인즉
학자는 깊이 음미하여 인간이 세상을 경영하는 주체임을 확인하라.

4-6-30 ·· 汝則從하고 龜從이나 筮逆하며
卿士逆하며 庶民逆하면 作內는
吉하나 作外는 凶하니라

『그대가 곧 찬동하여 따르고 거북점이 따르나 산가지점이 거역하며 경대부가 거역하며 서민대중이 거역하면 국내의 일을 함에는 길하지만 국외의 일을 함에는 흉하니라.』

◉ 이것은 거북점과 산가지점이 서로 일치하지 아니하여 판단할 수 없을 뿐만 아니라 왕과 경사와 서민대중의 의견도 일치하지 아니하여 통일이 안 될 때에는 국내적인 사업은 추진을 해야 길하고 국제적인 사업은 추진해서는 안 됨을 밝혔다.

작내(作內)는 국내(國內)의 사업을 추진함이고 작외(作外)는 국제적인 큰 사업이나 행사 또는 전쟁 등이다.

대저 작은 일은 시행착오가 있어도 곧 바로잡아서 성공할 수 있는 것이므로 방치하고 있는 것보다는 서둘러 추진함이 길하고 큰 일은 한 번 잘못하면 다시는 고칠 수 없기 때문에 완벽을 기하지 않으면 실패하기 쉬우니 사업의 크고 작은 것을 분별하는 지혜가 필요하다.

4-6-31 ·· 龜筮가 共違于人하면
用靜은 吉하고 用作은 凶하니라

『거북점과 산가지점이 다같이 사람에게 어그러지면 안정을 도모하는 일은 길하고 새로 시작하는 일은 흉하니라.』

◉ 여기에서는 하늘땅의 뜻과 사람의 생각이 서로 어긋나면 안정을

도모하는 사업은 추진함이 길하고 새로 시작하는 사업은 성공하기가 어려움을 밝혔다.

대저 사업의 성공은 그 추진역량의 충실성에 있는 것이니 희망적인 확신을 가지고 합심협력하면 무한한 추동력이 생기는 것이다. 그러나 그 성공을 의심하면서 억지로 추진하면 끝내 어려움에 봉착하여 추진력을 잃고 포기하기 쉬우니 이래서 거북점과 산가지점까지 치는 의견 통일방법을 동원한 것인즉 현명한 정책을 선택함에 오로지 다수결로만 결정할 수 없는 이유가 있음을 헤아리기 바란다.

4-6-32 ·· 八의 庶徵이란 曰雨와 曰暘과
曰燠과 曰寒과 曰風과 曰時니
五者가 來備하야 各以其敍면
庶草가 蕃蕪하니라

『여덟째의 서징이란 말하기를 비와 말하기를 햇볕과 말하기를 더위와 말하기를 추위와 말하기를 바람과 말하기를 때에 알맞음이니 다섯 가지가 와서 갖추어 각각 그 차례로써 하면 여러 가지 풀이 더북하고 덧거칠으니라.』

☯ 여기에서는 여러 가지 환경변화에 대한 징험을 살펴서 정치사업의 결과를 평가하여 기후변화에 이상이 나타나지 않도록 자연환경을 보호해야 됨을 밝혔다.

서징(庶徵)은 여러 가지의 자연현상을 징험(徵驗)함이고 우(雨)는 물이요 양(暘)은 햇볕을 쪼이는 일조량(日照量)이며 욱(燠)은 더위로 열량(熱量)이며 한(寒)은 추위로 한냉(寒冷)함이고 풍(風)은 바람이요 시(時)는 때에 알맞음이니 모두 자연현상으로서 생명체가 생존하는 데

필요한 조건들이다. 오자(五者)는 우(雨), 양(暘), 욱(燠), 한(寒), 풍(風)이며 서(叙)는 차례이고 서초(庶草)는 여러 가지 종류의 풀이요 번무(蕃蕪)는 더북하고 덧거칠어 무성함이다.

환경에 영향을 주는 것은 기후변화가 가장 크게 작용하기 때문에 강우량과 일조량 그리고 기온과 바람 등이 알맞고 순조롭도록 정치사업을 추진하는 것이 중요하다.

4-6-33 ·· 一이 極備하여도 凶하며

　　　　　　　　　　　　　　　　　　 一이 極無하여도 凶하니라

『하나가 극도로 갖추어져도 흉하며 하나가 극도로 없어도 흉하니라.』

◉ 다섯 가지 가운데 한 가지가 너무 많아도 환경이 파괴되고 역시 한 가지가 너무 없어도 환경이 파괴되어 흉함을 밝혔다.

일(一)은 한 가지이고 극(極)은 극도(極度)이다. 이것은 비가 너무 많이 오면 홍수가 나고 역시 비가 너무 오지 않으면 가뭄이 들어 모두 해롭다는 말이다.

4-6-34 ····························· 曰休徵은 曰肅에 時雨가 若하며

　　　　　　　　　　　　　　　　 曰乂에 時暘이 若하며 曰哲에

　　　　　　　　　　　　　　　　 時燠이 若하며 曰謀에 時寒이

　　　　　　　　　　　　　　　　 若하며 曰聖에 時風이 若하니라

　　　　　　　　　　　　　　　　 曰咎徵은 曰狂에 恒雨가 若하며

曰僭_{왈 참}에 恒暘_{항 양}이 若_약하며 曰豫_{왈 예}에
恒燠_{항 욱}이 若_약하며 曰急_{왈 급}에 恒寒_{항 한}이
若_약하며 曰蒙_{왈 몽}에 恒風_{항 풍}이 若_약하니라

『말하기를 아름다운 징험은 말하기를 단정함에는 때에 알맞게 오
는 비가 따르며 말하기를 평온함에는 때에 알맞은 햇볕이 따르며 말
하기를 밝게 함에는 때에 알맞은 더위가 따르며 말하기를 논의함에는
때에 알맞은 추위가 따르며 말하기를 성스러움에는 때에 알맞은 바람
이 따르느니라. 말하기를 재앙의 징험은 말하기를 미친 듯이 함에 항
상 계속하여 내리는 비가 따르며 말하기를 참람함에 항상 계속하는
햇볕이 따르며 말하기를 머뭇거림에 항상 계속하는 더위가 따르며 말
하기를 조급함에 항상 계속하는 추위가 따르며 말하기를 흐리멍덩함
에 항상 계속하는 바람이 따르느니라.』

☯ 여기에서는 정치사업을 착수하는 단계에서의 징험을 분류하여
논했으니 정책을 세우고 사업을 추진함에 있어서 엄숙단정하고 평온
하며 투명하게 공개하여 논의해서 성스럽게 경영하면 때에 알맞는 자
연현상이 나타나고 만일 미친 듯이 즉흥적으로 분수를 벗어난 사업을
착수해서 머뭇거리다가 나중에야 조급하게 서둘러 흐리멍덩한 상태
에 이르면 항상 계속하는 자연현상이 나타남을 변증하였다.
  휴징(休徵)은 아름다운 징험(徵驗)이고 숙(肅)은 단정함이며 시(時)는
때에 알맞은 것이니 아래도 모두 같다. 약(若)은 순(順)의 뜻이니 따르
는 것이요 구징(咎徵)은 재앙의 징험이며 광(狂)은 미친 듯이 즉흥적으
로 결정함이고 항(恒)은 항상 계속함이다. 참(僭)은 참람하여 분수를
벗어남이고 예(豫)는 유예(猶豫)하여 머뭇거림이며 급(急)은 조급하게
서두른 것이요 몽(蒙)은 몽매(蒙昧)하여 흐리멍덩함이다.
  정치사업은 국민적인 관심사이기 때문에 아름답게 추진하면 아름
다운 결과가 있고 아름답지 못하게 추진하면 재앙이 따르는 것인즉

민심의 반응에 따라서 천심도 감응하는 것이다. 그러나 비와 햇볕과 더위와 추위와 바람의 자연현상을 모두 인사(人事)와 관련시켜 천인감응설(天人感應說)로 기상을 해설하는 것은 옳지 못하니 천도(天道)의 운행은 이미 일정한 법칙이 있어서 사람의 힘으로 변화시킬 수 없는 바가 있기 때문이다.

4-6-35 ·· 曰王省은 惟歲요 卿士는
                                           惟月이요 師尹은 惟日이니라

『말하기를 왕의 살핌은 오직 해요 경대부는 달이요 여러 기관의 정관대부는 오직 날이니라.』

◐ 앞에서 말한 휴징(休徵)과 구징(咎徵)을 성찰하여 평가하는 기간이 왕은 1년, 경대부는 한달, 여러 정관대부는 1일을 단위로 함을 밝혔다.
  성(省)은 성찰(省察)이니 일의 선악(善惡)과 시비(是非)를 살피는 것이고 사(師)는 여러 가지 행정기관을 지칭하며 윤(尹)은 정관대부(正官大夫)로 행정기관의 책임자이다.
  정치와 행정의 책임은 왕과 관리에게 있으므로 날로 달로 해로 부지런히 성찰해서 바로잡아야 한다.

4-6-36 ·· 歲月日이 時無易하면
                                          百穀用成하며 乂用明하며
                                          俊民用章하며 家用平康이니라

『해와 달과 날이 때로 바뀜이 없으면 일백 곡식이 익게 되며 다스림이 밝게 되며 순수한 민중이 문채 나게 되며 집안이 평안하게 되느니라.』

◑ 여기에서는 해와 달과 날이 때에 알맞아 이상징후가 없으면 휴징의 효과가 뚜렷이 나타남을 밝혔다.

역(易)은 정상(正常)이 아닌 상태로 기후가 바뀐 것이요 용(用)은 위(爲)와 같은 뜻이며 성(成)은 성숙(成熟)이다. 예(乂)는 다스림이고 준민(俊民)은 준수한 민중이며 장(章)은 문채가 나서 아름다운 것이다.

4-6-37 ·· 日月歲가 時旣易하면
百穀用不成하며 乂用昏不明하며
俊民用微하며 家用不寧이니라

『날과 달과 해가 때로 이미 바뀌면 일백 곡식이 익지 않게 되며 다스림이 흐려서 밝지 않게 되며 준수한 민중이 미천하게 되며 집안이 편안치 못하게 되느니라.』

◑ 여기에서는 날과 달과 해가 때에 합당치 않은 이상징후가 일어나면 구징의 효과가 뚜렷이 나타남을 밝혔다.

앞에 휴징(休徵)에는 해를 먼저 쓰고 여기의 구징(咎徵)에는 날을 먼저 썼으니 휴징(休徵)은 큰 일에서 비롯하고 구징(咎徵)은 작은 데서 말미암은 것을 암시하는 뜻이 있는바 독자는 살피기 바란다.

4-6-38 ·························· 庶民은 惟星이니 星有好風하며

성 유 호 우　　　　　일 월 지 행　　　즉 유 동 유 하
星有好雨니라　日月之行은　則有冬有夏하니

월 지 종 성　　　즉 이 풍 우
月之從星이　則以風雨니라

『서민대중은 오직 별이니 별에 바람을 좋아함이 있으며 별에 비를 좋아함이 있느니라. 해와 달의 운행은 곧 겨울이 있고 여름이 있으니 달이 별을 쫓음이 곧 바람과 비를 일으키는 까닭이니라.』

◉ 서민을 상징하는 별의 작용도 성찰하여 징험할 것을 끝으로 밝혔다.

서민유성(庶民惟星)은 서민이 땅에서 일정한 삶터를 가지고 살 듯이 하늘에 별도 일정한 위치가 있기 때문에 서민을 별로 상징한 것이다. 호풍(好風)은 기성(箕星)이 키처럼 생겼기 때문에 바람을 좋아하고 호우(好雨)는 필성(畢星)이 그물처럼 생겼기 때문에 비를 좋아하는 것처럼 별들에게도 각각 좋아하는 것이 있으므로 항상 그 동태를 관찰하여야 된다는 말이다. 일월지행(日月之行)은 앞(1-1-8)의 기삼백(朞三百)과 또(1-2-5)한 선기옥형(璇璣玉衡)에서 이미 해설하였으나 여기에서는 날을 상징하는 정관대부(正官大夫)가 달을 상징하는 경대부(卿大夫)와 서로 교대하면서 정상적으로 직무를 수행하면 여름처럼 만물이 번창하고 만일 서로 어그러져서 파행으로 국정을 운영하면 만사가 동결됨을 뜻한다. 역시 월지종성(月之從星)도 관리(官吏)를 상징하는 달이 민중을 상징하는 별을 쫓을 때에 바람과 비가 일어나는 원인이 된다는 말이니 곧 관리가 서민을 가까이 하여야 기후가 정상으로 됨을 밝힌 것이다.

대저 해와 달과 별은 각각 일정하게 운행하는 궤도가 있어서 사계절의 변화가 생기고 또한 땅의 위치와 지형에 따라서 지역적인 기상변화가 일어나는 것이므로 일률적으로 논할 수는 없지만 대체로 해와 달과 별의 천체운행이 기상변화의 원인으로 작용하기 때문에 이를 관찰하는 것은 대단히 중요한 일이다. 그러므로 요(堯)임금과 순(舜)임금이래로 천체연구는 계속하였고 자연재난을 방지하기 위한 노력에 힘을 쏟았으니 마침내 가설을 세우고 연구하는 과학기술의 발전에 크게 기여하였다.

4-6-39 ·································· 九의 五福이란 一은 曰壽요 二는
曰富요 三은 曰康寧이요 四는
曰攸好德이요 五는 曰考終命이니라

『아홉째의 오복이란 하나는 오래 사는 것이요 둘은 재산이 넉넉함이요 셋은 몸이 건강하고 마음이 편안함이요 넷은 덕을 좋아하는 바요 다섯은 사명을 잘 마치는 것이니라.』

◯ 여기에서는 서민대중에게 다섯 가지의 복을 누리게 하는 것이 복지국가 건설의 기본임을 밝혔다.

수(壽)는 오래 사는 것이니 60을 하수(下壽), 80을 중수(中壽), 100을 상수(上壽)라고 하며 또한 사람이 죽은 뒤에도 오래도록 추모하여 기리며 잊지 못하는 것을 수(壽)라고 한다. 부(富)는 재산이 넉넉한 부자(富者)이고 강(康)은 몸이 건강함이요 녕(寧)은 마음이 편안함이다. 유호덕(攸好德)은 선덕(善德)을 좋아하는 바이니 착한 마음으로 남에게 덕(德)을 베풀어 착하다는 소문이 나는 것이요 고종명(古終命)은 살아서 자기의 사명(使命)을 아름답게 종결하고 죽는 것이니 세상에 원한을 남기지 아니함이다.

오복은 모든 사람이 누려야 할 기본적인 행복권으로 황극을 세운 왕이 정치적으로 보장해 주어야 되는 최소한의 공덕이다. 따라서 공덕이 많은 정치지도자가 되려면 모든 가정이 그 시조로부터 자손만대에 걸쳐 번창하게 하는 백복(百福)을 보장하고 또한 전체 국민이 모두 안락한 가운데 빛나는 문명국가를 이룩하여 천복(千福)을 보장하며

나아가 전 세계의 인류를 구제하여 태평성대를 건설해서 만복(萬福)을 보장해야만 지극한 공덕이라고 찬미할 것이다.

4-6-40 .... 六^육極^극이란 一^일은 曰^왈凶^흉短^단折^절이요 二^이는
曰^왈疾^질이요 三^삼은 曰^왈憂^우요 四^사는 曰^왈貧^빈이요
五^오는 曰^왈惡^악이요 六^육은 曰^왈弱^약이니라

『육극이란 하나는 흉하게 죽거나 단명하거나 요절함이요 둘은 질병을 앓음이요 셋은 근심함이요 넷은 가난함이요 다섯은 사나움이요 여섯은 나약함이니라.』

☯ 여기에서는 서민대중에게 여섯 가지 극단적인 불행을 제거하여 주는 것이 정치행정의 기초임을 밝혔다.

흉(凶)은 흉종(凶終)이니 재난이나 도둑 따위로 흉하게 죽는 것이고 단(短)은 단명(短命)이니 명(命)이 짧아서 늙기도 전에 죽는 것이며 절(折)은 요절(夭折)이니 어려서 죽는 것인데 모두 인생에 있어서 가장 비참한 일이다. 질(疾)은 전염병이고 우(憂)는 우환(憂患)이며 빈(貧)은 빈한(貧寒)이요 악(惡)은 추악(醜惡)이며 약(弱)은 나약(懦弱)이니 이것은 모두 인간의 본래 모습이 아니다.

천명을 받은 인생은 사랑이 넘치고 정의심이 강하며 예절을 지키고 지성이 있어서 자기의 정체를 뚜렷이 세우고 활발하고 씩씩하게 살아야 함에도 정치도덕이 무너지고 나라가 어지러우면 서민대중이 육극(六極)을 면치 못하게 되나니 정치지도자는 홍범에서 막중한 책임감을 스스로 가지기 바란다.

7. 여오(旅獒) / 여(旅)나라의 개

여(旅)는 서융(西戎)에 있는 나라이름이고 오(獒)는 키가 4척(尺)인 개다.

무왕(武王)이 혁명하여 천하를 통일하니 서융(西戎)의 여나라 군장(君長)이 큰 개를 공물(貢物)로 바치거늘 무왕이 이것을 받았다. 이에 태보(太保)의 자리에 있는 소공(召公) 석(奭)이 무왕의 반성을 촉구하기 위하여 훈고(訓告)를 지어서 받을 것과 받지 않을 것을 분별해야 도덕정치를 할 수 있다고 역설하였다.

이 편은 훈도(訓導)의 문장체로 『금문상서(今文尙書)』에는 없고 『고문상서(古文尙書)』에는 수록되어 있다.

4-7-1 ······················ 惟克商하시니 遂通道于九夷八蠻이어늘
西旅가 底貢厥獒한대 太保가
乃作旅獒하야 用訓于王하니라

『바야흐로 상나라를 이기시니 마침내 아홉 이(夷) 지역과 여덟 만(蠻) 지대에까지 길이 통하거늘 서쪽의 여나라가 그 개를 바쳐오거늘 태보가 이에 여오를 지어서 왕에게 훈도하니라.』

● 무왕이 상나라를 정벌하여 천하를 평정하자 서쪽의 여나라가 공물로 개를 바침에 무왕이 그것을 받으므로 태보가 이에 훈도를 지어 경계하였음을 사관이 기술하였다.

구이(九夷)는 아홉 곳의 자유거주지역으로 앞(2-1-86)에서 이미 해설하였고 팔만(八蠻)은 여덟 곳의 자연거주지대로 앞(2-1-87)에서 이미 해설하였다. 서(西)는 서융(西戎)의 지역이고 여(旅)는 나라이름이며 공(貢)은 제후(諸侯)가 천자(天子)에게 특산품을 바치는 것이다. 오(獒)는 크고 영리한 개이며 태보(太保)는 소공(召公) 석(奭)이니 성(姓)은 희(姬)씨로 주공(周公)과 함께 나라의 풍속을 일으키는 데 앞장섰고 훈(訓)은 훈도(訓導)요 왕(王)은 무왕(武王)이다.

4-7-2 ······························
왈 오 호
曰嗚呼라 明王이 愼德하시면
명 왕　　　신 덕

사 이 함 빈　　　무 유 원 이
四夷咸賓하야 無有遠邇하고

필 헌 방 물　　　유 복 식 기 공
畢獻方物하나니 惟服食器用이니다

『말하기를 오호라, 밝은 왕이 덕을 신중히 하시면 사방의 이(夷) 지역국가가 모두 손님이 되어 멀고 가까움이 있지 아니하고 다 지방의 특산물을 드리나니 오직 옷과 음식과 그릇과 쓸모가 있는 것입니다.』

◑ 소공이 옛날의 밝은 왕은 좋아하고 싫어하는 마음가짐을 신중히 헤아려 지방국가에서 자진헌납하는 공물도 가려서 받았음을 상기시켰다.

명왕(明王)은 황극(皇極)을 건립한 왕(王)이요 신덕(愼德)은 공명정대(公明正大)한 덕성(德性)을 신중히 헤아려 간직함이며 빈(賓)은 왕(王)을 주인(主人)으로 삼아 찾아온 지방국가의 임금이다. 방물(方物)은 지방의 특산물이고 용(用)은 쓸모가 있는 물건이다.

왕이 지방제후를 빈으로 대우함은 지극히 공명함이고 공물로 옷과 음식과 그릇과 쓸모가 있는 것만을 받게 함은 예물이란 정성으로 돕는 것인즉 오직 많은 것으로 부족한 데를 보태줄 뿐이요 자기에게도 없는 것을 구차하게 구하여 많은 데다가 보태주는 뇌물이 아니기 때문이다. 그러므로 관혼상제에 모두 예물이 있는바 옷과 음식과 그릇과 쓸모가 있는 것으로 한정하고 그 이외의 것은 주고받지 않은 것이다.

4-7-3 ·································· 王^왕이 乃昭德之致于異姓之邦^{내 소 덕 지 치 우 이 성 지 방}하사
無替厥服^{무 체 궐 복}하시며 分寶玉于伯叔之國^{분 보 옥 우 백 숙 지 국}하사
時庸展親^{시 용 전 친}하시면 人不易物^{인 불 이 물}하야
惟德其物^{유 덕 기 물}하리이다

『왕이 이에 덕으로 받는 것을 이성(異姓)의 나라에 밝히시어 그 직분을 폐지함이 없으시며 보배로운 옥을 형제국가에 나누어주어 이에 하여금 친교를 두텁게 하시면 사람이 물건을 소홀히 아니하여 오직 그 물건을 덕되게 쓰리이다.』

● 왕이 덕으로 물건을 주고받으면 인민대중도 물건을 소중하게 여기고 덕되게 쓰는 풍속이 일어남을 밝혔다.

소(昭)는 밝게 보여주는 것이고 치(致)는 공물(貢物)이 이르는 것을 받음이며 체(替)는 폐지함이요 복(服)은 복무(服務)하는 직분(職分)이다. 백숙(伯叔)은 형제(兄弟)이고 시(時)는 시(是)이며 용(庸)은 하여금, 전친(展親)은 동성(同姓)간에 친교(親交)를 두텁게 함이요 이물(易物)은 물건을 소홀히 여김이고 덕기물(德其物)은 모든 물건을 가치 있게 써서 덕(德)이 되게 하는 것이다.

유한한 물질에 무한한 정신을 담으면 덕이 되지 않은 물건이 없으니 학자는 깊이 음미하라.

4-7-4 ························· 德^덕이 盛^성하면 不狎侮^{불압모}하나니

狎侮君子^{압모군자}하면 罔以盡人心^{망이진인심}하고

狎侮小人^{압모소인}하면 罔以盡其力^{망이진기력}하나이다

『덕이 성대하면 가깝게 여기고 소홀히 대하여 업신여기지 아니하나니 군자를 가깝게 여기고 소홀히 대하여 업신여기면 사람의 마음을 다하게 못하고 소인을 가깝게 여기고 소홀하게 대하여 업신여기면 그 힘을 다하게 못하나이다.』

◉ 덕이 성대한 사람은 공경하지 않은 것이 없어서 항상 예절을 지키기 때문에 만사에 성의와 노력을 다하게 됨을 밝혔다.

성(盛)은 성대(盛大)함이고 압모(狎侮)는 가깝게 여기고 소홀히 대하여 업신여김이며 군자(君子)는 벼슬이 높은 사람이고 소인(小人)은 벼슬이 낮은 하급의 아전(衙前), 서리(胥吏)들이다.

인간은 천명(天命)의 본성을 타고난 만물의 영장이기 때문에 왕으로부터 사랑과 존경을 받지 못하면 자존심을 상실하여 의욕이 떨어지는 까닭에 능력을 발휘하지 못하게 되나니 정치지도자는 자기만 하늘 아래 독존한다는 생각을 버리고 아래를 높여야 위가 높아지는 것을 깨달을지어다.

4-7-5 ························· 不役耳目^{불역이목}이어야 百度惟貞^{백도유정}하나니

玩人喪德^{완인상덕}이요 玩物喪志^{완물상지}라

志以道寧^{지이도녕}하시며 言以道接^{언이도접}하소서

『귀와 눈에 골몰하지 아니하여야 일백 가지 법도가 오직 바르게 지

켜지나니 사람을 놀림감으로 삼으면 덕을 잃고 물건을 장난감으로 삼
으면 뜻을 잃으므로 뜻을 도로써 편안하게 하시며 말을 도로써 합치
소서.』

● 소공이 무왕에게 귀와 눈의 노예가 되지 말고 애완물을 멀리하
여 오로지 도덕에만 힘쓸 것을 훈계하였다.

역(役)은 골몰(汨沒)함이니 한 가지의 일에 몰두하여 다른 생각을
할 여유가 없는 것이요 이목(耳目)은 감각기관으로 외물(外物)을 직접
인식하는 문이므로 이것을 쫓으면 곧 사람이 물질의 노예로 전락하는
것이다. 정(貞)은 바르게 지킴이고 완(玩)은 애완(愛玩)함이며 접(接)은
접합(接合)함이다.

사람을 놀림감으로 삼으면 인간을 존중하지 않은 것이니 어떻게 덕
성을 지키며 물건을 장난감으로 삼으면 외물에 정신이 팔린 것이니
어떻게 뜻을 세우겠는가 그러므로 학자는 공경하지 않음이 없고 생각
에 사특함이 없는 것으로 생활의 신조를 삼는 것이다.

4-7-6 ·································· 不作無益하야 害有益하면
　　　　　　　　　　　　　　功乃成하고 不貴異物하야
　　　　　　　　　　　　　　賤用物하면 民乃足하며
　　　　　　　　　犬馬를 非其土性이어든 不畜하고
　　　　　　　　　珍禽奇獸를 不育于國하야
　　　　　　不寶遠物하면 則遠人이 格하고
　　　　所寶惟賢이면 則邇人이 安하리이다

『보탬이 없는 것을 만들어 보탬이 있는 것을 해치지 아니하면 공적

이 이에 이루어지고 괴이한 물건을 귀중하게 여겨 쓰는 물건을 천하게 여기지 아니하면 인민이 이에 넉넉하며 개와 말을 그 땅의 성질이 아니거든 기르지 아니하고 진귀한 새와 기묘한 짐승을 도읍에서 기르지 아니하여 먼 곳의 물건을 보배로 삼지 않으면 먼 나라 사람이 이르러 오고 보배로 삼는 바가 오직 어진 사람이면 가까운 사람이 편안하리이다.』

◉ 소공이 무왕에게 민생에 유익한 것을 소중하게 생각하고 어진 이를 보배로 여겨야 정치적 공적을 이룩해서 먼 나라 사람을 부담이 없게 하고 가까운 사람을 편안하게 함을 변증하였다.

무익(無益)은 민생(民生)에 도움이 없는 것이고 유익(有益)은 민생(民生)에 도움이 있는 것이며 공(功)은 공적이니 앞(1-3-7)에서 말한 9공(九功)이다. 이물(異物)은 기이(奇異)한 물건이요 용물(用物)은 일상생활에 쓰이는 물건이며 토성(土性)은 풍토(風土)에 알맞은 성질이다. 휵(畜)은 기르는 것이고 국(國)은 도읍(都邑)이며 원물(遠物)은 먼 지방에서 생산한 물건이고 격(格)은 이르러 오는 것이며 소보(所寶)는 보배로 여기는 것이다.

일상생활에 유익한 것을 숭상하는 실용주의 문화는 정치를 건전하게 발전시키고 건강한 사회를 만들어 사치와 방종을 원천적으로 방지한다.

4-7-7 ·····························
오호　　숙야　　망혹불근
嗚呼라 夙夜에 罔或不勤하소서
불긍세행　　종루대덕
不矜細行하면 終累大德하나니
위산구인　　공휴일궤
爲山九仞에 功虧一簣하나이다

『오호라, 이른 새벽부터 밤늦게까지 혹시라도 게을리 하지 마소서. 자잘한 행실을 조심하지 않으면 마침내 큰 덕을 더럽히나니 산 아홉 길을 만듦에 공적이 한 삼태기의 흙으로 이지러지나이다.』

　◐ 대덕(大德)은 하루 종일 부지런히 힘써서 그침이 없는 것을 말하고 대수롭지 않은 예법(禮法)이라도 어긴다면 아름답지 못하게 됨을 설파하였다.

　혹(或)은 혹시 또는 간혹이며 긍(矜)은 마음을 억누르고 조심함이요 세행(細行)은 자잘한 행실이니 여(旅)나라의 개를 받은 것을 지적하고 누(累)는 더럽히는 것이다. 인(仞)은 8척(尺)이니 한 길이요 휴(虧)는 이지러짐이며 궤(簣)는 삼태기인데 한 삼태기의 흙을 뜻한다.

4-7-8 ·· 允_윤迪_적玆_자하시면 生_생民_민이
保_보厥_궐居_거하야 惟_유乃_내世_세王_왕하시리이다

『진실로 이것을 실천하시면 인민이 그 거처를 보호하여 오직 이에 세상에 왕 노릇을 하시리이다.』

　왕이 진실로 도덕적인 일에만 전념하면 인민이 왕을 보호하여 천하에 왕 노릇을 할 수 있음을 단언하였다.

　윤(允)은 진실로, 적(迪)은 실천함이고 자(玆)는 앞에서 논술한 실용주의 정책이다. 보(保)는 보호함이요 거(居)는 거처(居處)이니 곧 임금의 자리이며 세왕(世王)은 세상에 왕(王) 노릇을 함이다.

　소공이 여나라의 개를 통해 무왕을 덕으로 훈도하여 경계시킴이 이와 같이 절실하고 엄중하니 무왕을 사랑하고 공경함이 지극하도다.

8. 금등(金縢) / 금실로 꿰맨 상자

금(金)은 금으로 만든 실이고 등(縢)은 꿰매어 봉함(封緘)한 상자이다.

무왕(武王)이 상(商)나라를 정벌(征伐)하여 혁명(革命)을 완수한 지 2년에 유행병을 앓으니 그 아우 주공(周公)이 단(壇)을 만들어 기도(祈禱)하고 그 축원문(祝願文)을 상자에 넣고 금실로 꿰매어 보관하였다.

뒤에 성왕(成王)이 그 축원문의 내용을 확인하여 주공의 충성심을 증명하는 과정을 기록한 것으로 주공이 무왕을 대신하여 죽겠다는 장렬한 결의가 담겨 있으니 그 뜨거운 충성심으로 형을 위하는 정신이 태양처럼 빛난다.

이 편은 『금문상서(今文尙書)』와 『고문상서(古文尙書)』에 모두 수록되어 있다.

4-8-1 · 既克商二年에 王이 有疾하사 弗豫하시니

『상나라를 이긴 지 2년에 왕이 질병이 있어 기쁘지 아니하시니』

◑ 무왕이 상나라를 정벌한 지 2년 만에 유행병(流行病)을 앓아서 매우 위독한 상태임을 밝혔다.

왕(王)은 무왕(武王)이요 질(疾)은 전염병이며 불예(弗豫)는 혁명의 초기에 아직 나라의 기반이 튼튼하지 못하고 세자(世子 : 成王)가 어린 상황에서 무왕의 질병이 심각했기 때문에 기쁨이 사라지고 근심걱정이 몰아닥쳤다.

4-8-2 ·························· 二公이 曰我其爲王하야 穆卜하리라

『두 공이 말하기를 우리가 그 왕을 위하여 그윽히 점을 치리라.』

◑ 태공과 소공이 무왕의 병점(病占)을 쳐서 길흉을 미리 판단하려고 하였다.

이공(二公)은 태공망(太公望)과 소공석(召公奭)이요 목복(穆卜)은 왕의 명령이나 신하들이 결정하여 그윽이 점을 치는 것이니 곧 국가의 공식적인 복서(卜筮)이다.

4-8-3 ························· 周公이 曰未可以戚我先王이니라

『주공이 말하기를 우리 선왕을 슬프게 할 수 없느니라.』

◑ 주공이 단순히 무왕의 병점만 치면 선왕의 신령을 감동시키지 못하여 도움이 없을 것이므로 기도부터 할 것을 주장하였다.

주공(周公)은 이름이 단(旦)으로 무왕(武王)의 아우요 척(戚)은 슬퍼함이며 선왕(先王)은 태왕(太王), 왕계(王季), 문왕(文王)을 지칭한다.

병점(病占)은 길하고 흉함을 계시할 뿐이므로 흉했을 때에 도움을 받을 수 없기 때문에 신령(神靈)을 먼저 감동시켜 도움을 받고자 함이다.

4-8-4 ························· 公이 乃自以爲功하야 爲三壇하되
同墠하고 爲壇於南方하되 北面하야
周公立焉하며 植璧秉珪하야

내 고 태 왕 왕 계 문 왕
乃告太王王季文王하니라

『주공이 이에 스스로 공력을 들여 세 단을 만들되 제터를 한가지로 하고 또 하나의 단을 남쪽 방향에 만들되 북쪽을 향하게 하여 주공 서며 도리옥을 바치고 규폐를 받들어 올리면서 이에 태왕과 왕계와 문왕께 아뢰니라.』

● 주공이 직접 단을 만들어 조상에게 무왕의 질병이 쾌차하기를 기도하였음을 사관이 기록하였다.

위공(爲功)은 공력(功力)을 드리는 것이고 단(壇)은 흙을 모아서 땅을 높게 돋운 곳인데 제사지내는 마당이며 선(墠)은 단 아래에 섬돌이 있는 마당으로 곧 제터마당이다. 치(植)는 치(置)의 뜻이요 벽(璧)은 원형의 도리옥이고 병(秉)은 두 손으로 받들어 올리는 것이며 규(珪)는 규폐(珪幣)로 신(神)에 바치는 귀중한 서옥(瑞玉)이다.

주공이 무왕의 명령이 없이 개인적으로 기도하는 행사이기 때문에 감히 종묘에 들어가지 못하고 따로 제단을 만들어 증조 태왕과 할아버지 왕계와 아버지 문왕의 신령을 모시고 기도하였으니 그 분수와 절도를 지켰도다.

4-8-5 ·

사　내 책 축　　　왈 유 이 원 손 모
史가 乃冊祝하야 曰惟爾元孫某가

　구 려 학 질　　약 이 삼 왕
溝厲虐疾하니 若爾三王은

시 유 비 자 지 책 우 천
是有丕子之責于天하시니

이 단　　　대 모 지 신
以旦으로 代某之身하소서

『사관이 이에 축문을 책으로 만들어 말하기를 오직 당신의 원손 아무개가 위태하고 사나운 병에 걸렸나니 당신들 세 왕은 바로 하늘에 큰아들을 보호할 책임이 있으니시 단(旦)으로 아무개의 몸을 대신하소서』

● 사관이 책으로 만든 축문을 읽었는데 그 내용은 무왕이 위중한 질병을 앓음에 차라리 주공에게 대신 앓게 하고 무왕을 속히 쾌차토록 하라고 간절히 축원한 것이다.

사(史)는 사관(史官)이요 책축(冊祝)은 축문(祝文)을 미리 써서 책으로 만든 것이니 정성을 드림이며 이(爾)는 곧 삼왕(三王)을 지칭하니 태왕(太王), 왕계(王季), 문왕(文王)이며 원손(元孫)은 무왕(武王)을 말하고 모(某)는 무왕(武王)의 이름 발(發)자를 피하여 사관이 대치한 것으로 왕은 공인이므로 재위중에는 이름을 쓰지 않은 것이다. 여(厲)는 위태함이고 학(虐)은 사나운 것이며 약이(若爾)는 당신들이니 주공(周公)이 원손(元孫)이 아니므로 대명사를 써서 조상을 간접 호칭한 것이요 비자(丕子)는 큰아들이니 여기에서는 하늘의 큰아들 곧 천자(天子)를 뜻한다. 책(責)은 보호할 책임으로 주(周)나라의 조상들은 하늘에 대하여 천자를 보호할 책임이 있다는 말이다. 단(旦)은 주공(周公)의 이름이고 대(代)는 대신함이니 곧 무왕(武王)을 대신하여 질병을 앓게 해달라는 말이다.

주공이 천자를 사랑하고 형을 공경하는 마음이 지극하여 귀신도 감동하리로다. 귀신은 착한 사람에게 복을 주거늘 어찌 그 목숨을 대신 빼앗으리오. 반드시 그 소원을 들어주고 또한 어여삐 여겨 수명도 길게 하리라.

4-8-6 ······································ 予仁若考하고 能多材多藝하여
能事鬼神이어니와 乃元孫은 不若旦의
多材多藝하야 不能事鬼神하리이다

『나는 돌아가신 아버지를 사랑하고 따르고 능히 재능도 많으며 기예도 많아 저승에서 귀신을 잘 섬기려니와 이에 원손은 단의 재능이 많고 기예가 많음과 같지 못하여 저승으로 데려가더라도 귀신을 잘 섬기지 못하리이다.』

● 주공이 만일 저승에서 조상들을 섬길 사람이 필요하거든 무왕보다는 차라리 자기를 데려가는 것이 오히려 좋을 것이라고 하소연하였다.

약(若)은 순(順)의 뜻이고 고(考)는 돌아가신 아버지로 곧 문왕(文王)을 지칭한다. 능사(能事)는 잘 섬기는 것이요 귀신(鬼神)은 부모와 조상의 귀신이다.

어찌 저승의 귀신이 자기들을 섬기라고 자손을 데려가겠는가? 이것은 무왕을 살리려는 간절한 소망을 담아 조상에게 억지를 쓰는 말이다.

4-8-7 ·· 乃命于帝庭하사 敷佑四方하사
　　　　내 명 우 제 정　　　　부 우 사 방

用能定爾子孫于下地하시면
용 능 정 이 자 손 우 하 지

四方之民이 罔不祗畏하리니 嗚呼라
사 방 지 민　　　망 불 지 외　　　　오 호

無墜天之降寶命이라사
무 추 천 지 강 보 명

我先王도 亦永有依歸하시리이다
아 선 왕　　　역 영 유 의 귀

『이에 하느님의 마당에서 명을 타서 베풀어 사방을 도우시어 능히 당신의 자손을 땅에서 안정토록 하시면 사방의 인민이 공경하여 두려워하지 않음이 없으리니 오호라, 하늘이 내리신 보위의 명을 잃음이 없어야 우리 선왕도 또한 길이 의뢰하여 따름이 있으리이다.』

☯ 3왕이 하느님께 강청하여 무왕의 수명을 연장하도록 하여야 자손이 안정하고 인민이 주나라를 따르며 선왕도 길이 의뢰할 곳이 있는 것임을 호소하였다.

명(命)은 명(命)을 더 타는 것이고 제정(帝庭)은 하느님이 만물을 주재하는 궁정(宮庭)으로 상상의 경지이다. 부우(敷佑)는 무왕(武王)이 더 살아서 덕치인정(德治仁政)을 베풀어 사방(四方)의 인민을 잘살도록 돕는 것이요 추(墜)는 실추(失墜)함이며 보명(寶命)은 보위(寶位)에 오른 천명(天命)이고 의귀(依歸)는 의뢰하여 따름이다.

혁명 초창기의 어려운 정치사업을 감당할 사람은 오직 무왕밖에 없다는 현실적 상황논리와 조상과 자손이 공동운명체임을 근거로 호소하는 주공의 말은 간절하기 그지없다.

4-8-8 ····································· 今我는 卽命于元龜하리니
爾之許我하시면 我其以璧與珪로
歸俟爾命하려니와 爾不許我하시면
我乃屛璧與珪하리다

『이제 나는 나아가 큰 거북을 명령하리니 당신이 나를 허락하시면 내가 그 도리옥과 규폐를 위하여 돌아가 당신의 명령을 기다리려니와 당신이 나를 허락하지 아니하시면 나는 이에 도리옥과 규폐를 물리치리다.』

☯ 주공은 3왕에게 무왕의 쾌차를 기도한 다음 그 효과를 알아보기 위하여 거북점을 치겠다고 말하고 끝으로 주공의 소원을 들어주면 계속 제사를 받게 되겠지만 만일 들어주지 않으면 제사도 끊어지게 될 것임을 경고하였다.

즉(卽)은 취(就)의 뜻이고 명(命)은 점(占)을 치라고 명령함이고 원귀 (元龜)는 큰 거북이니 곧 조정(朝廷)에 나아가 공식적으로 거북점을 치라고 명령함이다. 이(爾)는 3왕(三王)을 친근하게 호칭하는 대명사이고 허아(許我)는 나의 소원을 허락하여 받아들임이니 곧 주공(周公)으로 무왕(武王)의 몸을 대신하여 죽는 것을 인정함이다. 이(以)는 위(爲)의 뜻인데 벽(璧)과 규(珪)로 제사를 계속 지내기 위함이며 병(屏)은 물리침이니 장차 제사를 지낼 수 없게 됨이다.

4-8-9 ······················· 乃卜三龜하니 一習吉이어늘

　　　　　　　　啓籥見書하니 乃幷是吉하더라

『이에 세 마리의 거북을 점치게 하니 한결같이 거듭 길하거늘 피리 통을 열고 글을 보니 이에 아울러 길하다고 하더라.』

　● 삼귀(三龜)는 거북점을 칠 때에 반드시 세 사람을 골라 각각 한 마리의 거북을 태워서 그 길흉을 종합하여 판단하는 것이므로 곧 세 사람이 점치는 세 마리의 거북이다. 습(習)은 거듭이고 계(啓)는 개(開)의 뜻이며 약(籥)은 피리처럼 생긴 대통이니 문서를 넣은 통이요 서(書)는 점치는 사람이 길흉(吉凶)을 판단한 기록문서이다.
　3왕의 도움으로 무왕의 병점(病占)이 길하게 나왔으니 주공의 정성이 지극하도다.

4-8-10 ····················· 公이 曰體는 王其罔害로다

　　　　　　　　予小子는 新命于三王하야

　　　　　　　　惟永終을 是圖하리라 玆攸俟니

능 념 여 일 인
能念予一人하셨다.

『공이 말하기를 거북점의 모양은 왕에게 그 해로움이 없으리로다.
나 소자는 3왕에게 명을 새롭게 하여 오직 길이 마침을 이에 도모하
리라. 이에 기다려야 할 바이니 우리 한 사람을 잘 생각하셨다.』

◉ 주공이 거북점을 친 균열의 길한 모양을 보고 3왕이 무왕을 생
각하여 주신 것을 감사하였다.

체(體)는 형체(形體)이니 곧 균열(龜裂)의 모양이며 여소자(予小子)는
주공(周公)이 조상(祖上)에 대하여 자기를 낮추어 지칭한 말이고 신명
(新命)은 수명(壽命)을 새로 받음이다. 유사(攸俟)는 기다리는 바이니
앞(4-8-8)에서 말한 귀사(歸俟)의 뜻이고 여일인(予一人)은 우리의 한
사람으로 곧 무왕(武王)을 지칭한다.

공　귀　　　내 납 책 우 금 등 지 궤 중
4-8-11 ························· 公이 歸하여 乃納冊于金縢之匱中하니
왕　　익 일　　　내 추
王이 翼日에 乃瘳하시다

『공이 돌아와서 이에 책으로 만든 축문을 금실로 꿰맨 상자 속에
넣으니 왕이 그 다음날에 이에 병이 나으시다.』

◉ 주공의 충성심에 3왕이 감동하여 무왕의 병이 쾌차하였음을 사
관이 기록하였다.

책(冊)은 앞(4-8-5)에서 말한 책축(冊祝)이요 이 축문(祝文)과 점서(占
書)를 태우지 않고 상자에 보관한 것은 3왕(三王)의 은덕을 기리기 위
함이며 추(瘳)는 병이 나은 것이다.

사람의 목숨은 하늘에 있으므로 기도하여 연장할 수 없는 것이지만
또한 지극한 정성은 하늘도 감동하기 때문에 질병이 위독할 때에 그

부모형제와 부부 및 자손이 절박하여 간절히 기도하는 심정도 역시 사람에게 공통적으로 있는 상정(常情)이다.

4-8-12 ·· 武王이 旣喪하시니 管叔과
及其群弟가 乃流言於國하야
曰公將不利於孺子라 하니라

『무왕이 이미 붕하시니 관숙 및 그 여러 아우가 이에 도읍에 근거 없는 말을 퍼뜨려 말하기를 주공이 장차 어린 후계자인 성왕에게 이롭지 못하다고 하니라.』

☯ 무왕이 붕하여 왕세자가 즉위하고 주공이 섭정하니 관숙 및 채숙 등이 주공이 장차 왕권을 찬탈할 것이라고 참소하여 유언비어를 도성에 퍼뜨렸음을 기록하였다.

관숙(管叔)은 이름이 선(鮮)으로 무왕(武王)의 아우요 주공(周公)의 형이며 군제(群弟)는 채숙(蔡叔 : 度)과 곽숙(霍叔 : 處)인데 주(紂)가 자살하여 무왕이 혁명을 성공한 다음 주의 아들 무경(武庚)을 은(殷)나라의 제후로 봉(封)하고 이들 3인에게 무경을 감독하는 직책을 맡겼으니 이들을 3감(三監)이라고 하였다. 유언(流言)은 상(商)나라는 왕이 죽으면 아우가 왕위를 계승한 사례가 많았기 때문에 장차 주공이 왕위에 오르게 될 것이라고 근거 없는 말을 퍼뜨린 것이다. 국(國)은 도읍(都邑)이고 공(公)은 주공이니 당시에 어린 성왕(成王)을 보필하여 섭정(攝政)하였으며 유자(孺子)는 어린 후계자로 성왕을 지칭한다.

관숙은 왕세자가 어리므로 아우에게 전위(傳位)해야 한다면 주공보다 나이가 많은 자기가 먼저 왕이 되어야 옳다고 생각하고 헛소문을 냈으나 왕이 되고 싶은 욕망에 비교하여 왕 노릇을 할 덕이 너무나도 없으니 필시 재앙을 부르리로다.

4-8-13 ························· 周公이 乃告二公하야 曰我之弗辟면
　　　　　　　　　　　　我無以告我先王이라 하다

『주공이 이에 두 공에게 통고하여 말하기를 내가 피하지 않으면 나는 우리 선왕에게 아뢸 말이 없으리라고 하다.』

◉ 주공이 태공과 소공에게 통고하여 장차 섭정 자리에서 물러나와 선왕에게 떳떳한 삶을 살겠다고 하였다.

이공(二公)은 태공(太公)과 소공(召公)이고 피(辟)는 피(避)이며 선왕(先王)은 문왕(文王)과 무왕(武王)이다.

주공이 자기에 대한 근거 없는 의심이 일어남에 유언비어의 근원이 바로 역심을 품은 관숙과 채숙의 도당이므로 즉각 군사를 출동하여 동정(東征)해서 성왕의 정권을 안정시킨 다음 섭정의 자리에서 물러나려고 하였으니 이 사건에 대한 자세한 기록은 아래 대고(大誥) 편에 있다.

4-8-14 ···················· 周公이 居東二年에 則罪人을 斯得하다

『주공이 동쪽으로 정벌한 지 2년에 곧 죄인을 이에 잡았다.』

◉ 주공이 동정하여 역모를 획책하며 유언비어를 퍼뜨려 민심을 교란한 죄인을 잡아서 처단하였음을 밝혔다.

거동(居東)은 동쪽으로 은읍(殷邑)을 정벌하기 위하여 머물러 있음이요 죄인(罪人)은 반란(叛亂)의 역적(逆賊)이고 득(得)은 잡아서 처단함이다.

주공은 이 때에 동정(東征)하여 무경(武庚)을 죽이고 관숙(管叔)과 채숙(蔡叔)을 상읍(商邑)에서 재판하여 사형에 처하며 곽숙(霍叔)을 서

인(庶人)으로 강등시킨 다음 미자(微子 : 啓)를 그 땅의 제후로 봉하여 탕임금의 제사를 받들게 하였으니 아래 미자지명(微子之命) 편에서 참고하기 바란다.

여기에서 거동(居東)의 동(東)을 정현(鄭玄)은 동도(東都)라고 하였고 공안국(孔安國)은 동정(東征)이라고 하였는데 역사적 사실로 고찰할 때 주공이 실제로 동정을 했으며 또한 혁명 초창기의 어린 성왕을 보필하는 섭정의 자리에 있는 주공이 역모를 꾀하는 유언비어를 듣고 오직 자기의 혐의를 피하기 위하여 막중한 책무를 버리고 물러나서 반란의 위험을 방치했다는 것은 어불성설이다. 주공이 어찌 국난에 책임을 회피하겠는가?

4-8-15 ························ 于後에 公이 乃爲詩하야 以貽王하고
名之曰鴟鴞하니 王亦未敢誚公하시다

『뒤에 주공이 이에 시를 지어 왕에게 주고 이름하여 말하기를 치효라고 하니 왕도 또한 감히 주공을 꾸짖어 책망하지 아니하시다.』

◐ 주공이 동정이 끝났음에도 동쪽지방에 머물면서 기회만 노리고 있는 올빼미란 시를 지어 왕에게 보내니 왕이 역적의 흉측함을 알고 주공을 책망하지는 않았음을 밝혔다.

후(後)는 얼마 뒤이고 치효(鴟鴞)는 올빼미로 기회만 노리는 흉악한 사람을 비유하는데 여기에서는 관숙(管叔)과 채숙(蔡叔) 등의 무리를 상징하였고 초(誚)는 책망하여 꾸짖음이다.

이 때의 시로는 『시경』의 빈풍(豳風)에 치효(鴟鴞), 동산(東山), 파부(破斧), 벌가(伐柯), 구역(九罭), 낭발(狼跋) 편이 있어서 그 내용이 자상하고 절실하니 주공의 동정이 오직 어린 성왕을 보호하기 위한 충성심으로 일관하였음을 확인하기 바란다.

4-8-16 ·································· 秋가 大熟하야 未穫이어늘
天이 大雷電以風하니 不盡偃하며
大木이 斯拔이어늘 邦人이 大恐이라
王이 與大夫로 盡弁하사 以啓金縢之書하사
乃得周公所自以爲功하야 代武王之說하시다

『가을 곡식이 크게 익어 아직 거두어들이지 못했거늘 하늘이 크게
우레와 번개를 치며 태풍이 부니 벼가 모두 쓰러지며 큰 나무가 이에
뽑히거늘 나라사람이 크게 두려워하므로 왕이 대부와 더불어 모두 고
깔을 쓰고 금등의 문서를 열어보시니 이에 주공이 스스로 공력을 들
여서 무왕을 대신하여 자기의 목숨을 바치겠다는 말을 얻으시다.』

◯ 주공이 섭정의 자리를 피하여 동정을 끝내고도 1년 동안 돌아오
지 않으니 가을에 번개와 우레를 동반한 태풍이 불어 그 피해가 막대
하므로 성왕이 천재에 대한 대책을 세우기 위하여 점을 치려고 준비
하다가 금등의 글을 확인하였음을 사관이 기술하였다.
추(秋)는 가을곡식이고 풍(風)은 태풍이며 변(弁)은 고깔이니 주(周)
나라 관리의 예복을 상징한다. 공(功)은 앞(4-8-4)에서 이미 말한 공력
(功力)이며 대무왕지설(代武王之說)은 앞(4-8-5)에서 말한 이단대모지
신(以旦代某之身)의 축문(祝文)을 지적한다.

4-8-17 ····················· 二公이 及王하야 乃問諸史與百執事하니
對曰信하나이다
噫라 公命我勿敢言하나이다

『두 공이 왕에게 이르러 이에 여러 사관과 일백 집사에게 물으니 대답하여 말하기를 진실입니다. 으아, 주공이 우리에게 감히 말하지 말라고 명령하였나이다.』

◐ 태공과 소공이 성왕에게 가서 여러 사관과 집사에게 물으니 금등의 축문이 사실이고 또한 주공이 무왕을 대신하여 죽겠다는 내용을 보고도 말리지 못했음을 증언하였다.

이공(二公)은 태공(太公)과 소공(召公)이요 급왕(及王)은 성왕(成王)에게 이르러 감이다. 급(及)을 믿으로 보면 필법(筆法)에 어긋나니 이공의 주체가 되고 왕(王)이 종속하는 문장체가 되기 때문이다. 문(問)은 이공이 묻는 것이고 제사(諸史)와 백집사(百執事)는 주공(周公)이 스스로 공력(功力)을 들여 단(壇)을 만들고 3왕(三王)에게 기도할 때에 도운 사람들이며 대왈(對曰)은 왕에게 대답하여 말한 것이니 묻기는 이공(二公)이 물었지만 왕이 친히 임하였기 때문에 대답은 왕에게 하였으니 예법에 옳다. 신(信)은 진실이고 희(噫)는 감탄사로 슬피 탄식하고 괴로워하는 소리이며 공(公)은 주공(周公)이요 언(言)은 말리는 말이다.

주공이 무왕을 대신하여 죽겠다는 축문을 보고 여러 사관과 일백 집사가 말리려고 하였으나 주공이 말을 말라고 명령하여 감히 말은 못했지만 뒤에 생각하니 너무나도 슬픈 일이었기 때문에 희(噫)하고 탄식한 것이다.

4-8-18 ···························· 王이 執書以泣하며 曰其勿穆卜이로다

昔에 公이 勤勞王家이어늘 惟予沖人이

弗及知니라 今天이 動威하야

以彰周公之德하시니 惟朕小子가

기 친 영　　　아 국 가 례　　　역 으 지
其新逆함이 我國家禮에 亦宜之로다

『왕이 축문의 책을 들고 흐느끼며 말하기를 그 그윽히 점을 치지 말지어다. 옛날에 주공이 왕가에 부지런히 노력하였거늘 오직 나 어린 사람이 아는 데 미치지 못하므로 이제 하늘이 위엄을 발동하여 주공의 덕을 드러내시니 오직 나 소자가 그 친히 맞이함이 우리나라의 예법에 또한 마땅하도다.』

　◑ 성왕이 금등의 축문을 보고 주공의 애국심을 확인한 다음 풍해(風害)의 원인이 주공을 영입하지 않은 데에 있음을 깨닫고 친영(親迎)할 뜻을 밝혔다.

　목복(穆卜)은 앞(4-8-2)에서 이미 해설하였고 충인(冲人)은 어린 사람이며 신영(新迎)은 친영(親迎)이니 『대학(大學)』에 친민(親民)을 신민(新民)으로 보는 것과 반대이다.

　점은 사건의 원인과 진행방향 및 사태의 결과를 알 수 없을 때에 치는 것이니 이제 그 원인을 깨달았다면 문제의 해결방법은 그 가운데 있으므로 더 이상 점을 칠 이유가 없는 것이다.

4-8-19 ······························ 왕　　　출교　　　　천 내 우
王이 出郊하신대 天乃雨하야

반 풍　　　화 즉 진 기　　　이 공
反風하니 禾則盡起어늘 二公이

명 방 인　　　범 대 목 소 언
命邦人하야 凡大木所偃을

기 이 축 지　　　세 즉 대 숙
起而築之하니 歲則大熟하니라

『왕이 교외로 나아가신대 하늘이 이에 비를 내리어 바람을 돌아오게 하니 벼가 곧 모두 일어나거늘 두 공이 나라사람에게 명령하여 무릇 큰 나무가 누운 것을 일으켜 다지게 하니 풍년이 들어 곧 크게 익

으리라.』

◉ 왕이 주공을 친히 맞이하려고 도성 밖의 교외로 나가니 하늘이
비를 내리고 바람을 먼저와 반대방향으로 불게 하여 벼가 모두 일어
서므로 큰 풍년이 들었음을 사관이 기술하였다.

교(郊)는 도성(都城)의 밖이고 반(反)은 먼저와 반대방향으로 돌아오
게 함이며 축(築)은 다지는 것이고 세(歲)는 풍년이다.

바람이 반대로 불어 쓰러진 벼를 다시 일으켜 세웠으니 신비로운
일인바 그 감응의 효과가 금방 나타났기 때문에 이 편을 『서경(書經)』
에 편집하였으므로 독자는 임금의 마음과 기상의 변화에 대한 감응관
계를 깊이 연구하여 앞(4-6-34)에서 말한 성스럽게 일을 추진하면 때
에 알맞은 바람이 불고 어리석게 일을 처리하면 항상 바람이 분다는
서징(庶徵)으로 천인합일(天人合一)의 경지를 통달하기 바란다.

9. 대고(大誥) / 크게 훈고(訓告)함

대고(大誥)는 크게 훈고(訓告)함이다. 무왕(武王)이 붕(崩)하고 어린 아들 성왕(成王)이 즉위하니 주공(周公)이 재상으로서 왕권을 섭정하였다. 이에 관숙(管叔)과 채숙(蔡叔)이 주(紂)의 아들 무경(武庚)과 함께 은읍(殷邑)에서 반란을 획책하니 주공이 성왕을 설득하여 동정(東征)을 결정하고 이에 출정식을 거행하는 자리에서 성왕이 전군에게 크게 훈고한 내용이다.

이 때에 주공이 직접 동정을 지휘했던바 반란을 진압하고 자신은 벼슬을 피하여 돌아오지 아니하였기 때문에 앞 편의 금등(金縢)에서 밝힌 바와 같이 성왕이 친영(親迎)으로 복직(復職)하였던 것이다.

이 편은 반란을 획책한 증거가 아직 뚜렷이 나타나지 않았기 때문에 훈고하는 내용이 많은 점사(占辭)로 설득하였는데 『금문상서(今文尚書)』와 『고문상서(古文尚書)』에 모두 수록되어 있다.

4-9-1 ·····················
王이 若하시고 曰猷라가 大誥爾多邦과
越爾御事하노라 弗弔天이 降割于我家하사
不少延이어시늘 洪惟我幼沖人이
嗣無疆大歷服하야 弗造哲하야
迪民康이온 矧曰其有能格知天命가

『왕이 어이쿠 하시고 말씀하시기를 머뭇거리시다가 그대들 많은 나라의 제후와 그대들 지휘관들에게 크게 훈고하노라. 불쌍히 여기지 않은 하늘이 우리 왕가에 분열을 내리시어 조금도 늦추지 아니하시거늘 널리 생각컨데 나 어린 사람이 가이없는 큰 역사적 직무를 이어 명철(明哲)함에 나아가 민중에게 강녕(康寧)함을 열어주지 못했거늘 하물며 말하기를 그 능히 천명을 아는 데 이르름이 있다고 하겠는가.』

　● 성왕이 왕위에 올라 명철하게 정책을 펴서 민중을 강녕하게 이끌기도 전에 왕가가 분열하여 반란을 획책하는 무리가 있음을 석명(釋明)하였다.

　유(猷)는 감정을 진정하기 위하여 머뭇거림이고 대고(大誥)는 대대적으로 천하에 훈고(訓告)함인데 이것을 편명(篇名)으로 썼다. 방(邦)은 방군(邦君)이요 월(越)은 어(於)의 뜻이며 어사(御事)는 군무(軍務)에 종사하는 각급 지휘관이다. 조(弔)는 불쌍히 여김이니 불조천(弗弔天)은 불쌍히 여기지 않은 냉정한 하늘이다. 할(割)은 분열함이니 관숙(管叔)과 채숙(蔡叔)이 무경(武庚)을 옹립하고 할거(割據)함을 지적한다. 불소연(不少延)은 사태가 급박하여 정벌(政伐)을 조금도 늦출 수 없다는 말이며 홍유(洪惟)는 널리 생각함이요 역복(歷服)은 역사적인 직무이다. 조(造)는 나아감이요 적(迪)은 계도(啓導)함이며 신(矧)은 하물며, 격(格)은 이르러 감이다.

　반란은 즉각 대처해야지 그 세력이 커지면 제압하기 어려운 것이다. 성왕이 즉위하였으나 아직 어리기 때문에 인민의 신임이 두텁지 못하므로 주공이 서둘러 동정에 나섰으니 대의(大義)는 멸친(滅親)이고 난신적자(亂臣賊子)는 누구든지 잡아서 죽여야만 정의가 불의를 굴복시킬 수 있는 것이다.

4-9-2·····························　予惟小子는 若涉淵水하니
　　　　　　　　　　　　　이　　　　여유소자　　　약섭연수

　　予惟往은 求朕攸濟니라 敷賁하며
　　여유왕　　　구짐유제　　　　　부비

　　敷前人受命하여야 茲不忘大功이니
　　부전인수명　　　　　　자불망대공

여 불 감 폐 우 천 강 위 용
予不敢閉于天降威用하리라

『조금 있다가 말씀하시기를 나 오직 소자는 마치 깊은 연못의 물을 건너듯이 하니 내가 오직 감은 나의 완수할 바를 추구함이니라. 베풀어 나라의 전장을 아름답게 꾸미며 앞에 사람이 받은 천명을 베풀어야 이에 무왕의 큰 공을 잊지 아니함이니 나는 감히 하늘이 내리신 위엄의 작용을 닫지 않으리라.』

◉ 성왕이 말을 쉬었다가 국가의 위난에 무왕의 혁명공업을 지키기 위하여 단호히 출정하여 토벌할 것을 선포하였다.

이(已)는 말을 조금 쉬었다가 다시 계속하는 것이니 앞에 유(猷)자의 머뭇거림과 비교하면 성왕(成王)이 어려서 대중강연이 서툴고 또한 유언(流言)에 대하여 마음속으로 의구심이 없지 않았음을 나타내는 대목이다. 왕(往)은 성왕이 왕위를 계승하여 나아갈 길이고 제(濟)는 왕업(王業)을 완수함이며 비(賁)는 국가의 전장(典章)과 제도를 아름답게 꾸미는 것이다. 전인(前人)은 전왕(前王)이고 명(命)은 천명(天命)이며 대공(大功)은 무왕(武王)이 혁명하여 천하를 안정시킨 공(功)이요 위용(威用)은 위엄(威嚴)의 작용이니 곧 무력으로 토벌함이다.

성왕이 어리기 때문에 자기가 천명을 아는 데 이르지는 못했지만 후계자로서 전왕이 받은 천명을 베풀어 완성하겠다는 사명감은 그 명분이 바르고 논리가 정당하다.

4-9-3 ·····················
영 왕　　　유 아 대 보 귀　　　소 천 명
寧王이 遺我大寶龜하사 紹天明하시니
즉 명　　　왈 대 간 우 서 토　　　서 토 인
卽命한대 曰大艱于西土라 西土人이
역 불 정　　　월 자 준
亦不靜이라더니 越玆蠢이로다

『영왕이 우리에게 크고 보배로운 거북을 남기시어 하늘의 밝음을 소개하시니 나아가 점을 치라고 명령한대 말하기를 서쪽 땅에 크게 어려우리라 서쪽 땅에 사람이 또한 편안치 않으리라 하더니 이에 준동하도다.』

◉ 무경을 옹립하는 관숙과 채숙의 반란은 아무런 정당성도 없고 오직 사악한 기운이 발동하여 준동한 사건에 지나지 못함을 거북점으로 증명하였다.

영왕(寧王)은 무왕(武王)이 시호(諡號)를 받기 전에 썼던 왕호(王號)로 무왕이 혁명하여 천하인민의 안녕을 보장한 공덕을 기리어 쓰던 호(號)이다. 소(紹)는 소개(紹介)함이니 점(占)을 통하여 하늘의 밝음을 매개하여 준다는 뜻이요 즉(卽)은 나아감이고 명(命)은 공식적으로 점을 치라는 명령이며 간(艱)은 간난(艱難)이니 어려운 일이 생긴다는 말이다. 정(靜)은 안정(安定)함이고 준(蠢)은 준동(蠢動)하여 날뜀이다.

4-9-4 ·····························
殷이 小腆하고 誕敢紀其叙하야
天降威나 知我國에 有疵하야
民不康하고 曰予復하야
反鄙我周邦이라 하도다

『은나라가 지극한 은혜를 작게 여기고 이에 감히 그 왕통의 차례를 기록하여 하늘이 위엄을 내리나 우리나라에 흠이 있어 민중이 편안치 못함을 알고 말하기를 우리가 광복하여 변방의 우리 주나라를 뒤엎는다고 하도다.』

◉ 무경이 주나라가 제후로 봉해준 은공을 작게 여기고 은나라 왕

조를 다시 세우기 위하여 주나라에 공개적으로 도전한 것을 성토하였다.

은(殷)은 무경(武庚)을 지칭하고 소(小)는 작게 여기는 것이며 전(腆)은 지극한 은공(恩功)이니 주(紂)를 정벌하여 제거하고 주의 아들 무경을 제후로 봉한 은혜이다. 탄(誕)은 이에, 기(紀)는 기원(紀元)으로 쓰는 것이며 서(叙)는 왕통(王統)의 차례이니 곧 주(周)나라의 연호(年號)를 쓰지 않고 은(殷)나라의 연호를 써서 독립국임을 선포했다는 뜻이다. 천강위(天降威)는 주나라가 엄중 경고하여 동정(東征)을 준비함이고 아국(我國)은 주나라요 유자(有疵)는 관숙(管叔)과 채숙(蔡叔)이 반란을 도모하여 불안을 조성함이다. 여복(予復)은 무경(武庚)이 제후국에서 다시 천자국으로 복귀한다는 말이고 반(反)은 뒤엎는 것이니 주나라를 천자국에서 다시 제후국으로 되돌린다는 말이며 비(鄙)는 변방이니 주나라는 본래 서쪽의 변방에 위치하였다.

제후국이 국사(國史)가 아닌 현실정치에서 독자적인 연호를 사용한다면 그것은 이미 천자국의 존재를 인정하지 않고 자주독립국임을 선포한 명백한 실증이다. 따라서 동양사를 연구한 학자는 그 시대의 연호가 있고 없는 것으로 독립국과 종속국을 분별하기 바라고 또한 국사를 편찬함에는 역사서술 주체성을 확립하기 위하여 그 나라 임금의 즉위연도를 중심으로 기술하는 것이 원칙임을 알아야 한다.

4-9-5 ····························
今蠢이어늘 今翼日에 民獻有十夫로
今준 今翼日 民獻有十夫
予翼以于하야 救寧武圖功하리니
予翼以于 救寧武圖功
我有大事休라 朕卜이 幷吉하니라
我有大事休 朕卜 幷吉

『이제 꿈틀거리며 날뛰거늘 오늘과 내일에 인민의 어진 이 열 사나이가 있으므로 내가 공경하여 함께 가서 안전하게 도모했던 공업을 계승하리니 우리에게 큰 일의 아름다움이 있으므로 내가 점을 침이 아울러 길하니라.』

　　◉ 성왕이 이제 주나라에는 군사를 어질게 지휘하는 10명의 장수가
있고 또한 점도 모두 길하므로 동정의 목적을 성취할 것임을 확신하
였다.

　금익일(今翼日)은 오늘과 내일이니 즉시를 뜻하고 민(民)은 군사로
동원된 장병이며 헌(獻)은 어진 이로 장병으로부터 신임이 두터운 군
지휘관이며 십부(十夫)는 열 명의 장부(丈夫)이다. 익이우(翼以于)는 공
경하여 함께 감이니 동시에 출정함이고 미령(敉寧)은 안전함이며 무
(武)는 계승함이요 도공(圖功)은 무왕(武王)이 도모했던 공업(功業)이
다. 복(卜)은 성왕(成王)이 동정(東征)에 임하여 점을 침이고 병길(幷吉)
은 세 사람의 점사(占辭)가 모두 길하게 나온 것이다.

　출정하는 군사에게 승리를 확신시키기 위하여 거북점을 친 것이니
어찌 반란의 역적을 토벌함에 오로지 점에 의지하여 길흉을 판단하겠
는가? 흉악한 역적을 토벌하는 일은 사람은 누구나 그 길함을 알지
못하는 이가 없는 것인즉 학자는 점의 용도가 불안한 시국으로 인하
여 많아짐을 헤아리기 바란다.

　　　　　　　　　　　　　　　　　　　사여　　　고아우방군　　　월윤씨
4-9-6 ······························ 肆予는 告我友邦君과 越尹氏와
　　　　　　　　　서사　　　어사　　　왈여득길복
　　　　　　　　庶士와 御事하야 曰予得吉卜이라
　　　　　　여유이이서방　　　　우벌은포파신
　　　　　予惟以爾庶邦으로 于伐殷逋播臣하노라

　『그리하여 나는 우리 우방의 임금과 여러 관청의 책임자와 여러 선
비와 군사의 지휘관에게 알리어 말하노니 우리는 길한 점사을 얻었으
므로 나는 오직 그대들 여러 나라로써 출정하여 은나라의 도망하여
옮겨간 신하들을 토벌하노라.』

◉ 성왕이 여러 제후와 연합한 군사로 무경의 도당을 토벌한다고 선언하였다.

사(肆)는 그리하여, 윤씨(尹氏)는 서윤(庶尹)과 같으니 정관대부(正官大夫)이고 우(于)는 가는 것이요 포(逋)는 도망함이며 파(播)는 이탈하여 옮겨간 것이다.

4-9-7 ·· 爾庶邦君과 越庶士御事가

罔不反하야 曰艱大하며 民不靜이

亦惟在王宮과 邦君室이라 하며

越予小子考翼도 不可往征이라 하여

王은 害不違卜고 하도다

『그대들 여러 나라 임금과 여러 선비와 군사의 지휘관이 반대하지 않음이 없어 말하기를 어려움이 크며 인민이 편안치 못함이 또한 오직 중앙정부의 왕궁과 지방국가의 군실에 있다고 하며 이에 나 소자를 살피고 돕는 이도 가서 정벌함이 옳지 못하다고 하여 왕은 어찌 점을 어기지 아니하느냐고 하도다.』

◉ 대군을 동원하여 출정하는 일은 어려움이 많을 뿐만 아니라 관숙과 채숙의 반란은 중앙정부의 왕궁과 지방정부의 군실 사이의 권력 다툼에서 발단되었기 때문에 무력이 아닌 다른 방법으로 해결하는 것이 바람직하다는 여론이 높은 것을 성왕이 시인하였다.

반(反)은 반대함이고 왕궁(王宮)은 주(周)나라의 왕가(王家)요 방군실(邦君室)은 지방국가의 공실(公室)이니 곧 은(殷)나라의 공족(公族)을 지칭하였다. 고(考)는 고찰(考察)함이고 익(翼)은 돕는 사람이니 나라의

원로(元老)를 일컫는 말이며 할(害)은 어찌, 위(違)는 어기는 것이다.

　비록 정벌을 반대하는 여론이 높지만 점을 어기는 것은 옳지 못하니 앞(4-6-27)에서 이미 논증한 홍범(洪範)의 계의(稽疑)를 참조하라.

4-9-8 ······························· 肆予沖人이 永思艱하여 曰嗚呼라
_{사여충인　　영사간　　왈오호}
允蠢이면 鰥寡가 哀哉라 予造는
_{윤준　환과　애재　여조}
天役이라 遺大投艱于朕身이시니
_{천역　유대투간우짐신}
越予沖人은 不卬自恤이나 義엔
_{월여충인　불앙자휼　의}
爾邦君과 越爾多士와 尹氏와 御事가
_{이방군　월이다사　윤씨　어사}
綏予하야 曰無毖于恤이어다
_{수여　왈무비우휼}
不可不成乃寧考圖功하니라
_{불가불성내녕고도공}

『그리하여 나 어린 사람은 오래 어려움을 생각하고 말하노니 오호라, 준동하도록 허락하면 홀아비와 과부가 불쌍하니라. 내가 나아감은 하늘의 시킴이므로 나의 몸에 큰일을 남겨 어려움을 주시니 이에 나 어린 사람은 스스로 도와주기를 바라지 않으나 의리에 그대들 제후와 그대들 많은 선비와 여러 관청의 책임자와 군사의 지휘관이 나를 편안케 하여 말하기를 걱정으로 괴로워하지 말지어다. 이에 무왕이 도모하신 공업을 이루지 아니할 수 없나이다고 해야 하니라.』

　◉ 성왕이 반드시 정벌해야 될 이유를 두 가지로 요약하여 설득하였으니 반란세력이 준동하도록 방치하면 폭도들의 착취와 압박으로 하층민중의 생활고가 극심할 것이므로 이를 방지하기 위하여 토벌이 불가피하며 또 하나는 군신의 의리가 있으므로 신하는 임금의 걱정거리를 해결할 책무가 있을 뿐만 아니라 무왕의 혁명공업을 완성할 의

무가 있는 까닭이라고 하였다.

윤(允)은 인정하여 허락함이니 곧 반란세력이 날뛰도록 방치함이며 환과(鰥寡)는 홀아비와 과부로 가장 고단한 민중이고 조(造)는 나아감이니 곧 출정함이다. 천역(天役)은 하늘이 민중을 보호하라고 시킴이고 대(大)는 큰 일이요 앙(卬)은 바라고 기대함이며 자휼(自恤)은 자진하여 동정함이다. 의(義)는 의리이니 군신(君臣) 사이에 맺어진 의무와 진리(眞理)이며 수(綏)는 편안함이고 비(悲)는 괴로워함이며 휼(恤)은 걱정함이다.

예법에 국가는 민중의 안전을 보장할 책무가 있고 또 임금이 걱정하면 신하가 욕(辱)이 되고 임금이 욕이 되면 신하는 죽음으로 설욕해야 하며 역시 선왕의 유업은 신하들이 완성해야 되는 책임이 있으니 성왕의 정벌논리는 모두 떳떳한 주장이다.

4-9-9 ························· 已라가 予惟小子는 不敢替上帝命하노니
　　　　　　　　　　　　　天休于寧王하사 興我小邦周이라
　　　　　　　　　　　　寧王이 惟卜을 用하사 克綏受玆命하시니라
　　　　　　　　　　　　今天이 其相民이어시늘 矧亦惟卜을 用함이랴
　　　　　　　　　　　　鳴呼라 天明이 畏하니 弼我丕丕基시니라

『조금 있다가 말씀하시기를 나 오직 소자는 감히 하느님의 명령을 바꾸지 못하노니 하늘이 무왕에게 아름답게 하시어 우리 작은 지방국가인 주나라를 일으키므로 무왕이 오직 거북점을 신용하사 능히 이 천명을 편안히 받으시니라. 이제 하늘이 그 민중을 도우시거늘 하물며 또한 오직 거북점을 신용함이랴. 오호라, 하늘의 밝음은 두려운 것이니 우리의 크고 큰 기업을 도우심이니라.』

● 성왕이 정벌함이 길하다는 하느님의 명령을 어길 수 없음을 무왕의 전례를 들어 증언하였다.

이(已)는 앞(4-9-2)에서 이미 해설하였으니 어린 성왕(成王)이 처음으로 대중강연을 함에 힘든 모습을 알 수 있다. 체(替)는 바꾸어 어김이고 상제명(上帝命)은 거북점의 점사(占辭)를 일컬으며 용(用)은 신용(信用)이다. 상(相)은 도움이고 천명외(天明畏)는 하늘의 밝음은 두렵다는 말이니 곧 거북점을 어기면 흉(凶)하다는 뜻이요 기(基)는 기업(基業)으로 반란의 폭도를 정벌해야 주(周)나라의 기초가 튼튼하게 된다는 뜻이다.

개국의 초기에 반란세력을 방치한다면 민심이 불안하고 사회가 어지러워 정치적 안정을 도모할 수 없기 때문에 결국 국기가 흔들리는 사태에 이르므로 안일한 현실주의를 극복하고 용감한 기풍을 일으켜 반란세력을 토벌하는 것이 밝은 미래를 창조하는 올바른 길이다.

4-9-10 ······················ 王이 曰爾惟舊人이라 爾丕克遠省하나니

爾知寧王若勤哉인저 天閟毖는

我成功所니 予不敢不極卒寧王圖事니라

肆予는 大化誘我友邦君하노니

天棐忱辭는 其考我民이니 予는

曷其不于前寧人圖功攸終하리오

天亦惟用勤毖我民이 若有疾하시나니

予는 曷敢不于前寧人攸受休畢하리오

『왕이 말씀하시기를 그대들은 오직 옛사람이므로 대체로 능히 멀리 살피나니 그대들은 무왕이 그리도 부지런함을 알진저. 하늘이 막혀서 어렵게 함은 우리가 공을 이룩할 곳이니 나는 감히 무왕이 도모했던 사업을 모두 다 마치지 않을 수 없느니라. 그리하여 나는 대대적으로 우리 우방의 임금을 변화시켜 유도하노니 하늘이 정성스러운 말씀으로 돕는 것은 그 우리 민중을 깊이 생각하심이니 내가 어찌 그 무왕 때의 사람이 도모한 공업의 종결할 바를 하지 않으리오. 하늘이 또한 오직 우리 민중을 부지런히 애쓰게 함이 마치 질병을 앓듯이 하나니 내가 어찌 감히 예전에 무왕 때 받은 바를 아름답게 끝내도록 하지 않으리오.』

● 성왕이 무왕을 섬겼던 사람들은 무왕이 도모했던 공업을 종결하는 일에 적극 동참하는 것이 신하의 의리임을 다시 강조하였다.

왕왈(王曰)은 성왕(成王)의 앞에 말에 대하여 여러 신하가 찬성의사를 표해야 됨에도 아무 말이 없었음을 나타내기 위하여 사관(史官)이 삽입하였으니 아래도 같다. 구인(舊人)은 구대인(舊代人)이니 곧 무왕(武王) 시대의 신하이고 비(閟)는 막혀서 통하지 않음이요 비(毖)는 어려움인데 바로 하늘이 시련을 줌이다. 극졸(極卒)은 모두 다 마침이고 화(化)는 변화시킴이고 유(誘)는 유도(誘導)함이며 비(棐)는 도움이요 침사(忱辭)는 정성스러운 말씀이니 곧 거북점의 점사(占辭)를 지칭한다. 고(考)는 깊이 생각함이고 우(于)는 위(爲)의 뜻이며 영인(寧人)은 영왕(寧王) 때의 사람이니 바로 무왕(武王)의 신하이다. 근비(勤毖)는 부지런히 애씀이요 유질(有疾)은 질병을 앓음이니 고통이 심함을 지적하고 유수(攸受)는 하늘로부터 받은 혁명과업이며 휴필(休畢)은 아름답게 완성하여 끝냄이다.

성왕이 무왕의 사업을 완성하는 것으로 자기의 사명을 삼으니 그 말이 대단히 감동적이다.

4-9-11 ·········· 王^왕이 曰^왈若^약이라 昔^석朕^짐其^기逝^서하니

朕^짐言^언艱^간하야 日^일思^사하니라 若^약考^고가

作^작室^실하야 旣^기底^지法^법이어든 厥^궐子^자가

乃^내弗^불肯^긍堂^당이면 矧^신肯^긍構^구아 厥^궐父^부가

菑^치어든 厥^궐子^자가 乃^내弗^불肯^긍播^파하면

矧^신肯^긍穫^확가 厥^궐考^고가 翼^익其^기肯^긍하야

曰^왈予^여有^유後^후하니 弗^불棄^기基^기인저 肆^사予^여는

曷^갈敢^감不^불越^월卬^앙하야 敉^미寧^녕王^왕大^대命^명하리오

『왕이 말씀하시기를 어이쿠, 옛적에 내가 그것을 겪었나니 나는 말하기가 어려워서 날로 생각하였느니라. 만약 죽은 아버지가 집을 지으려고 하여 이미 법도를 정했거든 그 아들이 이에 터닦이를 즐겁게 하지 아니하면 하물며 집을 세울 수 있겠는가. 그 아버지가 밭을 개간하거든 그 아들이 이에 씨앗 뿌리기를 즐겁게 하지 아니하면 하물며 가을걷이를 할 수 있겠는가. 그 죽은 아버지가 그 아들이 즐겁게 함을 도우며 말하기를 나에겐 뒤가 있으므로 기본을 버리지 아니할진저라고 하리니 그리하여 나는 어찌 감히 소망을 넘어가지 아니하여 무왕의 천명을 안전하게 하지 않으리오.』

◉ 성왕이 아버지가 착수한 사업을 자식이 이어받아 완성하는 것이 자식의 도리임을 밝혔다.

약(若)은 감탄사로 '아이쿠'이고 서(逝)는 가는 것이니 옛날에 겪은 것으로 경험했다는 뜻이요 언간(言艱)은 말하기가 어려운 것이니 판단하기가 쉽지 않은 일이다. 고(考)는 죽은 아버지요 작실(作室)은 집

을 지으려고 계획을 세움이고 지법(底法)은 정법(定法)이니 대지(垈地)를 마련하고 설계도를 만들어 계획을 확정함이며 긍(肯)은 즐겁게 인정하여 따라함이다. 당(堂)은 집터를 쌓아서 터닦이를 완성함이고 구(構)는 건물을 세우는 것이며 치(菑)는 개간하여 1년이 된 밭이요 파(播)는 종자를 뿌려 곡식을 심는 것이다. 익기긍(翼其肯)은 그 자식이 기쁘게 계승한 일을 돕는 것이고 갈(曷)은 어찌 아니 하리오 불월앙(不越印)은 기대를 벗어나지 아니함이며 미(粊)는 앞(4-9-5)에서 이미 해설하였다.

아버지가 시작한 집과 밭을 자식이 즐겁게 이어받아 집을 세우고 곡식을 가꾸어야 가정의 번영이 있다는 사상은 대단히 아름다운 효정신이다.

4-9-12 ·························· 若兄考와 乃有友라가 伐厥子어든
民養은 其勸하고 弗救아

『저들의 형인 나의 돌아가신 아버지와 이에 우애함이 있다가 그 아들을 침벌하거든 인민이 먹이는 사람은 그것을 권장하고 구원하지 아니하리오.』

☯ 형을 존경하던 아우들이 그 형이 죽은 다음에는 형의 아들인 조카를 침벌하는 것을 보고도 방관하며 구원하지 않겠느냐고 반문하였다.

약(若)은 대명사로 관숙(管叔), 채숙(蔡叔), 곽숙(霍叔)을 지칭하며 고(考)는 성왕(成王)의 돌아가신 아버지 무왕(武王)이다. 유우(有友)는 형제간에 우애가 있어서 정분이 두터움이요 벌(伐)은 무경(武庚)과 합세하여 반란을 일으킴이며 자(子)는 곧 성왕을 스스로 지칭함이다. 민양(民養)은 인민이 먹이는 사람이니 인민의 세금으로 녹을 받아먹는

임금과 관리들이고 권(勸)은 방관하여 악(惡)을 조장하는 것이다.

형이 살았을 때는 아우의 도리를 다하다가 형이 죽음에 그 조카를 치는 것은 반인륜적 범죄이니 윤리도덕이 있는 사회에서는 용납할 수 없는 극악대죄(極惡大罪)이다.

4-9-13 ·· 王이 曰嗚呼라 肆哉인저

爾庶邦君과 越爾御事여

爽邦은 由哲하나니 亦惟十人이

迪知上帝命하며 越天이 棐忱하시니

爾時에 罔敢易法이어늘

矧今天降戾于周邦하사 惟大艱人이

誕鄰하야 胥伐于厥室따녀

爾亦不知天命不易가

『왕이 말씀하시기를 오호라, 깊이 살펴 생각할진저. 그대들 여러 나라의 임금과 그대들 군사의 지휘관이여, 나라를 밝게 함은 철인을 말미암나니 또한 오직 열 사람이 하느님의 명령을 아는 데 이르며 이에 하늘이 정성스러운 사람을 도우시니 그대들은 이 때에 감히 법을 뒤바꿈이 없거늘 하물며 이제 주나라에 재앙을 내리시어 오직 크게 어려운 사람들이 이웃을 속이어 서로 그 군실에서 침벌하는 따위랴. 그대들은 또한 천명은 바꾸지 않음을 알지 못하는가.』

● 성왕이 주나라는 명철한 군사전략가가 많고 하늘의 도움이 있으므로 방자하게 날뛰는 폭도를 진압하는 데 두려워할 것이 없다고 다

시 설득하였다.

　사(肆)는 깊이 연구하여 생각함이니 사건의 원인과 결말을 분석하여 헤아림이고 상(爽)은 문명(文明)하게 밝히는 것이며 철(哲)은 철인(哲人)이다. 십인(十人)은 앞(4-9-5)에서 말한 십부(十夫)요 적(迪)은 이르는 것이며 상제명(上帝命)은 하느님의 명령으로 거북점에서 길하다는 점사(占辭)이다. 이법(易法)은 법을 지키지 않고 뒤바꾸어 어지럽게 함이고 려(戾)는 재앙이니 시련을 줌이요 대간인(大艱人)은 앞(4-9-3)에서 말한 크게 곤란한 사건을 일으킨 역적이며 탄(誕)은 거짓으로 속이는 것인데 곧 유언비어이며 실(室)은 앞(4-9-7)에서 말한 방군실(邦君室)이다.

　결국 무경의 반란세력은 일부의 국지적인 소요에 그칠 뿐이고 한번 떠나버린 천명을 은나라에 다시 되돌리지는 못할 것임을 분명히 선언하였으니 필승의 신념을 가지고 동정에 임할 것을 호소한 것이다.

　　　　　　　　　　　　　　　　　여　　　영념　　　왈천유상은
4-9-14 ································· 予는 永念하야 曰天惟喪殷이
　　　　　약색부　　　　여　　　갈감불종짐묘
　　　　若穡夫인저 予는 曷敢不終朕畝하리오
　　　　　천역유휴우전녕인
　　　　天亦惟休于前寧人하시니라

　『나는 오래 생각해서 말하노니 하늘이 오직 은나라를 멸해버림이 마치 농부와 같은진저. 나는 어찌 감히 나의 이랑을 아름답게 가꾸어 끝내지 않으리오. 하늘이 또한 오직 예전 무왕 때 사람에게 아름답게 하시니라.』

　◉ 하늘이 은 왕조를 멸망시킴이 농부가 밭에 김을 맴에 잡초의 뿌리를 뽑아내듯이 하려고 무경의 반란이 일어났으니 이제는 동정하여 혼란의 근원을 제거할 때임을 선언하였다.

　영념(永念)은 오래 생각함이고 색부(穡夫)는 농부로 밭을 가꿈에 잡

초의 뿌리를 뽑아버리는 것을 상징하며 종(終)은 유종(有終)의 미(美)를 거두는 것이다.

악을 제거함에는 뿌리를 뽑아야지 병근(病根)을 방치하면 반드시 재발하여 걷잡지 못하는 형세에 이르는 것이다.

4-9-15 ·························· 予는 曷其極卜을 敢弗于從하리오
率寧人有指疆土이어늘 矧今에
卜幷吉이리오 肆朕이 誕以爾로
東征하노니 天命이 不僭이라
卜陳이 惟若茲하니라

『나는 어찌 그 지극한 거북점을 감히 따르지 아니하리오. 무왕 때의 사람들이 지정함이 있는 강토를 거느리거늘 하물며 이제 거북점도 아울러 길함이리오. 그리하여 나는 크게 그대들로써 동쪽으로 정벌하노니 하늘의 명령은 어기지 아니하므로 거북점의 알림이 오직 이와 같으니라.』

☻ 성왕이 무경의 반란을 정벌하는 것은 주나라의 영토를 수호하기 위한 시대적 과업이고 또한 거북점도 길하다고 하였으니 반드시 승리한다는 확신을 가지고 출정하자고 거듭 강조하였다.

극복(極卜)은 지극히 신령(神靈)한 거북점이고 우(于)는 위(爲)의 뜻이며 솔(率)은 영(領)의 뜻이니 영토의 주권을 행사함이다. 지(指)는 지정(指定)이요 참(僭)은 어기어짐이며 진(陳)은 진고(陳告)이니 즉 이야기하여 알림이다.

대고(大誥) 편은 어린 성왕이 동정에 반대하는 여론을 잠재우고 군사들의 사기를 진작시키기 위하여 처음부터 끝까지 거북점의 길함으

로 자상하고 간절하게 반복하여 설명하면서 장병들의 의혹을 풀어주었다. 그러나 거북점의 이야기는 많아도 거북점은 오직 한 번밖에 치지 아니하였으니 한 번 얻은 점사를 철저히 믿는 성왕의 확신에 모두 감동하지 않을 수 없었는바 여기에서 제왕의 숭고한 결단은 흔들림이 없는 것을 배워야 할 것이다.

그리고 주는 음란하여 은 왕조를 망쳐서 천자국을 제후국으로 강등시켰거늘 그 아들 무경은 방자하게 반란을 획책하다가 은나라의 이름까지 세상에서 없어지게 하였으니 도덕과 예의를 무시한 결과임을 여기에서 확인할 것이다.

10. 미자지명(微子之命) / 미자(微子)에게 교명(敎命)함

　미자(微子)는 앞에 상서(商書)의 미자((微子) 편에서 이미 해설하였고 명(命)은 교명(敎命)이니 천자(天子)가 지방국가의 제후(諸侯)를 봉(封)하고 특별히 그 사람에게만 가르치고 당부하는 내용을 담은 문장체이다.

　성왕(成王)이 동정(東征)하여 반란의 우두머리인 무경(武庚)을 처단하고 은(殷)나라를 완전히 멸망시켰다. 그리고 미자를 송(宋)나라 임금으로 봉하여 탕(湯)임금의 제향(祭享)을 받들게 하면서 특별히 당부하였는데 사관(史官)이 그 교명을 기록하였다.

　이 편은 『금문상서(今文尙書)』에는 없고 『고문상서(古文尙書)』에만 기재되어 있다.

4-10-1 ···························· 王이 若하시고 曰猷라가 殷王元子야
惟稽古컨데 崇德하며 象賢하야
統承先王이라 修其禮物하야
作賓于王家하노니 與國咸休하야
永世無窮하라

　『왕이 '어이쿠' 하시고 말씀하시기를 머뭇거리다가 은나라 왕의 첫째아들이여, 오직 지난날을 자세히 고찰하건대 덕을 높이며 어진 이를 본받아 대통이 선왕을 계승하므로 그 예물을 갖추어 왕가에 손님으로 삼나니 나라와 더불어 다 아름답게 하여 길이 대대로 무궁하라.』

◉ 성왕이 무왕의 혁명정신을 자세히 고찰하면 도덕을 숭상하고현철을 본받아서 주나라의 대통이 탕임금을 이었기 때문에 이제 그 자손을 제후로 봉하여 제향(祭享)을 받들게 하니 아름답게 다스려 길이 대대로 탕임금의 제사를 지내라고 당부하였다.

왕은 성왕(成王)이요 약(若)은 감탄사 '어이쿠'이고 유(猷)는 머뭇거림이니 앞(4-9-1)에서 이미 해설하였으며 은왕(殷王)은 제을(帝乙)이요 원자(元子)는 미자(微子)이다. 미자는 제을의 서장자(庶長子)로 일찍이 주(紂)가 정치를 어지럽힐 때에 황야로 떠났다가 무왕(武王)이 혁명하자 주(周)나라로 돌아왔다. 고(古)는 지난날이니 무왕이 혁명한 때이고 숭덕(崇德)과 상현(象賢)은 무왕이 도덕을 숭상하고 현철(賢哲)을 본받은 것이며 통(統)은 주나라의 대통(大統)이요 선왕(先王)은 탕(湯)임금이니 앞(4-5-9)에서 보았듯이 무왕은 주(紂)를 추방하고 상(商)나라의 정치를 바로잡고 탕임금의 옛 정치도덕을 말미암게 하였다. 수(修)는 수리(修理)하여 갖춤이고 례물(禮物)은 종묘(宗廟)에서 탕임금을 제사 지내는 예절과 물품이며 빈(賓)은 앞(1-2-2)에서 해설하였으니 외교관계를 수립함이다. 왕가(王家)는 주나라의 왕가(王家)이고 국(國)은 미자(微子)를 임금으로 봉한 송(宋)나라이다. 휴(休)는 아름다운 정치문화이고 영세무궁(永世無窮)은 탕임금을 대대로 기리며 영원무궁토록 제사를 지내라는 말이다.

전배(前輩)들은 통(統)을 은나라의 혈통으로 해석하여 해괴한 논설을 잡다하게 전개하였으나 무왕과 탕임금의 대통관계를 밝히고 미자를 제후로 봉하는 이유를 설명하는 복합문을 오직 미자를 칭찬하는 단순문으로 곡해한 결과이다.

4-10 -2 ····················· 嗚呼라 乃祖成湯이 克齊聖廣淵하신대
　　　　　　　　　　　　　　　　　오호　　내조성탕　　극제성광연

　　　　　　　　　　　　　　　　　皇天眷佑하사 誕受厥命하사
　　　　　　　　　　　　　　　　　황천권우　　　탄수궐명

　　　　　　　　　　　　　　　　　撫民以寬하시며 除其邪虐하시니
　　　　　　　　　　　　　　　　　무민이관　　　　제기사학

『오호라, 그대의 조상 성탕이 능히 가지런하시고 성스러우시며 넓으시고 깊으신데 거룩한 하느님이 돌보시어 도우시니 크게 그 천명을 받으시어 민중을 너그럽게 어루만지시며 그 사악하고 포학함을 제거하시니 공훈이 당시에 미치시며 덕이 후손에게 드리우시니라.』

◐ 성왕이 탕임금의 혁명정신을 높이 찬양하면서 바로 무왕의 혁명정신과 일치함을 담아 그 대통을 이었음을 밝혔다.

내(乃)는 대명사 그대의 뜻이고 제(齊)는 깨끗하고 가지런함이요 성(聖)은 신성함이며 연(淵)은 깊은 것이니 모두 탕(湯)임금의 덕성(德性)을 표현하는 말이다. 탄(誕)은 대(大)의 뜻이고 명(命)은 천명(天命)이니 탕임금이 하(夏)나라 폭군 걸(桀)을 추방하고 혁명하여 천자의 자리에 오른 것이다. 사학(邪虐)은 걸(桀)의 사악하고 포학한 정치세력이고 가(加)는 급(及)의 뜻이요 시(時)는 당시(當時)이니 무왕(武王)은 문왕(文王)을 이어서 혁명을 완수하였으나 탕임금은 당대에 혁명을 완성했다는 말이다. 후예(後裔)는 후손(後孫)으로 은(殷)왕조를 500년간 다스려 왔던 탕임금의 후손들을 지칭한다.

이 유 천 수 궐 유　　　구 유 령 문
4-10-3 ························· 爾惟踐修厥猷하야 舊有令聞하니
각 신 극 효　　　숙 공 신 인
恪愼克孝하며 肅恭神人이라
여 가 내 덕　　　왈 독 불 망 상 제 시 흠
予嘉乃德하노라 曰篤不忘上帝時歆하시고
하 민 지 협　　　용 건 이 우 상 공
下民祗協하라 庸建爾于上公하야
윤 자 동 하
尹玆東夏하노라

『그대는 오직 그 도의를 닦아서 행하며 오랫동안 아름다운 명성이 있으니 정성스럽고 신중하게 효도를 잘하며 귀신과 사람을 엄숙히 공경하므로 나는 그대의 덕을 칭찬하노라. 말하노니 하느님이 이에 흠향하시고 하층민중이 공경하여 협력함을 돈독히 생각하여 잊지 말라. 하여금 그대를 상급의 공작 임금으로 세워 이에 동쪽 문화국을 다스리게 하노라.』

☯ 성왕이 미자를 송나라 공작 임금으로 봉한 이유를 밝히고 주나라에 천자국의 정통성과 주체성이 있음을 돈독하게 생각하여 잊지 말라고 당부하였다.

천수(踐修)는 닦아서 실천하여 행함이고 유(猷)는 도의(道義)이니 곧 탕(湯)의 도의(道義)이며 영문(令聞)은 아름다운 명성이다. 가(嘉)는 아름다움을 칭찬함이요 왈(曰)은 성왕(成王)이 특별히 부탁하여 강조하는 말이며 시(時)는 시(是)로 주(周)나라를 지칭하고 흠(歆)은 흠향(歆饗)으로 제향(祭享)을 잡수시는 것이다. 용(庸)은 하여금, 상공(上公)은 5작(爵) 가운데 상급(上級)인 공작국(公爵國)의 임금이며 윤(尹)은 치(治)의 뜻이고 동(東)은 주나라의 동쪽에 위치한 곳이요 하(夏)는 문화중심국(文化中心國)이다.

성왕(成王)이 미자(微子)에게 무경(武庚)처럼 주나라의 정체성을 의심하지 말라고 당부하였으니 이 편의 핵심요지이다.

4-10-4 ···

흠 재
欽哉어다

왕 부 내 훈
往敷乃訓하되

신 내 복 명
愼乃服命하고

솔 유 전 상
率由典常하야

이 번 왕 실
以蕃王室하고

홍 내 렬 조
弘乃烈祖하며

율 내 유 민
律乃有民하며

영 수 궐 위
永綏厥位하야

비 여 일 인
毗予一人하며

세 세 향 덕
世世享德하고

만 방 작 식　　　비 아 유 주 무 역
萬邦作式하야 俾我有周無斁하라

『공경할지어다. 가서 그대의 가르침을 베풀되 그대의 옷과 벼슬을 신중히 하고 항상 지켜야 할 도리를 따라서 말미암아 왕실에 울타리가 되고 그대의 빛나는 조상을 위대하게 하며 그대가 다스리는 인민을 단속하며 길이 그 임금자리를 편안히 하여 나 한 사람을 보필하며 대대로 덕을 누리고 일만 나라에 모범이 되어서 우리 주나라 정부로 하여금 싫어함이 없도록 하라.』

◉ 성왕이 미자에게 송나라의 임금으로서 길이 지켜야 할 덕목을 구체적으로 열거하여 당부하였다.

내(乃)는 대명사이고 복명(服命)은 곧 명복(命服)이니 주(周)나라는 공경(公卿)과 제후(諸侯) 이하 모든 관리의 등급을 1명(命)에서부터 9명(命)까지로 나누고 그 명(命)에 따라 모양과 빛깔을 달리하는 옷을 입었으니 옷과 명은 신분과 벼슬의 등급을 타나낸다. 솔(率)은 따르는 것이고 전상(典常)은 항상 지켜야 할 도리이며 번(蕃)은 번명(藩屛)이니 울타리가 되어 보호하는 것이다. 율(律)은 단속하여 다스림이고 비(毗)는 보필(輔弼)함이며 역(斁)은 싫어함이다.

이것은 모든 제후에게 공통으로 지켜야 할 덕목임에도 특별히 미자에게 강조한 것은 무경의 반란이 있었기 때문에 후일을 경계하기 위하여 시작 단계에서 분명히 밝혀둔 것이다.

오 호　　왕 재 유 휴　　　무 체 짐 명
4-10-5 ························· 鳴呼라 往哉惟休하야 無替朕命하라

『오호라, 가서 오직 아름답게 하여 나의 명령을 바꾸지 말라.』

◉ 성왕이 미자에게 마지막으로 간곡하게 아름다운 임금이 되라고

당부하였다.

왕(往)은 송(宋)나라 임금의 자리에 오르기 위하여 떠나라는 말이고 체(替)는 바꾸어버리는 것이다.

전배(前輩)들은 이 편을 읽고 송나라 종묘(宗廟)는 천자국의 태묘(太廟)체제를 이어받았다고 했으나 그것은 옳지 않다. 주공(周公)이 예법을 제정할 때에 장례는 죽은 사람의 신분으로 지내고 제사는 살아 있는 자손의 신분으로 지내게 하였다고 이미 『중용(中庸)』 제18장에서 분명히 밝혔으니 탕(湯)임금은 천자이었지만 미자(微子)가 제후이기 때문에 제후의 종묘체제로 제사를 지내야 옳다.

11. 강고(康誥) / 강숙(康叔)에게 훈고(訓告)함

강(康)은 강숙(康叔)으로 이름이 봉(封)이니 문왕(文王)의 아들이며 무왕(武王)의 아우요 성왕(成王)의 숙부인데 일찍이 무왕이 혁명을 완수하고 위(衛)나라의 후작(侯爵) 임금으로 봉(封)했다. 고(誥)는 임금이 신민(臣民)에게 알리는 말로 앞의 대고(大誥) 편 해제(解題)에서 이미 해설하였다.

무왕이 은(殷)을 정벌하고 혁명을 성공한 다음 강숙을 위나라의 임금으로 봉하면서 문왕의 정치철학을 계승하여 겸손한 자세로 어질고 유능한 인재를 등용하고 간사하게 아첨하는 소인배를 멀리할 것을 특별히 당부한 내용이다.

이 편은 『금문상서(今文尙書)』와 『고문상서(古文尙書)』에 모두 수록되어 있다.

4-11-1 ·························· 惟三月哉生魄에 周公이 初基하사
作新大邑于東國洛하니 四方民이
大和會어늘 侯甸男邦采衛百工이
播民和하야 見士于周하더니 周公이
咸勤하야 乃洪大誥治하니라

『때는 바야흐로 3월 16일에 주공이 처음 터를 잡아 동쪽나라의 낙땅에 새로 큰 도읍을 세우니 사방의 인민이 크게 화합하여 모이거늘 후복과 전복과 남방과 채읍과 위백의 일백 관리가 인민을 참가하도록

움직여서 주나라 도읍으로 일을 보게 하더니 주공이 다 부지런히 했다고 하여 이에 널리 크게 다스림을 훈고하니라.』

◉ 주공이 낙양에 처음 터를 잡아 신도읍을 세우니 여러 지방국가의 관리들이 민중을 파견하여 토목공사를 지원했기 때문에 주공이 그들의 근로를 칭찬하고 이에 널리 훈고하였음을 사관이 기록하였다.

삼월(三月)은 어느 해의 3월인지 알 수 없으나 성왕(成王)이 즉위한 지 7년 이후로 보는 것이 통설이며 재생백(哉生魄)은 16일이니 앞(4-5-4)에서 이미 해설하였다. 주공(周公)은 앞(4-8-3)에서 이미 해설하였고 초기(初基)는 도읍의 터를 처음 잡은 것이며 작(作)은 건설함이요 대읍(大邑)은 중앙정부의 도읍이다. 동국(東國)은 주(周)나라의 현재 도읍인 호경(鎬京)을 중심으로 그 동쪽 지방국가에 위치한다는 뜻이고 낙(洛)은 낙수(洛水)의 북쪽에 위치한 지역이므로 낙양(洛陽)이라고 이름하였다. 후(侯)는 후복(侯服)이고 전(甸)은 전복(甸服)이며 남방(男邦)과 채(采)와 위(衛)는 모두 앞(2-1-83, 84, 85)에서 이미 해설하였으니 원근(遠近)에 크고 작은 여러 지방국가이다. 파(播)는 동원하여 옮김이요 사(土)는 사(事)의 뜻이며 우주(于周)의 주(周)는 주(周)나라의 신도읍(新都邑)을 지칭하니 곧 낙양이다.

이 글은 강고(康誥) 편과는 연관이 별로 없으므로 송(宋)나라의 소동파(蘇東坡)가 마땅히 아래 낙고(洛誥) 편의 첫머리에 있어야 한다고 주장하였는데 소고(召誥) 편의 문체와 비교할 때에 낙고 편의 주공배수계수(周公拜手稽首)의 앞으로 옮김이 타당하다고 채침(蔡沈)도 인정하였으니 옳다고 하겠다.

4-11-2 ························· 王이 若하시고 曰孟侯朕其弟小子封아

『왕이 '어이쿠' 하시고 말씀하시기를 으뜸가는 후작 임금, 나의 그 아우 소자 봉아.』

◉ 무왕이 그 동모제(同母弟) 봉을 위나라 후작 임금으로 봉하면서 다정하게 불렀다.

왕(王)은 무왕(武王)이요 맹(孟)은 장(長)의 뜻이니 맹후(孟侯)는 후작국(侯爵國) 가운데 으뜸가는 임금이라는 말이며 소자(小子)는 문왕(文王)의 아들임을 상기시키기 위하여 썼으니 무왕(武王)과 강숙(康叔)의 어머니는 태사(太姒)이다. 봉(封)은 강숙(康叔)의 이름이니 무왕이 아버지 문왕과 어머니 태사를 사모하는 마음을 가지고 아우의 이름을 불러서 서로 우애하는 깊은 정을 표현하였으니 형제는 부모가 돌아가심에 더욱 사랑하고 공경하는 것이 효도이다.

4-11-3 ······························ 惟乃丕顯考文王이 克明德하사

矧罰하시고 不敢侮鰥寡하시니라

庸庸하시고 祗祗하시며 威威하시며

顯民하사 用肇造我區夏이어시늘

越我一二邦이 以修하니 我西土가

惟時怙冒하야 聞于上帝하니 帝休하사

天乃大命文王하사 殪戎殷하시거늘

誕受厥命하사 越厥邦厥民이

惟時叙이어늘 乃寡兄이 勖하니

肆汝小子封이 在玆東土하니라

『오직 너의 크게 뚜렷하신 돌아가신 아버지 문왕이 덕을 잘 밝히시어 형벌을 신중히 하시고 감히 홀아비와 과부를 업신여기지 아니하시니라. 쓸 만한 것을 쓰시고 공경할 만한 것을 공경하시며 으를 만한

것을 으르시며 민중을 뚜렷하게 높이시어 비로소 우리 구역에 문화국을 창조하시거늘 이에 우리 한두 나라가 잘 다스려지게 되니 우리 서쪽 땅의 사람이 오직 이에 믿어 의지하고 보호막을 삼아 하느님께 아뢰니 하느님이 아름답게 여기시어 하늘이 이에 문왕에게 크게 명령하사 큰 은나라를 죽여 없애라고 하시거늘 크게 그 명령을 받으시어 이에 그 나라와 그 인민이 오직 때로 베풀거늘 너의 덕이 적은 형이 힘쓰노니 그리하여 너 소자 봉이 이 동쪽 땅에 있게 하니라.』

● 무왕이 아버지 문왕의 덕으로 주나라가 천자국이 된 것을 먼저 강숙에게 밝히고 아버지에 대한 효도가 자식의 도리임을 강조했다.

내(乃)는 대명사 그대이고 환(鰥)은 홀아비 과(寡)는 과부이니 외로운 사람들이며 용(庸)은 용(用)의 뜻이니 용용(庸庸)은 쓸 만한 사람을 등용함이요 지지(祗祗)는 공경할 만한 사람을 공경함이며 위위(威威)는 두렵게 할 만한 사람을 두렵게 하는 것이다. 이것은 문왕(文王)이 유능하고 어진 이를 등용하며 소인배를 멀리하여 문명정치를 하였다는 말이다. 현민(顯民)은 민중의 권익을 향상하여 그 인격을 뚜렷이 나타나게 함이고 조(造)는 창조함이요 구(區)는 구역(區域)이며 하(夏)는 문화국(文化國)이다. 월(越)은 이에, 호(怙)는 믿어 의지함이고 모(冒)는 덮어 보호하는 막이며 에(殪)는 죽여 없애는 것이고 융(戎)은 대(大)의 뜻이다. 과형(寡兄)은 덕이 적은 형이라는 뜻이니 무왕(武王)이 아우에게 임금의 겸손한 도량을 깨우치기 위하여 특별히 사용하였으나 일반적으로 쓰는 말이 아니다. 욱(勗)은 힘써 노력함이고 사(肆)는 그러므로, 재(在)는 보살피기 위하여 머물러 있음이다. 동토(東土)는 위(衛)나라가 주(周)나라의 동쪽에 위치함이다.

무왕이 그 아우 강숙을 위나라 임금으로 봉하면서 그 아버지 문왕의 정치도덕과 천명을 받아 천자국이 된 공적만을 말하고 자기의 공덕에 대하여는 한마디의 언급도 없으니 큰 효자이시다.

王이 曰嗚呼라 封아 汝念哉어다

今民은 將在祗遹乃文考니 紹聞하며

衣德言하라 往敷求于殷先哲王하야

用保乂民하며 汝丕遠惟商耇成人하야

宅心知訓하며 別求聞由古先哲王하야

用康保民하라 弘于天하야 若德이

裕乃身이라사 不廢在王命하리라

『왕이 말씀하시기를 오호라 봉아, 너는 기억할지어다. 이제 민중은 장차 너의 문왕, 돌아가신 아버지를 공경하고 따르게 함에 있나니 명성을 이으며 어질고 너그러운 말을 받아들여라. 가서 은나라의 옛날 밝은 왕에게서 찾아 베풀어 민중을 보호하고 다스리며 너는 크고 멀리 상나라의 노성한 사람을 생각하여 마음을 간직하고 가르침을 생각하며 특별히 옛날 밝은 왕을 말미암을 듣기를 추구하여 민중을 편안하게 보호하라. 하늘에서 크게 하여 그 덕이 너의 몸을 너그럽게 하여야 왕에게 있는 사명을 폐지하지 않으리라.』

　◯ 무왕이 강숙에게 문왕의 아들로서 그 명성을 계승하며 어질고 너그러운 말씀을 따르며 위나라에 가서도 은나라의 옛날 밝은 왕의 정치를 본받고 상나라의 노성(老成)한 사람의 교훈을 따르며 특별히 옛날 밝은 왕을 말미암는 길을 추구하여 인민을 편안하게 보호하라고 간절히 당부하였다.

　왕왈(王曰)은 앞의 말에 대하여 강숙이 아무런 대답이 없었음을 나타내기 위하여 사관(史官)이 기록하였으니 아래도 같다. 휼(遹)은 따름이고, 소문(紹聞)은 명성을 계승함이며 의(衣)는 복(服)의 뜻이니 받아들이는 것이다. 예(乂)는 치(治)의 뜻이요 구(耇)는 늙음이며 택심(宅心)

은 존심(存心)과 같다. 홍(弘)은 키우는 것이니 홍우천(弘于天)은 천덕 (天德)에서 인덕(人德)을 키우라는 뜻이고 재왕명(在王命)은 왕에게 있 는 사명(使命)이니 임금이 책임을 져야 되는 정치사업의 성공이다.

무왕이 문왕의 도덕정치만을 받들라고 하지 않고 나아가 옛날의 밝 은 왕을 모두 살펴 지난 역사적 경험을 빠짐없이 본받아 민중을 편안 하게 보호하라고 하였으니 주나라는 왕도정치를 추구하였음을 여기 에서 확인할지어다.

4-11-5 ······························· 王이 曰嗚呼라 小子封아
恫瘝乃身하야 敬哉어다 天畏나
棐忱이어니와 民情은 大可見이나
小人은 難保니 往盡乃心하야
無康好逸豫라사 乃其乂民하리라
我聞하니 曰怨은 不在大하며
亦不在小라 惠不惠하며 懋不懋하니라

『왕이 말씀하시기를 오호라, 소자 봉아 너의 몸을 아프고 병들게 하여 공경할지어다. 하늘은 두려우나 정성스러운 사람을 돕거니와 민 중의 마음은 크게 볼 수 있으나 소인은 보호하기 어려우니 가서 너의 마음을 다하여 편안하게 놀고 안일하게 즐김이 없어야 이에 그 인민 을 착하게 다스리리라. 나는 들으니 말하기를 원한은 큰 일에 있지 아 니하며 또한 작은 일에 있지도 아니하나니 은혜를 베풀어야 될 곳에 서 은혜를 베풀지 아니하고 힘써야 될 곳에서 힘쓰지 아니함이라고 하니라.』

◑ 무왕이 강숙에게 현실적으로 인민이 신임하는 정부를 유지하기가 대단히 어려운 까닭에 절대로 임금의 자리를 가볍게 생각하지 말고 몸이 아프고 병이 들 정도로 힘써 노력하라고 간절히 당부하였다.

통(恫)은 통(痛)의 뜻이고 환(瘝)은 병(病)의 뜻이며 경(敬)은 정치사업을 공경하여 엄정히 처리하라는 말이다. 천외(天畏)는 천벌을 두려워함이고 비침(棐忱)은 앞(4-9-13)에서 이미 해설하였으며 민정(民情)은 민심이다. 대가견(大可見)은 민심의 향배는 여론으로 나타나기 때문에 즉각 알 수 있다는 말이요 소인(小人)은 소시민이며 보(保)는 보호(保護)함이다. 이것은 소시민의 마음은 아침저녁으로 변화하여 그 정부의 신임을 유지하기가 어렵다는 뜻이다. 강호(康好)는 편안하게 노는 것이고 일예(逸豫)는 안일하게 즐기는 것이며 예민(乂民)은 착하게 다스리는 것이다. 원(怨)은 원한이며 대(大)는 큰 일이고 소(小)는 작은 일이며 무(懋)는 힘쓰는 것이다.

사람의 원한은 큰 일이나 작은 일을 가리지 않고 불평과 불만에서 생기는 것이므로 모든 일을 공평하고 원만하게 해결해야만 원한이 없게 되나니 정치지도자는 이 점을 명심할지어다.

4-11-6 ································· 己라가 汝惟小子야 乃服은
惟弘王하야 應保殷民하며
亦惟助王하야 宅天命하며
作新民이니라

『조금 있다가 말씀하시기를 너 오직 소자야 너의 복무할 일은 오직 왕을 광명정대하게 하여 마땅히 은나라의 인민을 보호하면서 또한 오직 왕을 도와 천명을 안정시키며 민중을 새롭게 진작함이니라.』

● 무왕이 강숙의 정치적 직무는 1차적으로 위나라를 다스리는 데 있지만 또한 궁극적으로는 천자를 보필하여 천명을 안정시키고 모든 민중을 새롭게 발전하도록 떨치고 일어나게 만드는 것이라고 지시하였다.

복(服)은 복무(服務)할 일이고 홍(弘)은 덕을 크게 함이니 곧 광명정대함이며 왕(王)은 무왕을 지칭한다. 응(應)은 마땅히, 보은민(保殷民)은 위(衛)나라가 본래 주(紂)의 직할통치지역이기 때문에 무왕(武王)이 혁명을 하기 전까지 주(紂)의 신하였으나 이제 혁명이 성공하였으므로 차별함이 없이 보호하라는 뜻이다. 택(宅)은 정(定)의 뜻이고 작(作)은 진작(振作)이니 스스로 떨치고 일어나는 것이며 신민(新民)은 민중을 새롭게 함이다.

이 강고 편에서 말한 극명덕(克明德)과 작신민(作新民)은 『대학(大學)』에서 밝힌 3강령 가운데 두 가지 강령의 원류인즉 학자는 여기에서 무왕의 정치강령을 체득하기 바란다.

4-11-7 ·····························
　　　왕　　　왈오호　　봉　　　경명내벌
　　　王이 曰嗚呼라 封아 敬明乃罰하라
　　인유소죄　　　비생　　　내유종
　　人有小罪나 非眚이면 乃惟終이라
　　자작불전　　　　식이　　유궐죄소
　　自作不典하야 式爾니 有厥罪小나
　　　내불가불살　　　　　내유대죄
　　　乃不可不殺이니라 乃有大罪나
　　　비종　　　　내유생재　　적이
　　　非終이면 乃惟眚災라 適爾니
　기도극궐고　　　　시내불가살
　既道極厥辜어든 時乃不可殺이니라

『왕이 말씀하시기를 오호라, 봉아 너의 형벌을 공경하여 밝혀라. 사람에게 작은 죄가 있으나 모르고 지은 죄가 아니면 이에 다함이 있으므로 스스로 불법을 저질러 법식으로 삼을 뿐이니 그 죄가 작다고 인정할지라도 이에 죽이지 않을 수 없느니라. 이에 큰 죄가 있으나 끝까지 다하지 아니하면 이에 오직 모르고 지은 죄요 뜻밖에 닥쳐오는 재액이므로 우연한 일일 따름이니 이미 그 허물을 말하여 다 밝히거든 이는 이에 죽일 수 없느니라.』

○ 무왕이 강숙에게 형벌을 집행하는 성왕(聖王)의 원칙을 밝혔으니 국가의 기강을 문란하게 하는 고의범은 그 죄가 작더라도 엄중히 다스리고 또한 과실범은 그 죄가 비록 크더라도 그 죄를 인정하고 진심으로 반성하면 너그럽게 용서하라고 당부하였다.

생(眚)은 모르고 지은 죄이니 곧 과실범이고 종(終)은 판결에 승복하여 항소하지 않고 종결함이며 불전(不典)은 불법(不法)이요 식(式)은 법식(法式)이다. 재(災)는 횡액(橫厄)이고 적(適)은 우연히 만남이며 도(道)는 자진하여 고백함이고 극(極)은 궁극적인 책임을 자기가 지는 것이요 시(時)는 시인(是人)이다.

이것은 고의적으로 법의 기강을 무너뜨려서 불법을 관례화시키기 위한 것은 엄단하고 과실범이 반성하면 용서하는 것이니 앞(1-2-11)에서의 생재사사(眚災肆赦), 호종적형(怙終賊刑)의 뜻과 또한 앞(1-3-12)에서의 유과무대(宥過無大), 형고무소(刑故無小)의 내용과 일치한다.

4-11-8 ······························ 王이 曰嗚呼라 封아 有叙라야
時乃大明服하야 惟民이
其勅懋和하리라 若有疾하면
惟民이 其畢棄咎하며 若保赤子하면
惟民이 其康乂하리라

『왕이 말씀하시기를 오호라, 봉아 차례가 있어야 이것이 이에 크게

밝혀지고 복종하여 오직 인민이 그 단단히 타일러 경계하고 화합을 힘쓰리라. 마치 질병이 있는 듯이 하면 오직 인민이 그 허물을 모두 다 버리며 마치 갓난아기를 보호하듯이 하면 오직 인민이 그 편안하게 다스리리라.』

◉ 여기에서는 법의 형평성을 강조하여 형량의 등급과 서열이 있어야 공명정대한 기준이 밝혀져서 죄인이 형벌의 판결에 승복하는 것임을 강조하였다.

서(叙)는 차례이니 주범과 종범의 죄질에 대한 크고 작고 가볍고 무거움의 차례를 밝히고 또한 같은 범죄에 대한 법의 적용이 조리정연함이요 그리고 기소하여 판결함에 절차가 있음이다. 명(明)은 사건의 진상을 모두 밝혀 그 동기와 방법과 결과에 대한 증거가 명확함이고 복(服)은 복종함이니 죄인이 자기의 죄에 대한 형벌을 받아들임이다. 만일 죄를 인정하지 않거나 형벌에 승복하지 않으면 반드시 불복 항소하여 다시 심리하는 것이 재판의 원칙이다. 칙(勅)은 단단히 타일러 경계함이고 질(疾)은 질병이니 죄악을 질병처럼 싫어함이며 기구(棄咎)는 허물을 버리고 개과천선함이다. 적자(赤子)는 갓난아기요 강예(康乂)는 안전하게 다스림이니 곧 선(善)을 어린아이처럼 사랑하여 사회를 스스로 안전하게 다스린다는 말이다.

4-11-9 ···················· 非汝封이 刑人殺人이니

無或刑人殺人하라 又曰非汝封이

劓刵人이니 無或劓刵人하라

『너 봉이 사람을 형벌하고 사람을 죽이는 것이 아니니 혹시라도 사람을 형벌하고 사람을 죽임이 없게 하라. 또 말하시기를 너 봉이 사람을 코 베고 귀 베는 것이 아니니 혹시라도 사람을 코 베고 귀 벰이 없

게 하라.』

　● 여기에서는 죄를 심판하고 처벌하는 권능은 인간에게 있는 것이 아니라 하늘에 있기 때문에 임금은 오직 하늘의 뜻을 받들어 법을 대리 집행해야 됨을 밝혔다.

　혹(或)은 혹시라도의 뜻이며 우왈(又曰)은 또다시 하는 말이요 의(劓)는 의형(劓刑)이고 이(刵)는 귀를 베는 형벌이다.

　성왕(成王)의 형법은 천리(天理)의 상생과 상극의 자연법칙을 본받아 국법으로 제정한 것이니 국법에 의한 형벌은 곧 천벌(天罰)이요 천벌은 천하사람이 모두 공인한 것이므로 역시 천하사람이 처벌한 것이지 한 사람이 처벌한 것이 아니다. 그러나 권력자가 야망을 충족하기 위하여 자의적으로 악법을 제정해서 가혹한 형벌을 쓴다면 이것은 이미 천벌이 아니고 인벌(人罰)이니 천하사람이 처벌한 것이 아니고 권력자 개인의 처벌에 지나지 않은 것이므로 거기에 원한이 없을 수 없는 것이다. 그리하여 무왕(武王)이 원한이 없는 법집행을 역설하였으니 그 법의식이 높고 투철하다고 할 것이다.

4-11-10 ······························ 　王이 曰外事에 汝陳時臬하야
　　　　　　　　　　　　　　　司가 師茲殷罰有倫하게 하라

『왕이 말씀하시기를 지방관에게 너는 이 법을 자세히 알리어 사법관이 이에 은나라 형벌에 조리가 있는 것을 본받게 하라.』

　● 여기에서는 지방에서 형벌을 집행함에 은나라의 판결문도 합리적인 것은 선례로 활용하라고 하였다.

　외사(外事)는 외직으로 지방관이다. 사마천의 『사기(史記)』에 강숙(康叔)이 주(周)나라의 사구(司寇)가 되었다고 하였으니 중앙정부의 관

직은 내사(內事)가 되고 지방정부의 관직은 외사(外事)라고 하였다. 진(陳)은 진고(陳告)이고 시얼(時臬)은 시법(是法)이니 곧 주나라의 법이며 사(司)는 사법관이요 사(師)는 본받는 것이며 윤(倫)은 조리가 있어 어울리는 것이다.

4-11-11 ·································
우왈요수 복념오륙일
又曰要囚를 服念五六日하며
지우순시 비폐요수
至于旬時하야 丕蔽要囚하라

『죄수를 자세히 취조하여 죄를 결정함에는 마음에 남기어 잊지 않고 5~6일을 생각하며 10일이나 3개월에 이르러 자세히 취조하여 죄를 결정함을 명확하게 판정하라.』

◉ 여기에서는 사건을 취조하여 기소하거나 심리하여 판결할 때에 적어도 5~6일로부터 10일 또는 3개월간 신중히 생각해서 명확하게 판정하라고 하였다.

요수(要囚)는 죄수를 자세히 취조하여 죄를 결정함이고 복념(服念)은 마음에 남기어 잊지 않고 늘 생각함이며 순(旬)은 10일이요 시(時)는 철이니 3개월이다. 비(丕)는 공명정대함이고 폐(蔽)는 결정함인데 비폐(丕蔽)는 공개적으로 명확한 이유를 밝혀서 결정하는 것이다.

사법관은 하늘을 대신하여 죄인을 심판하는 것이므로 사건의 진상을 명확하게 밝힌 다음에 하늘처럼 공명정대한 기준을 가지고 형량과 형기를 결정하되 또한 그 정상을 참작해야 되므로 신중히 생각할 수 있는 시간이 필요하다.

4-11-12 ·································
왕 왈여진시얼사
王이 曰汝陳時臬事하야

벌 폐 은 이　　　용 기 의 형 의 살
罰蔽殷彝하되 用其義刑義殺이요

물 용 이 차 여 봉　　　내 여 진 손
勿庸以次汝封하라 乃汝盡遜하야

왈 시 서　　　유 왈 미 유 손 사
曰時叙라도 惟曰未有遜事하라

『왕이 말씀하시기를 너는 법과 사례를 자세히 알리어 벌을 은나라
의 이헌으로 판정하되 그 정의로운 형벌과 정의로운 사형을 쓰고 하
여금 너 봉에게 미치게 하지 말라. 이에 너는 다 순종하여 말하기를
이에 절차대로라고 하더라도 오직 말하기를 순종할 일이 있지 않다고
하라.』

◉ 여기에서는 재판은 법관이 법과 양심, 그리고 선례에 의하여 자
체적으로 판결하도록 사법권의 독립을 보장해서 결단코 임금의 의사
를 재판에 개입시키지 말라고 하였다.

시얼(時臬)은 앞(4-11-10)에서 이미 해설하였고 사(事)는 사례이니 곧
은(殷)나라의 재판사례이며 은이(殷彝)는 은나라의 이헌(彝憲)이니 곧
탕(湯)임금의 상법(常法)이다. 의(義)는 정의로운 것으로 하늘과 땅과
사람의 마음에 알맞은 것이요 용(庸)은 하여금, 이(以)는 위(爲)의 뜻이
고 차(次)는 지(至)의 뜻이니 미치는 것이다. 손(遜)은 순(順)의 뜻이니
순종하여 따름이고 시서(時叙)는 이에 절차대로 함인데 곧 법관이 절
차에 따라 임금에게 진계(陳啓)함이며 손사(遜事)는 순종하여 따르는
일이며 미유(未有)는 곧 임금의 허락을 받을 필요가 없이 자체적으로
재판하라는 뜻이다.

이것은 법관의 재판권은 임금의 정치권력으로부터 완전히 독립시
켜서 오직 법과 양심 그리고 예전의 훌륭한 판례에 따르도록 함이니
사법관은 역사에 밝을지어다.

4-11-13 ·················· 已라가 汝惟小子라 未其有若汝封之心하니
朕心朕德은 惟乃知리라

『조금 있다가 말씀하시기를 너는 오직 소자이므로 그것에 너 봉의 마음과 같음이 있지 아니하니 나의 마음과 나의 덕은 오직 네가 알리라.』

☯ 여기에서는 무왕과 강숙은 문왕의 아들로서 친형제간이므로 문왕의 공평무사한 법 운용 정신을 똑같이 계승하고 있음을 밝혔다.
소자(小子)는 어린 아들이라는 말이 아니고 무왕(武王)이 강숙(康叔)을 문왕(文王)의 아들로서 자기와 친형제간임을 강조하기 위하여 일컫는 말이다.

4-11-14 ·························· 凡民이 自得罪하야 寇攘姦宄하며
殺越人于貨하야 暋不畏死를 罔不憝니라

『무릇 인민은 스스로 죄를 얻어 떼도둑, 좀도둑, 안도둑, 바깥도둑이 되며 재물을 위하여 사람을 죽이고 쓰러뜨리어 사납게 죽음을 두려워하지 않은 것을 원망하지 아니함이 없느니라.』

☯ 여기에서는 치안대책의 중요성을 밝혔으니 도적이나 살인강도를 엄중하게 단속하라고 하였다.
자득죄(自得罪)는 스스로 탐욕이 생겨서 죄를 얻는다는 뜻이니 그 죄값을 받아야 마땅하다는 말이요 구(寇)는 떼도둑이고 양(攘)은 좀도둑이며 간(姦)은 안도둑이고 궤(宄)는 바깥도둑이다. 월(越)은 쓰러뜨려 다치게 함이고 우(于)는 위(爲)의 뜻이며 민(暋)은 사납게 악(惡)을 쓰

는 것이요 대(懟)는 원망함이다.

4-11-15 ················· 王_왕이 曰_왈封_봉아 元_원惡_악은 大_대懟_대니

王이 曰封아 元惡은 大懟니

矧惟不孝不友리오 子弗祗服厥父事하야

大傷厥考心하면 于父가 不能字厥子하야

乃疾厥子하리며 于弟가 弗念天顯하야

乃弗克恭厥兄하면 兄亦不念鞠子哀하야

大不友于弟하리니 惟吊茲하면

不于我政人에 得罪아 天惟與我民彝가

大泯亂하리니 曰乃其速由文王作罰하야

刑茲無赦하라

『왕이 말씀하시기를 봉아 으뜸가는 포악은 크게 원망하나니 하물며 오직 효도하지 않고 우애하지 않음이리오. 자식이 그 아버지의 사업을 공경하여 복무하지 아니하여 그 돌아가신 아버지의 마음을 크게 아프게 하면 이에 아버지가 그 자식을 잘 사랑하지 아니하여 이에 그 자식을 싫어할 것이며 이에 그 아우가 천륜의 뚜렷함을 생각하지 아니하여 그 형을 잘 공경하지 아니하면 형도 또한 자식을 키운 부모의 고통을 생각하지 아니하여 아우에게 크게 우애하지 아니하리니 오직 여기에 이르면 우리 정치인이 죄를 얻게 되지 아니하겠는가. 하늘이 오직 우리 인민에게 주신 떳떳한 양심이 대부분 없어져서 어지러우니 말하건대 이에 그 문왕께서 만드신 벌을 빨리 말미암아 이것을 형벌하여 사면함이 없도록 하라.』

◐ 무왕이 강숙에게 문왕은 효제(孝悌)의 윤리로 사회의 기강을 바로잡는 치안정책의 근본으로 삼았으니 도적이나 살인강도도 사람이 원망하거든 하물며 불효불우한 강상범(綱常犯)은 가장 엄중히 다스려 사면하지 말라고 하였다.

원악(元惡)은 으뜸가는 포악(暴惡)으로 앞에서 말한 살인강도이고 대대(大懟)는 대중이 원망하여 증오함이며 지복(祗服)은 공경하여 복무(服務)함이요 부사(父事)는 아버지의 사업으로 곧 조상을 받들어 제사를 지내고 자손을 가르쳐 집안을 번창하게 하는 일이다. 우(于)는 시(是)의 뜻이고 자(字)는 자애함이며 질(疾)은 싫어함이요 천현(天顯)은 천륜의 뚜렷한 부자(父子)와 형제의 관계이다. 국(鞠)은 양(養)의 뜻이고 애(哀)는 고생하며 애달픔이며 적(吊)은 지(至)의 뜻이고 불우(不于)는 불위(不爲)의 뜻이다. 이(彝)는 떳떳한 양심이요 민(泯)은 멸(滅)의 뜻이며 난(亂)은 혼란함이니 사람이 천부적인 도덕심이 없어지면 사욕만을 탐하여 다투기 때문에 사회모순이 첨예하게 대립해서 혼란을 야기하게 된다는 말이다.

이 구절에서 불우아정인득죄(不于我政人得罪)를 채침(蔡沈)은 "우리 정치하는 사람에게 죄를 얻지 아니하면"으로 풀었으나 이것은 옳지 못하다. 이것은 부모를 섬기지 않은 자식이나 자식을 사랑하지 않은 부모나, 형을 공경하지 않은 아우나 아우를 가까이 하지 않은 형을 정부에서 모두 처벌하라는 말이 아니고 사회에 도덕심이 사라지고 개인 이기주의가 만연하여 가정이 해체되는 각박한 세태에 이르면 결국 그 책임은 정치인이 스스로 져야 된다는 뜻이다. 왜냐하면 정치인이 효제(孝悌)의 도덕을 지키는 데도 인민이 어찌 부모와 형제를 생각하지 않을 것이며 정치인이 강상윤리(綱常倫理)를 버리는데 인민이 어떻게 홀로 부모와 형제를 섬기겠는가?

4-11-16 ·················· 不率이면 大戛하나니 矧惟外庶子訓人과

유궐정인　　　월소신제절　　　내별파부
惟厥正人과　越小臣諸節이　乃別播敷하야

조민대예　　　불념불용　　　환궐군
造民大譽하야　弗念弗庸하야　癏厥君이리오

시내인악　　　유짐　　대　　　이
時乃引惡이라　惟朕이　憝하리라　已라가

여내기속유자의　　　솔살
汝乃其速由茲義하야　率殺하라

『거느려 따르게 하지 않으면 크게 찌그락째그락 하나니 하물며 지방에 특수학교의 교수와 일반학교의 교사가 오직 그 여러 관청의 책임자를 받드는 사람 그리고 소신들의 집안에 여러 사람들이 이에 따로 까불며 베풀어서 인민에게 큰 인기를 노리어 생각하지 않고 떳떳하지 아니하여 그 임금을 병들게 함이리오. 이것은 이에 사악으로 이끄는 것이므로 오직 내가 원망하리라. 조금 있다가 말씀하시기를 너는 이에 그 속히 이 뜻을 말미암아 솔설수범케 하라.』

☯ 이것은 무왕이 가장 많이 서민대중과 접촉하는 관리들이 앞장서서 효제(孝悌)의 강상윤리(綱常倫理)를 지켜야 사회에 효제의 기풍이 일어나게 됨을 설파한 것이니 곧 치안의 기초는 도덕을 밝히는 데 있음을 깨우친 것이다.

솔(率)은 거느려 따르게 함이니 곧 솔선함이요 알(戛)은 서로 마찰하여 소리가 나는 것이니 찌그락째그락 함이며 외(外)는 지방이고 서자(庶子)는 정치지도자를 양성하는 특수학교의 교수이며 훈인(訓人)은 모든 청소년을 교육하는 일반학교의 교사로 훈장(訓長)이다. 정인(正人)은 여러 행정기관의 책임자를 받드는 사람이니 곧 각급 기관의 간부급 직원이요 소신(小臣)은 하급직의 관리이며 제절(諸節)은 그 집안의 여러 사람들이다. 별(別)은 사사롭게 따로 떨어짐이고 파(播)는 잘난 체하여 까부는 것이며 부(敷)는 베풀어 동조(同調)함이요 조(造)는 조작(造作)하여 추구함이다. 용(庸)은 떳떳한 것이고 자의(茲義)는 관리들이 서민대중을 사악한 길로 이끄는 것을 무왕이 원망한 뜻이며 살

(殺)은 길게 늘어뜨리는 모양이니 솔살(率殺)은 솔선수범하라는 말이다. 전배(前輩)들은 살(殺)을 사형에 처하여 죽이는 것으로 해석하였으니 성왕(聖王)에 대한 견식이 없어서 문맥을 파악하지 못한 소치인즉 앞 문장과 더불어 수천 년을 곡해하여 정치인들의 책임을 하급관리나 서민대중에게 떠넘겨 엄벌주의로 나아가게 하였는바 슬프기 그지없다.

4-11-17 ······························· 亦惟君惟長이 不能厥家人과
역유군유장 불능궐가인
越厥小臣外正이요 惟威惟虐으로
월궐소신외정 유위유학
大放王命하면 乃非德用乂니라
대방왕명 내비덕용예

『또한 오직 임금과 오직 장관이 그 집안사람과 그 아래 신하와 지방 행정기관의 책임자를 착하게 아니하고 오직 위엄과 오직 포학으로 왕의 명령을 대대적으로 포고하면 이것은 덕으로써 아름답게 다스리는 것이 아니다.』

◉ 이것은 무왕이 사회에 도덕을 일으킴에는 위에서부터 솔선수범하는 교육적인 감화력으로 풍속을 변화시켜야지 제후나 공경들이 왕명을 내세워 권력을 동원하여 형법이나 명령으로 강제해서는 아니 됨을 밝힌 것이다.

대방(大放)은 대대적으로 포고하여 알리는 것이며 능(能)은 착하게 잘함이요 용(用)은 이(以)의 뜻이다.

예(禮)는 자율질서이고 법(法)은 강제규범이므로 효제(孝悌)의 예절을 일으킴에는 도덕적 감화력으로 깨우쳐야지 만일 법의 강제규범으로 효제를 강요하면 타의적인 형식윤리로 전락하여 허구적인 가식문화가 만연하게 될 것이다. 따라서 천덕(天德)으로 왕도정치를 하는 사람은 예의 자율질서를 귀중하게 여기어 그 간섭을 극도로 자제하고

덕이 없는 임금은 힘으로 예절까지 강요하여 마침내 자율질서를 강제
질서로 타락시켜서 온 나라에 법만 있고 예절이 없는 통제사회를 만
들어버린다.

4-11-18 ························ _{여 역 망 불 극 경 전} 汝亦罔不克敬典하야   _{내 유 유 민} 乃由裕民하되

_{유 문 왕 지 경 기} 惟文王之敬忌하야   _{내 유 민} 乃裕民이요

_{왈 아 유 유 급} 曰我惟有及이라 하면   _{즉 여 일 인} 則予一人이

_{이 역} 以懌하리라

『너는 또한 상전(常典)을 공경하지 아니함이 없어서 이에 민중을 너
그럽게 함을 말미암되 문왕의 공경하심과 꺼리심을 생각하여 이에 민
중을 너그럽게 하고 말하기를 나는 오직 미침이 있다고 하면 나 한
사람이 기뻐하리라.』

◯ 여기에서는 무왕이 강숙에게 상법(常法)을 존중하여 민중의 자
율질서를 말미암되 문왕이 도덕정치를 숭상하고 형벌정치를 기피했
던 점을 본받으라고 당부하였다.

전(典)은 성왕(聖王)의 상법(常法)이고 유(裕)는 너그러운 것이니 스
스로 깨달아 실천하도록 기다리는 것이다. 경(敬)은 숭상(崇尙)함이니
예악(禮樂)의 자율질서이고 기(忌)는 기피(忌避)함이니 법률과 명령 등
에 의한 강제질서이며 급(及)은 미치는 것이니 곧 문왕(文王)의 도덕정
치에 이르는 것이요 역(懌)은 기뻐함이다.

무왕이 비록 준법질서를 강숙에게 당부하지만 그 목표는 문왕의 예
악정치의 실현에 있음을 여기에서 확인하라. 오늘날 법치주의는 오로
지 법의 만능만을 강조하고 예악정치를 지향하지 않기 때문에 자율적
인 도덕사회를 끝내 건설하지 못하는 것인즉 법률가와 정치인은 깊이

살펴야 할 것이다.

4-11-19 ·························· 王이 曰封아 爽惟民은 迪吉康이니

我는 時其惟殷先哲王德으로

用康乂民하야 作求니라

矧今民이 罔迪不適이리오

不迪하면 則罔政이 在厥邦하리라

『왕이 말씀하시기를 봉아 밝게 생각하건대 인민은 길하고 편안함을 열어주어야 할지니 나는 이에 그 오직 은나라 옛날 밝은 왕의 덕으로 인민을 편안하게 다스려 똑같이 만들려고 하니라. 하물며 이제 인민이 열어주면 가지 않음이 없음이리오. 열어주지 아니하면 정치가 그 나라에 있지 아니하리라.』

☯ 여기에서는 법을 운용함에 있어서는 처벌을 위주로 하지 말고 계도를 위주로 해야 됨을 강조하였다.

상(爽)은 밝은 것이고 유(惟)는 생각함이며 적(迪)은 계도하여 열어주는 것이다. 강예(康乂)는 편안하게 다스림이니 인민을 어질게 교육하여 자율자치하도록 이끄는 정치이고 구(求)는 동등함이며 정(政)은 정치이다.

도덕정치로 인민을 길하고 편안하게 다스리면 인민이 법을 어기지 않을 것이나 나라에 정치가 없어 인심이 흉흉하여 불안하다면 인민이 어떻게 법을 지킬 것인가. 그러므로 성왕(聖王)은 인민을 덕으로 길하고 편안하게 다스리고 법으로 엄중히 처벌만 하는 것을 능사로 여기지 아니하였으니 법가(法家)는 깊이 생각하라.

4-11-20 ···························· 王이 曰封아 予惟不可不監이라

고 여 덕 지 설 우 벌 지 행　　　금 유 민
告汝德之說于罰之行하노니 今惟民이

불 정　　　미 려 궐 심　　　적 루 미 동
不靜하야 未戾厥心하야 迪屢未同하면

상 유 천 기 벌 극 아　　　아 기 불 원
爽惟天其罰殛我라도 我其不怨하리라

유 궐 죄　　　무 재 대　　　역 무 재 다
惟厥罪는 無在大하며 亦無在多하니

신 왈 기 상 현 문 우 천
矧曰其尚顯聞于天이리오

『왕이 말씀하시기를 봉아 나는 오직 감시하지 않을 수 없으므로 너에게 덕의 논리로 벌의 행함을 알리노니 이제 오직 인민이 안정하지 아니하여 그 마음을 그치지 아니하여 열어줌을 자주 하여도 똑같아지지 않으면 밝게 생각하건대 하늘이 그것으로 나를 벌하여 죽일지라도 나는 그 원망하지 아니하리라. 오직 그 죄는 큰 것에 있지 아니하며 또한 많은 데에 있지도 아니하나니 하물며 그 오히려 하늘에 뚜렷이 알려짐을 말하리오.』

☯ 여기에서는 법을 운용함에 오로지 계도만을 위주로 하여 처벌을 하지 않으면 또한 법의 기강이 무너져서 범죄가 더욱 늘기 때문에 계도를 위주로 하면서도 범죄자는 엄벌하여 재범을 막아야 됨을 강조하였다.

감(監)은 감시함이니 곧 왕은 관리를 감독할 책임이 있다는 말이며 덕지설(德之說)은 도덕으로 다스리는 논리이고 우(于)는 위(爲)의 뜻이다. 정(靜)은 안정(安靜)이요 려(戾)는 지(止)의 뜻이니 가장 편안한 상태에 멈추는 것이며 적(迪)은 앞에서 말한 계도(啓導)고 동(同)은 구(求)의 뜻이니 은(殷)나라 선철왕(先哲王)의 덕과 똑같음이다. 벌극(罰殛)은 벌하여 죽임이요 아(我)는 무왕(武王)이 자신을 지칭하는 대명사이며 불원(不怨)은 그 죄가 자기에게 있기 때문에 원망할 수 없다는

뜻이다.

　범죄는 크고 작고 또 많고 적음을 가릴 것이 없이 모두 처벌해서
법의 기강을 세워야 되고 특히 그 죄가 하늘에까지 뚜렷이 알려진 것
은 엄벌해야 하나니 왜냐하면 인(仁)을 좋아하는 사람은 반드시 불인
(不仁) 불의(不義)를 미워하는 도덕심이 있기 때문이다.

4-11-21 ·························· 王이 曰嗚呼라 封아 敬哉어다
　　　　　　　　　　　　　無作怨하고 勿用非謀非彛하며
　　　　　　　　　　　　　蔽時忱하되 丕則敏德하야
　　　　　　　　　　　　　用康乃心하며 顧乃德하며
　　　　　　　　　　　　　遠乃猷하야 裕乃以民寧하면
　　　　　　　　　　　　　不汝瑕殄하리라

『왕이 말씀하시기를 오호라 봉아, 공경할지어다. 원한을 맺지 말고
논의한 것이 아니고 떳떳한 것이 아닌 것을 쓰지 말며 이러한 정성으
로 판정하되 크게 민첩하고 통달한 덕을 본받아서 너의 마음을 편안
히 하며 너의 덕을 뒤돌아보며 너의 계획을 멀리 도모하여 너그럽게
이에 인민을 편안하게 하면 너를 흠이 있다고 해서 버리지 아니하리
라.』

　❂ 여기에서는 범죄자를 엄벌하되 즉흥적인 감정을 배제하고 사건
을 신중히 다루어 정성스럽게 판정해서 원한을 사지 말고 옛날 어진
임금의 민첩하고 통달한 판결을 본받아서 나라의 형벌이 천벌과 일치
하게 하면 비록 형벌이 없는 것만은 못하지만 문책사유는 되지 않음
을 강조하였다.

모(謀)는 논의하여 합의한 것이고 이(彝)는 떳떳한 상법(常法)이며 폐(蔽)는 판정함이요 침(忱)은 정성이다. 측(則)은 본받음이고 민덕(敏德)은 민첩하고 통달한 덕이니 사건을 신속하고 정확하게 처리하는 능력이며 내(乃)는 너를 지칭하는 대명사이다. 하진(瑕珍)은 흠이 있어서 버리는 것이니 곧 범죄사건이 많은 것을 문책한다는 뜻이다.

사람이 병이 없어도 생기를 잃으면 죽는 것이고 병이 비록 있어도 생기가 넘치면 사는 것처럼 나라에 형벌이 없어도 법의 기강이 무너지면 망하는 것이요 형벌이 비록 있어도 법의 기강이 살아 있으면 존립하는 것이니 왕도정치는 모름지기 형벌이 없는 나라를 경영하지만 차선책으로 또한 형벌이 천벌과 일치한 판결을 숭상한다.

4-11-22 ································· 王이 曰嗚呼라 肆汝小子封아
　　　　　　　　　　　　　　　　惟命은 不于常이니 汝念哉하야
　　　　　　　　　　　　　　　　無我殄享하야 明乃服命하야
　　　　　　　　　　　　　　　　高乃聽하야 用康乂民하라

『왕이 말씀하시기를 오호라, 그러니 너 소자 봉아, 오직 천명은 항상 되지 아니하니 너는 기억하여 내가 누림을 끊어짐이 없게 하여 네가 복무한 사명을 밝혀서 너의 들은 바를 높이 받들어 인민을 편안히 다스려라.』

● 무왕이 강숙에게 결론적으로 천명은 무상하여 천덕과 천벌을 밝혀야만 임금의 자리가 보장되는 것임을 재강조하였다.

사(肆)는 그러니, 명(命)은 천명(天命)이요 상(常)은 항상(恒常)이다. 복명(復命)은 복무해야 되는 사명이고 고(高)는 높이 받드는 것이며 청(聽)은 지금까지 무왕(武王)이 강숙(康叔)에게 내린 훈고(訓告)이다.

천명은 무상하므로 임금이 착하고 진실하여 민심을 얻으면 하늘이
왕위를 보장해 주고 만일 악하고 사특하여 민심을 잃으면 하늘이 천
명을 박탈하여 왕위를 빼앗는 것이니 천명은 민심과 하나이다.

4-11-23 ··· 王이 若하시고
曰往哉封아 勿替敬典하고
聽朕告汝하야 乃以殷民世享하라

『왕이 '어이쿠' 하시고 말씀하시기를 가거든 봉아 엄숙한 상법을
바꾸지 말고 내가 너에게 훈고한 말을 들어서 이에 은나라의 유민이
대대로 누리게 하라.』

◉ 무왕이 강숙에게 위나라 임금의 자리에 올라 국민을 다스림에
이에 훈고한 내용을 결코 잊지 말라고 신신당부하였다.

왕(往)은 위(衛)나라로 감이고 체(替)는 바꾸는 것이며 경전(敬典)은
엄숙한 상법(常法)이요 은민(殷民)은 은(殷)나라의 유민(遺民)이니 은나
라의 직할영토를 무왕(武王)이 혁명하여 위나라로 삼았기 때문에 은
민이라고 하였으나 실은 위민(衛民)을 지칭한다.

무왕이 돌아가신 아버지 문왕을 받들고 아우 강숙을 사랑하는 마음
이 너무도 지극하여 눈물이 저절로 흐르도다. 또한 강숙은 무왕의 경
계를 끝까지 듣기 위하여 말을 중간에서 끊지 아니하였으니 형을 지
극히 존경하는 자세인즉 독자는 여기에서 효제(孝悌)를 배울지어다.

12. 주고(酒誥) / 술에 대한 훈고(訓告)

술은 음식 가운데 가장 고귀한 음식으로 제사를 지내고 손님을 대접하며 노인의 기력을 돋구는 데 쓰였던 것이다. 그러나 은(殷)나라 말기에 주(紂)가 술을 즐겨 주지육림(酒池肉林) 속에 밤과 낮을 가리지 않고 떼를 지어 질펀히 마시고 노니 마침내 일반사회까지 떼를 지어 몰려다니며 질펀히 술을 마시는 군음(群飮)의 풍조가 일어나게 되었다. 이에 무왕(武王)이 주를 정벌하여 혁명을 성공한 다음 퇴폐풍조를 일소하기 위하여 군음을 금지시켰으나 은나라의 도읍지대는 더욱 심각했기 때문에 그 지역에 강숙(康叔)을 임금으로 봉(封)하고 특별히 단속할 것을 지시하였다.

이 편은 주(周)나라가 아름다운 음주문화를 일으키기 위하여 군음을 금지하고 향음주례(鄕飮酒禮)를 제정하여 보급하는 정신을 밝혔으니 『금문상서(今文尙書)』와 『고문상서(古文尙書)』에 모두 수록되어 있다.

4-12-1 ························· 王이 若하시고 曰明大命于妹邦하노라

『왕이 '어이쿠' 하시고 말씀하시기를 중대한 명령을 매방에 밝히노라.』

◑ 무왕이 강숙을 위나라의 임금으로 봉하고 은나라 주의 군음 폐습이 가장 심각했던 지역이므로 매읍의 퇴폐풍조를 근절하기 위하여 특별명령을 내렸다.

대명(大命)은 중대한 특별명령이고 매방(妹邦)은 『시경(詩經)』 용풍(鄘風)의 상중(桑中) 편에서 말한 매향(沬鄉)인데 매수(沬水)가 흐르는 지역으로 주(紂)의 도읍지였으나 무왕(武王)이 혁명한 다음 위(衛)나라의 읍으로 편입되었다.

　　세속의 퇴폐풍조는 고치기가 어려우니 집중적인 단속이 계속되어야 하기 때문에 중대한 명령이 필요한 것이다.

4-12-2 ······························ 乃穆考文王이 肇國在西土하실새

厥誥毖庶邦庶士와 越少正御事하사

朝夕에 曰祀茲酒라 하시니

惟天降命하사 肇我民은 惟元祀니라

『이에 그윽하시던 돌아가신 아버지 문왕이 처음 나라를 세워 서쪽 땅에 있으심에 그 훈고가 여러 나라 여러 사대부와 부관과 군사의 지휘관에게 경계하시어 아침 저녁으로 말씀하시기를 이 술로 제사를 지내니라고 하시니 오직 하늘이 명령을 내리시어 처음 우리 인민에게 술을 만들게 함은 오직 큰 제사를 지내기 위함이니라.』

　☯ 문왕이 여러 신하들에게 아침 저녁으로 경계하여 술은 고귀한 음식으로 제사에 제주로 쓰기 때문에 함부로 해서는 안 된다는 훈고를 무왕이 인용하여 큰 제사에만 술을 제조하는 것이 하늘의 뜻임을 밝혔다.

　　목(穆)은 그윽한 모양이니 생각이 깊고 도량이 넓은 모습이며 조국(肇國)은 처음 나라를 세운 것으로 주(周)나라는 문왕(文王) 시대에 처음으로 서쪽에 맹주국이 되었다. 비(毖)는 경계하여 신중하게 함이고 서사(庶士)는 경사(卿士)를 비롯한 사대부(士大夫)이며 소정(小正)은 부

관(副官)이요 왈(曰)은 문왕의 말씀이다. 사자주(祀玆酒)는 이 술로 제사를 지낸다는 뜻이니 곧 고귀한 음식으로 다루어 제주(祭酒)로 숭상하라는 말이다. 조아민(肇我民)은 우리 인민에게 처음 술을 만들게 함이니 바로 조조(肇造)의 뜻이요 원사(元祀)는 큰 제사이다.

동양에서는 우임금 시대에 의적(儀狄)이 처음으로 술을 양조하였으나 우임금이 정신을 잃게 하는 것을 두려워하여 금지시켰는데 뒤에 3잔만을 마시는 조건으로 제사 때에만 쓰게 하였으니 이는 또한 온전한 정신을 보존케 하는 하늘의 명령이다.

4-12-3 ······························· 天이 降威하사 我民이
用大亂喪德이 亦罔非酒惟行이며
越小大邦用喪이 亦罔非酒惟辜니라

『하늘이 두려움을 내리시어 우리 인민이 크게 어지러워 덕을 잃은 까닭이 또한 술로 인한 행동이 아님이 없으며 이에 작고 큰 나라가 멸망한 까닭이 또한 술로 인한 허물이 아님이 없느니라.』

● 무왕이 하늘이 낸 고귀한 음식인 술을 함부로 마시면 취하여 정신을 잃어버려서 개인의 인격을 상실하고 또 나라까지도 멸망하는 재앙이 따름을 경고하였다.

위(威)는 두려움이니 술을 함부로 많이 마시면 취하여 정신을 잃게 하는 술의 마취작용이다. 용(用)은 이(以)의 뜻으로 이유나 까닭이며 유(惟)는 인(因)의 뜻이고 월(越)은 이에이다.

앞에서 말한 천강명(天降命)은 하늘이 내린 술의 순기능이니 곧 술을 마시면 활력이 생기고 감흥이 일어나서 자연히 기분이 좋은 작용을 하는 것이요 여기에서 말한 천강위(天降威)는 하늘이 내린 술의 역기능이니 곧 술을 지나치게 마시면 감각이 마비되고 이성을 잃어서

저절로 발광하는 작용을 하는 것인즉 모두 술의 천연적인 기능이기 때문에 인간의 노력으로 통제할 수 없는 한계가 있다.

유교는 사물을 처리함에 있어서 그 고유한 성질과 기능을 이용하여 인생의 행복을 창출하는 것을 원칙으로 세웠기 때문에 특정한 물질을 완전히 금지해서 버리거나 또는 어떤 물건을 한없이 좋아하여 취하는 것이 없고 오로지 먹을 만한 것은 먹고 먹지 못할 것은 버리며 입을 만한 것은 입고 입지 못할 것은 버리며 쓸 만한 것은 쓰고 쓰지 못할 것은 버리는 것이다. 따라서 유교인은 스스로 분수를 지켜서 사물을 알맞게 처리하는 중용의 도덕을 숭상한다. 그러므로 사물에 대하여 꼭 하는 것도 없고 꼭 아니하는 것도 없으니 오로지 하늘의 이치와 사람의 양심에 따를 뿐이다.

4-12-4 ····························· 文王이 誥하사 敎小子有正有事하사

無彝酒하라 越庶國은 飮하되

惟祀니 德將無醉하시니라

『문왕이 훈고하시어 소자와 관장의 자리에 있는 이와 직책이 있는 사람을 가르치시되 항상 술을 마심이 없도록 하라. 이에 여러 나라는 마시되 오직 제사 때에 할지니 덕이 장차 취함이 없게 하라고 하시다.』

◉ 문왕이 그 아들과 관장과 어사에게 일상적으로 술을 마시지 못하게 가르쳤고 또한 여러 나라에서는 제사 때에만 술을 마시되 이성을 잃을 정도로 마시지 못하게 훈고하였음을 무왕이 증언하였다.

소자(小子)는 문왕(文王)의 아들을 말한다. 전배(前輩)들은 이를 미성년자(未成年者)라고 하였으나 어법에 미성년자를 유정(有正)이나 유사(有事) 앞에 기록할 수 없는 것인즉 깊이 살피지 못한 과오이다. 유

정(有正)은 정관(正官)이 있는 사람이니 관장(官長)이요 유사(有事)는 직책이 있는 사람이니 어사(御事)를 지칭한다. 이(彛)는 항상 또는 일상의 뜻이고 이주(彛酒)는 일상적으로 늘 술을 마심이다. 덕(德)은 이성이요 취(醉)는 술에 취하여 정신을 잃음이다.

술은 알맞게 마시면 약(藥)이 되고 지나치게 마시면 독(毒)이 되며 늘 마시면 해(害)가 되고 가끔 마시면 익(益)이 되나니 독자는 여기에서 술에 대한 수칙을 정할지어다.

4-12-5 ····················· 惟曰我民이 迪小子하되 惟土物愛하면
厥心이 臧하리니 聰聽祖考之彛訓하야
越小大德에 小子는 惟一하리라

『오직 말씀하시기를 우리 인민이 어린 자식을 계도하되 오직 토산물을 사랑하게 되면 그 마음이 착하리니 총명하게 돌아가신 할아버지의 떳떳한 가르침을 들어야 이에 작고 큰 덕에 어린 자식이 오직 한결같으리라.』

◉ 무왕이 나라의 청소년을 선도하기 위하여 가정에서 술을 마시는 습속을 버려야만 작은 행실이나 큰 행실에 청소년들이 오직 한결같이 착하게 될 것임을 지적하였다.

왈(曰)은 무왕(武王)이 말씀하신 것이다. 전배(前輩)들은 문왕(文王)의 말씀이라고 하였으나 앞에 문왕의 말씀과 이어진 것이라면 다시 왈(曰)자를 쓸 이유가 없다. 적(迪)은 계도(啓導)함이고 소자(小子)는 어린 아들이니 곧 청소년들이며 토물(土物)은 토산물인데 토물애(土物愛)는 향토에서 생산되는 원산물을 그대로 사랑하여 애용하고 술처럼 가공한 2차상품을 만들어 즐기지 말라는 말이다. 장(臧)은 착함이요

조고(祖考)는 돌아가신 할아버지이며 이훈(彝訓)은 상식적인 교훈으로 자손으로 하여금 술을 일상적으로 그리고 지나치게 마시지 말라고 경계한 말이다. 덕(德)은 덕행(德行)으로 소덕(小德)은 작은 일을 하는 행실이고 대덕(大德)은 큰 일을 하는 행실이며 유일(唯一)은 오직 착함으로 일관함이다.

사람이 술에 취하면 큰 일과 작은 일을 분별하지 못하는 것이므로 정신이 맑고 원기가 충만한 청소년에게는 각별히 살펴 술을 즐기는 버릇이 들지 못하게 해야 하기 때문에 미성년자에게는 술을 주거나 권하지 않은 것이 예법이다.

4-12-6 .... 妹土야 嗣爾股肱하야 純其藝黍稷하야

奔走事厥考厥長하며 肇牽車牛하야

遠服賈하야 用孝養厥父母하야 厥父母가

慶이어든 自洗腆하야 致用酒하라

『매방의 토착민이여 너의 다리와 팔을 익혀서 오로지 그 기장과 피를 심어서 부지런히 그 돌아가신 아버지와 그 어른을 섬기며 수레를 이끄는 소를 빠르게 하여 멀리 앉은 장사에 종사하여 그 부모를 효성으로 봉양하여 그 부모가 기뻐하거든 스스로 조촐하거나 많이 차려서 술을 드리고 마셔라.』

☯ 무왕이 매방의 토박이들에게 솜씨를 가다듬어 농사를 지어 그 잉여농산물을 앉은장사로 멀리 교역하여 부모에게 효도하되 부모가 기뻐하거든 잔치를 베풀어 술을 드리고 마시라고 허락하였다.

매(妹)는 매방(妹邦)이고 토(土)는 토착민(土着民)이며 사(嗣)는 익힘이니 솜씨가 익숙하게 통달함이다. 고굉(股肱)은 다리와 팔이니 곧 수

족(手足)이요 순(純)은 오로지 전공(專攻)함이며 분주(奔走)는 부지런히 진력함이고 조(肇)는 민첩하게 빨리 함이다. 견차우(牽車牛)는 수레를 이끄는 소이고 복(服)은 종사함이며 고(賈)는 상점을 가지고 있는 앉은 장사이니 집에서 잉여농산물을 시장의 앉은장사에게 위탁판매함이다. 경(慶)은 기뻐함이요 선(洗)은 조촐함이고 전(腆)은 많이 차림이니 크고 작은 잔칫상이며 치(致)는 드리는 것이고 용(用)은 복용(服用)으로 권하고 마시는 것이다.

농업기술을 발달시켜 농산물을 증산케 하고 그 잉여농산물을 우차에 실어 멀리 가서 위탁판매하는 일에 종사하게 하는 것은 가급적 그 값을 많이 받아 소득을 증대시키려는 것이니 이로써 농업과 상업을 동시에 발전시키는 현명한 경제정책인즉 농민과 상인은 본받을지어다.

4-12-7 ····························· 庶士有正과 越庶伯君子여 其爾는
典聽朕敎하라 爾大克羞耇惟君이어야
爾乃飮食醉飽하라 丕惟曰爾克永觀省하야
作稽中德이어야 爾尙克羞饋祀니
爾乃自介用逸하리라
茲乃允惟王正事之臣이며
茲亦惟天若元德하사
永不忘이 在王家하리라

『여러 사대부와 관장의 자리에 있는 이와 여러 어른과 군자들이여 그대들은 나의 가르침을 떳떳이 들어라. 그대들은 오직 임금이 주최

한 노인에게 음식을 크게 잘 차린 자리이어야 그대들은 이에 마시고 먹음을 취하고 배불리 하라. 크게 생각하여 말하노니 그대들은 능히 길이 관찰하고 살피어 행동에 중덕을 자세히 헤아려야만 그대들이 거의 제물을 잘 갖추어 신에게 제사를 지낼 것이니 그대들은 이에 스스로 도와서 편안하리라. 이래야만 이에 진실로 오직 왕을 바르게 섬기는 신하이며 이래야만 또한 오직 하늘이 으뜸가는 덕을 따르시어 길이 잊지 않음이 왕가에 있으리라.』

　❍ 무왕이 매방의 고급관리와 여러 노인과 군자들에게 임금이 개최한 큰 양로잔치에서만 음식을 취하고 배불리 먹을 것을 허락하고 또한 제사에서는 술을 먹되 중정(中正)한 절도를 지켜야 된다고 교시하였다.

　백(伯)은 어른이니 곧 장로(長老)이고 전(典)은 상(常)의 뜻이며 수(羞)는 음식을 차림이요 구(耉)는 늙은이다. 유군(惟君)은 오직 임금이 주최한 것을 말하고 비유(丕惟)는 크게 생각함이며 작(作)은 동작(動作)이요 중덕(中德)은 중용(中庸)의 도덕이니 때와 장소와 신분에 알맞게 행동하여 지나침이나 모자람이 없는 것이다. 극수(克羞)는 음식을 잘 장만함이고 궤사(饋祀)는 신에게 음식을 드리고 제사를 지냄이며 개(介)는 돕는 것으로 나라의 제사에 참여하여 일을 돕는 것이요 일(逸)은 편안함이니 제사를 잘 지냈기 때문에 음복(飮福)을 하며 즐겁게 연례(燕禮)를 거행함이다. 약(若)은 순(順)의 뜻이고 원덕(元德)은 으뜸가는 덕으로 곧 인덕(仁德)이며 왕가(王家)는 주나라의 왕가를 지칭한다.

　나라의 아름다운 풍속은 고급관리와 노인 그리고 학덕이 높은 군자로부터 일어나는 것이므로 무왕이 고급관리와 노인과 지성인에게 술자리의 품위를 지키라는 가르침은 매우 정확한 지시인즉 오늘날 고급관리와 노인과 지식인은 깊이 헤아려 반성할지어다.

4-12-8 ······················ 王이 曰封아 我西土棐徂邦君御事小子가
왕 　 왈봉 　 아서토비조방군어사소자

尙克用文王敎하야 不腆于酒하니
상극용문왕교 　 불전우주

故我至于今하야 克受殷之命이니라
고아지우금 　 극수은지명

『왕이 말씀하시기를 봉아 우리 서쪽 땅을 보필하던 예전에 나라의 임금과 군사의 지휘관과 어린이가 일찍이 문왕의 가르침을 능히 신용하여 술자리에 많이 차리지 아니하였나니 그러므로 우리가 오늘에 이르러 능히 은나라의 천명을 받았느니라.』

◑ 무왕이 강숙에게 은나라는 주(紂)의 주지육림으로 망했고 주(周)나라는 문왕의 술에 취하지 못하게 하는 가르침으로 일어났음을 변증하였다.

조(徂)는 지나간 옛일이고 상(尙)은 일찍이, 용(用)은 신용함이며 주(酒)는 술자리이다.

4-12-9 ································ 王이 曰封아 我聞하니
왕 　 왈봉 　 아문

惟曰在昔殷先哲王이
유왈재석은선철왕

迪畏天顯小民하사 經德秉哲하사
적외천현소민 　 경덕병철

自成湯으로 咸至于帝乙에
자성탕 　 함지우제을

成王畏相이어시늘 惟御事도
성왕외상 　 유어사

厥棐有恭하야 不敢自暇自逸이라하니
궐비유공 　 불감자가자일

矧曰其敢崇飮이리오
신왈기감숭음

『왕이 말씀하시기를 봉아 나는 들으니 오직 말하기를 옛날에 은나

라의 훌륭하고 밝은 왕이 하늘의 뚜렷함과 약소한 민중을 두려워함에 이르러 덕을 경영하고 명철함을 지켜서 성탕으로부터 제을에 이르기까지 모두가 왕도를 이룩하고 보상하는 신하를 두려워하시거늘 오직 군사의 지휘관도 그 보필함에 공손함이 있어 감히 스스로 한가하고 스스로 편안하지 못했다고 하니 하물며 그 감히 술 마시기를 숭상했다고 하겠는가.』

● 은나라가 성탕(成湯)으로부터 주(紂)의 아버지 제을(帝乙)에 이르기까지 천자국으로서 500년을 이어온 것은 천도와 민심을 두려워하여 도덕정치를 경영하고 명철한 이성을 지켜서 왕도정치를 이룩함에 신하들의 협조가 있었기 때문임을 논증하였다.

적(迪)은 지(至)의 뜻이고 천현(天顯)은 하늘이 뚜렷이 나타냄이니 곧 하늘의 운행이 건실하여 그침이 없는 것이요 소민(小民)은 약소한 민중이니 곧 나라의 근본을 뜻한다. 경(經)은 경영함이고 병(秉)은 지키는 것이며 성왕(成王)은 왕도정치를 이룩함이요 상(相)은 보상(輔相)이니 보필(輔弼)하여 돕는 신하이다.

은나라의 역대 임금은 요임금과 순임금의 왕도정치를 정치와 교육의 이념으로 삼았기 때문에 대통을 계승한 나라로 인정한 것이다.

4-12-10 ································· 越在外服한 侯甸男衛邦伯과

越在內服한 百僚庶尹惟亞惟服宗工과

越百姓里居는 罔敢湎于酒하니

不惟不敢이라 亦不暇하야

惟助成王德顯이니 越尹人祗辟하라

『이에 지방에서 복무하고 있는 후복, 전복, 남복, 방백과 이에 중앙

정부에서 복무하고 있는 일백 신료와 여러 책임자와 부책임자 그리고 종사원 및 으뜸가는 공인과 이에 백성으로 마을에 거주한 사람은 감히 술에 빠지지 못하니 오직 범하지 못하게 할 뿐만 아니라 또한 한가롭지 않게 하여 오직 왕의 덕이 뚜렷하도록 도와서 이루게 해야 하니 이에 책임을 맡은 사람은 법을 공경하라.』

☯ 무왕이 은나라 말기에 나타난 군음의 폐습을 바로잡기 위하여 내외의 관리와 기능공 및 일반주민에게 술에 빠져서 이성을 잃은 행동을 엄금한다고 명령을 내렸다.

월(越)은 이에, 외복(外服)은 지방에서 근무함이고 후(侯)와 전(甸)과 남(男)과 위(衛)는 앞(2-1-83, 84, 85)에서 이미 해설하였으며 방백(邦伯)은 각 지역의 맹주로 있는 임금이다. 내복(內服)은 중앙정부에서 복무함이요 윤(尹)은 정관대부(正官大夫)로 책임자이며 아(亞)는 그 부관이고 복(服)은 그 아래에서 종사하는 관리이다. 종공(宗工)은 으뜸가는 기술자이고 리거(里居)는 마을에 사는 거주민이며 면(湎)은 술을 항상 마시거나 크게 취하여 정신을 잃은 것이요 감(敢)은 범(犯)하는 것이다. 왕덕(王德)은 무왕의 덕을 지칭하고 윤인(尹人)은 책임을 맡은 사람이며 지(祗)는 공경하여 받드는 것이요 벽(辟)은 법이다.

무왕이 금주법을 제정하지 않고 다만 술에 빠지는 것만을 금지하였으니 만물은 그 해독만 제거하면 이득도 많은 점을 발견하였기 때문이다.

4-12-11 ······························ 我聞하니 亦惟曰在今後嗣王이

酗身하야 厥命이 罔顯于民이요

祗保가 越怨이어늘 不易하며

誕惟厥縱淫泆于非彝하야 用燕喪威儀한대

民이 罔不盡傷心이어늘 惟荒腆于酒하야

不惟自息乃逸하며 厥心疾很하야

不克畏死하며 辜在商邑하야

越殷國滅無罹하니 弗惟德馨香祀가

登聞于天이요 誕惟民怨庶群自酒腥이

聞在上이라 故天降喪于殷하사 罔愛于殷은

惟逸이니 天非虐이라 惟民自速辜니라

『나는 들으니 또한 오직 말하기를 이제 뒤를 이은 왕이 몸을 술에 취하게 하여 그 명령이 민중에게 나타남이 없고 공경하여 보존함이 이에 원망뿐이거늘 바꾸지 아니하며 크게 오직 그 떳떳치 아니한 데서 음란을 마음대로 하여 잔치로써 위엄 있는 거동을 잃으니 민중이 몹시 서러워하여 마음에 고민하지 않음이 없거늘 오직 술에 빠져 질펀하게 먹으며 오직 스스로 이에 편안히 놀 뿐만 아니라 그 마음이 모질고 사나워서 능히 죽음도 두려워하지 아니하며 허물이 상나라 도읍에 있어 이에 은나라가 멸망함에도 근심이 없으니 오직 덕의 향기로운 제사가 하늘에 올라 들리지 않고 크게 오직 민중이 여러 무리가 스스로 술을 마시고 날고기를 먹는 것을 원망함이 하늘에 들리고 있었나니 그러므로 하늘이 은나라에 멸망을 내리시어 은나라에 애정이 없게 된 것은 오직 편안하게 놀고 즐겼기 때문이니 하늘이 학대함이 아니라 오직 민중이 스스로 죄인을 처벌하도록 재촉함이니라.』

◉ 여기에서는 은나라 주가 주지육림 속에 빠져 나라의 기강이 무너지고 민중의 원한이 하늘에 뻗쳤으므로 하늘이 멸망시켰음을 변증하였다.

후사왕(後嗣王)은 뒤를 이은 임금이니 곧 주(紂)를 지칭하고 감(酣)

은 술에 취함이며 종(縱)은 마음대로 함이요 음일(淫泆)은 음탕한 것이며 연(燕)은 연회(燕會)이니 여기에서는 군음(群飲)을 뜻한다. 혁(盡)은 몹시 서러워함이고 황(荒)은 빠지는 것이며 질혼(疾狠)은 모질고 사나움이요 이(懼)는 걱정거리이다. 성(腥)은 날고기요 상(上)은 하늘이며 속(速)은 재촉함이고 고(辜)는 죄인을 처벌하는 것이다.

전배(前輩)들은 유민자속고(惟民自速辜)의 민(民)을 은(殷)나라 사람들이라고 해석하여 곧 주(紂)의 일당을 지칭한다고 하였으나 바로 앞에서 민(民)이 그들을 원망하였다고 했거늘 어찌 한 문장에서 원망하는 사람과 원망을 받는 사람을 같은 말로 표현하겠는가? 이것은 속고(速辜)를 잘못 해석한 오역이니 고(辜)는 죄과(罪過)가 아니라 죄과를 처벌하는 벌죄(罰罪)의 뜻으로 민중이 주의 죄악에 대한 처벌을 하늘에 재촉했다는 말이다.

4-12-12 ······························ 王^왕이 曰^왈封^봉아 予^여不^불惟^유若^약茲^자多^다誥^고라
古^고人^인有^유言^언하니 曰^왈人^인無^무於^어水^수監^감이요
當^당於^어民^민監^감이라 하나니 今^금惟^유殷^은이
墜^추厥^궐命^명하니 我^아其^기可^가不^불大^대監^감하야 撫^무于^우時^시아

『왕이 말씀하시기를 나는 오직 이와 같이 훈고를 많이 함이 아니라 옛사람의 말이 있나니 말하기를 사람은 물에서 보지 말고 마땅히 민중에서 보라고 하였나니 이제 오직 은나라가 그 천명을 잃어버렸으니 나는 그것을 크게 보아 이에 살피지 않을 것인가.』

◉ 무왕이 은나라가 술로 망한 것을 거울로 삼아 술로써 민중의 원망을 사지 않도록 경계하였다.

물에 비친 모양을 보는 것은 일면만 나타나기 때문에 자세히 살피

지 못하지만 민심에 나타나는 형상은 전체를 속속들이 살필 수 있는 까닭에 더욱 정확하게 비쳐주니 이것이 대감(大監)인데 곧 앞에서 말한 민중이 스스로 죄인의 처벌을 하늘에 재촉함이요 무(撫)는 더듬어 살피는 것이며 시(時)는 시(是)와 같다.

4-12-13 ······················· 予는 惟曰汝劼毖殷獻臣과
侯甸男衛이어늘 矧太史友와
內史友와 越獻臣百宗工이리오
矧惟爾事하는 服休服采이리오
矧惟若疇인 圻父薄違와
農父若保와 宏父定辟이리오
矧汝剛制于酒리오

『나는 오직 말하노니 너는 은나라의 어진 신하와 후복, 전복, 남복, 위복을 힘써 삼가도록 해야 하거늘 하물며 태사의 벗과 내사의 벗과 이에 어진 신하와 일백 으뜸가는 기능공이리오. 하물며 오직 네가 섬기는 아름답도록 일하고 성대하도록 일하는 사람이리오. 하물며 오직 너의 짝인 중앙정부의 국방부장관으로 위법자를 닦달하는 이와 교육부장관으로 화순하게 보호육성하는 이와 건설부장관으로 국토개발을 결정하는 사람이리오. 하물며 네가 군세게 술자리에서 절제함이리오.』

● 무왕이 강숙에게 모든 관리들의 음주습관을 바로잡고 또한 솔선수범할 것을 재강조하였다.

할(劼)은 힘씀이고 비(毖)는 삼감이며 헌(獻)은 현(賢)의 뜻이요 태사

(太史)는 천시(天時)와 성력(星曆)과 제사(祭祀)를 주관하는 관리요 우(友)는 강숙(康叔)의 벗이라는 뜻이며 내사(內史)는 국가의 법전(法典)을 주관하는 벼슬이다. 이사(爾事)는 네가 섬기는 사람이니 강숙의 상관(上官)이고 복휴(服休)는 임금에게 아름다운 대책을 건의하는 일에 종사하는 사람이니 곧 3공(三公)이요 복채(服采)는 임금의 잘못을 간하여 성대한 공덕을 이루게 하는 사람이니 바로 3고(三孤)이다. 약주(若疇)는 너의 짝이니 강숙과 같은 직급에 있는 경(卿)이요 기보(圻父)는 사마(司馬)로서 중앙정부의 군사를 관장하는 국방부장관이며 박(薄)은 닦달하여 다스림이고 위(違)는 법을 어기는 사람이다. 농보(農父)는 사도(司徒)로서 교육부장관인데 농(農)이 힘써 기른다는 뜻이므로 인재를 양성하는 것으로 전용하였으며 약(若)은 수(須)의 뜻이다. 굉보(宏父)는 사공(司空)으로 건설부장관인데 토지를 개간하고 도시를 건설하는 일은 거대한 공사이므로 굉보(宏父)라고 일컬었으니 보(父)는 모두 3경(三卿)을 존칭한 말이다. 정(定)은 결정함이고 벽(辟)은 개간하여 개척함이며 강제(剛制)는 굳세게 절제함이요 주(酒)는 주석(酒席)이다.

강숙은 주나라의 사구(司寇)를 겸직하였기 때문에 왕의 주고(酒誥)가 널리 시행되도록 적극 노력해야 되고 또한 스스로 솔선수범해서 고급관리들을 힘써 삼가도록 이끌어야 할 책임이 있다. 대저 법의 기강은 먼저 법을 집행하는 사람이 세워야 함에도 후세에는 법을 조령모개(朝令暮改)하고 자의적으로 해석해서 그 집행이 합당성을 상실함으로서 법의 권위가 땅에 떨어지고 오직 법을 집행하는 사람만 서슬푸른 권력을 휘두르게 되었으니 이것은 모두 법을 집행하는 책임자가 스스로 솔선수범하지 않은 결과이다.

4-12-14 ·································· 厥或誥하야 曰群飮이어든
汝勿佚하며 盡執拘하야 以歸于周하라

여기살　　　　　　우유은지적제신유공
予其殺이라하고　又惟殷之迪諸臣惟工이
내면우주　　　　물용살지
乃湎于酒어든　勿庸殺之하고
고유교지
姑惟教之하라하니라

『그 어떤 사람은 깨우쳐 말하기를 무리를 지어 술을 마시거든 네가 놓지 말고 다 잡아 구속하여 주나라 도읍으로 보내서 내가 그들을 죽이라고 하고 또한 오직 은나라의 유순한 여러 신하와 오직 기능공이 이에 술에 **빠**졌거든 하여금 죽이지 말고 아직은 오직 가르쳐야 된다고 하니라.』

◐ 무왕이 조정회의에서 논의한 군음의 금지책 가운데 강경책과 온건책을 밝혀 중용(中庸)의 대책을 강구할 것을 지시하였다.

혹(或)은 혹자(或者)이니 조정회의에서 강경책과 온건책을 주장한 양쪽 사람이요 고(誥)는 깨우쳐 말함이니 전배(前輩)들은 이것을 왕의 고명(誥命)으로 해석하고 혹(或)을 혹시(或時)로 풀어 전문의 뜻을 왜곡하였으니 문자(文字)에 얽매어 문의(文義)를 잃어버린 한심한 해석이다. 따라서 왈(曰)은 무왕의 말이 아니고 강경파의 말이며 일(佚)은 도망하여 잃어버림이니 곧 범인을 놓치는 것이고 우(又)는 우왈(又曰)이니 온건파가 주장하는 말이다. 적(迪)은 유순하게 따른 것이고 용(庸)은 하여금, 고(姑)는 아직의 뜻이다.

강경파는 항상 법의 기강을 세우기에 급급하여 일벌백계(一罰百戒)의 엄벌을 주장하고 온건파는 죄는 미워도 사람을 사랑하여 개과천선(改過遷善)의 기회를 주어야 된다고 주장하는바 여기에 법집행의 중용을 찾아 지나침도 모자람도 없어야 된다.

유사명향　　　내불용아교사
4-12-15 ·························· 有斯明享이니　乃不用我敎辭하면

유 아 일 인　　　불 휼 불 견
惟我一人이 弗恤弗蠲하야
　　　내 사　　　시 동 우 살
乃事가 時同于殺하리라

『이에 밝게 누림이 있나니 이에 나의 가르친 말을 시행하지 아니하
면 오직 나 한 사람이 불쌍히 여기지 않고 깨끗하게 여기지 아니하여
너의 일이 때로 죽여야 된다는 주장에 동의하리라.』

☯ 무왕이 강숙에게 처음부터 적극적으로 군음의 금지명령을 전체
관료에게 분명히 인식시켜야지 만일 그렇지 않고 온건책으로 일관한
다면 이에 왕의 교명을 시행하지 못하여 결국 왕과 강숙이 강경책을
쓰게 될 것임을 지적하였다.
　향(享)은 안락함을 누림이니 향유(享有)의 뜻이요 용(用)은 시행함이
며 불휼(弗恤)는 불쌍히 여기지 않음이니 곧 용서하지 않은 것이고 불
견(弗蠲)은 깨끗하게 여기지 않음이니 곧 멀리하여 가중처벌한다는
뜻이다. 내사(乃事)는 강숙(康叔)이 주관하는 군음금지사업(群飮禁止事
業)이요 동(同)은 동의하여 채택함이며 살(殺)은 극형으로 다스려 죽이
라는 강경파의 주장이며 앞에 여기살(予其殺)을 지적한다.
　성왕(聖王)의 정치명령은 처음에 분명히 가르쳐서 어기는 사람이
없게 하고 용렬(庸劣)한 임금은 갑자기 단속하여 엄벌하는 것을 능사
로 여기니 맹자가 말하기를 잘 다스리는 것이 잘 가르침만 못하다고
하였다.

　　　　　　　　　　　　　　　왕　　왈 봉　　여 전 청 짐 비
4-12-16 ···································· 王이 曰封아 汝典聽朕毖하라
　　　　　　　　　　　　　　물 변 내 사　　민 면 우 주
　　　　　　　　　　　　　　勿辯乃司하면 民湎于酒하리라

『왕이 말씀하시기를 봉아 너는 나의 신중한 말을 떳떳이 들어라.

네가 맡은 일을 분별하지 않으면 인민이 술에 빠지리라.』

● 무왕이 강숙에게 술에 대한 훈고를 명심하여 맡은 일에 책임을 다하라고 당부하였다.

전(典)은 떳떳함이고 비(毖)는 신중한 주고(酒誥)의 내용이며 변(辯)은 분별함이니 바르게 판단하여 조리 있게 처리함이요 내사(乃司)는 강숙이 맡아서 주관하는 사무로 곧 술을 항상 마시거나 군음(群飮)하는 것을 단속하는 일이다.

○ 위에서 좋은 정치를 하면 아래의 퇴폐한 풍속이 사라지고 아래에 퇴폐풍속이 만연하면 위에서 좋은 정치를 베풀 수 없는 것이므로 결국 좋은 정치는 아름다운 풍속과 더불어 발전하는 것이다. 그러므로 무왕이 혁명을 성공한 다음 즉시 군음(群飮)의 퇴폐풍속을 바로잡기 위하여 주고(酒誥)를 발표하고 강숙(康叔)에게 법무부장관을 겸하게 하여 그 일을 주관하게 하고 특별히 당부하여 마침내 나라의 풍속을 아름답게 바꾸었으니 풍속은 정치에 막대한 영향을 끼치고 술은 풍속에 막대한 영향을 끼친다는 사실을 알았기 때문이었다.

13. 재재(梓材) / 가래나무로 만든 인쇄(印刷) 판목

재(梓)는 가래나무로 호두나무과에 속하는 낙엽활엽교목인데 산기슭 같은 곳에 절로 나며 잎은 깃꼴겹잎으로 5월쯤에 꽃이 피고 열매는 '가래'라는 달걀 모양의 핵과(核果)를 맺어 10월에 여물며 씨는 먹거나 약재로 쓰고 재목은 비교적 단단하고 가벼워서 조각재로 쓰이거나 가구를 만든다. 재재(梓材)는 가래나무로 만든 인쇄(印刷)의 판목(版木)인데 이것을 편제(篇題)로 한 것은 경문(經文)에 이 말이 있어서 좋은 자질을 발굴하여 능숙한 기술로 다듬어야 좋은 작품을 만들 듯이 정치행정도 인재를 찾아서 어질게 다스려야 성공할 수 있음을 비유하기 위함이다.

이 편도 무왕(武王)이 강숙(康叔)에게 훈고(訓告)한 내용으로 『금문상서(今文尚書)』와 『고문상서(古文尚書)』에 모두 있다.

4-13-1 .... 王이 曰封아 以厥庶民과
曁厥臣으로 達大家하며
以厥臣으로 達王은 惟邦君이니라

『왕이 말씀하시기를 봉아 그 서민과 그 신하로서 대부의 집에 전달하며 그 신하로서 왕에게 상달함은 오직 지방국가의 임금이니라.』

◐ 무왕이 강숙에게 행정조직의 의사 전달체계가 원활하게 작동하기 위해서는 지방정부의 지도자의 역할이 중대함을 밝혔다.

대가(大家)는 대부(大夫)의 집으로 가신(家臣)을 거느리기 때문에 대가(大家)라고 하였다. 방군(邦君)은 연방정부에 소속된 지방국가의 임금이니 중앙정부의 왕명을 지방정부의 신하와 서민에게 전달하고 또한 관리와 서민의 뜻을 왕에게 보고하는 책임이 있다.

4-13-2 ························ 汝若恒越하야 曰我有師師司徒와
司馬와 司空과 尹旅라 하고
曰予罔厲殺人이라 하면 亦厥君이
先敬勞하리니 肆徂厥敬勞하면
肆往姦宄殺人歷人을 宥하고
肆亦見厥君事하야 戕敗人도 宥하리라

『네가 만약 한결같이 초월하여 말하기를 나는 교육부장관과 국방부장관과 건설부장관과 정관대부와 여러 사대부들을 서로 스승으로 삼아서 본받게 함이 있노라 하고 말하기를 나는 사납게 사람을 죽이지 아니한다고 하면 또한 그 임금이 먼저 삼가 위로하리니 그리하여 그 삼가 위로하기 시작하면 그리하여 과거에 안도적과 바깥도적과 사람을 죽인 경력이 있는 사람을 사면하고 그리하여 또한 그 임금의 처사를 보고 고의적으로 찌르고 해치는 사람도 사면하리라.』

◎ 여기에서는 임금이 민생치안문제를 직접 살피지 않고 너그럽게 조정의 신료에게 논의하여 처리하라고 위임하면 법의 기강이 무너져서 재범과 고의범이 늘어날 것임을 지적하였다.
월(越)은 초월(超越)이니 초연함이고 사사(師師)는 서로 스승으로 삼아서 본받게 함이니 사건의 처리를 신료(臣僚)들에게 위임한다는 뜻

이다. 윤(尹)은 관청의 책임자이고 여(旅)는 관청에 소속한 사류(士類)이며 여(厲)는 사나운 것이요 경로(敬勞)는 삼가 위로(慰勞)하는 것인데 곧 사형제도를 폐지하고 죄인에게 개과천선(改過遷善)하라고 타이른다는 뜻이다. 사(肆)는 그리하여, 조(徂)는 처음 시작함이고 왕(往)은 이미 지나간 과거이며 역인(歷人)은 경력자이니 곧 재범인이며 유(宥)는 사면함이요 군사(君事)는 임금의 처사이니 너그럽게 용서함이며 장(戕)은 찌르는 것이고 패(敗)는 해침이니 곧 고의범(故意犯)이다.

앞(4-11-7)에서 이미 고의범은 엄벌하라고 하였으나 여기에서는 임금이 치안문제를 소홀히 하면 결과적으로 법의 기강이 무너지게 된다는 사실을 경고하였다.

4-13-3 ······························ 王이 啓監은 厥亂이 爲民이니
　　　　　　　　　　　　　　　　　日無胥戕하며 無胥虐하야
　　　　　　　　　　　　　　　　　至于敬寡하며 至于屬婦하야
　　　　　　　　　　　　　　　　　合由以容하라 王이 其效邦君과
　　　　　　　　　　　　　　　　　越御事하노니 厥命을 曷以리오
　　　　　　　　　　　　　　　　　引養引恬하라 自古로 王이
　　　　　　　　　　　　　　　　　若玆하니 監은 罔攸辟이니라

『왕이 감사를 개설함은 그 다스림이 민중을 위함이니 말하건대 서로 찌름이 없게 하며 서로 학대함이 없게 하여 과부를 공경함에 이르며 아낙네를 돌봄에 이르게 하여 화합하여 말미암아 포용하게 하라. 왕이 그 지방국가의 임금과 군사지휘관에게 힘쓰게 하노니 그 명령을 어찌 하리오. 이끌어 양육하고 이끌어 편안하게 하라. 옛날로부터 왕이 이와 같았나니 감사는 형벌할 바가 없게 하라.』

◎ 여기에서는 지방국가의 임금이 적극적으로 민생경제와 민생치안을 살펴서 과실범이나 고의범이 아예 발생하지 않도록 힘쓰라고 지시하였다.

계(啓)는 개설(開設)함이고 감(監)은 감사(監司)로 주(州)나 군(郡)을 감찰하는 관리(官吏)인데 여기에서는 지방국가의 제후(諸侯)와 중앙정부의 공경(公卿)을 통칭한 말이다. 난(亂)은 치(治)의 뜻이고 서(胥)는 서로, 과(寡)는 과부(寡婦)니 외로운 사람이요 촉(屬)은 돌보아줌이며 부(婦)는 나약한 아낙네이다. 합유(合由)는 화합심으로 말미암아 행동함이고 용(容)은 포용하여 공동체정신을 발휘하여 외로운 과부나 나약한 아낙네도 안심하고 살도록 사회적인 보호를 받게 함이며 효(效)는 힘써 행하도록 화합심과 공동체정신을 가르침이다. 갈이(曷以)는 어떤 방법으로 하리오의 뜻이고 인(引)은 인도(引導)함이며 양(養)은 양육(養育)이니 민생경제를 풍족하게 함이요 염(恬)은 편안함이니 민생치안을 보장함이며 벽(辟)은 형벌을 쓰는 것이다.

임금이 초연하고 너그럽게 법을 운용하여 재범과 고의범을 사면해서 사회를 불안하게 방치하지 말고 처음부터 임금이 민생경제를 적극적으로 개발하고 민생치안을 널리 확립하여 준법정신을 생활화해서 형벌을 쓸 필요가 없게 다스리라고 하였으니 무왕의 위대한 정치사상을 여기에서 확인하라.

4-13-4 ······························ 惟曰若稽田에 旣勤敷菑하고
　　　　　　　　　　　　유왈약계전　　기근부치

惟其陳修하여야 爲厥疆畎하며
유기진수　　　위궐강견

若作室家에 旣勤垣墉하여야
약작실가　　기근원용

惟其塗墍茨하며 若作梓材에
유기도기자　　약작재재

旣勤樸斲하여야 惟其塗丹雘이니라
기근박착　　　유기도단확

182 Ⅲ. 주서(周書) / 주나라의 실록

『생각하여 말하건대 마치 밭을 침에 이미 부지런히 따비밭을 부치고 오직 그 펼쳐서 정리를 끝내야 그 두둑과 고랑을 만듦과 같으며 마치 집을 지음에 이미 부지런히 낮은 담과 담장을 끝내야 오직 그 건물에 진흙을 바르고 새로 이엉을 함과 같으며 마치 가래나무로 인쇄의 판목을 만듦에 이미 부지런히 바탕을 다듬고 새김칼질을 끝내야 오직 그 붉은 진사를 바르는 것과 같으니라.』

◉ 여기에서는 밝고 안락한 정치를 하기 위해서는 먼저 부지런히 재범이나 고의범의 발생을 막아야 되는 것을 밭을 치고 집을 짓고 인쇄판본을 만드는 것으로 비유하여 변증하였다.

유(惟)는 생각함이며 계(稽)는 개간함이고 기(旣)는 이미 다하여 끝냈다는 뜻이며 부(敷)는 부치는 것이니 논밭을 꾸미어 농사를 짓는 것이며 치(菑)는 개간한 지 1년이 되는 따비밭이다. 진(陳)은 펼쳐서 벌리는 것이요 수(脩)는 정리(整理)함이며 강(疆)은 밭두둑이고 견(畎)은 밭고랑이니 곡식을 심어 가꿀 수 있는 농지이다. 원(垣)은 안채와 바깥채를 나누는 낮은 담이고 용(墉)은 집 주위를 둘러막는 높은 담이며 도기(塗墍)는 건물의 벽을 진흙으로 도장(塗裝)함이요 자(茨)는 새로 이엉을 지붕에 덮는 것이다. 재재(梓材)는 앞에 편제(篇題)의 해설에서 이미 설명하였고 박(樸)은 질박한 바탕을 만드는 것이며 착(斵)은 새김칼질을 함이요 확(雘)은 붉은 색소로 쓰이는 진사(辰沙)이다.

재범과 고의범의 범죄율이 높은데도 사형제도를 폐지하면 범죄는 더욱 늘어나는 것이므로 재범과 고의범을 강력히 단속하여 근절하면 결국 사형으로 처벌할 일이 없게 되어 명랑하고 안락한 사회를 건설한다는 무왕의 형법철학은 만고의 진리로서 이것은 밭을 개간함에 먼저 잡초를 제거하고 땅을 편편하게 골라야 되고 집을 지음에 먼저 담을 싸서 비바람을 막아야 하며 인쇄판본을 만듦에 먼저 바탕을 다듬어 새김칼질을 해야 되는 작업방법과 일치하는 것이다.

今王이 惟曰先王이 旣勤用明德하사
懷爲夾하신대 庶邦이 享하야
作兄弟方來하야 亦旣用明德하나니
后式典集하면 庶邦이 丕享하리라

『이제 왕이 생각하여 말하건대 선왕이 이미 부지런히 밝은 덕을 쓰시어 품어 가까이 하신대 여러 지방국가가 안락을 누리어 형제국가가 되어 사방에서 와서 또한 밝은 덕을 다 썼나니 임금이 떳떳한 법전을 모아서 쓰면 여러 지방국가가 크게 안락을 누리니라.』

☯ 무왕이 끝으로 밝은 덕을 부지런히 베풀어 사방의 지방국가가 형제국가가 되어 범죄에 공동대처해서 도망친 범인을 서로 체포하여 인도함으로써 안락한 세계를 건설하였으니 여러 나라의 제후들도 서로 친밀하게 공조하여 범인을 협동수사하는 체제를 갖추어 범죄인이 발붙일 곳이 없어서 근절되도록 하라고 당부하였다.
선왕(先王)은 문왕(文王)이요 회(懷)는 마음속으로 생각하여 품어주는 것이고 협(夾)은 좌우에 가까이 함이며 작형제(作兄弟)는 형제국이 되고 우호교린(友好交隣)하는 관계를 맺음이며 방(方)은 사방(四方)이요 래(來)는 외교사신이 왕래함이다. 기(旣)는 다함이고 후(后)는 임금이니 여기서는 지방국가의 임금이며 식(式)은 쓰는 것이요 전집(典集)은 떳떳한 법전을 모아서 편집한 것이니 곧 일반적인 국제형법이다.
전배(前輩)들은 이 글이 범죄에 대한 국제공조 수사체제를 구축하여 상호 범인인도협정을 맺는 내용인 것을 파악하지 못하고 신하들이 성왕(成王)에게 건의한 내용이라고 하였으니 전혀 옳지 않은 주장이다.

4-13-6 ·· <ruby>皇天<rt>황천</rt></ruby>이 <ruby>旣付中國民<rt>기부중국민</rt></ruby>과

<ruby>越厥疆土于先王<rt>월궐강토우선왕</rt></ruby>하시니 <ruby>肆王<rt>사왕</rt></ruby>은

<ruby>惟德<rt>유덕</rt></ruby>을 <ruby>用<rt>용</rt></ruby>하야 <ruby>和懌先後迷民<rt>화역선후미민</rt></ruby>하야

<ruby>用懌先王受命<rt>용역선왕수명</rt></ruby>하리라

『거룩하신 하느님이 이미 문화중심국의 인민과 강토를 선왕에게 부탁하였나니 그러므로 왕은 오직 덕을 써서 앞뒤로 미혹한 인민을 화순하고 기쁘게 하여서 선왕이 천명을 받은 것을 기쁘게 하리라.』

☯ 거룩한 하느님이 이미 문왕에게 천명을 주었으므로 무왕은 밝은 도덕정치를 베풀어 범죄가 없는 사회를 건설해서 모든 사람이 화순하고 기쁘게 하여 문왕이 천명을 받은 역사를 기뻐하도록 다스리는 것이 자기의 책임임을 밝혔다.

부(付)는 부탁함이고 중국(中國)은 문화중심국(文化中心國)을 지칭하며 선왕(先王)은 문왕(文王)이며 왕(王)은 무왕(武王)이다. 화(和)는 화순(和順)함이고 역(懌)은 기쁘게 함이니 교화하여 변화시킴이다. 선후(先後)는 앞에와 뒤에이니 곧 앞장서고 뒤따라가는 것으로 주동자와 방조자이며 명(命)은 천명(天命)으로 주(周)나라가 천자국(天子國)이 되는 하늘의 명령이다.

무왕이 왕과 제후가 부지런히 덕치인정을 베풀어 하늘로부터 받은 주나라의 천명을 빛나게 하자는 뜻은 장엄하고 범죄가 없는 세계를 만드는 것으로부터 이상세계 건설의 기본과제로 삼은 정책은 슬기로운 지혜인저. 전배(前輩)들은 이와 같이 위대한 정신을 간파하지 못하고 앞의 경문(經文)과 이 경문 사이에 탈오(脫誤)가 있다고 의심하였으나 문장의 뜻을 깊이 살피지 못한 소치라고 하겠다.

유왈욕지우만년　　　유왕
惟曰欲至于萬年에 惟王커든

자자손손　　　영보민
子子孫孫이 永保民하라

『조금 있다가 '어이쿠' 하시고 이 감사여, 생각하여 말하건대 일만 년에 이르기까지 오직 왕 노릇을 하고자 하거든 자자손손이 길이 민중을 보호하라.』

● 무왕이 감사들에게 일만 년에 이르기까지 천명을 보존하여 주나라의 역사를 발전시키고자 하면 자자손손이 길이 민중을 안락하게 보호하라고 당부하였다.

감(監)은 감사(監司)로 앞(4-13-3)에서 이미 해설하였고 왕(王)은 왕노릇을 함이며 보민(保民)은 민중을 사랑하고 양육하여 그 행복을 보장하는 것이다.

○ 이 재재(梓材) 편은 강고(康誥) 편과 그 내용이 서로 가깝지만 특별히 지역의 맹주국에게 국제협력을 당부한 점이 다르니 비교하여 연구하기 바란다. 또한 강고(康誥), 주고(酒誥), 재재(梓材)의 3편은 무왕이 혁명 직후에 내린 훈고로서 마땅히 금등(金縢) 편 앞에 놓여야 함에도 차례가 뒤바뀌었으니 독자는 소위 진시왕의 분서갱유(焚書坑儒)로 인한 참화를 짐작하리라.

14. 소고(召誥) / 소공(召公)의 훈고(訓詁)

소(召)는 태보(太保)의 자리에 있는 소공(召公)으로 이름이 석(奭)이니 앞에 여오(旅獒)의 편제 해설에서 이미 설명하였고 고(誥)는 소공이 낙양(洛陽)에 동도(東都)를 건설한 다음 어린 성왕(成王)에게 천하의 중심지에서 사해(四海)의 민중을 공평하게 다스려 왕업을 길이 번창하게 하라는 훈도(訓導)이다.

주(周)나라는 역사적으로 천도(遷都)를 가장 많이 하면서 발전한 나라이다. 시조 후직(后稷)은 태(邰)에 도읍하였는데 한수(漢水)의 부풍(扶風) 지역이었다. 그 아들 불굴(不窋)이 망명하여 서북쪽 융적(戎狄)의 땅으로 갔는데 그 손자 공유(公劉)가 빈(豳) 땅에 나라를 세웠고 그 10세(世)에 이르러 태왕(太王)이 기산(岐山) 아래로 천도하였다. 이에 태왕의 손자 문왕(文王)이 영토를 확장하여 풍읍(豊邑)으로 천도했고 이어 무왕(武王)이 호경(鎬京)으로 다시 천도했는데 성왕에 이르러 주공과 소공이 낙읍을 건설하여 양경(兩京)을 두었으니 호경에는 종묘(宗廟), 사직(社稷), 관부(官府)가 있었으므로 종주(宗周)라고 일컫고 낙읍(洛邑)은 황하(黃河)로 통하는 교통이 편리하여 제후의 회합에 이용하였으므로 동도(東都) 또는 성주(成周)라고 불렀다.

이 편은 『금문상서(今文尙書)』와 『고문상서(古文尙書)』에 모두 수록되어 있다.

4-14-1 ·································· 惟二月旣望越六日乙未에 王이
朝步自周하사 則至于豊하시다

『때는 바야흐로 2월 16일에서 6일을 지나 을미일에 왕이 아침에 호경으로부터 보행하신 다음 풍읍에 이르시다.』

　◑ 성왕이 낙읍을 건설하기 위하여 제일 먼저 문왕과 무왕의 종묘에 고유한 사실을 사관이 기록하였다.

　이월(二月)은 다음 편 낙고(洛誥)의 경문(經文)을 보면 성왕(成王)이 즉위한 지 7년이 되는 달로 추정된다. 기망(旣望)은 16일이요 월(越)은 지나간 것이니 6일이 지났으면 을미(乙未)일은 21일이며 왕(王)은 성왕(成王)이고 주(周)는 종주(宗周)로서 곧 호경(鎬京)이다. 즉(則)은 다음 또는 뒤에의 뜻이고 지(至)는 종묘(宗廟)에 고유(告由)하기 위하여 이르른 것이며 풍(豊)은 문왕(文王)의 종묘가 있는 주나라의 옛날 도읍이다.

　호경으로부터 풍읍까지의 거리가 25리로서 보행으로 약 2일 반이 소요되는바 이렇게 보면 성왕이 풍읍에 도착하여 종묘에 고유한 날은 23일 정오에 해당하니 2월 하정(下丁)으로 정유(丁酉)일이다. 초하루와 보름을 기점으로 날짜를 밝히는 것은 천시(天時)를 중요시하는 주나라 사관의 특징이니 앞(4-5-1)에서 이미 보았다.

4-14-2 ·································· 惟太保가 先周公相宅이어늘
越若來三月惟丙午朏에서
越三日戊申에 太保가 朝至于洛하야
卜宅하니 厥旣得卜하야 則經營하니라

『오직 태보가 주공보다 먼저 가서 새로운 도읍지를 살폈거늘 그 날을 넘기고 오는 3월 바야흐로 병오 초사흘에서 3일을 넘긴 무신일에 태보가 아침에 낙양에 이르러 새로운 도읍터를 고르니 그 이미 터를

잡은 다음에 측량하고 설계하니라.』

◉ 3월 초순에 소공이 주공보다 먼저 낙양에 가서 새로운 도읍지를 살펴서 정한 다음에 측량하고 설계하였음을 기술하였다.

태보(太保)는 소공 석(奭)의 벼슬이니 3공(公)의 하나로 왕의 덕(德)을 지키도록 보안(保安)하는 책무를 가지며 선(先)은 미리 앞에 가서 준비함이고 주공(周公)은 이 때에 섭정(攝政)의 자리에 있었다. 상택(相宅)은 터를 살펴보는 것이요 약(若)은 대명사이니 앞에서 말한 2월을 지칭하니 강숙(康叔)이 이미 2월에도 새로운 도읍의 터를 살피고 다녔음을 지적한 말이며 래(來)는 그 다음에 오는 달을 뜻한다. 따라서 3월(三月)은 앞에 2월의 바로 다음달이며 병오(丙午)는 앞에 을미(乙未)일에서 12일째 되는 날이고 비(朏)는 초사흘의 달빛이니 곧 병오일이 3월 3일이라는 뜻이요 무신(戊申)은 또 3일을 지난 무신일로서 곧 3월 5일이다. 낙(洛)은 낙양(洛陽)으로 호경(鎬京)에서 동쪽으로 대략 300리 밖에 위치하고 복(卜)은 선택함이니 복택(卜宅)은 위치적 조건을 살펴 적합한 터를 골라서 결정함이며 득복(得卜)은 여러 전문가들이 논의하여 길하다는 판단을 얻었다는 뜻이요 경영(經營)은 측량하고 설계도면을 작성함이다.

전배(前輩)들은 복(卜)을 거북점이라고 해석하였으나 옳지 않다. 거북점은 조정에서 사관이 치는 것이지 현장을 시찰하면서 즉석에서 치는 것이 아니며 또한 터를 잡는 것은 지형과 지질 그리고 바람과 물 같은 조건을 살펴 교통과 산업환경을 평가하여 정하는 것이지 거북점을 쳐서 정하는 것이 아니다. 더욱이 낙읍의 건설은 천도를 위함이 아니고 정치외교적 편리를 위하여 또 하나의 도읍을 세우는 것이기 때문에 강력한 반대세력이 없었으므로 거북점으로 설득할 필요가 없는 것이다.

4-14-3 · 越三日庚戌에 太保가
　　　　　　　　　　　　　　　　　　　　　　　　　　　월삼일경술　　태보

내 이 서 은 　　공 위 우 락 예
乃以庶殷으로 攻位于洛汭하니
월 오 일 갑 인 　　위 성
越五日甲寅에 位成하니라

『3일을 지나 경술일에 태보가 이에 여러 가지 많은 무리로서 낙수의 북쪽에 구역을 나누니 5일이 지나 갑인일에 위치가 완성되니라.』

◑ 강숙이 이미 측량하여 완성된 설계도를 가지고 여러 무리의 기술자를 인솔하여 낙수의 북쪽지역에 구역을 표시하여 5일 만에 획지사업이 완성하였음을 밝혔다.

경술(庚戌)은 3월 7일이고 서은(庶殷)은 여러 가지 직종(職種)과 공정(工程)을 나누어 할당한 일을 맡아서 추진하는 많은 조직구성원의 무리이니 곧 업무를 나누어 협동하는 작업반을 편성한 것인데 전배(前輩)들은 은(殷)나라의 유민(遺民)으로 해석하여 은민(殷民)을 강제 이주시켜서 잡역부로 쓴 것이라고 하였으나 주공(周公)이 어찌 은민을 차별하여 가혹하게 대했겠는가? 성인(聖人)의 인애심(仁愛心)은 하늘처럼 공정하여 차별해서 배척함이 없는 것을 깨닫지 못한 소치이다. 공(攻)은 치사(治事)이니 구역을 설계도에 따라서 나누어 그 기점을 땅에 표시하는 획지(劃地)사업이고 낙(洛)은 낙수(洛水)이니 앞 (2-1-45)에서 이미 해설하였으며 예(汭)는 강물의 북쪽이며 갑인(甲寅)은 3월 11일이요 위(位)는 각 구역의 위치이다.

강숙이 3월 5일에 낙양에 도착하여 즉각 터를 잡고 3일 만에 현지를 실측하여 설계도를 완성하고 또한 5일 만에 설계도에 의한 구획 분할작업을 완료하였으니 대단히 신속하게 추진하였다. 그러나 이것은 강숙이 사전에 오랫동안 실무자들과 함께 조사하고 연구한 기본계획이 있었던 것을 바탕으로 이루어진 일이다. 성인은 즉흥적으로 갑자기 하는 일이 없으니 하물며 도읍을 세우는 일이겠는가? 일을 함에는 공경을 다하여 신중히 하라고 이미 홍범(洪範)에서 역설하였다.

4-14-4 ·· 若翼日乙卯에 周公이
<ruby>若<rt>약</rt></ruby><ruby>翼<rt>익</rt></ruby><ruby>日<rt>일</rt></ruby><ruby>乙<rt>을</rt></ruby><ruby>卯<rt>묘</rt></ruby> <ruby>周<rt>주</rt></ruby><ruby>公<rt>공</rt></ruby>

朝至于洛하야 則達觀于新邑營하니라

『그 다음날 을묘일에 주공이 아침에 낙양에 이르러 곧 새로운 도읍지를 경영한 것을 두두 살펴보니라.』

◉ 강숙이 새로운 도읍지를 선정하여 구획을 나눈 현장을 주공이 확인하고 찬동하였음을 기술하였다.

약(若)은 대명사이고 익일(翼日)은 다음날이니 을묘(乙卯)일은 3월 12일 달관(達觀)은 사물을 넓게 관찰하여 확인함이요 신읍(新邑)은 낙읍(洛邑)이며 영(營)은 경영(經營)함이다.

4-14-5 ··································· 越三日丁巳에 用牲于郊하니

牛二요 越翼日戊午에

乃社于新邑하니 牛一羊一豕一이니라

『3일을 지나 정사일에 교제에 희생을 바치니 소가 두 마리요 이에 다음날인 무오일에 이어 신읍에 사를 세우고 후토제를 지내니 소가 한 마리, 양이 한 마리, 돼지가 한 마리이니라.』

◉ 3월 중정(中丁)에 주공이 섭정의 신분으로 하늘땅에 교제를 지내고 이어 다음달 신읍의 후토신에게 제사를 지내서 신도읍을 건설함에 안전과 발전을 축원한 사실을 기록하였다.

정사(丁巳)는 3월 14일이고 용(用)은 베풀어 바치는 것이요 생(牲)은 희생물이고 교(郊)는 교제(郊祭)로 천자가 하늘땅에 제사를 지내는 것이다. 우이(牛二)는 하늘과 땅에 각각 소 한 마리씩 제물로 바친 것이

며 무오(戊午)는 3월 15일이요 사(社)는 태사(太社)이니 전국의 흙을 모아서 단을 쌓고 후토신(后土神)에게 제사를 지내는 도읍(都邑)의 상징이다.

4-14-6 ·· 越七日甲子에 周公이
乃朝用書하야 命庶殷侯甸男邦伯하다

『7일이 지나 갑자일에 주공이 이에 조회를 받고 문서로써 여러 가지의 많은 무리를 후복, 전복, 남복, 방백에게 명령하다.』

☯ 주공이 갑자일에 모든 관료들이 모여 조회를 받은 자리에서 신도읍의 건설업무에 필요한 기술자와 노동자를 크고 작은 나라에 할당하여 차출하도록 공문서로 통보하였음을 기록하였다.

갑자(甲子)는 3월 21일이고 조(朝)는 주공이 섭정(攝政)으로서 낙양(洛陽)에 있는 관료들의 조회를 받음이요 서(書)는 정확을 기하기 위하여 문서로 작성함이며 서은(庶殷)은 앞(4-14-3)에서 이미 해설하였고 후전(侯甸) 이하는 앞(4-12-10)에서 해설하였다.

주공이 신도읍의 건설을 먼저 하늘땅과 국토신에게 알리고 지방 제후에게 통지하니 일을 추진하는 순서와 체제가 번듯하도다.

4-14-7 ························· 厥旣命殷庶하니 庶殷이 丕作하니라

『그 이미 많은 여러 사람에게 명령하니 여러 직종의 많은 사람들이 크게 작업을 하니라.』

☯ 여러 나라에서 파견한 많은 무리들과 여러 직종의 기술자들에게

주공이 공사에 착수할 것을 명령하니 그들이 대대적으로 작업에 들어
간 것을 기록하였다.

은서(殷庶)는 서은(庶殷)과 같으니 앞의 명령에 따라 여러 지방국가
에서 파견한 건축·토목기술자들이고 비작(丕作)은 대대적으로 작업
에 들어감이다.

4-14-8 ······································ 太保가 乃以庶邦冢君으로
出取幣하야 乃復入錫周公하며
曰拜手稽首하고 旅王若公하노니
誥告庶殷하실새 越自乃御事하소서

『태보가 이에 여러 나라의 임금과 함께 나아가서 폐백을 들고 이에
다시 들어와서 주공에게 드리며 말하기를 절하고 머리를 조아리며 왕
및 공에게 진계하노니 여러 직종의 많은 무리들에게 깨우쳐 알리시려
거든 이에 저 군사지휘관으로부터 하소서.』

☯ 낙읍의 건설공사가 거의 완공단계에 이르자 주공이 호경으로 돌
아감에 소공이 여러 나라의 제후와 함께 주공에게 폐백을 드리고 환
송하면서 왕에게 그 동안 공사를 감독했던 군사지휘관들과 여러 직종
의 많은 기술자들을 표창할 것을 건의하였다.

총군(冢君)은 대군(大君)이니 지방국가의 제후(諸侯)이고 폐(幣)는 성
왕(成王)에게 낙읍(洛邑)의 건설공사가 1차로 완성된 것을 경축하는
하례품 및 주공을 환송하는 전별의 선물이며 석(錫)은 드림이다. 여
(旅)는 진계(陳啓)이니 임금에게 사리(事理)를 진술하여 알림이고 약
(若)은 및, 고고(誥告)는 깨우쳐 알림이니 곧 신도읍(新都邑) 건설에 대
한 노고를 치하하고 상(賞)을 주어 표창함이다. 자내어사(自乃御事)는

표창을 군사지휘관으로부터 그 이하 사람에게만 수여하라는 말이니 곧 소공(召公)과 지방국가의 임금은 표창에서 제외하라는 뜻이다.

대개 이것은 1단계 공사인 도로, 하천, 성곽, 궁궐, 주택, 시장 등의 기본골격을 갖춘 것이요 전체 공정이 모두 완결된 것이 아니다. 그러므로 소공은 계속 남아서 공사를 감독하는 군사지휘관과 여러 직종의 많은 기술자를 표창해달라고 건의한 것이다. 고대의 천도공사는 농한기에 추진하고 농번기에는 모두 돌아가서 영농에 종사하게 하면서 오직 군사작업반과 기술자들이 남아서 공사를 하였으니 항상 공사를 서둘러 재촉함이 없이 연차적으로 추진하여 인민이 고통을 느끼지 않게 하였다.

4-14-9 ·· 오 호
嗚呼라 皇天上帝가

개 궐 원 자 자 대 국 은 지 명
改厥元子玆大國殷之命하시니

유 왕 수 명   무 강 유 휴
惟王受命이 無疆惟休시나

역 무 강 유 휼   오 호 갈 기
亦無疆惟恤이시니 嗚呼曷其오

내 하 불 경
奈何不敬이리오

『오호라, 거룩한 하늘에 계신 하느님이 그 원자와 이 큰 나라인 은나라의 천명을 바꾸시니 오직 왕이 천명을 받으심이 가이 없이 오직 아름다우시나 또한 가이 없이 오직 근심스러우시니 오호라, 그것을 어찌 하리오. 어찌 공경하지 않으리까.』

◑ 소공이 신도읍을 건설하는 것은 나라의 무궁한 발전을 기약하는 일이므로 왕이 천명을 받들고 민심에 따라 덕치인정을 베풀어야만 신도읍의 무궁한 번영도 기약할 수 있음을 훈도하였으니 아래도 모두 같다.

원자(元子)는 하늘의 원자(元子)로 곧 천자(天子)를 지칭하는데 여기에서는 은(殷)나라 주(紂)를 말하며 왕(王)은 성왕(成王)이요 무강(無疆)은 끝이 없는 것이며 휼(恤)은 걱정함이니 천명을 지키기가 어렵다는 뜻이다.

소공이 애써 좋은 신도읍을 건설하면서 왕에게 그것을 길이 번영하고 발전하도록 하는 길은 오직 왕이 도덕정치를 베풀어 민중이 나라를 사랑하여야 됨을 역설하였으니 소공은 어질도다.

4-14-10 ······································· 天旣遐終大邦殷之命하시니

茲殷多先哲王이 在天이어신마는

越厥後王後民이 茲服厥命하야

厥終에 智藏瘝在어늘 夫가

知保抱攜持厥婦子하야 以哀로

籲天하며 徂厥亡出執하니

嗚呼라 天亦哀于四方民이라

其眷命用懋하시니 王其疾敬德하소서

『하늘이 이미 큰 나라인 은나라의 천명을 끝내시니 이 은나라의 많은 옛날 밝은 왕이 하늘에 계시지만은 이에 그 뒤에 왕과 뒤에 민중이 이에 그 천명에 복종하여 그 끝냄에 지혜로운 사람은 숨고 성가시게 구는 이들만 남아 있으므로 지아비가 보호하여 안을 것을 생각하여 그 아내와 자식을 이끌고 슬픈 소리로 원망하면서 하늘에 부르짖으며 그 도망을 가려고 나오면 체포하니 오호라, 하늘은 또한 사방에 민중을 불쌍히 여기므로 그 사랑하여 생각함으로써 힘쓰시나니 왕은

그 빨리 덕을 공경하소서.』

　☯ 소공이 성왕에게 나라의 정체성을 잃으면 조상신도 돕지 못하고 어진 신하는 숨으며 조정에는 간사한 무리들이 들끓어 민중이 집을 버리고 도망을 가기 때문에 아무리 좋은 도읍을 건설해도 결국 폐허로 변함을 경계하였다.

　하종(遐終)은 영원히 종료(終了)함이고 대방(大邦)은 앞에 대국(大國) 과 같으니 이미 문화중심국(文化中心國)의 기능을 상실하고 단지 군사적으로 강대국이다. 후왕(後王)은 주(紂)를 지칭하고 후민(後民)은 말기의 은민(殷民)이며 복(服)은 복종하여 따름이다. 지장(智藏)은 지혜로운 사람이 숨는 것이고 환재(瘝在)는 인민을 학대하여 성가시게 구는 사람만 벼슬자리에 남아 있는 것이며 부(夫)는 가장(家長)이요 지보포 (知保抱)는 가족을 보호하여 안아야 됨을 깨달은 것이다. 애(哀)는 애원(哀怨)이고 유(籲)는 부르짖으며 하소연함이며 망(亡)은 도망이니 가족을 보호하기 위하여 집을 버리고 떠남이요 출(出)은 집에 대문을 나오는 것이며 집(執)은 체포함이다. 권명(眷命)은 사랑하여 생각함이고 질(疾)은 빨리, 경덕(敬德)은 인격을 존중하여 어질고 유능한 사람을 가까이 등용함이다.

　소공이 신도읍을 건설하고 읍민이 길이 안락하게 살도록 인민을 사랑하고 인민을 위하는 정치를 건의하였으니 소공은 진실로 낙읍을 사랑했도다. 후세의 사람은 극도로 화려하고 사치한 도읍만 세우고 그것을 길이 보존하는 정치를 아니하여 오래 가지 못하고 모두 잿더미로 변해버렸으니 안타까운 일이다.

4-14-11 ·······················
相古先民有夏한대　天迪을　從하야
子保어늘　面稽天若한대　今時에
旣墜厥命하니이다　今相有殷한대

천적　　격　　　보　　　면계천약
天迪을 格하야 保어늘 面稽天若한대
금시　　기추궐명
今時에 旣墜厥命하니이다

『옛날 선대의 어진 이가 하나라를 보유함을 보건대 하늘이 계도함을 따라서 자손이 보존하거늘 면전에서만 하늘에 순종하는 척 계교를 부리므로 오늘날에는 이미 그 천명을 잃었나이다. 이제 은나라를 보유함을 보건대 하늘이 계도함을 바로하여 보존하거늘 면전에서만 하늘에 순종하는 척 계교를 부리므로 오늘날에는 이미 그 천명을 잃었다.』

● 여기에서는 국가와 도읍의 무궁한 발전을 위해서는 왕이 진심으로 하늘의 계도를 바르게 따라야 함을 하나라와 은나라의 흥망을 예로 들어 역사적으로 증명하였다.

상(相)은 보는 것이고 선민(先民)은 옛날에 어진 사람이니 여기에서는 우(禹)임금을 지칭하며 천적(天迪)은 하늘이 계발(啓發)하여 인도(引導)함으로 진실하고 착하면 복을 주고 사특하고 포악하면 재앙을 내려서 경고함이다. 면계(面稽)는 면전에서만 겉으로 꾸며서 여러 모로 빈틈없이 생각한 계교(計巧)이고 약(若)은 유순(柔順)하게 따름이며 격(格)은 바르게 함이다.

세상에 누가 공개적으로 천도를 부정하겠는가? 겉으로는 천리에 순응하는 것처럼 위장하고 속으로는 은밀하게 간사한 생각을 하고 뒤로는 포악한 짓을 하는 것이니 하늘이 어찌 그것을 모르리오. 그러므로 끝내 천명을 잃어 그 나라가 멸망하고 그 도읍이 황폐하게 되었던 것이다.

금충자　　사　　　즉무유수구
4-14-12 ······················ 今沖子가 嗣하시니 則無遺壽耇하소서

왈 기 계 아 고 인 지 덕
曰其稽我古人之德이어늘
신 왈 기 유 능 계 모 자 천
矧曰其有能稽謀自天이리오

『이제 어린 아들이 왕위를 이으시니 곧 오래 산 노인을 잊지 마소서. 말하기를 그 우리 옛사람의 덕을 자세히 살피라고 하였거늘 하물며 말하기를 그 능히 하늘로부터 자세히 살펴 도모함이 있는 사람이리오.』

◑ 여기에서는 천명을 받들고 민심에 따라 선정을 베풀기 위해서는 임금이 스스로 경험이 많고 이치에 밝은 노인을 가까이 해야 됨을 건의하였다.

충자(沖子)는 유충(幼沖)한 아들이니 곧 성왕(成王)을 지칭하고 사(嗣)는 무왕(武王)의 뒤를 이어 왕위에 오른 것이며 수구(壽耉)는 오래 산 노인이다.

옛사람의 덕을 살펴서 본받고 하늘의 이치를 찾아서 정치를 하면 능히 왕도정치를 할 수 있으니 공자가 『서경』을 편집한 이유가 여기에 있다.

오 호　　유 왕　　수 소　　　　원 자 재
4-14-13 ······················ 嗚呼라 有王은 雖小하시나 元子哉시니
기 비 능 함 우 소 민　　　금 휴
其丕能諴于小民하야 今休하소서
왕 불 감 후　　　용 고 외 우 민 암
王不敢後하사 用顧畏於民嵒하소서

『오호라, 과연 왕은 비록 어리시나 원자이시니 그 크게 능히 약소한 민중에게 화합하여 이제 아름답게 하소서. 왕은 감히 뒤쳐지지 않게 하사 민중에게 험난함을 돌아보시고 두려워하소서.』

⊙ 여기에서는 임금은 약소 민중과 화합하여 민중에게 험난한 것을 제거하는 데 앞장서야 됨을 건의하였다.

유(有)는 과연이고 소(小)는 어리다는 뜻이며 원자(元子)는 하늘의 원자라는 말이다. 함(諴)은 화합함이고 후(後)는 뒤쳐지는 것이며 암(喦)은 험난한 고통이다.

왕은 부귀하고 현능(賢能)한 사람을 위하여 있는 것이 아니라 빈천하고 우약(愚弱)한 사람을 보호하기 위하여 있는 것이니 곧 앞장서서 민중을 사랑하고 민중을 보호하는 민중의 임금이 되어야 천명을 받들어 정체성을 확립할 수 있는 것이다.

4-14-14 ·····················
王이 來紹上帝하사 自服于土中하소서
旦도 曰其作大邑은 其自時로
配皇天하고 毖祀于上下하며 其自時로
中乂라 하나니 王이 厥有成命하시면
治民이 今休하리이다

『왕이 낙읍에 오셔서 하느님을 이으시어 스스로 국토의 중앙에서 복무하소서. 단도 말하기를 그 큰 도읍을 만드는 것은 그 까닭이 이로부터 거룩한 하느님을 짝하고 하늘과 땅에 삼가 제사를 지내기 위함이라고 하며 그 이로부터 중심지에서 다스리기 위함이라고 하나니 왕이 그것에 대하여 결정적인 명령을 하시면 민중을 다스림이 이제 아름다우리다.』

⊙ 소공이 주공의 신도읍 건설목적을 밝혀 성왕에게 결정하여 승인해주기를 요청하였다.

내(來)는 낙읍에 오는 것이고 소상제(紹上帝)는 하느님이 하늘의 중

앙에 거처하듯이 왕도 영토의 중앙에 머물러야 한다는 뜻이며 토(土)
는 국토요 중(中)은 중심지이다. 단(旦)은 주공의 이름인데 왕에게 올
린 글이기 때문에 신하는 이름을 쓰는 것이 예법이며 배(配)는 짝으로
받드는 것이니 떨어질 수 없는 관계라는 뜻이고 비사(毖祀)는 삼가 제
사를 지냄이니 정성스럽게 공경하여 제사를 지내는 것이다. 예(乂)는
다스림이요 성명(成命)은 신하가 올린 안건을 임금이 결정적으로 승
인하는 명령이며 금휴(今休)는 지금의 시대에 아름다운 정치사회가
된다는 말이다.

하느님은 하늘의 중앙에 있기 때문에 온 세상을 고루 살피고 왕은
영토의 중심지에 도읍을 세워야 온 나라를 고루 보살필 수 있다는 소
공의 논리는 과학적이다.

4-14-15 ······································· 왕이 先服殷御事하사

比介于我有周御事하야

節性하시면 惟日其邁하리이다

『왕이 먼저 은나라의 군사지휘관을 생각하사 우리 주나라 정부의
군사지휘관에게 아울러 끼게 하여 감성을 절제하게 하시면 오직 날로
그 힘쓰리이다.』

➋ 여기에서는 신도읍을 건설함에 공사의 감독을 맡았던 과거 은나
라의 군사지휘관과 주나라의 군사지휘관을 똑같이 생각하여 관직과
주택 및 상벌 등을 동등하게 배려함으로써 서로 어울려 끼어 섞이게
하여 감성을 절제하게 하면 은나라 유민들도 국가발전에 날로 힘쓸
것임을 역설하였다.

복(服)은 생각하여 배려함이고 은어사(殷御事)는 과거에 은(殷)나라
의 군사지휘관으로 현재 낙읍(洛邑) 건설공사를 감독하는 사람이며

비(比)는 어울려 함께 함이요 개(介)는 끼어서 섞이는 것이다. 절(節)은 절제(節制)요 성(性)은 감성(感性)이니 주(紂)시대에 생긴 예법을 무시하고 교만방종했던 타성(惰性)이며 매(邁)는 힘써 발전함이다.

하느님이 하늘의 중심에 있어 공평무사하게 아래로 임하듯이 왕도 천하의 중심지에 도읍을 정하여 사방의 인민을 공평무사하게 대우해야 된다는 소공의 말은 도읍의 상징적 의미를 담고 있으니 정치인은 깊이 음미하라.

4-14-16 ························· 王은 敬作所하나니 不可不敬德이니다

『왕은 작업하는 장소를 공경하나니 덕을 공경하지 않을 수 없나이다.』

☯ 임금은 작업장소를 신성하게 만들어야 되는 까닭에 언제나 그 덕을 공경해야 됨을 밝혔다.

경(敬)은 한결같이 받들어 지킴이고 작소(作所)는 작업장소로 여기에서는 낙읍(洛邑)인데 낙읍이 천하의 중심이므로 기울거나 치우침이 없는 공정성을 한결같이 받들어 지켜야 된다는 뜻을 담았다. 따라서 왕이 있는 장소가 신성하려면 먼저 왕의 덕을 고명(高明)하게 한결같이 간직하여 지키지 않으면 안 된다.

4-14-17 ····························· 我는 不可不監于有夏하며
亦不可不監有殷하나니
我不敢知曰有夏服天命하야
惟有歷年하며 我不敢知曰不其延이리오

유 불 경 궐 덕　　　　내 조 추 궐 명
惟不敬厥德하야 乃早墜厥命하니이다
　　　　아 불 감 지 왈 유 은 수 천 명
　　　　我不敢知曰有殷受天命하야
유 유 력 년　　　　아 불 감 지 왈 불 기 연
惟有歷年하며 我不敢知曰不其延이리오
유 불 경 궐 덕　　　　내 조 추 궐 명
惟不敬厥德하야 乃早墜厥命하니이다

『나는 하나라 정부에 대하여 살피지 않을 수 없으며 또한 은나라 정부에 대하여 살피지 않을 수 없나니 내가 구태여 이른바 하나라 정부가 천명을 좇아 오직 역년을 둔 것을 알지 못하며 내가 구태여 이른바 그 뻗어나가지 못함을 알지 못하리오. 오직 그 덕을 공경하지 아니하여 이에 일찍이 그 천명을 잃었나이다. 내가 구태여 이른바 은나라 정부가 천명을 받아 오직 역년을 둔 것을 알지 못하며 내가 구태여 이른바 그 뻗어나가지 못함을 알지 못하리오. 오직 그 덕을 공경하지 아니하여 이에 일찍이 그 천명을 잃었나이다.』

● 소공이 하나라와 은나라의 역사를 상고하여 덕을 공경하여 천명을 받들어 따르면 대대로 왕업을 누리고 만일 덕을 공경하지 아니하면 천명을 잃어 멸망한 역사적 사실을 증언하였다.

감(監)은 자세히 살펴 연구함이고 감(敢)은 구태여, 왈(曰)은 이른바, 또는 소위(所謂)의 뜻이다. 불감지(不敢知)를 전배(前輩)들은 부정문(否定文)으로 풀어 전혀 뜻이 통하지 않은 해설을 붙였으나 이것은 단순 부정문이 아니고 의문부정문으로 강한 긍정의 뜻을 나타낸다. 복(服)은 복종(服從)함이요 역년(歷年)은 한 왕조가 왕업을 계승한 연수(年數)이니 하(夏)와 은(殷)은 모두 500년의 역년을 가지고 있으며 연(延)은 연년(延年)이니 해를 더욱 연장하여 뻗어나감이다.

소공은 대현(大賢)이거늘 하나라와 은나라의 역사를 연구하고도 그 흥망성쇠하는 역사의 법칙을 알지 못하리오. 소공은 나라가 흥하고 망하는 원인과 결과를 꿰뚫어 달통했기 때문에 그것을 거울로 삼아 성왕에게 주나라의 발전책을 건의한 것인즉 독자는 문장으로써 그 뜻을 해침이 없기 바란다.

4-14-18 ························· 今王이 嗣受厥命하시니

我亦惟茲二國命에 嗣若功하야

王乃初服케 하노이다

『이제 왕이 그 천명을 이어받으시니 나는 또한 오직 이 두 나라의 천명에 그 공업을 이어 왕이 이에 처음으로 정치를 잡고 교화를 베풀어 행하도록 하나이다.』

☯ 소공은 성왕이 하나라와 은나라의 왕업을 계승했던 그 공업을 이어받아 행하도록 보필하겠다고 다짐하였다.

사수(嗣受)는 이어받음이고 궐명(厥命)은 하(夏)나라와 은(殷)나라의 천명으로 곧 역사적 정통성을 확립한 대통(大統)이며 이국(二國)은 하와 은의 두 나라이고 약(若)은 대명사이며 공(功)은 국가를 길이 발전시키는 공업(功業)이요 초복(初服)은 왕이 처음으로 정치를 잡고 교화(敎化)를 행하는 초창기의 직무에 임하는 것이다.

일은 시작이 중요하니 처음에 이념과 목표를 뚜렷이 확립하여야 그 사업과 방법을 조리 있게 추진할 수 있는 것이다.

4-14-19 ······················· 嗚呼라 若生子는 罔不在厥初生에

自貽哲命하나니 今天은 其命哲함과

命吉凶함과 命歷年을

지금아초복　　　　택신읍
知今我初服하며 宅新邑이니이다

『오호라, 마치 자식을 낳음은 그 처음 탄생함에 저절로 밝은 운명을 주어서 가지고 있지 않음이 없는 것과 같으니 이제 하늘은 그 운명이 밝음과 운명이 길하고 흉함과 운명이 왕업을 계승할 연수를 이제 우리가 처음 정치를 잡아 교화를 베풀어 행하며 신읍에 거처함에서 아시나이다.』

● 사람의 수명은 포태기와 유년기의 생장하는 과정에서 저절로 결정되듯이 정권의 길고 짧은 운명도 집권하여 행정하는 초기의 신읍에서 다스리는 기본자세와 정책개발, 정치지도력, 행정능력 그리고 민중의 신임 등에 의하여 결정되는 것임을 밝혔다.

자이(自眙)는 저절로 결정하여 주는 것이며 철명(哲命)은 밝은 운명으로 거의 정확한 미래의 운명이니 결국 인간의 수명이 하늘에 있다는 것은 하늘이 인간 개개인의 수명을 선천적으로 규정하는 것이 아니고 다만 후천적으로 타고난 기질의 순수(純粹)함과 탁박(濁駁)함 그리고 섭취하는 영양상태와 발육하는 건강상태 및 생활하는 환경조건에 따라 스스로 주어진 것을 뜻한다. 명(命)은 미래의 운명인데 전배(前輩)들은 명령(命令)한다는 동사로 풀었으나 옳지 않다. 구문을 살피면 이 문장의 주어는 천(天)이고 천(天)의 술어는 지(知)이지 명(命)이 아니다. 따라서 지(知)의 목적절은 기명(基命)에서 역년(歷年)까지이며 금아초복(今我初服) 이하는 목적보어이다. 신읍(新邑)은 낙읍(洛邑)이니 신도읍(新都邑)의 의미가 중대함을 강조했다.

　　　　　　　　　　사유왕　　　기질경덕
4-14-20 ······································· 肆惟王은 其疾敬德하소서
　　　　　　왕기덕지용　　　기천영명
　　　　　　王其德之用이 祈天永命이니이다

『그러므로 오직 왕은 그 빨리 덕을 공경하소서. 왕이 그 덕을 베풂이 하늘에 오랜 천명을 기도하시는 것입니다.』

◉ 여기에서는 앞에서 변증한 천명의 논리로 성왕이 즉각 덕치인정을 베풀어 주나라의 무궁한 발전을 기약하라고 건의하였다.

전배(前輩)들은 앞에 택신읍(宅新邑)을 이 경문의 머리에다가 놓았으나 내가 문장의 뜻을 살펴 앞에 경문의 뒤로 옮겨 바로잡았으니 비교하여 음미하기 바란다. 용(用)은 베풀어 시행함이고 기(祈)는 만복(萬福)을 추구하여 마음속으로 기도함이다.

4-14-21 ··············· 其惟王은 勿以小民이 淫用非彝로
亦敢殄戮用乂하소서 民이
若이라야 有功하나이다

『그 오직 왕은 약소한 민중이 떳떳한 법이 아님을 지나치게 쓰는 것으로 또한 감히 죽여 없애서 잘 다스리려고 하지 마소서. 민중이 순해야 공업이 있나이다.』

◉ 여기에서는 덕을 공경하는 방법이 형벌을 강화하는 것이 아니라 왕의 도덕적 감화력을 높여서 자연스럽게 민심을 화순(和順)토록 하는 데 있음을 밝혔다.

음(淫)은 지나침이고 이(彝)는 떳떳한 법(法)이며 진륙(殄戮)은 죽여 없애는 것이요 예(乂)는 잘 다스리는 것이며 약(若)은 순(順)의 뜻이다.

인(仁)을 좋아하면 반드시 불인(不仁)을 미워하는바 그러나 약소한 민중의 불인을 극형으로 다스린다면 오히려 인을 좋아하는 마음을 해치기 때문에 고급관리의 불법비리는 마땅히 엄중하게 처단할 것이나 약소한 민중의 범법은 너그럽게 처리하여야 법치(法治)를 뛰어넘어

덕치(德治)를 할 수 있는 것이다.

4-14-22 ·································· 其惟王位는 在德元하나니
小民乃惟刑하야 用于天下라
越王이 顯하나이다

『그 오직 왕의 자리는 덕의 으뜸에 있나니 약소한 민중이 이에 오직 본받아 천하에 쓰는지라 이에 왕의 덕이 나타나게 하나이다.』

● 왕의 자리는 덕의 으뜸을 상징하기 때문에 왕이 덕을 공경하면 약소한 민중이 그것을 본받아 천하에서 쓰므로 왕의 덕이 더욱 높이 빛나게 됨을 밝혔다.

왕위(王位)는 중앙정부의 최고 정치지도자의 자리이니 국가의 원수이며 덕원(德元)은 덕(德)의 으뜸으로 곧 인류의 최고 인격자가 왕위에 올라야 된다는 유교의 도덕정치이념에 기초한 지도자 자격론이다. 따라서 왕은 당연히 인류의 사표가 되어야 하고 정치의 최고 모범을 보여야 하는 것이다. 형(刑)은 본받아 원칙으로 삼는 것이고 현(顯)은 더욱 밝고 뚜렷하게 나타나게 되는 것이니 곧 왕의 덕화(德化)가 천하에 널리 미친다는 말이다.

타율적인 법치질서보다는 자율적인 예절질서가 더욱 화평하고 강제적인 형벌통치보다는 자발적인 도덕정치가 더욱 자유롭기 때문에 유교는 법치의 중벌주의를 경계하고 덕치의 예절교육을 존중한다.

4-14-23 ···························· 上下가 勤恤하야 其曰我受天命이
丕若有夏歷年하며

식물체유은력년
式勿替有殷歷年이라하나니
욕왕   이소민   수천영명
欲王은 以小民으로 受天永命하리이다

『위아래가 부지런히 사랑하여 그 말하기를 우리가 천명을 받음이
크게 하나라 정부의 역년과 같으며 본받아 은나라 정부의 역년을 바
꾸지 말자고 하나니 장차 왕은 약소한 민중으로서 하늘의 오랜 천명
을 받으리이다.』

❷ 왕과 민중이 부지런히 서로 사랑하면 그 민중이 주나라 정부를
보호하여 하나라와 상나라처럼 장차 500년의 천명을 누리게 될 것임
을 보증하였다.

상(上)은 왕이고 하(下)는 하층민중이며 휼(恤)은 사랑함이요 기(其)
는 상하(上下)를 지칭하는 대명사이다. 식(式)은 법통(法統)을 본받음이
고 체(替)는 바꾸는 것이며 욕(欲)은 장차(將次)의 뜻이다.

소공이 낙읍을 건설하는 궁극적 목적이 왕이 천하의 중앙에 거처하
여 사해의 약소한 민중을 똑같이 어루만지고 보살펴서 왕과 민중이
일체가 되어 길이 발전하는 주나라의 역사를 창조하려는 데 있음을
명확히 밝혔으니 그 뜻이 위대하도다.

배수계수   왈여소신
4-14-24 ······································· 拜手稽首하고 曰予小臣은
감이왕지수민   백군자
敢以王之讎民하시고 百君子가
월우민   보수왕위명명덕
越友民하야 保受王威命明德하노니
왕   말유성명   왕역현
王이 末有成命하시면 王亦顯하시리이다
아비감근   유공봉폐
我非敢勤이라 惟恭奉幣하야
용공왕능기천영명
用供王能祈天永命하노이다

『절하고 머리를 조아리며 말하기를 나 소신은 감히 왕이 민중을 짝으로 보살피시고 일백 군자가 이에 민중을 우애함으로써 왕의 위엄에 찬 명령과 밝은 덕을 보전하여 이어가도록 하노니 왕이 마침내 그것에 대하여 결정적인 명령이 있으시면 왕도 또한 뚜렷이 빛나시리이다. 나는 감히 부지런스러움이 아니라 오직 공경하여 폐백을 받들어서 왕이 능히 하늘에 오랜 천명을 기도하심에 이바지하려고 하나이다.』

● 소공이 성왕에게 천하의 중심에 위치한 낙읍에 거처하여 사해의 민중을 공평하게 어루만지며 보살피라는 이 건의를 받아들여 허락하는 결정적인 명령을 내리라고 간절하게 요청하였다.

소신(小臣)은 왕에게 자기의 관직을 낮추어 말함이요 수(讎)는 배필(配匹)이니 서로 짝이 되어 상생상의(相生相依)하는 관계인데 내가 이미 제창한 양주쌍전주의(兩主雙全主義)의 인간관계이다. 따라서 왕과 민중이 서로 의지하고 서로 돕는 것은 군신유의(君臣有義)의 바탕이다. 백군자(百君子)는 여러 사대부를 지칭하고 우(友)는 벗하여 친하고 돕는다는 뜻으로 곧 왕은 민중을 자기의 짝으로 생각하여 일체(一體)의식을 가지며 사대부는 민중을 자기의 벗으로 생각하여 상부상조하는 협동의식을 가지게 한다는 말이니 곧 왕(王)과 민(民)과 관(官)이 서로 동등하게 화합하는 정치사회를 구축하는 것이다. 보(保)는 보존함이고 수(受)는 이어서 계승함이며 왕(王)은 성왕(成王)이요 위명(威命)은 권위가 있는 왕명(王命)으로 민중이 지지하고 관리가 따르는 훌륭한 명령이다. 말(末)은 마침내, 성명(成命)은 앞(4-14-14)에서 이미 해설하였고 현(顯)은 앞(4-14-22)에서 설명하였으며 근(勤)은 애써 근로(勤勞)하는 척 수선을 피워서 남의 정신을 어지럽게 하는 것이다. 봉폐(奉幣)는 소공(召公)이 낙읍(洛邑)의 건설공사가 1차로 완성되었음을 보고하면서 경축의 뜻을 담아서 왕에게 하례를 올리는 폐백(幣帛)이요 공(供)은 이바지함이다.

전배(前輩)들이 수민(讎民)을 과거에 원수관계였던 은나라 인민으로 해석하여 우민(友民)과 상대적으로 인식하였으나 옳지 않다. 무왕이 혁명한 다음에 왕위를 계승한 성왕에게 어찌 적수(敵讎)와 우방(友邦)을 나누어 차별함이 있을 것이며 또한 소공이 앞(4-14-15)에서 과거의 은어사(殷御事)와 주어사(周御事)를 어울려 서로 섞이게 하라고 건의하였거늘 어찌 원수(怨讎)라는 극단적 용어를 왕에게 쓰겠는가? 이것은 구문을 자세히 살피지 못한 결과인즉 보수(保受)의 주어(主語)는 수민(讎民)과 백군자(百君子) 및 우민(友民)이 아니고 앞에 있는 여소신(予小臣)임을 알면 수(讎)와 우(友)가 형용사로 쓰인 것이 아니라 술어로 쓰인 것을 알 수 있을 것이다.

공자(孔子)가 『서경(書經)』을 간추린 이래 거의 2500년에 이르도록 경문의 구두(句讀)를 잘못 찍고 글자의 뜻을 착각하여 그 본의를 잃어버린 부분이 적지 않았으니 슬프도다. 성현의 고귀한 말씀을 천박하게 해석함이여!

15. 낙고(洛誥) / 낙읍(洛邑)의 훈고(訓告)

　낙(洛)은 낙읍(洛邑)이니 앞의 소고(召誥)의 해제(解題)에서 이미 해설하였고 고(誥)는 주공(周公)이 성왕(成王)에게 훈고(訓告)한 것이다.
　주공이 낙양(洛陽)에 신도읍(新都邑)을 건설하여 정치, 군사, 외교, 경제, 교육 등의 중심지로 정하고 성왕을 보필하여 섭정하면서 훈고한 내용이다.
　이 편은『금문상서(今文尙書)』와『고문상서(古文尙書)』에 모두 수록되어 있다.

4-15-1 ‥‥‥‥‥‥‥　周公이 拜手稽首하고 曰朕은 復子明辟하노이다

『주공이 절하고 머리를 조아리며 말하기를 나는 서민대중을 자식처럼 보살피시는 밝은 임금에게 복명하나이다.』

　◉ 주공이 성왕의 명을 받아 낙읍을 경영하고 호경에 돌아와서 그 결과를 복명한 내용을 사관이 기록하였다.
　복(復)은 복명(復命)이니 명령을 받고 일을 처리한 사람이 그 결과를 보고하는 것이며 자(子)는 왕이 서민대중을 자식처럼 보살피는 것이고 벽(辟)은 임금이다.
　전배(前輩)들은 이것을 주공이 낙읍에서 사자(使者)를 통해 성왕에게 보고한 것으로 보았으나 앞(4-14-8)에서 주공이 1단계의 공정을 마치고 호경으로 돌아왔으니 직접 복명한 것으로 보아야 할 것이며 또한 이 경문의 앞에다가 강고 편의 첫머리 부분(4-11-1)을 옮겨놓아야

된다고 하였으니 참고하기 바란다.

4-15-2 ······················· 王이 如弗敢及天基命定命하실새

予乃胤保하야 大相東土하니

其基作民明辟이로소이다

『왕이 감히 천연적인 도읍터를 잡는 명령과 도읍을 정하는 명령을
미치지 못할 듯이 하시므로 내가 이에 익히 보장하여 동쪽 땅을 크게
살펴보니 그 터가 민중의 밝은 임금이 되겠나이다.』

◉ 원래 도읍터를 잡고 천도를 결정하는 일은 왕이 직접 해야 하지
만 성왕이 어리다고 사양하므로 부득이 주공이 섭정하여 대행하게 된
배경을 설명하였다.

천(天)은 천연적인 조건을 갖춘 도읍지요 기명(基命)은 터를 잡는
왕명(王命)이고 정명(定命)은 도읍을 정하는 명령이니 기명은 터를 잡
는 단계에서 시작하는 명령이고 정명은 신도읍의 건설공사를 완성하
는 단계에서 끝내는 명령이다. 윤(胤)은 익숙한 것이고 보(保)는 보장
함이니 확실히 보장한다는 뜻이고 상(相)은 살펴봄이요 동토(東土)는
낙읍(洛邑)이 호경(鎬京)의 동쪽에 위치함을 뜻하며 기기(其基)는 그
도읍터로서 곧 낙읍을 지칭한다.

전배(前輩)들은 윤(胤)을 계승함으로 해석하고 보(保)를 태보(太保)로
보았으나 옳지 않다. 주공의 벼슬은 총재(冢宰)로서 섭정의 자리에 있
었지만 태보가 아니었다.

4-15-3 ···························· 予惟乙卯에 朝至于洛師하야

아 복 하 삭 려 수　　　　아 내 복 간 수 동
我卜河朔黎水하며　我乃卜澗水東과
　　　　　전 수 서　　　유 락　　식
　　　　瀍水西하니　惟洛이　食하며
아 우 복 전 수 동　　　　역 유 락　　식
我又卜瀍水東하니　亦惟洛이　食할새
　　　팽 래 이 도　　　급 헌 복
　　　伻來以圖하야　及獻卜하노이다

『내가 바야흐로 을묘일 아침에 낙양의 경사에 이르러 내가 황하의
북쪽과 여수를 선택하여 살피고 내가 이에 간수의 동쪽과 전수의 서
쪽을 선택하여 살피니 오직 낙수가 먹으며 내가 또 전수의 동쪽을 선
택하여 살피니 오직 낙수가 먹으므로 이르른 데를 좇아서 지도를 그
려 터를 잡은 평가보고서를 올리게 되었나이다.』

　☯ 주공이 성왕에게 복명하면서 직접 다니며 살폈음을 밝히고 낙양
의 지리적 조건을 지도와 문서로 작성하였음을 말하였다.

　을묘(乙卯)는 앞(4-14-4)에서 말한 을묘일이니 곧 3월 12일이요 낙사
(洛師)는 낙양(洛陽)의 경사(京師)이니 바로 제2의 수도이며 복(卜)은
선택하여 살펴보는 것이니 앞(4-14-2)에서 이미 해설하였다. 하삭(河
朔)은 황하(黃河)의 북쪽 땅으로 하북(河北)이고 여수(黎水)는 강의 이
름으로 황하로 흘러 들어가고 낙수(洛水)도 역시 황하로 들어간다. 간
수(澗水)와 전수(瀍水)는 앞(2-1-79)에서 이미 해설하였으니 모두 낙수
로 흘러 들어간다. 식(食)은 작은 강물이 큰 강줄기로 흘러 들어가는
것을 마치 여러 가지의 음식을 입안에서 함께 씹어 합쳐서 먹는 것을
상징하여 표현한 말이다. 팽(伻)은 종(從)의 뜻이고 래(來)는 이르러 간
곳이며 도(圖)는 지도로 그린 것이요 급(及)은 미쳐 감이며 복(卜)은 낙
양이 교통의 요충지임을 증명하는 도읍지 선정 평가보고서이다.

　전배(前輩)들이 한대(漢代)의 음양도참설에 물들어 성인(聖人)의 자
연과학적 합리주의를 망각하고 오로지 복(卜)을 거북점으로 해석해서
식(食)을 거북등에 먹을 발라 탁본을 뜨는 것으로 보았으니 성학(聖學)

을 왜곡함이 너무 심하여 내가 애도하고 확연히 바로잡음에 가슴속이
시원하도다.

4-15-4 ························· 왕
王이 拜手稽首하시고 曰公이
불감불경천지휴 내상택
不敢不敬天之休하야 來相宅하니
기작주필휴 공기정택
其作周匹休로다 公旣定宅하고
팽래 내시여복휴항길
伻來하야 來視予卜休恒吉하니
아이인 공정
我二人이 共貞이로다
공기이여 만억년 경천지휴
公其以予로 萬億年에 敬天之休일새
배수계수회언
拜手稽首誨言이라 하시다

『왕이 절하고 머리를 조아리시며 말씀하시기를 공이 감히 하늘의
아름다움을 공경하지 않음이 없어 새로운 도읍터를 살펴봄에 이르니
그 주나라에 걸맞는 아름다움을 경영했도다. 공이 이미 도읍터를 정
하고 이르른 데를 쫓아서 지도를 그려가지고 와서 나에게 평가보고서
의 아름답고 항구적으로 길함을 보이니 우리 두 사람이 함께 바르게
지켜야 하리로다. 공이 그 나로서 억만 년에 하늘의 아름다움을 공경
하게 하므로 가르친 말씀에 절하고 머리를 조아리노라고 하시다.』

◐ 성왕이 주공의 평가보고를 받고 즉각 윤허함과 동시에 그 공로
를 치하하였다.
천지휴(天之休)는 하느님은 하늘의 중앙에 있으면서 사방을 고루
보살피는 공명정대한 하늘의 아름다운 덕(德)이다. 내상(來相)은 현지
에 이르러 살펴봄이요 필(匹)은 배합(配合)이니 걸맞는 것이며 팽래(伻
來)는 앞에 팽래이도(伻來以圖)를 지칭한다. 이인(二人)은 성왕(成王)

및 주공(周公)이며 공정(共貞)은 함께 바르게 지켜야 된다는 뜻으로 곧 주공의 평가보고서를 그대로 허락하여 낙읍(洛邑)을 제2의 수도로 결정한다는 말이다. 회언(誨言)은 주공이 천하의 중심지에 도읍을 정하여 다스려야 무궁하게 발전할 수 있다고 건의하는 말이다.

성왕이 주공과 소공의 건의를 즉각 수용하여 허락하니 아름답기 그지없다.

4-15-5 ························· 周公이 曰王이 肇稱殷禮하사
　　　　　　　　　　　　　　　　　　주공　　　왈왕　　조칭은례
祀于新邑하시되 咸秩無文케하소서
　사우신읍　　　함질무문

『주공이 말하기를 왕은 빨리 성대한 예식을 거행하사 신읍에 제사를 지내시되 모두 차례를 갖추어 꾸밈이 없게 하소서.』

◉ 주공이 성왕에게 이제 낙읍을 제2의 수도로 정하였으니 바로 왕이 성대한 예식을 거행하여 신읍 건설의 축제를 열어 모두 질서를 지키고 화려하고 사치한 꾸밈이 없는 모범을 보이라고 건의하였다.

조(肇)는 빨리 함이고 칭(稱)은 거행함이며 은(殷)은 성대함이요 문(文)은 수식하여 꾸미는 것이다.

주나라 초창기에 신도읍을 건설함에 도시계획을 질서정연하게 세우되 화려하고 사치한 풍조를 금지하는 것은 주공이 천문의 자연질서를 숭상하면서도 사치와 방종으로 흐르는 폐단을 미연에 방지하기 위함이니 주공의 지혜는 현명하도다.

4-15-6 ························· 予齊百工하야 伻從王于周하고
　　　　　　　　　　　　　　　　　여제백공　　　팽종왕우주
予惟曰庶有事하리다
　여유왈서유사

『나는 일백 관리를 가지런히 하여 왕을 따라 낙읍으로 가고 나는
오직 여러 가지로 직무가 있는 사람에게 말하리다.』

● 주공이 낙읍을 건설하는 축제에 왕을 따라가고 또한 일백 관리
들에게 여러 가지 사무를 분담시킬 것임을 밝혔다.

제(齊)는 가지런히 함이고 팽종(伻從)은 쫓아서 따라감이며 주(周)는
성주(成周)이니 곧 낙읍(洛邑)이다. 서(庶)는 여러 가지의 준비사항이고
유사(有事)는 직무가 있는 사람이다.

4-15-7 ·································· 今王이 卽命하사 曰記功宗하야
以功으로 作元祀하시고 惟命하시되
曰汝受命인댄 篤弼하라 丕視功載하리니
乃汝는 其悉自敎工하라하소서

『이제 왕이 즉시 명령하사 말씀하시기를 공적의 높은 것을 기록하
여 공적으로써 큰 제사를 지내게 하시고 오직 명령하시되 말씀하시기
를 너희가 명령을 받으려면 독실하게 보필하라. 공적부에 기재된 것을
크게 보리니 이에 그대들은 그 모두가 스스로 하여금 공교하게 하라.』

● 주공이 낙읍의 건설공사에 큰 공적을 세운 신하들에게 포상할
것을 건의하였다.

즉(卽)은 즉시(卽時)이고 기(記)는 기록하여 기념(記念)함이며 공종
(功宗)은 공적(功績)이 높은 사람이다. 작원사(作元祀)는 큰 제사를 지
내게 하는 것인데 곧 집안에 시조(始祖) 또는 중시조(中始祖)로 삼아
영원히 사당에 모시도록 나라에서 허락한 공신(功臣)의 신위(神位)를
모시게 하는 불천지위(不遷之位)이다. 독(篤)은 독실(篤實)함이고 필

(弼)은 보필이니 곧 죽어서 영원히 제사를 받고 싶거든 낙읍(洛邑)의 건설공사에서 힘을 다하여 공적을 세우라는 말이다. 비시(丕視)는 크게 살펴본다는 말이고 공재(功載)는 공적부(功績簿)에 기재된 내용이며 여(汝)는 낙읍 건설공사에 참여한 사람들이다. 교(敎)는 하여금, 공(工)은 공교(工巧)하고 정밀한 기술이다.

대저 국가의 포상 가운데 가장 영광스러운 것으로 불천지위(不遷之位)가 되는 것보다 큰 것이 없나니 본인은 물론이요 후세의 자손까지 길이 그 영광을 함께 하기 때문이다. 그러므로 불천지위에 해당하는 공적은 대개 도덕이 높아서 인류의 영원한 사표가 되거나 나라를 빛내고 인민의 행복을 보장하는 공적이 있거나 인생의 각종 분야에서 그 역사발전에 기여하는 연구개발이 있어야 되는 것인즉 신도읍을 건설함에 있어서 새로운 도시문화와 건축토목기술을 연구개발한 사람에게 불천지위의 포상을 나라에서 허락하는 것은 당연한 논공행상이다.

4-15-8 ························· 孺子는 其朋가 孺子가 其朋이면
                                 其往에 無若火始燄燄이라가
                                 厥攸灼이리요 叙弗其絶하니이다

『어린 왕위 계승자는 그 붕당을 지어 자기편을 두둔하시나이까. 어린 왕위 계승자가 그 붕당을 지어 자기편을 두둔하시면 그 뒤에는 마치 불이 처음 번쩍번쩍거리다가 그 활활 타는 바와 같지 않으리오. 베풀어 그 끊지 못하니이다.』

● 주공이 성왕에게 새로 건설한 낙읍에서의 정치는 주나라만을 생각하지 말고 천하를 위하여 공평무사하게 행정할 것을 건의하였다.
유자(孺子)는 어린 상속인으로 무왕(武王)의 왕통을 계승한 성왕(成王)을 지칭하고 붕(朋)은 붕비(朋比)로서 붕당(朋黨)을 지어 자기편을

두둔하는 것이며 왕(往)은 후(後)의 뜻이다. 염염(燄燄)은 번쩍번쩍거림이고 작(灼)은 활활 타는 모양이며 서(叙)는 서임(叙任)이니 벼슬을 내려 임용한 사람들이요 절(絶)은 단절(斷絶)함이다.

소인배는 응집력이 강하며 또한 수단과 방법을 가리지 않고 기염을 뿜어내기 때문에 일단 정치세력화하면 단절하기가 지극히 어려워서 마침내 나라를 결딴내고 마는 것이다. 따라서 주공이 국가 신흥의 초기에 소인배의 붕당을 경계한 것은 지극한 교훈인저.

4-15-9 ······························· 厥若彝及撫事를 如予하사

惟以在周工으로 往新邑하사

伻嚮卽有僚하시고 明作有功하시며

惇大成裕하시면 汝永有辭하시리이다

『그 떳떳한 법을 따름과 사업을 안전하게 추진함을 나와 똑같이 하시어 오직 현재 호경에 있는 관리와 함께 신읍(낙읍)으로 가시어 먼저 대로 곧 신료를 두시고 밝게 경영하여 공적이 있으며 두텁고 거대하여 넉넉함을 이루시면 그대가 길이 후세에 할말이 있으시리이다.』

◑ 주공이 낙읍을 건설하여 성왕에게 신도읍에 가서 친히 정사를 집무하도록 섭정의 자리를 성왕에게 반납할 뜻을 밝히고 다만 지금까지의 정치체제를 그대로 유지하여 앞으로 밝게 경영하여 두텁고 거대하게 추진하면 후세에 빛나는 성왕(聖王)이 될 것임을 보증하였다.

약(若)은 순(順)의 뜻이고 무(撫)는 어루만져 안전하게 추진함이며 여(予)는 주공(周公)이 자기를 지칭하는 대명사이다. 재(在)는 현재에 있는 것이고 주(周)는 종주(宗周)이니 곧 호경(鎬京)이며 공(工)은 관리요 신읍(新邑)은 낙읍(洛邑)이다. 향(嚮)은 지난번, 료(僚)는 신료(臣僚)이고

작(作)은 경영함이며 여(汝)는 주공이 조카인 성왕(成王)을 친근하게 지
칭한 대명사로 앞(3-7-5)에서 이윤(伊尹)도 태갑(太甲)에게 썼다. 유사
(有辭)는 자기의 책임을 다했음을 떳떳이 밝힐 수 있다는 말이다.

주공이 조카인 어린 성왕을 보호하여 7년간의 섭정을 하면서 나라
의 기초를 튼튼히 만들고 왕을 높이 받들어 후세에 길이 성왕(聖王)이
되는 길을 열어주고 조용히 섭정의 자리를 반납하며 물러나니 주공은
진정한 무왕의 아우요 성왕의 숙부로서 천하 후세에 길이 책임을 다
했다고 말할 수 있겠도다.

4-15-10 ·················· 公이 曰已라가 汝惟沖子시니 惟終하소서

『주공이 말하기를 조금 있다가 그대는 오직 어린 아들이시니 끝을
생각하소서.』

◐ 주공이 섭정을 사임하면서 성왕에게 무왕의 후계자로서 무왕의
혁명과업을 아름답게 종결해야 되는 책임을 생각하라고 당부하였다.
이(已)는 조금 있다가의 뜻으로 말을 신중하게 하였음을 뜻하고 유
종(惟終)은 완성하여 끝낼 것을 생각함이다.
주공이 조카의 앞날을 생각함이 자기의 아들인 백금(伯禽)에게보다
도 더욱 간절하니 섭정의 책무가 아버지의 책임보다도 더욱 크기 때
문이다.

4-15-11 ······························ 汝其敬하사 識百辟享하시고
亦識其有不享하소서 享은 多儀하니
儀不及物이면 惟曰不享이니

惟不役志于享하시면 凡民이
惟曰不享이라하야 惟事가
其爽侮하리이다

『그대는 그 공경하시어 일백 임금의 이바지함을 아시고 또한 그 이바지하지 아니함이 있는 것을 아소서. 이바지함에는 의전이 많으니 의전이 물질에 미치지 못하면 오직 이바지가 아니라고 말하나니 오직 이바지함에 뜻을 쓰게 하지 아니하시면 무릇 인민이 오직 말하기를 이바지하지 않는다고 하여 오직 일이 그 어기어지면 업신여기리다.』

● 여기에서는 왕이 일백 제후를 사랑하고 공경해서 그들로 하여금 정성과 노력을 다하여 왕의 정치사업에 이바지하도록 이끌어야 됨을 밝혔다.

백벽(百辟)은 천하의 제후(諸侯)를 총칭함이고 향(享)은 공헌(貢獻)함인데 지방국가의 임금이 중앙정부의 왕에게 공물(貢物)을 바치고 그 왕에게 정치사업의 성공을 보고하는 것이니 곧 이바지함이다. 의(儀)는 의전(儀典)으로 사물의 본말(本末), 상하(上下), 내외(內外), 전후(前後), 좌우(左右)를 살펴서 대소(大小), 다소(多少), 경중(輕重), 장단(長短), 강약(强弱)의 절도와 규범을 지키는 행실인데 마음의 정성이 그 기본이 된다. 물(物)은 물질(物質)로 곧 폐백(幣帛)으로 바치는 예물(禮物)이다. 군자(君子)는 형식과 내용이 일치하니 그 물질과 정신이 어긋남이 없는 것이다. 그리하여 항상 겉과 속이 똑같고 시작과 끝이 한결같으므로 진정으로 이바지함이요 소인배(小人輩)는 내용은 없이 형식만 과장하여 포장하면서 자기의 분수를 어기고 사회의 윤리를 어지럽게 하기 때문에 이것은 도리어 정치발전을 해치는 것이다. 그러므로 의전을 지키려는 정신이 예물의 수준에 미치지 않으면 이것은 이바지가 아니라 해독이 되는 것이다. 역(役)은 힘써 일하게 함이고 상(爽)은 어기어짐이요 모(侮)는 업신여김이다.

제후가 마음으로 왕을 흠모하지 않고 한갓 형식적인 조공만 바치면 모든 인민들도 따라서 왕을 숭모하지 않게 되어 왕업이 어그러지고 업신여기게 되므로 왕은 진심으로 지방국가의 임금을 사랑하고 공경하여 그 권위를 존중해야 한다.

4-15-12 ·································· 乃惟孺子는 頒朕의 不暇하사
　　　　　　　　　　　　　내유유자　　반짐　　불가

聽朕의 敎汝于棐民彝어다
청짐　　교여우비민이

汝乃是不蘉인댄 乃時惟不永哉인저
여내시불망　　　내시유불영재

篤叙乃正父하시되 罔不若予하시면
독서내정부　　　　망불약여

不敢廢乃命하시리니 汝往敬哉어다
불감폐내명　　　　　여왕경재

茲予는 其明農哉이니 彼裕我民하면
자여　　기명농재　　　피유아민

無遠用戻하리이다
무원용려

『이에 오직 어린 왕위 계승자는 나의 한가하지 않음을 널리 베풀어 시행하사 내가 그대에게 민중의 떳떳한 양심을 북돋으라고 가르친 말을 들을지어다. 그대가 이에 이 말을 힘쓰지 않을진댄 이에 이 자리가 오직 길지 못할진저. 너의 반듯한 아버지를 돈독하게 계승하시되 나와 똑같이 아니함이 없으시면 감히 너의 천명을 잃지 아니하시리니 그대는 가서 공경할지어다. 이에 나는 그 농사를 살피리니 거기에서 우리 민중을 넉넉하게 하시면 멀다고 함이 없이 교통하여 이르리이다.』

● 끝으로 성왕이 주공의 정신을 본받아 부지런히 인민의 고유한 양심을 북돋으고 문왕과 무왕의 정치를 돈독하게 계승해서 낙읍이 교통의 중심지가 되어 천하의 민중이 이르러 오게 하라고 간절히 축원하며 다시 한 번 주공이 섭정의 벼슬을 반납하였다.

반(頒)은 반행(頒行)이니 법률과 명령을 널리 펴서 행하도록 함이고 불가(不暇)는 한가하지 아니함인즉 곧 부지런함인데 주공(周公)은 정치를 함에 지극히 부지런하여 새벽부터 밤늦게까지 우근척려(憂勤惕厲)하였으니 아침에 일백 편의 글을 읽고 저녁에도 70여 명의 선비를 만나면서 보고를 받고 명령을 함에 지체함이 없이 한 번 식사하는 사이에 세 번 밥을 뱉었고 한 번 머리를 감는 사이에 세 번 머리를 움켜쥐는 데 이르렀으므로 맹자(孟子)가 말하기를 주공(周公)은 우(禹), 탕(湯), 문무(文武)의 정치사상을 아울러 민중을 위한 덕치인정(德治仁政)을 베푸시되 그 합치되지 않은 점이 있으면 우러러 생각하시어 밤낮으로 계속하다가 다행히 깨달으면 앉아서 아침을 기다렸다 [『맹자(孟子)』 이루하(離婁下)]고 찬양하였다. 비(棐)는 북돋워서 배양함이고 민이(民彝)는 민중이 천부적으로 타고난 본성에 근원하여 나타나는 고유한 양심인데 바로 천심(天心)과 일치하기 때문에 세상에 가장 공명정대한 표준으로 떳떳한 가치관을 가지고 있다. 망(懋)은 힘쓰는 것이고 정부(正父)는 반듯하고 뚜렷이 빛나는 아버지이니 무왕(武王)을 지칭하며 내명(乃命)은 너의 천명(天命)으로 곧 성왕(成王)의 천명이다. 왕(往)은 낙읍(洛邑)으로 천도(遷都)함이고 명(明)은 살피는 것이며 농(農)은 농사(農事)이니 초야로 물러나겠다는 뜻이요 피(彼)는 낙읍을 지칭하는 대명사이다. 유(裕)는 경제적으로 부유하여 생활에 여유가 있는 것이고 무원(無遠)은 지리적으로 멀다는 생각이 없는 것이며 용(用)은 통용(通用)이니 곧 교통(交通)함이요 려(戾)는 이르러 오는 것이다.

주공이 낙읍을 건설하여 천도를 시작하는 초기에 성왕에게 섭정을 환수하게 하고 친정(親政)하게 하였으니 주공은 나아가고 물러오며 있고 없는 진퇴존망의 때를 알아 그 정도를 잃지 않은 성인(聖人)이신저!

4-15-13 ··· 王이 若하시고 曰公이
明保予沖子하야 公稱丕顯德하야

이 여 소 자　　양 문 무 렬
以予小子로 揚文武烈하며
봉 답 천 명　　　화 항 사 방 민
奉答天命하며 和恒四方民하야
　　　　거 사　　　돈 종 장 례
居師하며 惇宗將禮하고
청 질 원 사　　　함 질 무 문
稱秩元祀하며 咸秩無文케하도다

『왕이 '어이쿠' 하시고 말씀하시기를 공이 밝게 나 어린 아들을 보호하여 공이 크게 뚜렷한 덕을 헤아려서 나 소자로 하여금 문왕과 무왕의 빛나는 공덕을 드날리게 하며 천명을 받들어 보답하게 하며 사방의 민중을 화합하여 한결같이 해서 경사에 살게 하며 종묘를 두텁게 하여 제례를 돕고 큰 제사를 헤아려 등급을 정하며 모두 차례를 갖추어 꾸밈이 없게 하였도다.』

◑ 성왕이 주공의 업적을 치하하여 그 섭정으로서 이룩한 내용을 일일이 언급하였다.

칭(稱)은 헤아리는 것이고 문무렬(文武烈)은 문왕(文王)과 무왕(武王)의 빛나는 창업(創業)이며 사(師)는 경사(京師)이니 호경(鎬京)과 낙읍(洛邑)이다. 종(宗)은 종묘(宗廟)이고 장(將)은 돕는 것이며 칭질(稱秩)은 헤아려 등급을 정하는 것이며 원사(元祀)는 앞(4-15-7)에서 이미 하였으며 함질무문(咸秩無文)은 앞(4-15-5)에서 이미 해설하였다.

　　　　　　　　　　　　　　　　유 공 덕　　　명 광 우 상 하
4-15-14 ······································ 惟公德이 明光于上下하며
　　　　　　　　　　근 시 우 사 방　　　　방 작 목 목 아 형
勤施于四方하야 旁作穆穆迓衡하야

　　　　　　　　불 미 문 무 근 교　　　여 충 자
不迷文武勤敎하니 予沖子는
　　　　　　　숙 야　　　비 사
夙夜에 毖祀로다

『오직 공의 덕이 밝게 하늘땅에 빛나며 부지런히 사방에 시행하여 공경하고 화합함을 진작해서 균평함을 도입하여 문왕과 무왕의 부지런한 가르침을 잃어버리지 아니하니 나 어린 아들은 새벽부터 밤까지 제사에만 신중히 하였도다.』

● 성왕이 주공의 밝은 덕을 찬양하여 섭정체제의 정치사회적 성과를 높이 평가하고 계속하여 주기를 요청하였다.

상하(上下)는 하늘과 땅이고 방(旁)은 넓은 것이며 목목(穆穆)은 공경하고 화합하는 모양이다. 아(迓)는 영(迎)의 뜻이니 곧 도입함이요 형(衡)은 저울로서 균평(均平)함을 헤아리는 기구이며 미(迷)는 미혹(迷惑)하여 잃어버리는 것이다. 문무(文武)는 문왕(文王)과 무왕(武王)이고 근교(勤敎)는 부지런히 힘써 노력하라는 가르침인데 곧 사람은 다 같이 천명(天命)의 본성(本性)을 선천적으로 받아서 태어났기 때문에 누구나 인간의 성분(性分)과 사회의 직분(職分)을 완수할 책임이 있는바 부지런히 노력해야 완수하여 성공하고 만일 게으르면 완수하지 못하여 실패하게 된다는 교훈이다. 숙야(夙夜)는 새벽부터 밤까지로 하루 종일이며 비사(毖祀)는 제사에만 신중히 한다는 뜻이다.

총재(冢宰)가 섭정하여 대동화합사회를 건설해서 천하가 균평하게 발전하는 문명세계를 창조 발전시켰기 때문에 왕은 오직 태평시대를 구가하는 정치를 이룩하여 곤룡포를 입고 남쪽으로 용상에 앉아 말을 아니하고 하는 일도 없는 요임금과 순임금처럼 의상지치(衣常之治), 남면지치(南面之治), 불언지치(不言之治), 무위지치(無爲之治)를 하게 되어 오로지 왕으로서 제사에만 정성을 다했다고 했으니 이것은 성왕이 주공을 요임금 시대에 섭정했던 순과 순임금 시대에 섭정했던 우에게 비교하여 찬양한 것으로 곧 섭정을 계속하라는 뜻이다.

4-15-15 ·· 王이 曰公功은 裴迪이
왕　 왈공공　 비적

독   망 불 약 시
篤하니 罔不若時어다

『왕이 말씀하시기를 공의 공적은 보필하여 계도함이 돈독하니 이
와 같이 아니함이 없을지어다.』

　◉ 성왕이 주공에게 섭정의 자리를 사임하지 말고 계속하여 돈독하
게 보필하여 이끌어달라고 간청하였다.
　왕왈(王曰)은 왕의 만류에 주공(周公)이 대답하지 않았음을 사관(史
官)이 기록한 것이다. 비(棐)는 보필(輔弼)함이고 적(迪)은 계도(啓導)함
이며 시(時)는 시(是)이다.

　　　　　　　　　　　　　　　　왕　　왈공　　여소자　　　기퇴
4-15-16 ························· 王이 曰公아 予小子는 其退하고
　　　　　　　　　　　　즉 피 우 주　　　명 공 후
　　　　　　　　　　　　卽辟于周하며 命公後하노라

『왕이 말씀하시기를 공이여, 나 어린 아들은 그 요청을 물리쳐서 받아
들이지 않고 곧 호경으로 피하며 공에게 뒤에 사임하라고 명령하노라.』

　◉ 성왕이 앞에서 계속 보필하여 계도하며 지금까지처럼 계속하라
고 간청하였으나 주공이 대답을 아니하고 고집을 세우니 이에 성왕이
주공의 요청을 퇴각하고 후래(後來)에 다시 요청하라고 명령하였다.
　기퇴(其退)는 섭정(攝政)을 사임하는 주공(周公)의 요청을 물리쳐서
받아들이지 아니함이고 피(辟)는 피(避)의 뜻이니 섭정을 환수(還收)하
지 않겠다는 말이며 주(周)는 종주(宗周)로 호경(鎬京)이다. 명(命)은 왕
의 공식적인 명령이요 후(後)는 후일(後日)이니 나중에 다시 건의하라
는 뜻이다.
　명공후(命公後)를 한(漢), 당(唐)의 유학자는 주공의 아들 백금(伯禽)
을 노(魯)나라에 봉함이라고 주장하고 송(宋)나라 유학자는 낙양에 머

물러 행정하는 것이라고 말했으나 모두 옳지 않다. 무릇 예법에 세 번 요청하고 세 번 사양하는 절도가 있나니 처음에는 예청(禮請)에 예사(禮辭)하고 두번째는 고청(固請)에 고사(固辭)하고 세번째는 마지막으로 강청(强請)함에 종사(終辭)하는 것이다. 여기에서의 명(命)은 주공이 예사하므로 성왕이 명령으로 고청한 것인데 어찌 백금을 봉하고 낙읍에서 행정하는 이야기를 언급할 겨를이 있겠는가?

4-15-17 ························· 四方이 迪亂이어늘 未定于宗禮라
　　　　　　　　　　　　　　　사방　　적란　　　　미정우종례

亦未克敉公功이로다
역미극미공공

『사방이 개명하여 잘 다스려지거늘 큰 예법을 제정하지 못하였으므로 또한 아직 공에게 일을 편안하게 할 수 없도다.』

◉ 성왕이 일반적인 정치사업과 행정제도는 갖추었기 때문에 사방이 문명하게 다스려졌지만 아직 주공이 추진하는 제례작악(制禮作樂)의 사업이 완벽하게 정착되지 못하였으므로 주공의 일을 덜어서 편안하게 살도록 허락할 수 없는 이유를 밝혔다.

적(迪)은 개명(開明)함이고 난(亂)은 치(治)의 뜻이며 정(定)은 제정(制定)하여 정착시킴이요 종례(宗禮)는 하늘땅의 천연적인 질서와 조화를 본받아 인간이 개발할 수 있는 최고의 사회규범을 확립하는 데 근본이 되는 큰 예법(禮法)과 음악(音樂)이니 주공(周公)이 주(周)나라의 경례(經禮) 300조항과 곡례(曲禮) 3000조항 그리고 많은 국풍(國風)을 수집하고 아(雅)와 송(頌)을 편집하여 주례(周禮)를 완성하였다. 미(未)는 아직은 안 된다는 부정사이고 미(敉)는 편안함이며 공(功)은 일이니 주공의 일을 덜어주어서 편안히 살게 함이다.

전배(前輩)들이 종례(宗禮)를 공종(功宗)의 예(禮)라고 해석하였으나 어찌 낙읍의 건설공사에 대한 논공행상의 일로 주공을 만류할 수 있

겠는가? 소견이 천박한 논리로 성군(聖君)과 성신(聖臣)의 거룩한 말을
수천 년간 왜곡하였으니 세상에 부끄러워서 등에 땀이 흐른다.

4-15-18 ················· 迪將其後^{적장기후}하야 監我士師工^{감아사사공}하야
誕保文武受民^{탄보문무수민}하야 亂爲四輔^{난위사보}어다

『그 후생을 계도하고 양성하여 우리 선비와 군사와 기능공을 감독
하여 크게 문왕과 무왕에게 전하여 받은 민중을 보호하여 다스려서
사보가 될지어다.』

◉ 성왕이 주공에게 후생(後生)을 계도육성하며 선비와 군사와 기
술자를 감찰하여 대대적으로 민중의 안전한 삶을 보장하도록 다스려
서 왕을 바르게 이끄는 사보가 되어달라고 진심으로 요청하였다.
장(將)은 양성함이고 감(監)은 감독하여 살피는 것이며 사(士)는 선
비, 사(師)는 군사, 공(工)은 기능공이니 모두 낮은 벼슬에 있는 젊은
사람이다. 수(受)는 전수함이니 차례차례 이어받음이요 난(亂)은 치(治)
의 뜻이고 사보(四輔)는 임금의 전후좌우(前後左右)에서 바르게 돕는
직책을 가진 네 명의 대신(大臣)인데 왼쪽을 보(輔), 오른쪽을 필(弼),
앞을 의(疑), 뒤를 승(丞)이라고 한다.

4-15-19 ···················· 王^왕이 曰公^{왈공}이 定^정하면 予往已^{여왕이}하고
公功^{공공}을 肅將祇歡^{숙장지환}하리니 公無困哉^{공무곤재}인저
我惟無斁其康事^{아유무역기강사}하리니
公勿替刑^{공물체형}하여야 四方^{사방}이 其世享^{기세향}하리라

『왕이 말씀하시기를 공이 고요히 말이 없으면 나는 이미 지나간 일로 하고 공의 일을 엄숙하게 받들고 공경하여 기뻐하리니 공에게는 곤란함이 없을진저. 나는 오직 그 편안하게 일함을 싫어함이 없으리니 공이 옛 법을 바꾸지 말아야 사방이 그 대대로 복을 누리리라.』

● 성왕이 주공에게 섭정을 계속하라고 고청(固請)하였으나 주공이 대답하지 않고 고집하므로 성왕이 세번째 강청(强請)하여 고요히 말이 없으면 유임을 허락하는 것으로 인정하겠다고 통고하였다.

정(定)은 정(靜)의 뜻이니 고요히 말이 없는 것이고 왕이(往己)는 이왕(己往)으로 이미 지난 일로 보는 것이며 공공(公功)은 주공(周公)의 일로 곧 섭정(攝政)의 직무이다. 장(將)은 받들어 시행함이요 역(斁)은 싫어함이며 강사(康事)는 편안하게 하는 일이고 형(刑)은 구법(舊法)이니 지금까지 유지했던 법률제도이다.

전배(前輩)들이 정(定)을 낙읍에 머물러 있는 것으로 보고 왕(往)을 호경으로 돌아가는 것으로 해석하였으나 옳지 않다. 지금까지의 경문(經文)에 주공이 낙읍을 건설하는 1단계의 공정을 마치고 호경에 돌아와 성왕에게 보고하는 자리에서 섭정을 환수하라고 건의하였거늘 아직 그 문제에 대한 결론이 나지 않았는데 성왕이 언제 낙읍에 갔다는 말인가? 사체(事體)에도 맞지 않고 문체(文體)에도 어긋나는 억지주장이다.

4-15-20 ······································· 周公이 拜手稽首하며 曰王이
命予來하사 承保乃文祖受命民하야
越乃光烈考武王을 弘하라하시니
朕은 恭하리이다

『주공이 절하고 머리를 조아리며 말하기를 왕이 나에게 돌아오라

고 명령하시어 너의 문왕 할아버지가 천명을 받은 민중을 계속 보호하여 이에 그대의 빛나는 돌아가신 아버지 무왕을 위대하게 하라고 하시니 나는 공손히 받들겠나이다.』

◉ 주공이 마침내 성왕의 강청(强請)을 뿌리치지 못하여 받들어 시행하겠다고 대답하였다.

래(來)는 사임하여 떠나지 말고 돌아와서 계속 집무하라는 뜻이며 승보(承保)는 계속 보호함이요 내(乃)는 그대를 지칭하는 대명사이다. 문조(文祖)는 문왕(文王) 할아버지요 명(命)은 천명(天命)이며 홍(弘)은 크게 함이니 곧 위대하게 만드는 것이고 공(恭)은 공손히 받드는 것이다.

전배(前輩)들은 월(越)을 접속사로 보고 내문(乃文)과 내광(乃光) 두 구절을 모두 승보(承保)의 목적어로 해석하였으나 옳지 않다. 고금에 사관(史官)이 어찌 민(民)과 왕(王)을 동격으로 서술하겠는가? 하물며 『서경(書經)』은 공자(孔子)가 편집하였거늘 결코 왕과 민을 뒤섞고 산 사람과 죽은 사람을 나란히 합쳐서 동격 접속사로 연결할 수 없는 것이다. 이러한 착오는 홍(弘)이 앞말의 서술어로 도치된 것을 살피지 않고 뒷말의 서술어로 보았기 때문이니 독자는 살피기 바란다.

4-15-21 ························

孺子가 來相宅하사 其大惇典하시고
殷獻民하시며 亂爲四方하사 新辟이
作周에 恭先하시며 曰其自時로
中乂하야 萬邦이 咸休케 하라하시면
惟王이 有成績하시리이다

『계승하신 어린 아들이 이르러 도읍터를 살피시어 그 떳떳한 법을 크게 두텁게 하시고 민중에게 성대하게 이바지하시며 사방을 잘 다스

리게 하시어 새로운 임금이 주나라를 경영함에 공손함을 먼저 보이시
며 말씀하시기를 그 이로부터 가운데 나라를 아름답게 하여 일만 나
라가 모두 아름답게 하라고 하시면 오직 왕이 공적을 이룸이 있으시
리이다.』

◉ 이것은 주공이 성왕에게 낙읍에 직접 이르러 이제부터 떳떳한
법을 크게 밝혀 민중에게 성대한 덕을 베풀고 사방을 균평하게 다스
림에 공손한 모범을 보이면서 중앙정부를 아름답게 다스려 일만 나라
가 모두 아름답게 하라고 선포할 것을 요청한 내용이다.

내(來)는 이르러 도착함이고 상택(相宅)은 신도읍(新都邑)의 터를 직
접 살펴보는 것이며 은헌(殷獻)은 성대하게 이바지함이다. 신벽(新辟)
은 새로운 임금이니 성왕(成王)을 지칭하고 작주(作周)는 주(周)나라를
경영함이며 공선(恭先)은 공손한 태도를 솔선수범하는 것이다. 중(中)
은 가운데 나라 또는 중앙정부이고 예(乂)는 아름답게 다스리는 것이
며 적(績)은 공적(功績)이다.

전배(前輩)들은 은헌(殷獻)을 은나라의 문헌으로 보았으나 옳지 않
다. 또 왈(曰)을 주공이 말한 것으로 해석하였으나 이것은 성왕에게
그렇게 선언하라고 건의한 말이다.

4-15-22 ······································· 予旦은 以多子와 越御事로
篤前人成烈하야 答其師하고
作周에 孚先하며 考朕에
昭子刑하야 乃單文祖德하리이다

『나 단은 많은 경대부와 군사지휘관으로 앞사람이 이룩한 빛나는
공적을 돈독히 하여 그 뭇사람에게 보답하고 주나라를 경영함에 믿음

을 먼저 보이며 나를 살핌에 밝은 아들을 본받아서 이에 문왕 할아버지의 덕을 다 밝히리다.』

◐ 이것은 주공이 앞으로 섭정의 직무를 수행함에 있어서 그 기본 자세와 이룩해야 될 목표를 성왕에게 다짐한 내용이다.

단(旦)은 주공(周公)의 이름이고 다자(多子)는 많은 경대부(卿大夫)로 자(子)는 대장부를 높이는 말이다. 전인(前人)은 전대(前代)의 사람으로 곧 문왕(文王)과 무왕(武王)시대의 훌륭한 신하들이요 답(答)은 보답함이며 사(師)는 뭇사람이고 부선(孚先)은 신의를 지키는 일에 솔선수범하는 것이다. 고(考)는 고찰하여 평가함이고 소(昭)는 밝고 현명함이며 형(刑)은 본받음이요 단(單)은 모두 밝히는 것이다.

주공이 나라를 경영함에 왕에게는 독공(篤恭)함을 최선의 덕목으로 언급하고 총재의 직에 있는 자기는 신실(信實)함을 최고의 덕목으로 삼았으니 임금과 신하의 직분에 차이가 있는 까닭이다.

4-15-23 ······························ 伻來하심을 惄殷乃命하시고
寧予以秬鬯二卣하시며 曰明禋하노니
拜手稽首하야 休享케 하라 하시면
予不敢宿하고 則禋于文王武王하리이다

『종래대로 하심을 삼가 크게 이에 명령하시고 검은 기장을 넣어서 만든 울창주 두 동이를 친히 내리시며 말씀하시기를 정결한 제사를 지내노니 절하고 머리를 조아려 아름답게 흠향하게 하라고 하시면 나는 감히 머물지 않고 곧 문왕과 무왕께 정결한 제사를 지내리이다.』

◐ 주공이 성왕에게 섭정을 환수하고 친정을 건의하였으나 성왕이

강청하여 다시 섭정하게 되었음을 왕명으로 천하에 포고하고 이어 태묘에 고유하도록 허락하여 줄 것을 요청하였다.

팽(伻)은 종(從)의 뜻이니 팽래(伻來)는 종래(從來)처럼 섭정체제(攝政體制)를 계속함이고 비(棐)는 삼가, 은(殷)은 성대함이니 신중하게 대대적으로 함이며 영(寧)은 정녕(丁寧)으로 친절함이요 여(予)는 사(賜)의 뜻이다. 거창(秬鬯)은 검은 기장을 넣어서 만든 울창주(鬱鬯酒)인데 큰 제사에 강신주(降神酒)로 쓰며 유(卣)는 중간 크기의 술통이다. 명(明)은 깨끗한 제물이고 인(禋)은 정결하게 제사를 지내는 것이며 향(享)은 제향을 지내서 귀신이 제사음식을 잡수시는 흠향(歆饗)이요 숙(宿)은 머물러 묵은 것이다.

주공(周公)이 성왕(成王)에게 섭정을 사임했다가 다시 취임한 사실을 천하에 널리 알리고 태묘(太廟)에 고유(告由)하도록 한 것은 주공의 마음과 성왕의 명령이 모두 진실이었음을 확인하는 당연한 절차이다.

전배(前輩)들은 이러한 국사의 결정단계가 있는 것을 알지 못하고 터무니없이 성왕이 주공을 섬김에 신명(神明)에게 제사를 지내듯이 지극히 공경했다고 곡해하여 천하학자를 오도하였으니 주공이 어찌 공사와 상하를 분별하지 못하고 성왕으로부터 신명과 똑같은 대우를 받을 것이며 만일 그와 같은 대우를 받았다면 죽어서 문왕과 무왕을 무슨 낯으로 뵐 수 있을 것인가? 만사에 분수와 절도가 있나니 그것을 넘어가면 아첨하고 방종함이요 그것을 미치지 못하면 게으르고 무시함인즉 주공이 『주역(周易)』의 효사(爻辭)를 달고 주례(周禮)를 제정하였거늘 어찌 분수를 모르고 절도를 잃었겠는가.

4-15-24 ························ 惠篤叙하시면 無有遘自疾하고
萬年에 厭于乃德하리니 殷乃引考하소서

『질서를 따라서 돈독히 하시면 스스로 걱정거리를 만남이 있지 아니하고 일만 년에 그대의 덕에 편안하리니 은나라를 이에 가까이 살

피소서.』

● 주공이 자연질서를 순응해서 돈독히 하면 스스로 모순이나 갈등
이 생기지 않고 길이 마음에 안정을 찾으므로 은나라의 어진 왕을 본
받으라고 당부하였다.

혜(惠)는 순응함이고 독(篤)은 돈독히 함이며 서(叙)는 천서(天叙) 또
는 ·9서(九叙)이니 천서는 앞(1-4-6)에서 해설하였고 9서는 앞(1-3-7)에
서 이미 해설하였다. 구(遘)는 우연히 만남이요 질(疾)은 걱정함이며
염(厭)은 편안함이고 내(乃)는 대명사로 성왕을 지칭한다. 은(殷)은 은
나라의 어진 왕이고 인(引)은 끌어당김이니 가까이 함이며 고(考)는 살
피는 것으로 인고(引考)는 곧 인증(引證)하는 것이다.

4-15-25 ···································· 王이 俌殷하사 乃承叙하시면
萬年에 其永觀朕子懷德하리이다

『왕이 은나라를 따르시어 이에 질서를 받드시면 일만 년에 그 길이 우
리의 경대부가 덕을 그리워하여 가슴속에 깊이 사모함을 보시리이다.』

● 주공이 성왕에게 옛 성왕(聖王)의 대경대법(大經大法)인 9서와
천서를 받들어 행정하면 만년에 길이길이 우리 경대부들이 성왕의 덕
을 사모하여 잊지 못하게 될 것임을 말하였다.

팽(俌)은 종(從)의 뜻이고 승(承)은 받들어 행함이며 자(子)는 경대부
로 앞(4-15-22)에서 이미 해설하였다. 전배(前輩)들은 짐자(朕子)를 성
왕(成王)으로 보았으나 말도 되지 않은 억지에 지나지 않는다.

주공은 비록 섭정을 계속하기로 하면서도 성왕에게 친정할 수 있는
준비를 갖추게 하여 이 때로부터는 정무를 밝게 살펴 정치지도력을
발휘하라고 요청하면서 9서(九叙)와 천서(天叙)에 대하여 실무를 익히

도록 배려할 뜻을 밝힌 것이다. 따라서 이후로는 섭정의 기능은 점점 그 이름만 남고 대부분의 실권은 성왕이 환수하게 되었으니 이것이 계절의 변화처럼 자연스럽게 이루어지도록 하기 위하여 주공이 자연의 질서를 그토록 강조한 것이다.

4-15-26 ·····················
戊辰에 王이 在新邑하사 烝祭하시니
歲로다 文王에 騂牛一이요 武王에
騂牛一이러라 王이 命作冊하신대
逸이 祝冊하니 惟告周公其後하고
王賓이 殺하고 禋함에 咸格이어늘
王이 入太室하야 祼하시다

『무진일에 왕이 신읍에 계시어 겨울제사를 지내시니 풍년이었다. 문왕께 붉은 황소 한 마리요 무왕께 붉은 황소 한 마리러라. 왕이 축문을 지으라고 명령하신대 사관이 축책으로 만드니 오직 주공의 섭정직 사임을 뒤로 늦춘다는 것만을 고유하고 왕의 빈객이 희생을 잡고 정결한 제사를 지냄에 모두 이르거늘 왕이 태실에 들어가서 강신주를 땅에 부으시다.』

● 성왕이 낙읍에 가서 낙읍을 신도읍으로 정하고 태묘에 제사를 지내면서 주공의 섭정직 사임을 뒤로 늦추기로 하였음을 고유하며 주공의 건의를 받아들였음을 사관이 기록하였다.

무진(戊辰)은 12월 무진일이요 증제(烝祭)는 임금이 시조(始祖)에게 지내는 겨울제사의 이름인데 원래 동지(冬至)에 거행하며 세(歲)는 풍년이다. 성우(騂牛)는 털빛이 붉은 황소이고 책(冊)은 축책(祝冊)이며 일(逸)은 일(佚)과 같으니 사일(史佚)로 곧 사관(史官)이다. 고(告)는 신령에게 고유(告由)함이요 기후(其後)는 섭정직(攝政職)의 사임을 뒤로 늦추어 연기한다는 말이며 왕빈(王賓)은 기(杞)나라 송(宋)나라의 공작(公爵) 임금이다. 살(殺)은 희생(犧牲)을 잡는 일이고 인(禋)은 정결하게 제사를 지내는 일이며 격(格)은 이르러 제사를 돕는 것이다. 태실(太室)은 태묘(太廟)나 종묘(宗廟)의 중앙에 위치한 방으로 시조나 태조의 위판(位版)을 모시는 묘실(廟室)이며 관(祼)은 제사를 거행함에 있어서 제일 처음에 제주(祭主)가 강신주(降神酒)를 땅에 부어서 신령이 강림하게 하는 의식절차이니 앞(4-15-23)에서 말한 거창(秬鬯)을 참고하라.

성왕과 주공이 서로 청원하고 사양함에 예법절차를 따르면서 간절함을 더하니 공경심과 사랑이 천하에 가득하여 아름답기 그지없도다. 이제 3,000여 년이 지난 오늘에도 듣는 사람으로 하여금 숙질(叔姪)의 도리와 군신의 의리를 가슴속에 깨닫게 하는 천고(千古)의 미풍이다.

4-15-27 ···························· 王이 命周公後를 作冊하시어
　　　　　　　　　　　　　　 왕　　　명주공후　　작책

　　　　　　　　　　　　　　 逸이 誥케 하시니 在十有二月이러라
　　　　　　　　　　　　　　 일　고　　　　재십유이월

『왕이 주공의 섭정직 사임을 뒤로 늦추게 함을 사관으로 하여금 문서로 만들어 천하에 훈고하게 하시니 12월에 하였다.』

◉ 성왕이 주공의 섭정직 사임을 태묘에 고유한 사실을 사관으로 하여금 문서로 작성하여 즉시 천하에 널리 포고하였음을 사관이 기록하였다.

주공후(周公後)는 앞에서 말한 주공기후(周公其後)이고 작책(作冊)도 앞에서 말한 축책(祝冊)이며 고(誥)는 왕명을 널리 알림이요 십유이월(十有二月)은 12월로 앞에 무진(戊辰)일이 있는 날이다.

성왕이 주공의 섭정직 사임을 늦추는 것을 먼저 태묘에 고유하고

그 다음에 천하에 훈고하였으니 일을 처리하는 절차가 반듯하다. 대저 작은 일은 먼저 결정하여 처리하고 뒤에 사묘(祠廟)에 고유해도 되지만 큰 일은 먼저 사묘에 고유하고 세상에 알리는 것이 자손의 도리요 일을 반듯하게 추진하는 절도이다.

4-15-28 ·················· 惟周公이 誕保文武受命일새 惟七年이러라
유주공　*탄보문무수명*　*유칠년*

『오직 주공은 크게 문왕과 무왕이 받은 천명을 안전하게 보전케만 하였는데 오직 7년간이었다.』

☯ 주공이 낙읍으로 천도한 다음에는 모든 정사를 성왕이 친정하도록 배려하고 주공은 섭정의 이름만 가지고 있으면서 문왕과 무왕이 받은 천명을 안전하게 보전하도록 성왕을 보좌하였으며 그 기간도 7년에 그치고 마침내 섭정체제를 폐지하였음을 사관이 친절하게 기록하였다.

전배(前輩)들은 유칠년(惟七年)을 주공이 훙(薨)하였기 때문에 7년간의 섭정으로 마쳤다고 했으나 옳지 못하다. 섭정은 본래 왕이 어리거나 또는 늙어서 왕권을 대행하는 체제이거늘 성왕이 점점 장성하고 주공이 차차 노쇠함에 가급적 조기에 친정체제로 돌아가는 것이 정상적인 일이요 또 주공은 성인(聖人)이거늘 어찌 막중한 섭정의 자리를 넘겨주지 않고 죽어서 정치혼란을 야기하는 어리석은 일을 하겠는가?

앞의 금등(金縢) 편과 이 낙고(洛誥) 편 그리고 『주역(周易)』 건괘(乾卦)의 상구(上九) 효사(爻辭)로 미루어보면 주공은 결코 훙할 때까지 계속 섭정한 것이 아니라 성왕이 즉위하자 섭정하여 성왕 7년에 낙읍을 건설하여 섭정의 환수를 건의했고 성왕의 간절한 요청에 의하여 부득이 7년을 더 머물러 제례작악(制禮作樂)의 대사업을 완성하였고 성왕이 어질게 나라를 경영하므로 마침내 사임하여 왕의 허락을 받아 물러나서 만고에 고결한 모범을 보인 것이다.

16. 다사(多士) / 많은 인재(人才)

다사(多士)는 많은 인재(人才)이다. 성왕(成王)이 낙읍(洛邑)을 건설하고 옛날 은(殷)나라에 벼슬을 하였던 많은 인재를 등용하여 낙읍에 살게 하면서 주(周)나라에 협력하도록 훈고(訓告)한 내용이다.

대저 선비는 지조를 고상하게 지켜 두 임금을 섬기지 아니하는 것이므로 은나라에 벼슬을 했던 선비는 주나라의 벼슬을 받지 않으려고 피하였다. 그러나 주공(周公)은 하늘이 주(紂)의 천명(天命)을 박탈하여 문왕(文王)과 무왕(武王)에게 주었으므로 하늘의 뜻에 따라 성왕을 섬기는 것은 절개를 잃은 것이 아니라 오히려 하늘에 순응하는 일이라고 설득함으로써 이에 많은 은나라의 선비들이 낙읍으로 와서 벼슬하였다.

이 편은 『금문상서(今文尙書)』와 『고문상서(古文尙書)』에 모두 수록되어 있다.

4-16-1 ·························· 惟三月에 周公이 初于新邑洛으로
用告商王士하다

『때는 바야흐로 3월에 주공이 새로 건설한 낙읍에서 맨 처음으로 상나라 왕의 선비에게 알리라고 하였다.』

◉ 주공이 호경에 있었던 중앙정부를 낙읍으로 옮겨 정상적인 업무를 개시하면서 맨 앞에 상왕에게 절의를 지켜 두문불출하고 있는 인재들에게 낙읍으로 모이게 하라고 통고하였음을 사관이 기록하였다.

삼월(三月)은 앞(4-15-27)에서 말한 12월의 다음해 3월이니 대개 성왕(成王) 8～9년경이고 초(初)는 맨 앞이니 최초에 함이며 상(商)은 은(殷)나라요 왕사(王士)는 왕에게 충성을 다하여 절개를 지키는 선비이다.

예로부터 충신은 두 임금을 섬기지 않고 열녀는 두 남편을 섬기지 않은 것이 아름다운 절개이니 그 일편단심이 해와 달처럼 찬연히 빛난다.

4-16-2 ·································· 王이 若하시고 曰爾殷遺多士여
　　　　　　　　　　　　　　　　　　弗弔旻天이 大降喪于殷이어시늘
　　　　　　　　　　　　　　　　　　我有周가 佑命하야 將天明威하야
　　　　　　　　　　　　　　　　　　致王罰하야 勅殷命하고 終于帝하니라

『왕이 '어이쿠' 하시고 말씀하시기를 그대들 은에 절의를 지켜 새로운 정부에 벼슬하지 않은 많은 선비여, 불쌍히 여기지 않은 가을하늘이 크게 은나라에 망조를 내리거시늘 우리 주나라 정부가 천명을 도와서 하늘의 밝은 위엄을 받들어 왕의 형벌을 일으켜 은나라의 운명을 단단히 타일러 경계하고 하느님께 다 끝냈느니라.』

◑ 성왕이 은나라 유사에게 주나라 정부가 은나라 주를 정벌하고 혁명한 것은 하느님의 뜻이었음을 논증하였다.

은유다사(殷遺多士)는 은(殷)나라 왕조에 절의를 지켜 새로운 주(周)나라 정부에 벼슬하지 않은 많은 인재이니 탕(湯)임금의 덕화(德化)가 대단히 큰 것을 알 수 있다. 불조(弗弔)는 불쌍히 여기지 않음이니 사정(私情)이 없음이고 민천(旻天)은 가을하늘로 숙살(肅殺)한 기운을 드날려 초목을 시들게 한다. 상(喪)은 망조(亡兆)이고 장(將)은 받들어 행

함이며 치(致)는 일으키는 것이요 왕벌(王罰)은 천자(天子)의 권위로 정벌함이니 곧 무왕(武王)의 정벌을 지적한다. 칙(勅)은 신칙(申飭)함이니 단단히 타일러 경계함이고 은명(殷命)은 은(殷)나라의 운명으로 곧 천자국에서 제후국으로 강등시킨 것이며 종(終)은 모두 종결하였음을 보고함이요 제(帝)는 하느님이다.

선비는 천성을 스스로 함양하여 천덕을 받드는 것이 기본이므로 천명이 있는 나라에서 벼슬하다가 천명이 없는 나라를 섬기는 것은 당연히 변절이지만 그러나 천명이 없는 나라에서 벼슬했다가 천명이 있는 나라에 가서 벼슬하는 것은 변절이 아니고 오히려 정도로 돌아가는 해방이요 개혁이다.

비록 악으로 시작했지만 뒤에 선으로 돌아가면 이것은 전화위복(轉禍爲福)이요 정녕 옳게 시작하였지만 나중에 그릇되게 끝냈으면 이것은 전복위화(轉福爲禍)이며 참으로 착하게 시작했다가 다시 옳은 데로 옮겨갔다면 이것은 정의의 표상이니 결코 변절이 아니다. 하물며 하늘의 뜻을 최고의 가치로 삼는 선비에게 있어서 천명에 순응하여 인민을 해방하고 이상정치를 구현한다면 이는 인(仁)을 이룩하고 의(義)를 취하는 영웅이다.

4-16-3 ·· 肆爾多士여 非我小國이
敢弋殷命이라 惟天이 不畀는
允罔固亂이라 弼我일새 我其敢求位아

『그러므로 그대들 많은 선비여, 우리 작은 나라가 감히 은나라의 천명을 취함이 아니고 오직 하늘이 천명을 주지 아니하심은 진실로 혼란을 확고하게 진정함이 없으므로 우리를 도우신 것인데 우리가 그 감히 왕위를 추구하였겠는가.』

◑ 주나라가 천명을 받아 천자국이 된 것은 은나라 주의 난폭한 통치가 원인을 제공한 것이지 주나라가 자의적으로 추구한 결과가 아님을 밝혔다.

사(肆)는 그러므로, 소국(小國)은 본래 주(周)나라는 약소한 제후국으로 은(殷)나라에 대항할 힘이 없었음을 뜻하고 익(弋)은 주살로 새를 잡는 것이니 취(取)한다는 뜻이며 불비(不畀)는 주지 않음이니 곧 은나라의 천명(天命)을 박탈함이다. 고(固)는 고정(固定)이니 확고하게 진정(鎭定)함이요 난(亂)은 주(紂)가 주지육림(酒池肉林) 속에 포락지형(炮烙之刑)으로 정치혼란을 자행함이며 필(弼)은 하늘이 주나라를 보우(保佑)하는 것이다.

유 제　　불 비　　유 아 하 민 병 위
4-16-4 ······························· 惟帝가 不畀는 惟我下民秉爲가

유 천 명 외
惟天明畏일새니라

『오직 하느님이 주지 아니하심은 오직 우리의 하층민중이 잡아서 하는 것이 오직 하늘이 밝고 두려워함이기 때문이니라.』

◑ 성왕이 하층민중의 생활고를 한탄하는 양심의 소리와 하늘에 하소연하는 소원은 바로 하늘의 밝은 마음이고 두려운 권능이기 때문에 하느님이 민중의 소리를 듣고 은나라의 천명을 박탈하였음을 논증하였다.

병위(秉爲)는 병이(秉彝)로 행동함이니 곧 떳떳한 양심으로 행동함이요 천명외(天明畏)는 앞(1-4-7)에서 이미 해설하였다.

아　　　문　　　왈 상 제 인 일
4-16-5 ······························· 我는 聞하니 曰上帝引逸이어시늘

유 하 불 적 일   즉 유 제   강 격
有夏不適逸한대 則惟帝가 降格하사

향 우 시 하   불 극 용 제
嚮于時夏어시늘 弗克庸帝하고

대 음 일 유 사   유 시 천   망 념 문
大淫泆有辭한대 惟時天이 罔念聞하사

궐 유 폐 원 명   강 치 벌
厥惟廢元命하시고 降致罰하시며

『나는 들으니 말하기를 하느님이 편안하게 인도하시거늘 하나라 정부가 편안한 데로 가지 않으므로 곧 오직 하느님이 내려서 이르시어 이 하나라에 마주보고 가까이 나아가시거늘 능히 하느님을 따르지 않고 크게 음란하고 방탕하여 말만 하므로 오직 이 하늘이 들은 것을 생각함이 없이 그 오직 큰 천명을 폐지하시고 극형을 내리시며.』

◐ 성왕이 은나라가 멸망한 것은 하느님이 여러 번 천재지변으로 경고를 하였음에도 주(紂)가 음란하고 방종하여 듣지 않은 까닭에 마침내 하느님이 그 천명을 박탈하고 극형을 내리게 된 것임을 하나라가 멸망하게 된 세론(世論)을 인용하여 증언하였다.

문(聞)은 세상에서 들은 것이고 인(引)은 인도함이며 일(逸)은 안전하여 편안한 길이다. 향(嚮)은 마주보고 가까이 나아감이요 용(庸)은 화순(和順)하게 붙좇는 것이니 곧 공경하는 마음으로 가까이 섬기며 따르는 것이다. 음일(淫泆)은 음란하고 방탕한 짓에 빠져서 얼이 빠짐이요 유사(遺辭)는 할말이 있다는 뜻이니 여기에서는 말만 번지르르하게 늘어놓는다는 뜻이다. 원명(元命)은 큰 천명(天命)이고 치(致)는 극(極)의 뜻이니 치벌(致罰)은 극형(極刑)이다.

어진 이와 어리석은 사람은 똑같은 자연현상을 놓고 상반되게 인식한다. 그리하여 자연의 재난이 일어났을 때 어진 이는 그 원인을 살펴서 근본적인 해결책을 세우고 어리석은 사람들은 그 결과만을 보고 변명만 늘어놓은 것이다.

<ruby>乃<rt>내</rt></ruby><ruby>命<rt>명</rt></ruby><ruby>爾<rt>이</rt></ruby><ruby>先<rt>선</rt></ruby><ruby>祖<rt>조</rt></ruby><ruby>成<rt>성</rt></ruby><ruby>湯<rt>탕</rt></ruby>하사 <ruby>革<rt>혁</rt></ruby><ruby>夏<rt>하</rt></ruby>하야

<ruby>俊<rt>준</rt></ruby><ruby>民<rt>민</rt></ruby>으로 <ruby>甸<rt>승</rt></ruby><ruby>四<rt>사</rt></ruby><ruby>方<rt>방</rt></ruby>하시니

『이에 너의 선조이신 성탕에게 명령하사 하나라를 혁명하여 재주가 뛰어난 민중으로 사방을 다스리게 하시니.』

❂ 은나라 탕임금이 천명을 받아 하나라 폭군 걸(桀)을 추방하고 혁명을 성공하여 은나라를 세웠음을 세론으로 증언하여 문왕이 천명을 받아 무왕이 은나라 폭군 주(紂)를 추방하고 혁명을 성공하여 주나라를 세운 것도 역시 똑같은 논리에 근거한다는 것을 변증하였다.
혁(革)은 혁명하여 나라를 바꾸는 것이요 준민(俊民)은 재능이 뛰어난 민중이며 승(甸)은 다스리는 것이다.
맹자가 말하기를 천하는 천하사람의 것이고 한 사람의 것이 아니라고 하였으니 임금이 음란하고 포악하거나 정치지도력이 없어 무능하거나 또는 비록 열심히 다스리려고 하여도 천재지변이 거듭하여 민중의 생명이 위태로우면 혁명하여 새 나라를 세우는 것이 민중의 당연한 권리이다.

4-16-7 ······································· <ruby>自<rt>자</rt></ruby><ruby>成<rt>성</rt></ruby><ruby>湯<rt>탕</rt></ruby>으로 <ruby>至<rt>지</rt></ruby><ruby>于<rt>우</rt></ruby><ruby>帝<rt>제</rt></ruby><ruby>乙<rt>을</rt></ruby>에

<ruby>罔<rt>망</rt></ruby><ruby>不<rt>불</rt></ruby><ruby>明<rt>명</rt></ruby><ruby>德<rt>덕</rt></ruby><ruby>恤<rt>휼</rt></ruby><ruby>祀<rt>사</rt></ruby>하시니 <ruby>亦<rt>역</rt></ruby><ruby>惟<rt>유</rt></ruby><ruby>天<rt>천</rt></ruby>이

<ruby>丕<rt>비</rt></ruby><ruby>建<rt>건</rt></ruby><ruby>保<rt>보</rt></ruby><ruby>乂<rt>예</rt></ruby><ruby>有<rt>유</rt></ruby><ruby>殷<rt>은</rt></ruby>이어시늘 <ruby>殷<rt>은</rt></ruby><ruby>王<rt>왕</rt></ruby>도

<ruby>亦<rt>역</rt></ruby><ruby>罔<rt>망</rt></ruby><ruby>敢<rt>감</rt></ruby><ruby>失<rt>실</rt></ruby><ruby>帝<rt>제</rt></ruby>하야 <ruby>罔<rt>망</rt></ruby><ruby>不<rt>불</rt></ruby><ruby>配<rt>배</rt></ruby><ruby>天<rt>천</rt></ruby>일새

<ruby>其<rt>기</rt></ruby><ruby>澤<rt>택</rt></ruby>이라 하니라

『성탕으로부터 제을에 이르기까지에 덕을 밝히고 제사를 신중히

하지 않음이 없으시니 또한 오직 하늘이 크게 은나라 정부를 세워서 보우하여 평화롭게 하시거늘 은나라 왕도 또한 감히 하느님을 어김이 없게 하여 하늘을 짝하지 않음이 없으므로 그 나라가 윤택했다고 하니라.』

● 은나라가 성탕의 도덕정치를 계승하여 민중을 윤택하게 다스리니 하느님이 대대로 은나라 정부를 보우하여 평화롭게 하신 것처럼 똑같은 논리에 근거하여 주나라도 문왕과 무왕의 도덕정치를 계승하여 민중을 윤택하게 다스리면 하느님이 대대로 주나라 정부를 보우하여 평화롭게 하실 것인즉 성왕의 정부도 역시 천명을 가지고 있는 것임을 반증하였다.

휼사(恤祀)는 제사를 신중히 함이고 예(乂)는 평온함이요 실(失)은 차이가 생겨서 어그러짐이며 기(其)는 은(殷)나라를 지칭하는 대명사이고 택(澤)은 윤택함이니 민중의 생활이 모두 넉넉하고 여유가 있음이다.

탕임금과 문왕, 무왕은 똑같이 요와 순의 대통(大統)과 도통(道統)을 계승해서 덕치인정을 베풀었기 때문에 하느님이 은나라와 주나라를 차별함이 없으므로 과거 은나라를 섬겼던 뛰어난 선비들이 이제 주나라를 섬기는 것은 진정 하늘의 뜻을 따르는 당연한 귀결이다.

4-16-8 ························ 在今에 後嗣王이 誕罔顯于天이어늘
　　　　　　　　　　　　　　矧曰其有聽念于先王勤家아
　　　　　　　　　　誕淫厥泆하야 罔顧于天顯民祗하니
　　　　　　　　　　　　惟時上帝가 不保하사
　　　　　　　　　　　　降若玆大喪하시니라

『오늘날에 있어서 뒤를 이은 왕이 하늘에 뚜렷이 드러남이 없거늘 하물며 그 선왕에게 국가를 위하여 힘쓸 것을 들어서 기억함이 있다고 말하겠는가. 크게 음란하고 그 방탕하여 하늘의 뚜렷함과 민중의 공경함에 대하여 돌아보지 않으므로 오직 이에 하느님이 보우하지 아니하시어 이와 같이 크게 망함을 내리시니라.』

◉ 은나라 폭군 주가 선왕의 교훈을 망각하고 음란방탕하며 하늘과 민중을 돌아보지 아니하였기 때문에 나라가 망하고 몸이 죽은 천벌을 받았음을 검증하였다.

후사왕(後嗣王)은 주(紂)를 지칭하고 현우천(顯于天)은 하늘에 뚜렷이 나타내 보이는 치적(治績)이며 근가(勤家)는 국가를 위하여 부지런히 노력하는 것이다. 천현(天顯)은 하늘이 뚜렷이 나타남이니 곧 하늘이 만물을 살리는 덕이요 민지(民祗)는 민중이 공경함이니 곧 양심을 지켜 하느님을 공경함이다. 대상(大喪)은 크게 잃는 것으로 나라가 멸망하고 자신이 죽는 것이다.

4-16-9 ························· 惟天不畀는 不明厥德이어늘
凡四方小大邦이 喪할새
罔非有辭于罰이리라

『오직 하늘이 주지 아니함은 그 덕을 밝히지 않음이거늘 무릇 사방의 작고 큰 나라를 잃음에 벌에 대하여 말이 있지 않음이 없느니라.』

◉ 포악한 임금에게 천명을 주지 않음은 그가 덕을 밝히지 않은 까닭임에도 불구하고 무릇 사방에 크고 작은 나라가 망할 때에 천벌에 대하여 할말이 있지 않음이 없음을 인증하여 망국주(亡國主)가 변명하는 것은 일반적인 상투임을 밝혔다.

불비(不畀)는 천명(天命)을 주지 않음이고 벌(罰)은 천벌(天罰)이다.

4-16-10 ······················· 王이 若하고 曰爾殷多士여

今惟我周王은 丕靈承帝事하시니

有命曰割殷하고

告勅于帝하라하시니라

『왕이 '어이쿠' 하시고 말씀하시기를 그대들 은나라의 많은 인재여,
이제 오직 우리 주나라의 왕은 크게 하느님의 일을 착하게 받드시니
은나라를 베어서 제거하고 하느님께 삼가 보고하라는 명령이 있으시
니라.』

◑ 주나라 무왕이 은나라를 정벌한 것은 천명을 받들고 민심에 따
라서 행한 것임을 선포하였다.
왕약왈(王若曰)은 은(殷)나라 선비들이 아무 대답이 없으므로 다시
말함이요 아주왕(我周王)은 문왕(文王)과 무왕(武王)이며 영(靈)은 착하
게 함이며 명(命)은 하느님의 명령이고 할(割)은 베어서 제거함이다.

4-16-11 ······················· 惟我事가 不貳適이라 惟爾王家에

我適이니 予其曰惟爾洪無度는

我不爾動이요 自乃邑이니라

予亦念天卽于殷하야 大戾라

肆不正이니라

『오직 우리의 일은 두 가지로 쫓지 아니하므로 오직 너의 왕가에 우리가 쫓아갔나니 나는 그 말하건대 오직 너희가 크게 법도가 없음은 우리가 너희를 어지럽게 한 것이 아니고 너희 도읍으로부터 비롯했느니라. 나는 또한 하늘이 은나라에 나아가 크게 어그러지게 하심을 기억하므로 그리하여 바로잡지 아니하니라.』

◉ 성왕이 은나라가 멸망한 원인은 주와 무경이 스스로 법도를 어겨서 하늘이 벌을 내린 것이지 결코 주나라가 흔들어 어지럽게 한 것이 아님을 단언하였다.

사(事)는 말하고 행동하는 일이고 이(貳)는 의심하여 두 가지로 함이요 적(適)은 이리저리 쫓아서 가는 것이다. 따라서 불이적(不貳適)은 오로지 한 가지만을 지키는 것이니 곧 떳떳한 양심을 지킴이고 이왕가(爾王家)는 은(殷)나라 왕가요 아적(我適)은 우리가 정벌하여 나아감이다. 무도(無度)는 법도가 없음이니 주(紂)가 포악한 정치를 하고 무경(武庚)이 반란을 일으킨 것이며 동(動)은 흔들어서 어지럽게 함이요 내읍(乃邑)은 너의 도읍으로 은읍(殷邑)이다. 즉(卽)은 나아감이고 려(戾)는 어그러지게 함이며 정(正)은 바로잡아 고치는 것이다.

은나라가 대통(大統)과 도통(道統)을 잃은 것은 스스로 법도를 잃었기 때문인즉 어찌 주나라를 탓하겠는가. 여기에서 은나라의 많은 인재는 대통과 도통을 계승한 주나라를 인정하지 않을 수 없는 것이니 일제히 성왕의 훈고에 동의해야 마땅하다.

4-16-12 ·························· 王이 曰獻라가 告爾多士하노라
予惟時其遷居西爾는 非我一人이
奉德不康寧이라 時惟天命이시니
無違하라 朕不敢有後하리니 無我怨하라

『왕이 머뭇거리다가 말씀하시기를 너희 많은 인재에게 알리노라. 나는 오직 이 때에 그 너희를 서쪽 땅에 옮겨 살게 함은 나 한 사람이 덕을 받듦에 편안치 못함이 아니라 이는 오직 하느님의 명령이시니 어김이 없도록 하라. 나는 감히 뒤에 다시 연기함이 있지 않으리니 나를 원망치 말라.』

● 성왕이 은나라의 많은 인재들의 대답을 기다리다가 끝내 침묵하고 대답이 없으므로 드디어 마지막 기회임을 선언하며 설득을 계속하였다.

유(猷)는 머뭇거림이니 대답을 기다리는 것이고 천거(遷居)는 주(周)나라에 벼슬하여 옮겨 살라는 말이며 서(西)는 서토(西土)로 주나라 도읍을 뜻한다. 천명(天命)은 하늘의 명령으로 대통(大統)과 도통(道統)을 계승한 정부는 천하를 공평하게 다스려 전혀 차별이 없이 인재를 등용해야 되는 하늘의 명령이다. 그러므로 맹자(孟子)는 말하기를 탕(湯)임금은 중용을 잡으시어 어진 이를 등용하심에 지방색을 가림이 없었고 문왕(文王)은 민중을 보살피기를 상처를 보듯이 하여 도덕정치를 추구하시되 미치지 못할 듯이 하시고 무왕(武王)은 가까운 인재를 누락하지 않고 먼 인재를 잊지 아니하였다 〔『맹자(孟子)』 이루하(離婁下)〕고 하였다. 원(怨)은 인재등용에 차별이 있음을 원망함이다.

4-16-13 ·· 유이지유은선인유책유전
惟爾知惟殷先人有冊有典이라
은혁하명
殷革夏命하리라

『오직 너희는 오직 은나라 선인의 책이 있고 전적이 있으므로 은나라가 하나라의 천명을 변혁한 것을 알리라.』

● 무왕의 혁명정신은 탕임금의 혁명정신을 계승한 것임을 역사책

과 기록물로 다시 증명하였다.

　선인(先人)은 선세(先世)의 사람이고 책(冊)은 서책(書冊)이니 역사책이며 전(典)은 전적(典籍)이니 곧 문건이다.

4-16-14 ······························· 今爾其曰夏는 迪簡在王庭하며
　　　　　　　　　　　　　　　　有服이 在百僚라 하니라
　　　　　　　　　　　　　　　　予一人은 惟聽用德이라
　　　　　　　　　　　　　　　肆予敢求爾于天邑商하노니
　　　　　　　　　　　　　　　予惟率肆는 矜爾요 非予罪라
　　　　　　　　　　　　　　　　時惟天命이시니라

　『이제 너희는 그 말하기를 하나라는 나아가 가려 뽑은 이가 왕의 조정에 있으며 친히 복무하는 사람이 일백 관료의 자리에 있었다고 하니라. 나 한 사람은 오직 덕이 있는 사람을 등용했다고 들었노라. 그러므로 내가 감히 그대들을 왕의 도읍지였던 상읍에서 찾노니 나는 오직 등용하여 배치함은 너희를 자랑스럽게 함이요 내가 죄주려고 함이 아니므로 이는 오직 하늘의 명령이시니라.』

　◐ 주나라도 은나라처럼 많은 인재를 발탁등용해서 충분히 능력을 발휘하게 하려고 은나라의 많은 인재에게 주나라에 벼슬할 것을 권유함을 밝혔다.

　적간(迪簡)은 나아가서 가려 뽑은 인재이고 왕정(王庭)은 왕의 뜰이니 중앙정부의 고위직을 뜻하며 유(有)는 친함이요 복(服)은 복무하는 사람이다. 백료(百僚)는 일백 관료이니 실질적으로 맡은 관직이 있는 사람이며 용덕(用德)은 학덕과 재능이 있는 사람을 등용함이고 천읍

(天邑)은 천자(天子)의 도읍이요 상(商)은 상읍(商邑)이니 은(殷)나라의 옛 도읍을 높여서 일컫는 말이다. 솔(率)은 등용함이고 사(肆)는 베풀어 펼침이니 솔사(率肆)는 어진 이를 등용하여 여러 관직에 배치함이며 긍(矜)은 어진 능력을 발휘하여 자랑함이고 죄(罪)는 죄를 주는 것이니 차별하여 냉대해서 한직(閑職)에 머물게 함이다.

전배(前輩)들은 솔사(率肆)를 낙읍으로 옮겨 살게 함이라고 하였고 긍이(矜爾)는 너희를 불쌍하게 여김이요 여죄(予罪)는 나의 죄라고 해석하였으나 모두 옳지 않다. 어찌 성왕(聖王)이 사람을 강제로 이주시킬 것이며 또한 인재를 불쌍히 여겨서 등용할 것인가. 더욱이 나의 죄가 아니라는 말은 앞뒤의 문맥과 통하지 않으니 억지해석이 분명하다.

4-16-15 ······················· 王이 曰多士여 昔朕이 來自奄할새
予大降爾四國民命하고
我乃明致天罰하여 移爾遐逖이로되
比事臣하니 我宗이 多遜하니라

『왕이 말씀하시기를 많은 인재여, 지난날 내가 엄 땅으로부터 올 때에 나는 너의 네 나라 민중에게 명령을 크게 내리고 내가 이에 밝게 하늘의 벌을 극진히 하여 너희를 먼 곳으로 옮겨야 하리로되 신하로서 종사하게 하였으니 우리가 받듦이 다분히 겸손했느니라.』

◎ 성왕이 무경의 반란을 평정하고 그 추종자들에게 극형을 내려 변방으로 추방해야 마땅함에도 너그럽게 용서하여 계속 주나라의 신하로 등용한 것은 성왕이 어진 인재를 사랑하기 때문임을 밝혔다.

석(昔)은 지난날 주공(周公)이 동정(東政)하여 무경(武庚)의 반란을

평정한 때를 지적하고 엄(奄)은 상(商)나라의 지명이다. 사국(四國)은 은(殷), 관(管), 채(蔡), 곽(藿)나라로 무경과 3감(監)이 결탁하여 반란을 일으킨 나라들이고 민(民)은 민중이요 명(命)은 명령이니 곧 네 나라의 민중에게 명령을 내려 반란에 동조한 세력을 색출하여 체포하라는 말이다. 치(致)는 극진히 함이니 곧 천벌을 극형으로 다스린다는 뜻이며 하적(遐逖)은 먼 곳이니 국경 밖의 유배지이다. 비(比)는 종(從)의 뜻이니 비사신(比事臣)은 주(周)나라의 신하로 계속 종사하게 함이며 종(宗)은 받들어 대우함이고 다(多)는 다분히, 손(遜)은 물러서서 겸손함이다.

전배(前輩)들이 이 경문의 뜻을 모른 채 억지로 글자를 풀어 교묘하게 꿰어 맞추었으나 얼토당토않은 망발일 뿐이다. 그들은 민명(民命)을 민죄(民罪)로 보았으니 민중에게 무슨 죄가 있어서 강등할 것이 있으며 설령 민중에게 죄가 있다고 한들 포악에 억눌리고 간교한 무리들에게 속은 것을 어찌 죄줄 것인가? 또한 이이하적(移爾遐逖)도 은나라의 선비를 낙읍으로 옮긴 것이라고 말하였으나 이미 낙읍에 왔으면 무엇 때문에 벼슬을 하라고 설득하며 만일 강제로 이주시켰다면 천하에 어떤 나라가 복종하지 않은 사람들을 집단적으로 중앙정부의 수도에 정착시키겠는가. 또 다손(多遜)을 은나라 선비들에게 요구한 것으로 해석하였으나 성왕(聖王)이 어찌 불복하는 신하에게 공손함을 강요하겠는가.

맹자(孟子)가 말하기를 사람을 사랑해도 친해지지 않으면 자기의 인간성을 반성하고 사람에게 예절을 표시해도 대답이 없으면 자기의 공경심을 반성하라고 하였으니 다손(多遜)은 성왕(成王)이 스스로를 반성한 결론임이 분명하다.

4-16-16 ···························· 王이 曰告爾殷多士하노라 今予는
惟不爾殺하리라 予惟時命을

有申하노라 今朕이 作大邑于玆洛은
予惟四方罔攸賓이며 亦惟爾多士가
攸服하야 奔走臣이니 我多遜하니라

『왕이 말씀하시기를 너희 은나라의 많은 인재에게 알리노라. 이제 나는 오직 너희를 죽이지 아니하리라. 나는 오직 이 명령을 거듭함이 있노라. 이제 내가 이 낙수에 큰 도읍을 경영함은 나는 오직 사방의 나라가 조빙할 곳이 없고 또한 오직 너희 많은 인재가 복무하여 신하의 일에 있는 힘을 모두 발휘시키기 위함이니 우리는 다분히 겸손하니라.』

◉ 성왕이 앞에서 그토록 은나라의 많은 인재에게 설득하였으나 끝내 묵묵히 듣기만 하고 대답이 없으므로 성왕이 끝으로 그들이 비록 왕의 훈고를 거부하더라도 처벌하여 죽이지 않겠다고 하면서 다만 낙읍을 새로 건설한 이유는 천하의 중심지에서 여러 인재들이 벼슬하여 그 능력을 충분히 발휘토록 하기 위함임을 밝혀 아쉬움을 표현하였다.

살(殺)은 왕명을 거부한 죄로 사형에 처함이고 유신(有申)은 처벌하지 않겠다는 명령을 거듭 약속함이며 빈(賓)은 조빙(朝聘) 등의 외교사무를 처리하는 부서이니 앞(1-2-2)에서 이미 해설하였다. 복(服)은 복무함이고 분주(奔走)는 부지런히 진력하여 능력을 발휘함이며 아다손(我多遜)은 앞에 경문의 아종다손(我宗多遜)을 줄인 것이다.

성왕이 은나라의 많은 인재를 설득함에 오직 천하의 대의만을 반복하여 논하고 그들에게 스스로 판단해서 행동을 하도록 왕명을 내려서 보장하였으니 성왕은 선비의 인격을 존중하고 그 지성을 믿어 의심하지 않은 성군이로다.

이내상유이토   이내상녕간지
爾乃尙有爾土하며 爾乃尙寧幹止하니

이극경   천유비긍이
爾克敬하면 天惟畀矜爾시어니와

이불극경   이불시불유이토
爾不克敬하면 爾不啻不有爾土라

여역치천지벌우이궁
予亦致天之罰于爾躬하리라

『너희는 이에 아직도 너의 전토가 있으며 너희는 이에 아직도 일을 주간하고 거처를 편안히 하니 너희가 능히 공경하여 일하면 하늘이 오직 너희를 불쌍히 여기시려니와 너희가 잘 공경하여 일하지 않으면 너희는 너의 전토를 가지지 못할 뿐만 아니라 나도 또한 하늘의 벌을 너의몸에 극형으로 다스리리라.』

☯ 은나라의 많은 인재가 끝내 왕의 설득을 거부하므로 성왕이 그들을 돌아가게 하면서 주나라에 벼슬을 하지 않고 각자의 생업에만 종사하면 하늘이 시대를 잘못 만나서 재능을 발휘하지 못함을 불쌍하게 여길 것이나 만일 불경스럽게 역모를 꾸민다면 하늘은 물론 성왕도 엄중히 처벌할 것임을 경고하였다.

상유(尙有)는 아직 있는 것이고 이토(爾土)는 너의 전토(田土)이니 그들의 토지를 몰수하지 않았고 앞으로 계속 소유하도록 허가함이요 간(幹)은 일을 주간함이고 지(止)는 머물러 거처함이니 아직 건강하여 자유롭게 활동할 능력이 있다는 말이다. 경(敬)은 일을 부지런히 처리함이고 비긍(畀矜)은 불쌍하게 생각하여 동정함이며 불시(不啻)는 뿐만 아니라, 치천지벌(致天之罰)은 앞(4-16-15)에서 말한 치천벌(致天罰)과 같다.

금이유시택이읍   계이거
今爾惟時宅爾邑하며 繼爾居하되

이 궐 유 간　　유 년 우 자 락
爾厥有幹하야 有年于茲洛하면
이 소 자　　내 흥 종 이 천
爾小子가 乃興從爾遷하리라

『이제 너희가 오직 이에 너의 읍에 정착하며 너의 거주를 계속하되 너희가 그 일을 주간하고 있으면서 낙읍에서 여러 해가 지난다면 너의 어린 자식이 이에 일어나 너희를 좇아서 옮기리라.』

◉ 성왕이 은나라의 여러 인재에게 대대로 살던 고향을 갑자기 떠나서 낙읍으로 이사하기가 어렵다면 우선 혼자 이 낙읍에 머물러 벼슬을 하고 그 가족은 몇 년 뒤에 데리고 와도 좋다고 허락하였다.

택(宅)은 정착함이고 이읍(爾邑)은 은(殷)나라의 여러 인재가 살던 고향이며 유간(有幹)은 주(周)나라에 벼슬하면서 직무(職務)를 주간(主幹)함이 있는 것이며 유년(有年)은 여러 해가 지난 것이다. 소자(小子)는 어린 자식들이고 홍(興)은 홍기(興起)이니 떨치고 일어남이고 천(遷)은 이사함이다.

성왕이 은나라의 여러 선비에게 자유롭게 돌아가서 가업에 종사해도 된다고 허락하면서도 마지막으로 그 가족은 예전처럼 살게 하더라도 혼자서 이 낙읍에 와서 벼슬을 하다가 여러 해가 지난 다음에 천천히 가족을 데려와도 좋다고 간곡히 권유하였으니 성왕이 인재를 사랑하는 마음이 지극하도다.

왕　　왈 우 왈 시 여　　내 혹 언　　이 유 거
4-16-19 ·················· 王이 曰又曰時予를 乃或言하니 爾攸居니라

『왕이 말씀하시기를 너그럽게 용서하여 말하건대 시간을 줄 것을 이에 어떤 사람이 말하니 너희가 살 곳이니라.』

◉ 성왕의 간곡한 훈고에 은나라의 여러 인재들이 생각하여 결정할

시간이 필요하다고 하므로 성왕이 그 요청을 받아들여 즉각 허락하면서 낙읍이 여러 선비의 살 곳임을 강조하였다.

우(又)는 너그럽게 용사(容赦)함이니 『예기(禮記)』 왕제(王制)에 왕삼우연후제형(王三又然後制刑)이라고 하였다. 시(時)는 시간이니 곧 생각하여 결정할 기간을 연장함이고 여(予)는 사(賜) 또는 취(取)의 뜻이니 필요하므로 달라는 뜻이다. 내혹(乃或)은 너희들 가운데 어떤 사람이고 유거(攸居)는 살 곳이니 곧 낙읍(洛邑)이 너희들이 살 땅이라는 뜻이다. 전배(前輩)들은 왕왈(王曰)과 우왈(又曰) 사이에 빠진 문장이 있다고 하였으나 옳지 않다. 왕왈은 사관(史官)이 기록한 말이고 우왈은 성왕(成王)이 직접 용서하여 말한다고 선언한 것이니 독자는 오해 없기 바란다.

대저 은(殷)나라의 선비는 탕(湯)임금의 선조인 설(契)의 윤리교육정신을 높이 받들고(1-2-19 참고) 오랫동안 홍범(洪範)의 정치체제를 갖추어 왔기 때문에 그 정치관이 매우 투철하여 나라가 흥망성쇠하는 원리와 선비가 출처진퇴(出處進退)하는 도덕에 명확한 주장을 가지고 있었다.

그리하여 은나라가 망하고 주(周)나라가 일어남에 기자(箕子)는 은나라의 망한 것은 인정했지만 주나라의 신하가 되기를 거부하여 변방으로 피하였고 백이(伯夷)와 숙제(叔齊)는 수양산에 들어가 아사(餓死)하였으며 많은 하급관료와 선비들은 세상에 숨어서 주나라의 벼슬을 사양하였으니 탕임금의 덕화(德化)가 500년을 지나도 잊을 수 없는 까닭이었다.

따라서 은나라의 중하급 관리였던 많은 인재들이 주나라 정부의 정체성을 인정하면서도 성왕의 권유를 선뜻 받아들이지 못한 것은 은나라에 대한 의리를 생각함이니 어찌 더 이상 강요할 수 있겠는가? 세월이 흐르면 마음에 변화가 있을 것인즉 기다려야 될 일이다.

17. 무일(無逸) / 안일함이 없을진저

일(逸)은 안일(安逸)하게 쾌락(快樂)을 즐기는 것이니 무일(無逸)은 방탕하여 쾌락에 빠짐이 없어야 된다는 뜻이다.

주공(周公)이 성왕(成王)에게 섭정(攝政)을 환수하여 친정(親政)하게 하고 또한 총재(冢宰)의 자리도 사퇴하면서 문왕(文王)의 명덕근정(明德勤政)과 무왕(武王)의 경덕근교(敬德勤敎)의 전통을 계승하여 부지런히 노력해서 훌륭한 성왕(聖王)이 되고 길이 장수(長壽)하는 길을 밝혀 훈도(訓導)한 내용이다.

제왕(帝王)에게 일락(逸樂)을 경계함은 그 전통이 매우 오래되었으니 일찍이 익직(益稷)이 순(舜)임금에게 유일(遊逸)과 음락(淫樂)을 경계(1-3-6)하였고 하(夏)나라 걸(桀)과 은(殷)나라 주(紂)는 일락에 빠져서 나라가 멸망하고 그 몸이 죽었으니 제왕에게 있어서 일락은 맹독처럼 위험한 것이다.

이 편은 『금문상서(今文尙書)』와 『고문상서(古文尙書)』에 모두 수록되어 있다.

주공　　왈오호　　군자　　소기무일
4-17-1 ·················· 周公이 曰嗚呼라 君子는 所其無逸이니이다

『주공이 말하기를 오호라, 군자는 그 안일함이 없는 것입니다.』

◉ 주공이 성왕에게 군자는 공경하지 않음이 없어서 언제나 안일함이 없는 것을 깨우쳤다.

군자(君子)는 학덕이 높아 벼슬자리에 있는 사람이고 소(所)는 바,

것, 또는 곳을 말하고 일(逸)은 안일(安逸)하게 쾌락(快樂)을 즐김이다.

4-17-2 ·· 先^선知^지稼^가穡^색之^지艱^간難^난하시고
乃^내逸^일은 則^즉知^지小^소人^인之^지依^의하소서

『먼저 농사의 어려움을 아시고 이에 안일함은 곧 소인배들이 의지함임을 아소서.』

● 주공이 사람은 먹어야 사는데 그 식량을 생산하는 농부는 부지런히 애써 가꾸고 거두거늘 이에 안일하게 쾌락만을 즐기는 소인배는 농부들의 노력에 의지하여 공밥을 먹는 것임을 밝혔다.

가(稼)는 농작물을 심은 것이고 색(穡)은 그것을 거두어들이는 것이니 곧 농사이며 간난(艱難)은 일이 많고 힘들어 고생함이고 소인(小人)은 스스로 생산하지 않고 소비만 하는 계층으로 안일하게 쾌락만 즐기는 부류요 의(依)는 남에게 의존하여 기생함이다.

군자(君子)는 부지런히 인격을 갈고 닦아 끊임없이 정치와 교육의 발전을 위하여 헌신 노력하므로 밥을 먹을 자격이 있지만 소인배(小人輩)는 오로지 한 몸의 안락을 도모하여 무위도식하니 국가사회발전을 해치는 것이다.

전배(前輩)들은 내일(乃逸)을 군자의 편안함으로 보고 소인지의(小人之依)를 농민이 농사에 의존함으로 해석하였으나 옳지 않다. 주공이 앞에서 군자는 무일(無逸)이라고 밝혔거늘 어찌 금방 말을 바꾸어 편안함을 논할 것이며 또한 다음 경문의 내일(乃逸)과 뜻이 다르게 되며 소인지의(小人之依)는 앞에 군자무일(君子無逸)과 비교하여 논리를 전개한 것으로 다음 경문에서 근로(勤勞)하는 부모와 안락한 자식을 예로 들어 증거하였으니 살피기 바란다.

4-17-3 ······················· 相小人하면 厥父母가 勤勞稼穡하여도
厥子가 乃不知稼穡之艱難하고
乃逸하며 乃諺하며 旣誕이라가
否則侮厥父母하야 曰昔之人이라
無聞知라 하나이다

『소인배를 보면 그 아버지와 어머니가 부지런히 노력하여 농사를 지어도 그 자식은 이에 농사의 어려움을 알지 못하고 이에 안일하며 이에 뻐득뻐득하며 이미 방탕하다가 비색하면 그 아버지와 어머니를 무시하여 말하기를 구시대의 사람이라서 들어 아는 것이 없다고 하나이다.』

● 주공이 근로하는 부모를 군자로 비유하고 나태한 아들을 소인배로 비유하여 게으른 사람의 작태를 밝혔다.

상(相)은 비교하여 보는 것이고 언(諺)은 뻐득뻐득함이니 말과 행동이 고분고분하지 않고 빡빡함이며 탄(誕)은 자라서 방탕함이요 비(否)는 비색(否塞)함이니 운수가 꽉 막힘이다. 석지인(昔之人)은 그 부모가 구시대(舊時代)의 사람이란 뜻이고 무문지(無聞知)는 들어서 아는 것이 없는 것으로 곧 시대의 발전을 알지 못하고 농사만 짓고 살아서 발전이 없다는 말이다.

부지런한 사람은 자립심이 강하고 게으른 사람은 의타심이 많은 것이 고금의 일반적인 특징이다.

4-17-4 ···························· 周公이 曰嗚呼라 我聞하니
曰昔在殷王中宗하면 嚴恭寅畏하사

천 명 자 탁 　　　 치 민 지 구
天命自度하시며 治民祇懼하시고
불 감 황 녕 　　　 사 중 종 지 향 국
不敢荒寧하시니 肆中宗之享國이
칠 십 유 오 년
七十有五年이라 하며

『주공이 말하기를 오호라, 나는 들으니 이르기를 옛날에 은나라 왕
중종을 살펴보면 엄숙하고 공경하며 삼가고 두려워하시어 천명을 스
스로 헤아리시며 민중을 다스림이 공경하고 두려워하시고 감히 편안
함에 빠지지 아니하시니 그러므로 중종이 왕위를 계승하여 누린 기간
이 75년이라고 하며.』

　☯ 주공이 비록 창업주가 아니고 왕위를 계승한 임금도 부지런히
천명을 받들고 민중을 안락하게 다스리면 그 왕위가 길이 보장된다는
것을 역사적인 사실로 변증하였다.
　주공왈(周公曰)은 앞의 말에 성왕(成王)이 찬동의사를 표해야 함에
도 아무 대답이 없으니 사관(史官)이 삽입하였으니 아래도 같다. 재
(在)는 살펴보는 것이요 중종(中宗)은 사마천(司馬遷)의 『사기(史記)』에
말하기를 그 이름이 태무(太戊)로 태경(太庚)의 아들이요 태갑(太甲)의
손자인데 이윤(伊尹)의 아들 이척(伊陟)을 등용하여 밝은 정치를 베풀
어 은(殷)나라를 중흥하였기 때문에 중종이라고 일컬었다고 했다. 엄
(嚴)은 엄숙함이요 인(寅)은 삼가고 조심함이며 외(畏)는 두려워하여
살피는 것이다. 탁(度)은 헤아려 꾀함이고 황(荒)은 빠지는 것이니 황
녕(荒寧)은 안일에 빠지는 것이며 향국(享國)은 임금이 왕위를 계승하
여 누린 기간이다.
　가장 어진 사람이 정치를 주재해야 된다는 왕도정치에 있어서 제왕
론은 창업주와 후계자의 차별이 없다. 다만 천명을 받들고 민심을 따
라서 화평세계를 건설하면 오래도록 재위하고 만일 천명을 어기고 민
심을 거슬려 천재, 지변, 인화가 겹쳐 나라가 어지럽고 민중의 고통이
한계에 다다르면 즉각 반정이나 혁명을 일으켜 폐위시켜야 한다.

4-17-5 ······················· 其在高宗하면 時舊勞于外하야
기 재 고 종 　　시 구 로 우 외

爰曁小人이러니 作其卽位하사
원 기 소 인 　　작 기 즉 위

乃或亮陰三年을 不言하시고
내 혹 량 암 삼 년 　불 언

其惟不言하시나 言乃雍하시며
기 유 불 언 　　언 내 옹

不敢荒寧하사 嘉靖殷邦하사
불 감 황 녕 　　가 정 은 방

至于小大에 無時或怨하니
지 우 소 대 　　무 시 혹 원

肆高宗之享國이 五十有九年이시며
사 고 종 지 향 국 　오 십 유 구 년

『그 고종을 살펴보면 당시 오랫동안 지방에서 근로하여 이에 소인
과 더불더니 그 즉위하시게 되자 이에 괴이하게도 부왕의 상복을 입
고 3년을 말하지 아니하시고 그 오직 말하지 아니하시나 말하면 이에
온화하게 하시며 감히 안일함에 빠지지 아니하여 은나라를 아름답게
다스려 안전하게 하시어 작은 일이나 큰 일에 이르기까지 때로 누구
도 원망이 없으니 그러므로 고종이 왕위를 계승하여 누린 기간이 59
년이라고 하며.』

● 주공이 또 은나라 고종을 예로 들어 어진 이를 찾아 등용하여
크고 작은 일을 부지런히 살펴 나라를 잘 다스려 안정시키고 민중의
원망이 없게 하면 왕위가 길이 보장되는 것임을 재차 변증하였다.
고종(高宗)은 이름이 무정(武丁)으로 부열(傅說)을 건축공사장에서
찾아 대신으로 등용하여 아름다운 정치를 하였으니 앞에 열명상(說命
上)과 고종융일(高宗肜日) 편의 해제(解題)에서 이미 해설하였고 시(時)
는 고종이 즉위하기 이전의 시기이며 구(舊)는 오랫동안이다. 노(勞)는
근로이고 외(外)는 외방(外方)으로 곧 고종이 즉위하기 이전에는 오랫
동안 지방에 거주하면서 농업에 종사했다는 말이다. 기(曁)는 더불어
함께 함이고 소인(小人)은 서민으로 서민대중 속에서 더불어 살면서

그 어려움을 체험했다는 뜻이다. 혹(或)은 괴이함이니 상식적으로 이
해할 수 없는 일이요 량암(亮陰)은 앞(3-12-1)에서 이미 해설하였으며
옹(雍)은 온화한 모양으로 고종이 부열을 찾아 대신으로 등용하면서
정치와 교육을 논하는 모양이니 앞의 열명(說命) 편을 참고하라. 가정
(嘉靖)은 아름답게 다스려 안전함이고 소대(小大)는 작은 일과 큰 일이
며 시혹(時或)은 가끔 어느 누구도의 뜻이다.

4-17-6 ······························ 其在祖甲하면 不義惟王이라
　　　　　　　　　　　　　　　　기 재 조 갑　　　불 의 유 왕

舊爲小人이러니 作其卽位하사
구 위 소 인　　　　　작 기 즉 위

爰知小人之依하사 能保惠于庶民하시며
원 지 소 인 지 의　　　능 보 혜 우 서 민

不敢侮鰥寡하시니 肆祖甲之享國이
불 감 모 환 과　　　　사 조 갑 지 향 국

三十有三年이라하나이다
삼 십 유 삼 년

『그 조갑을 살펴보면 오직 왕이 되는 것이 옳지 않으므로 오랫동안
서민이 되었더니 그 즉위하시게 되자 이에 서민의 의지함을 아시어
능히 서민에게 편안하고 인애롭게 하시며 감히 홀아비와 과부를 업신
여기지 아니하시니 그러므로 조갑이 왕위를 계승하여 누린 기간이 33
년이라고 하나이다.』

☯ 주공이 은나라 조갑을 예로 들어 서민을 잘 보호하고 은혜롭게
다스리면 왕위가 오랫동안 보장되는 것임을 세번째 변증하였다.
　조갑(祖甲)은 은(殷)나라 고종(高宗)의 둘째아들로 그 형인 조경(祖
庚)이 있으므로 일찍이 초야(草野)로 물러가서 서민과 더불어 살다가
조경이 붕(崩)하니 나라사람들이 왕으로 세웠다. 불의(不義)는 옳지 않
음이니 차자(次子)가 장자(長子)를 젖히고 왕위를 계승함이 옳지 않다
고 생각함이요 의(依)는 의지함인데 서민이 왕에게 기대하는 희망사

항이며 보혜(保惠)는 편안하고 인애롭게 다스림이다.

주공이 세 번에 걸쳐 왕위를 계승하여 오랫동안 누리는 방법을 역사적 사실로 변증하였으니 부지런히 살펴 미리미리 준비하여 아름답게 다스리면 인민이 신임하여 따르므로 몸에 생기가 나서 활력이 넘치기 때문에 더욱 오래 살고 만일 게으르고 방탕하여 주색에 빠지면 뜻밖에 사건사고가 일어나고 천재지변이 겹쳐서 헤어나지 못하므로 몸이 고달파 단명하는 길임을 확인할 수 있도다.

4-17-7 ······························
自時厥後로는 立王에 生則逸하니

生則逸이라 不知稼穡之艱難하며

不聞小人之勞하고 惟耽樂之從하니

自時厥後로 亦罔或克壽하야

或十年하며 或七八年하며

或五六年하며 或三四年하니이다

『이로부터 그 뒤로는 왕을 세움에 생활을 곧 편안하게 하니 생활함이 곧 안일하므로 농사의 어려움을 알지 못하며 서민의 노고를 듣지 못하고 오직 주색에 빠져서 마음껏 즐김만을 좇으니 이로부터 그 뒤로는 또한 누구나 능히 오래 사는 이가 없어 어떤 이는 10년 하며 어떤 이는 7~8년 하며 어떤 이는 5~6년 하며 어떤 이는 3~4년 하나이다.』

◑ 주공이 왕의 생활을 안일하게 만들면 결국 정치가 문란하게 되고 몸의 생기를 잃어서 왕위에 오래 있을 수 없음을 은나라 후대 왕의 실례로 증언하였다.

생(生)은 생활이고 소인(小人)은 약소한 서민이며 탐락(耽樂)은 주색에 빠져서 마음껏 즐기는 것이다. 혹(或)은 어떤 임금이고 수(壽)는 오래 장수함이다.

사람은 생활이 안일하면 지루하고 따분해지며 지루하고 따분하면 반드시 기분을 전환할 신기괴벽한 것을 찾게 되며 신기괴벽한 놀이를 즐기면 마침내 주색에 빠지는 것이므로 절대로 안일이 생활화되어서는 안 된다.

4-17-8 ·································· 周公이 曰嗚呼라 厥亦惟我周에
太王王季가 克自抑畏하시고

『주공이 말하기를 오호라, 그것은 또한 오직 우리 주나라에 태왕과 왕계가 능히 스스로 억누르고 두려워하시고.』

◉ 주공이 무일의 교훈을 역설하였으나 성왕이 아무 말도 하지 않으므로 다시 주나라의 임금이 부지런했던 사실로 거듭 변증했다.

궐(厥)은 앞의 안일(安逸)을 지칭하는 대명사이고 태왕(太王)은 문왕(文王)의 조부요 왕계(王季)는 문왕의 아버지인데 앞(4-5-5-)에서 이미 해설하였다. 극(克)은 능의 뜻이요 억(抑)은 억지(抑止)함이니 안일한 생각을 억눌러 못하게 함이며 외(畏)는 쾌락을 가까이 하는 것을 두려워함이다.

사람이 부지런하기 위해서는 먼저 안일한 생각을 버려야 되고 쾌락의 피해를 두려워해야 되나니 자고로 창업의 기초를 세운 사람은 안일을 멀리하고 쾌락을 두려워하지 않은 이가 없었으므로 독자는 뜻을 확고하게 세울지어다.

文王은 卑服으로 卽康功田功하시니
문왕 비복 즉강공전공

徽柔懿恭하사 懷保小民하시며
휘유의공 회보소민

惠鮮鰥寡하심에 自朝로 至于日中昃에
혜선환과 자조 지우일중측

不遑暇食하사 用咸和萬民하시니이다
불황가식 용함화만민

『문왕은 천한 의복으로 인민을 편안히 하는 일과 농사일에 나아가시니 아름답게 부드러우시고 크게 공손하시어 약소한 민중을 품어 보호하시며 홀아비와 과부를 인애하여 명랑하게 하심에 아침부터 점심과 저녁에 이르기까지 밥을 잡수실 겨를이 없으시어 만민을 모두 화락하게 하시니이다.』

◉ 여기에서는 주공이 그 아버지 문왕의 근면함에 대하여 직접 본 바를 말하였다.

비복(卑服)은 천한 옷감을 지은 노동복이고 즉(卽)은 나아감이며 강공(康功)은 인민을 편안하게 다스리는 일이요 전공(田功)은 식량을 생산하는 농사의 일이니 문왕(文王)은 민생치안과 민생안정을 위하는 일을 직접 독려하고 감독했다는 말이다. 휘(徽)는 아름다움이고 의(懿)는 큰 것이니 부드러움에 절도가 있고 지극히 공손하였다는 뜻이다. 회보(懷保)는 사랑으로 품어 보호함이고 혜선(惠鮮)은 은혜를 베풀어 명랑하게 만든 것이며 조(朝)는 아침밥, 일중(日中)은 점심시간, 측(昃)은 저녁밥을 먹는 세 끼의 때요 황가(遑暇)는 겨를이다.

우임금은 홍수를 다스림에 그 집의 대문을 세 번 지나가면서도 들어가지 아니하였고 문왕은 만민의 안녕을 위하여 세 끼니의 밥을 먹을 겨를이 없었으며 공자는 천하의 도덕을 바로잡기 위하여 앉은 자리가 따뜻할 사이가 없었으니 근면함의 본보기인저!

4-17-10 ····································· 文王_{문왕}은 不敢盤于遊田_{불감반우유전}하시고

以庶邦惟正之供_{이서방유정지공}하시니 文王受命_{문왕수명}은

惟中身_{유중신}이라 厥享國_{궐향국}이 五十年_{오십년}이시니이다

『문왕은 감히 사냥놀이에 즐거워하지 아니하시고 여러 나라에 오직 정당한 부담으로써 하시니 문왕이 천명을 받으심은 오직 몸을 중립하심이므로 그 왕위를 계승하여 누리신 기간이 50년이시니이다.』

◉ 주공이 문왕의 천명을 받은 내력은 쾌락을 즐기지 않고 여러 지방국가에 정당한 세금만을 부과했기 때문이며 50년간 재위하게 된 것은 몸소 정덕(正德)을 지켜 중용(中庸)의 도를 말미암은 까닭임을 밝혔다.

반(盤)은 즐기는 것이고 유전(遊田)은 유전(遊畋)과 같으니 사냥놀이요 서방(庶邦)은 문왕(文王)이 서백(西伯)으로서 관할한 지방국가이다. 정(正)은 정당함이니 곧 공정한 규정이며 공(供)은 부세(賦稅)와 공물(貢物)을 나라에 바치도록 인민에게 부담시키는 것이다. 수명(受命)은 천명(天命)을 받아 왕이 되는 것이니 문왕은 천하제후의 3분의 2가 주(紂)를 이탈하여 돌아왔지만 스스로 천자(天子)의 자리에 오르지는 아니했다. 그러나 세상사람들은 문왕을 사모하여 천자로 의지했기 때문에 왕으로 공인하였다. 중(中)은 중립이니 어느 쪽에도 치우치지 않고 공정성을 지킴이며 신(身)은 몸과 마음이니 곧 문왕의 몸과 마음이요 오십년(五十年)은 문왕이 47세에 즉위하여 97세에 붕(崩)하시기까지의 기간이다.

한(漢)나라 공안국(孔安國)은 중신(中身)을 일생의 중간으로 해석하여 마흔 살이 지난 나이로 보았으나 옳지 않다. 문왕은 중년에 왕위에 올랐기 때문에 50년을 누린 것이 아니라 몸소 부지런히 정덕(正德)을 밝혀 중용(中庸)의 도를 말미암은 까닭에 하늘이 돕고 민심을 얻어 50년 동안 재위했다는 말이니 학자는 살피기 바란다.

주공 왈오호 계자금
周公이 曰嗚呼라 繼自今으로

사왕 측기무음우 관우일우유우전
嗣王은 則其無淫于觀于逸于遊于田하사

이만민유정지공
以萬民惟正之供하소서

『주공이 말하기를 오호라, 이제부터 계속하여 뒤를 이으신 왕은 그 구경과 안일과 여행과 사냥에 지나침이 없음을 본받으시어 만민에게 정당한 부담으로써 하소서.』

☯ 주공이 성왕에게 문왕을 본받아 부지런히 정덕을 기르고 중용의 도를 말미암아 만민에게 정당한 세금만 부과하라고 당부하였다.

사왕(嗣王)은 성왕(成王)이고 음(淫)은 과도하여 지나침이며 관(觀)은 관광하며 구경하는 것이요 유(遊)는 유람이다.

주공왈(周公曰)을 거듭 기록한 것은 앞의 말에 대하여 성왕의 대답을 기다렸으나 아무런 반응이 없으므로 주공이 다시 말을 계속하였다는 뜻이니 실제 상황에서 성왕이 대답하여 감사의 뜻을 표했음에도 사관이 삭제하였는지 아니면 본래 성왕이 주공의 말을 끊지 않기 위하여 묵묵히 듣기만 하였는지 알 수 없다. 이것은 앞에서 한 편의 문장에 왕왈(王曰)이 거듭 나온 것과 같은 역사기록 방법으로 왕의 훈고에 찬성하여 지지하는 신하와 국민의 반응을 기다렸으나 아무런 반응이 없을 때에 다시 왕왈(王曰)로 시작하는 문장체와 유사하므로 독자는 오해 없기 바란다.

무황왈금일 탐락
無皇曰今日만 耽樂이라하소서

내비민유훈 비천유약
乃非民攸訓이며 非天攸若이라

시인 비측유건
時人이 丕則有愆하리니

무 약 은 왕 수 지 미 란　　후 우 주 덕 재
無若殷王受之迷亂하야 酗于酒德哉하소서

『황급히 오늘만 주색에 **빠져서** 마음껏 즐기자고 말하지 마소서. 이에 인민에게 가르칠 바가 아니며 하늘에 따르는 바가 아니므로 그 당시의 사람들이 크게 허물이 있는 것을 본받으리니 은나라 왕이었던 수처럼 혼미하고 어지러워 술의 성능에 의하여 술주정을 하지 마소서.』

☯ 주공이 성왕에게 단지 하루 동안이라도 주색에 **빠져서** 마음껏 즐기자고 말하지 말라고 크게 경계하였다.

무(無)는 없게 하라는 금지사이고 황(皇)은 황(遑)의 뜻이니 황급하게 서두르는 것이다. 탐락(耽樂)은 앞(4-17-7)에서 이미 해설하였고 약(若)은 순종함이며 시인(時人)은 그 당시의 사람들이다. 수(受)는 주(紂)의 이름이요 주덕(酒德)은 술의 성질과 효능이니 먹으면 취하는 작용을 한다.

사람의 인격은 항상 발전하기는 어렵고 타락하여 나쁜 길로 **빠지기**는 쉬우니 정치지도자의 타락은 일시에 사회풍조로 발전해서 걷잡을 수 없는 상황에 이른다. 따라서 주공의 단 하루도 주색에 **빠지지** 말라는 훈도는 결코 지나친 말이 아니니 정치인은 깊이 헤아리기 바란다.

　　　　　　　　　　　　　　주 공　　왈 오 호　　아 문 왈 고 지 인
4-17-13 ·························· 周公이 曰嗚呼라 我聞曰古之人은
　　　　　　　　　　　　　　유 서 훈 고　　　서 보 혜
　　　　　　　　　　　　　　猶胥訓告하며 胥保惠하며
　　　　　　서 교 회　　　민 무 혹 서 주 장 위 환
　　　　　　胥教誨라 民無或胥譸張爲幻하니이다

『주공이 말하기를 오호라, 나는 들으니 이르기를 옛사람은 오히려 서로 가르쳐 충고하며 서로 보호하고 인애하며 서로 가르치고 깨우치

므로 인민이 어느 누구도 서로 허풍을 치면서 미혹되게 함이 없었나
이다.』

● 주공이 민간사회가 타락하여 주색에 빠지는 것을 막으려면 반드
시 나라에 서로 더불어 도덕을 권장하고 과실을 충고하는 아름다운
풍속을 일으켜야 됨을 밝혔다.

서(胥)는 서로, 훈고(訓告)는 훈계하고 충고함이며 보혜(保惠)는 앞
(4-17-6)에서 이미 해설하였고 주장(譸張)은 속임수로 허풍을 치는 것
이요 환(幻)은 미혹한 환상이다.

나라에 윤리가 무너져서 부자(父子), 민관(民官), 부부(夫婦), 장유(長
幼), 붕우(朋友)의 관계가 해체되어 각각 이탈하여 고립되면 간교한 무
리들이 일어나 허풍을 치면서 유혹하는 말에 속아서 환상적인 것을
좇다가 몸을 망치고 재산을 잃고 나서 마침내 세상을 원망하여 술과
마약과 여색으로 일시적이고 감각적인 쾌락에 빠지는 것인즉 정치가
와 교육자는 이 점을 살펴서 먼저 윤리를 밝혀 서로 보호하고 사랑하
는 사회풍속을 일으키는 데 있는 힘을 다하라.

4-17-14 ························· 此厥不聽하시면 人乃訓之하야
乃變亂先王之正刑하야 至于小大하리니
民이 否則厥心違怨하며
否則厥口詛祝하리이다

『이것을 그 듣지 않으시면 사람이 이에 순하게 따라서 이에 선왕의
형법을 변경하고 어지럽혀서 작은 일과 큰 일에 이르리니 민중이 비
색하면 그 마음이 어그러지고 원망하며 비색하면 그 입이 저주하고
빌 것입니다.』

◑ 주공이 성왕에게 이 무일의 훈도를 듣지 않으면 점차 안일과 쾌락에 빠져서 풍속이 타락하므로 고통을 받는 민중이 원망하고 저주하게 될 것임을 경계하였다.

훈(訓)은 순하게 따름이니 유도(誘導)됨이고 형(刑)은 형법이며 비(否)는 비색(否塞)함이요 조(詛)는 저주(詛呪)이고 축(祝)은 비는 것이다.

안일과 쾌락을 추구하는 국가는 생산을 위축시키고 소비를 증대하므로 반드시 민중을 학대하여 증산을 강요하며 착취하기 때문에 민중이 원망하고 저주하게 되는 것이다.

4-17-15 ························ 周公이 曰嗚呼自殷王中宗으로

及高宗과 及祖甲과

及我周文王에 茲四人은 迪哲하시니이다

『주공이 말하기를 은나라의 왕 중종으로부터 및 고종 및 조갑 및 우리 주나라의 문왕에 이르기까지 이 네 사람은 밝은 사회를 개발하셨나이다.』

◑ 주공이 성왕에게 훌륭한 임금은 윤리를 밝혀 아름다운 풍속을 일으켜서 문명한 사회를 건설하였음을 예증하였다.

적(迪)은 기도하여 개발함이고 철(哲)은 명철한 지성이 있어서 문명한 사회이다.

임금이 윤리를 밝히면 문명한 사회가 열리고 만약 윤리를 버리면 혼란한 암흑사회가 되었던 것이니 임금에게 있어서 윤리사상은 곧 사회의 기강이 서고 무너지는 관건이다.

권 혹 고 지 왈 소 인　　원 여 리 여
厥或告之曰小人이 怨汝詈汝라거든

즉 황 자 경 덕　　　권 건
則皇自敬德하사 厥愆을

왈 짐 지 건　　　　　　윤 약 시
曰朕之愆이라 하소서 允若時하시고

불 시 불 감 함 노
不啻不敢含怒하소서

『그 어떤 사람이 보고하여 말하기를 약소한 서민대중이 그대를 원
망하고 그대를 꾸짖는다고 하거든 곧 황급하게 스스로 덕을 공경하시
어 그 허물을 말하기를 나의 허물이라고 하소서. 진실로 이와 같이 하
시고 뿐만 아니라 감히 분노심을 품지 마소서.』

◉ 주공이 성왕에게 만일 서민대중으로부터 원망하고 저주하는 소
리가 들리거든 즉각 자기자신의 덕을 반성하고 모든 책임을 스스로
질 뿐만 아니라 감히 분노심도 가지지 말라고 당부하였다.
　이(詈)는 꾸짖는 말이고 황(皇)은 황급히 즉각함이며 불시(不啻)는
뿐만 아니라의 뜻으로 접속하는 말이다.
　전배(前輩)들이 함노(含怒)를 소인의 분노로 해석하였으나 옳지 않
다. 이 말은 성왕이 진실로 반성하고 조금도 서민대중을 섭섭하게 생
각하지 말라는 간절한 부탁이다. 다음 문장과 이어 읽으면 알 것이다.

차 궐 불 청　　　　　　인 내 혹 주 장 위 환
此厥不聽하시면 人乃或譸張爲幻하야

왈 소 인 원 여 리 여　　　즉 신 지
曰小人怨汝詈汝라거든 則信之하시리니

즉 약 시　　　　불 영 념 궐 벽
則若時인댄 不永念厥辟하시고

불 관 작 궐 심　　　난 벌 무 죄
不寬綽厥心하사 亂罰無罪하며

살 무 고　　　　　　원 유 동
殺無辜하시리니 怨有同하야

是叢于厥身하시리이다

『이것을 그 듣지 아니하시면 사람이 이에 간혹 허풍을 치면서 미혹되게 하여 말하기를 약소한 사람이 그대를 원망하고 그대를 꾸짖는다고 하면 곧 그 말을 믿으시리니 곧 이와 같을진댄 그 법을 길이 생각하지 아니하시고 그 마음을 너그럽고 침착하게 하지 아니하시어 어지럽게 죄가 없는 사람을 처벌하며 허물이 없는 이를 죽이시리니 원한이 똑같이 있어서 이에 그 몸에 모일 것입니다.』

◑ 주공이 성왕에게 윤리가 무너진 암흑시대가 되면 간교한 무리들이 허황된 말로 임금을 유혹하면서 민의를 빙자하여도 임금을 바른 길로 이끌어주는 신하가 없어서 결국 농락당할 뿐임을 경고하였다.
　주장(譸張)은 앞(4-17-13)에서 이미 해설하였고 벽(辟)은 법이요 작(綽)은 침착함이며 원유동(怨有同)은 민중의 원한이 간신배와 임금에게 똑같이 있는 것이며 총(叢)은 모이는 것이다.
　임금에게 있어서 법과 양심은 정치지도력을 발휘하는 바탕이거늘 이것이 흔들리고 희미하게 되면 사악한 무리들이 끼여들어 유혹하는 것이니 일단 유혹의 마수에 걸려들면 스스로 빠져나올 방법이 없는 것이다.

　　　　　　　　　　주 공　　왈 오 호　　사 왕　　기 감 우 자
4-17-18 ···················· 周公이 曰嗚呼라 嗣王은 其監于玆하소서

『주공이 말하기를 오호라, 뒤를 이으신 왕은 그 여기에서 거울로 하소서.』

◑ 주공이 성왕에게 나라의 법을 길이 생각하고 너그럽고 침착한 마음을 간직하여 장수하는 왕이 되는 거울로 삼으라고 당부하였다.

감(監)은 거울로 삼는 것이고 자(玆)는 이 무일(無逸) 편의 글이다.

이 무일 편에서 주공이 오호(嗚呼)의 감탄을 일곱 번이나 했으니 제왕에게 있어서 무일의 중요성이 얼마나 큰지를 짐작할 수 있을 것이다.

옛날의 성왕(聖王)은 꼭두새벽에 일어나서 조정에 나아가 집무하고 밤늦게까지 정무를 논했거늘 후세에는 이와 반대로 상관은 가장 늦게 출근하여 가장 먼저 퇴근하는 습속이 생겨서 책임이 무거운 사람이 더욱 편안하고 책임이 없는 사람이 더 바쁘게 되었으니 정치사업이 지리멸렬하게 된 원인이다.

사업을 주관하는 사람은 일을 계획하고 주선하고 확인해야 하므로 항상 현장에 가까이 있어야 하거늘 어느 겨를에 안일하게 쾌락을 즐길 틈이 있겠는가? 그러므로 안일과 쾌락을 한순간이라도 즐기면 사업의 지연이나 실패에 대한 모든 책임을 스스로 지게 되는 것이므로 모든 지도자와 책임자는 무일 편을 거울로 삼아야 한다.

18. 군석(君奭) / 그대 석(奭)이여

군(君)은 존칭대명사이고 석(奭)은 주(周)나라 태보(太保)의 자리에 있었던 소공(召公)인데 여오(旅獒)와 소고(召誥) 편의 해제(解題)에서 이미 해설하였다.

소공은 처음부터 주공(周公)과 더불어 문왕(文王)과 무왕(武王)의 덕(德)을 천하에 밝히기 위하여 노력하였는데 이제 성왕(成王)을 위하여 낙읍(洛邑)을 건설하고 힘써 받들다가 몸이 늙으니 주공보다도 먼저 태보의 직을 사임하려고 하니 주공이 성왕의 명을 받아 훈고(訓告)하여 만류한 내용이다. 『시경(詩經)』의 첫머리에 주남(周南)과 소남(召南) 편을 보면 주공과 소공의 친밀한 사이를 짐작할 수 있을 것이다.

이 편도 『금문상서(今文尙書)』와 『고문상서(古文尙書)』에 모두 수록되어 있다.

4-18-1 ·································· 周公이 若하고 曰君奭아
弗弔天이 降喪于殷하사
殷旣墜厥命하고 我有周旣受어늘
我不敢知하노니 曰厥基永孚于休하야
若天棐忱가이며 我亦不敢知하노니
曰其終에 出于不祥가이니라

『주공이 '어이쿠' 하고 말하기를 그대 석이여, 불쌍히 여기지 아니

하시는 하늘이 은나라에 멸망을 내리시어 은나라가 이미 그 천명을
잃어버리고 우리 주나라 정부가 이미 받았거늘 나는 감히 알지 못하
노니 말하건대 그 기업이 아름다움에 길이 진실하여 순순히 하늘이
정성을 도우실런지이며 나는 또한 감히 알지 못하노니 말하건대 그
끝에는 상서롭지 않은 데로 나아갈런가이니라.』

● 주공이 소공에게 주나라는 문왕과 무왕이 창업은 하였지만 이제
성왕이 수성(守成)하는 단계에 있으니 미래의 흥망이 지금 이 순간에
있음을 강조하였다.

군(君)은 친구를 높여서 부른 것이니 주공(周公)과 소공(召公)은 같
은 희(姬)성이지만 친형제는 아니고 또 소공의 학덕이 지극히 높은 노
인이기 때문에 여(汝)라고 하지 않고 군(君)이라고 하였으며 석(奭)은
소공의 이름인데 본래 성인(成人)의 이름은 군(君), 사(師), 부(父)밖에
부를 수 없지만 주공이 섭정(攝政)으로서 왕의 명을 받아 훈고(訓告)하
는 까닭에 직접 이름을 호칭하였다. 불조(弗弔)는 불쌍히 여기지 아니
함이니 곧 사사로운 정이 없이 공정함이고 상(喪)은 망(亡)함이며 추
(墜)는 잃어버림이요 부(孚)는 진실함이다. 약(若)은 순순히 따른다는
뜻이며 비침(棐忱)은 앞(4-9-10)에서 이미 해설하였고 종(終)은 종말기
이다.

국가의 흥망성쇠는 창업기와 수성기 그리고 경장기와 종말기가 있
으니 수성을 잘해야 경장기와 종말기가 길어지고 말일 수성을 잘못
하면 종말기가 금방 다가오는 것이므로 나라는 창업도 어렵지만 수성
도 또한 쉽지 않은 것이다.

4-18-2 ································· 嗚呼라 君이 已曰時我라 하나
我亦不敢寧于上帝命하야 弗永遠일새
念天威하야 越我民罔尤違는 惟人이니라

『오호라, 그대가 이미 말하기를 이 때에 내가 있다고 하지만 나도 또한 감히 하느님의 명령에 편안치 못하여 오래 하지 못하니 하늘의 위엄을 생각하여 이에 우리 민중이 허물과 어그러짐이 없게 함은 오직 인물이니라. 우리 뒤를 이은 자손들이 크게 능히 하느님과 민중에게 공손하지 아니함이 있어서 앞사람의 빛나는 공덕을 그치게 하고 망하게 하면 집에 있어서 알지 못한다고 하리오..』

◑ 주공이 소공에게 수성의 대사를 혼자 할 수 없고 여러 인물이 같이해야 됨을 역설하였다.

군(君)은 군석(君奭)을 지칭하니 아래도 같다. 시아(時我)는 이 수성(守成)하는 일을 나에게 위임한다는 뜻이니 곧 주공(周公)이 있으므로 자기는 떠나겠다는 말이다. 아불감녕(我不敢寧)은 주공이 자기의 업무량도 과다하여 편안치 못하므로 소공(召公)이 위임한 일까지 겸임할 수 없다는 뜻이고 불영원(弗永遠)은 주공이 늙고 일이 많아 힘이 들어서 오래 집무하지 못한다는 뜻이다. 인(人)은 인물이니 어질고 뛰어난 정치가요 알(遏)은 정지함이며 일(佚)은 망하게 함이고 전인(前人)은 문왕(文王)과 무왕(武王)을 비롯한 주나라의 선인들이다. 재가(在家)는 치사(致仕)하여 물러나와 집에서 한가롭게 사는 것이고 불지(不知)는 정치에 관여하지 않았기 때문에 책임이 없느냐는 말이다.

나라의 원로들에게는 국가의 흥망에 무한책임이 있으므로 비록 은퇴하여 초야에 있을지라도 죽기 전에는 면책사유가 되지 않는 것이니 관직에 있다고 하여 수고하고 관직을 떠났다고 하여 편안한 것이 아니다.

내 기 추 명　　불 극 경 력 사 전 인 공 명 덕
乃其墜命은 弗克經歷嗣前人恭明德이니라

『천명은 쉽지 아니하므로 하늘은 헤아리기 어려우니 이에 그 천명을 잃어버림은 능히 세월이 지나감에 앞 사람이 덕을 받들어 밝힌 것을 이어나가지 아니함이니라.』

◑ 천명을 받들기는 쉽지 않으므로 나라에 원로대신이 있어서 그 창업정신과 혁명사업을 지도감독해야만 후세의 자손이 계승할 수 있음을 설파하였다.

천명불이(天命不易)는 왕이 천명을 받들기가 쉽지 않음이니 지공무사(至公無私)해야 되기 때문이고 천난심(天難諶)은 하늘의 뜻을 헤아리기가 어려운 것이니 하늘은 민중의 소리를 듣고 뜻을 결정하는 까닭이다. 경력(經歷)은 세월이 지나감이고 공명(恭明)은 공손히 받들어 밝힘이다.

세월이 흘러서 갑자기 세대가 교체되면 역사단절의 위험이 있으므로 왕도정치에서는 청(靑), 장(壯), 노(老)를 항상 배합하여 보수와 진보, 강경과 온건을 조절하고 통일하여 중화(中和)의 정치를 실현했던 것이다.

　　　　　　　　　　　　　　　재 금 여 소 자 단　　비 극 유 정
4-18-4 ······························ 在今予小子旦은 非克有正이라
　　　　　　　　　　　　　　　적 유 전 인 광　　시 우 아 충 자
　　　　　　　　　　　　　　　迪惟前人光을 施于我沖子니라

『이제 나 소자 단은 능히 바름이 있지 아니함이 있으므로 앞 사람의 빛나는 공덕을 개발하여 우리 어린 왕에게 베푸니라.』

◑ 주공이 조정에 남아 있는 까닭은 성왕이 스스로 문왕과 무왕의 사업을 계승하여 완성하도록 보필하기 위함임을 밝혔다.

단(旦)은 주공(周公)의 이름인데 말이 성왕(成王)에게 미치기 때문에 스스로 겸손하여 낮춘 것이요 적(迪)은 개발(開發)이고 충자(沖子)는 성왕을 지칭한다.

4-18-5 ···································· 又曰컨대 天不可信이나
我道는 惟寧王德을 延하야
天不庸釋于文王受命이니라

『또 말하건대 하늘은 믿을 수 없으나 나의 도리는 오직 무왕의 덕을 연장하여 하늘이 하여금 문왕에게 천명을 계승한 것을 풀지 않게 함이니라.』

◉ 주공이 자기의 도리는 문왕과 무왕의 천명을 계승발전시키는 것임을 말하여 소공도 역시 같은 도리가 있으므로 퇴임할 수 없음을 밝혔다.
우왈(又曰)은 주공(周公)의 천명불이(天命不易)와 천남심(天難諶)에 대하여 또다시 말한 것이고 도(道)는 부자(父子)와 형제(兄弟)의 사이에 지켜야 될 도리이며 영왕(寧王)은 무왕(武王)을 지칭한다. 연(延)은 연장(延長)함이요 용(庸)은 하여금, 석(釋)은 석방함이며 수(受)는 계승함이다.
주공이 소공을 자기와 똑같은 책임과 사명이 있으므로 출처진퇴를 함께 해야 된다고 주장했으니 그 말이 매우 돈독하고 간절하다.

4-18-6 ······························ 公이 曰君奭아 我聞하니
在昔成湯이 旣受命時에는

즉유약이윤 격우황천
則有若伊尹하야 格于皇天하고

재태갑시 즉유약보형
在太甲時에는 則有若保衡하며

재태무시 즉유약이척신호
在太戊時에는 則有若伊陟臣扈하야

격우상제 무함 예왕가
格于上帝하고 巫咸이 乂王家하며

재조을시 즉유약무현
在祖乙時에는 則有若巫賢하고

재무정시 즉유약감반
在武丁時에는 則有若甘盤하니라

『공이 말하기를 그대 석이여, 옛날에 성탕이 이미 천명을 받은 때에 있어서는 곧 이윤 같은 이가 있어 거룩하신 하느님께 이르게 하였고 태갑 시대에 있어서는 곧 보형 같은 이가 있었으며 태무 시대에는 이척과 신호 같은 이가 있어 하느님께 이르게 하고 무함이 왕가를 아름답게 다스렸으며 조을 시대에 있어서는 이에 곧 무현 같은 이가 있었고 무정 시대에 있어서는 곧 감반 같은 이가 있었느니라.』

● 주공이 은나라의 훌륭한 왕에게는 항상 어질게 보필하는 신하가 있었음을 차례로 거론하여 소공이 계속 성왕을 보필해야 되는 이유를 밝혔다.

보형(保衡)은 이윤(伊尹)의 관명이니 앞(3-5-1)에서는 아형(阿衡), 또 그 다음(3-14-9)에서는 보형(保衡)으로 호칭하였으니 모두 같다. 태갑(太甲)은 이윤의 훈도를 받아 마침내 선정을 베풀어 태종(太宗)이 되었고 태무(太戊)는 태갑의 손자로 중종(中宗)이 되었으며 이척(伊陟)은 이윤의 아들이고 신호(臣扈)는 신하(臣下)의 이름인데 탕(湯)임금 시대에도 같은 이름의 신하가 있으나 서로 다른 사람이며 무함(巫咸)은 어진 신하로 무(巫)는 씨(氏)이고 함(咸)은 이름이다. 조을(祖乙)은 태무의 손자요 무현(巫賢)은 무함의 아들이며 무정(武丁)은 고종(高宗)이니 앞(4-17-5)에서 이미 해설하였고 감반(甘盤)도 앞(3-14-1)에서 이미 해설하였다. 고종에게 있어서 부열(傅說)을 말하지 않고 감반을 거론한 것은 감반이 고종에게 먼저 어진 신하의 중요성을 가르쳤기 때문에 부열을 찾은 까닭이다.

　대저 사람은 같은 것을 좋아하고 다른 것을 싫어하므로 임금의 자질에 따라 신하의 자질이 결정되는 것이다. 따라서 신성한 임금이어야 현량한 신하를 발탁하여 등용할 수 있고 용렬한 임금은 간사한 소인배로 조정을 채우는 것인데 오직 천하의 도덕을 자임하는 대신은 임금의 그릇된 생각을 바로잡아 인정을 베풀게 할 수 있나니 이윤 같은 성인(聖人)이다.

4-18 -7 ·······························

솔 유 자 유 진　　　　보 예 유 은
率惟茲有陳하야 保乂有殷하니

고 은 례　　　척 배 천　　　다 력 년 소
故殷禮가 陟配天하야 多歷年所하니라

『대략 오직 이런 신하들이 진열하고 있어서 은나라 정부를 보우하여 평온하게 다스리니 그러므로 은나라의 예법제도가 향상 발전하여 하늘에 짝하여 왕업을 누린 햇수가 많았던 것이니라.』

　● 앞에서 열거한 여섯 현신이 은나라의 예법제도를 향상 발전시켜서 천연의 자연법칙과 일치했기 때문에 은나라의 왕조가 500년을 이어오게 되었음을 변증하였다.
　솔(率)은 대략(大略), 진(陳)은 진열(陳列)함이요 보예(保乂)는 보우(保佑)하여 평온(平穩)하게 다스림이고 은례(殷禮)는 은(殷)나라의 예법제도이니 곧 은나라의 정치문화이며 척(陟)은 높이 향상발전함이며 배천(配天)은 하늘의 이치인 천서(天叙)와 천질(天秩)에 짝하여 합치됨이고 역년소(歷年所)는 하나의 왕조가 왕업을 이은 햇수인데 연소(年所)는 연월과 같다.

4-18-8 ·························· 天惟純佑命이라 則商이 實百姓하니
王人이 罔不秉德明恤小臣하고
屛侯甸이 矧咸奔走리오 惟玆惟德을
稱하야 用乂厥辟이라 故로
一人이 有事于四方이라도 若卜筮가
罔不是孚하니라

『하늘은 오직 왕명을 보우함이 순일하므로 곧 상나라가 백성을 충실하게 하니 왕의 명령을 받드는 사람이 덕을 간직하여 낮은 신하를 밝게 사랑하지 않음이 없고 병번과 후복과 전복이 하물며 모두 부지런히 바쁘게 일함이리오. 오직 이들은 오로지 덕만을 헤아려서 그 법을 아름답게 쓰는지라. 그러므로 한 사람이 사방에서 사업을 추진함이 있어도 마치 거북점과 산가지점이 이에 진실하지 않음이 없는 것과 같으니라.』

◉ 하늘은 오직 덕치인정을 베푸는 왕명만을 순일하게 돕기 때문에 상나라의 정치가 덕을 숭상하므로 마침내 하늘의 도움을 받아 대성공을 거두었음을 논증하였다.

순(純)은 순수하고 한결같음이고 우명(佑命)은 왕명을 보우함이며 실(實)은 충실함이니 실패하여 낙오하는 사람이 없는 것이다. 왕인(王人)은 왕의 명령을 가까이 받드는 대신이고 소신(小臣)은 관직이 낮은 신하이며 병(屛)은 병번(屛藩)이니 먼 변방지대요 후(侯)는 후복(侯服), 전(甸)은 전복(甸服)이니 가까운 경기(京畿)지방인데 모두 각 지방의 제후와 관리들을 지칭한다. 칭(稱)은 헤아림이고 용예(用乂)는 아름답게 쓰는 것이며 벽(辟)은 법이고 일인(一人)은 왕을 지칭한다.

전배(前輩)들은 백성(百姓)과 왕인(王人)을 동격으로 연결하고 소신

(小臣)과 병후전(屛侯甸)을 동격으로 합쳤으나 고대의 사필(史筆)에 대소와 귀천을 뒤바꾸어 버무리는 문체가 없는 까닭에 내가 바로잡았다.

복서(卜筮)는 신명(神明)하여 내외와 원근을 가리지 않고 그 진실을 즉각 알리는 것이니 온 국민이 충실하게 살고 모든 관리가 덕을 헤아려 예법제도를 아름답게 쓰면 왕이 천하를 신명처럼 밝게 경영할 수 있음을 거론하여 그렇게 성왕이 다스릴 수 있을 때까지 소공이 보필해야 된다고 설득하였다.

4-18-9 ································ 公이 曰君奭아 天壽平格이라

保乂有殷이어늘 有殷이 嗣함에

天滅威하나니 今汝永念하야

則有固命이라야 厥亂이 明我新造邦하리라

『공이 말하기를 그대 석이여, 천수는 공평하게 이르므로 은나라 정부를 보우하여 평온하게 하였거늘 은나라의 정부가 대를 이음에 하늘이 권위를 멸절하였나니 이제 그대는 깊게 생각하여 곧 천명을 튼튼히 함이 있어야만 그 다스림이 우리의 새로 창조한 나라를 밝게 하리라.』

☯ 주공이 타고난 천수는 공평하여 모두 똑같지만 덕치인정을 베풀면 하늘이 보우하여 평온하게 해서 장수를 누리고 만일 무리하거나 불의하면 하늘이 천명을 박탈하여 단명하는 것이므로 소공에게 주나라가 천수를 누릴 수 있도록 계속 성왕을 보필하라고 요청하였다.

천수(天壽)는 타고난 수명(壽命)이니 곧 천명(天命)과 같은 말이고 평(平)은 공평하여 균등함이며 격(格)은 이르는 것이니 모든 사람의 타고난 수명과 모든 왕조가 처음에 받은 천명은 본래 공평하여 똑같다는 뜻이다. 보예(保乂)는 앞(4-18-7)에서 이미 해설하였고 사(嗣)는 대

를 이음이니 주(紂)가 즉위함을 말한다. 멸위(滅威)는 나라의 권위가 멸절(滅絶)함인데 주가 주지육림(酒池肉林) 속에 포락지형(炮烙之刑)을 즐기니 하늘이 그 천명을 박탈하여 은(殷)나라 정부의 정체성을 잃게 함이다. 고명(固命)은 주(周)나라의 천명을 튼튼히 함이고 난(亂)은 치(治)의 뜻이며 명(明)은 문명하게 함이다.

왕이 천명을 오래 누리기 위해서는 어질게 보필하는 신하가 있어야 함을 앞(4-18-6)에서 이미 언급하였다.

4-18-10 ································· 公이 曰君奭아 在昔上帝가
　　　　　　　　　　　　　　　　　　割하사 申勸寧王之德하사
　　　　　　　　　　　　　　　　　　其集大命于厥躬하시니라

『공이 말하기를 그대 석아, 옛날에 있어서 하느님이 베시어 거듭 무왕의 덕을 권장하시어 그 대명을 그 몸에 모으게 하시니라.』

● 하늘이 포악한 주의 천명을 박탈하여 덕을 베푸는 무왕에게 주었음을 밝혔다.

할(割)은 절단(絶斷)함이고 신(申)은 거듭, 권(勸)은 권장함이며 대명(大命)은 천명이다.

4-18-11 ························· 惟文王이 尙克修和我有夏하시니
　　　　　　　　　　　　　　　　　　亦惟有若虢叔하고 有若閎夭하며
　　　　　　　　　　　　　　　　　　有若散宜生하고 有若泰顚하며
　　　　　　　　　　　　　　　　　　有若南宮括이니라

『오직 문왕이 거의 능히 우리 문화국 정부를 수호화합하시니 또한 오직 괵숙 같은 이가 있었고 굉요 같은 이가 있었으며 산으생 같은 이가 있었고 태전 같은 이가 있었으며 남궁괄 같은 이가 있었느니라.』

◐ 문왕이 덕치인정을 베풀어 문화국 정부와 수교하여 화합함으로써 국위를 떨치고 정체성을 확립한 것은 어진 신하의 보필이 있었기 때문임을 밝혔다.

상(尙)은 거의, 수(修)는 수호교린(修好交隣)이고 화(和)는 협화(協和)이며 유하(有夏)는 문화중심국(文化中心國) 정부이다. 괵숙(虢叔)은 문왕(文王)의 아우이고 굉(閎)과 산(散)과 태(泰)와 남궁(南宮)은 씨(氏)이며 요(夭)와 으생(宜生)과 전(顚)과 괄(括)은 이름이니 모두 문왕을 보필한 어진 신하이다.

4-18-12 ······················· 又曰컨대 ^{무능왕래}無能往來하야 ^{자적이교}茲迪彝敎인댄
^{문왕}文王도 ^{멸덕강우국인}蔑德降于國人인저

『또 말하건대 능히 왕래하여 이에 떳떳한 교훈을 개발함이 없었다면 문왕도 덕을 나라사람에게 내려줌이 없을진저.』

◐ 만일 앞에서 열거한 다섯 명의 어진 신하가 없었더라면 문왕같이 훌륭한 임금도 국민을 자식처럼 사랑하는 덕치인정을 성공하지 못했을 것이라고 하여 어진 신하의 중요성을 설파하였다.

왕래(往來)는 오고감이니 가까이하여 교제함이고 적(迪)은 개발함이며 이교(彝敎)는 보편적인 교훈이니 요(堯)와 순(舜)의 도덕정치이념으로 곧 천덕(天德)과 왕도(王道)이다. 멸(蔑)은 무(無)와 같은 부정사이고 강(降)은 내려줌이며 국인(國人)은 주(周)나라 사람이다.

4-18-13 ·························· 亦惟純佑秉德이라 迪知天威하야
역유순우병덕 적지천위

乃惟時昭文王하며 迪見冒하야
내유시소문왕 적견모

聞于上帝하니 惟時受有殷命哉인저
문우상제 유시수유은명재

『또한 오직 덕을 잡은 이를 순일하게 보우하므로 계도하여 하늘의 위엄을 알게 하여 이에 오직 때로 문왕을 밝게 하며 나아가 무릅쓰게 해서 하느님께 들리게 하니 오직 이에 은나라 정부의 천명을 받으신 저.』

◑ 하늘의 덕을 잡은 이를 한결같이 보우하므로 앞에서 말한 다섯 어진 신하가 문왕에게 하늘의 위엄을 알게 하고 또 나아가 천명을 무릅쓰도록 계도했기 때문에 마침내 주나라가 은나라의 천명을 이어받게 되었음을 변증하였다.

순우(純佑)는 앞(4-18-8)에서 이미 해설하였고 천위(天威)는 하늘이 착한 사람에게 복을 주어 돕고 악한 사람에게 재앙을 내려 멸망시키는 절대적인 권능이다. 적(迪)은 나아감이요 견모(見冒)는 무릅쓰게 함이니 천명의 큰 일을 나아가 감당하도록 시켰다는 말로 견(見)은 피동을 나타내는 사역조동사이다. 대저 무릅쓰는 것은 위로부터 내려온 운명을 피하지 않고 그대로 받아서 참고 견디는 것이니 곧 왕의 사명을 모두 완수하도록 노력함이다.

4-18-14 ·························· 武王은 惟玆四人이 尙迪有祿하니
무왕 유자사인 상적유록

後旣武王이 誕將天威하야
후기무왕 탄장천위

咸劉厥敵이어늘 惟玆四人은 昭武王하야
함류궐적 유자사인 소무왕

惟冒하여 丕單稱德하니라
유모 비단칭덕

『무왕은 오직 이 네 사람이 거의 천록이 있는 데로 나아가게 하니 뒤에 무왕이 천위를 크게 받들고 그 적군을 모두 이기는 데까지 미치게 하였거늘 오직 이 네 사람은 무왕을 밝게 하여 오직 무릅쓰게 하여 대대적으로 덕을 칭송하니라.』

◉ 무왕은 네 사람의 어진 신하가 보필하여 천명을 받들고 은나라를 정벌해서 승리하여 대대적으로 덕치인정을 베풀게 되었음을 논증하여 소공이 성왕을 보필해야 되는 당위성을 변증하였다.

사인(四人)은 앞에 다섯 사람 가운데 괵숙(虢叔)이 먼저 졸하였기 때문에 이 때에는 네 사람만 남은 것이고 적(迪)은 나아감이요 기(曁)는 미치는 것이니 뒤에까지 영향을 끼쳤다는 뜻이며 유(劉)는 극(剋)의 뜻이니 이겨서 승리함이다. 적(敵)은 적군(敵軍)이니 곧 주(紂)의 군사이며 단(單)은 대(大)의 뜻으로 비단(丕單)은 대대적이란 말이다.

4-18-15 ························· 今在予小子旦은 若游大川하나니
予往에 曁汝奭이어야 其濟하리라
小子는 同未在位면 誕無我責收라
罔勖하야 不及하리니 耇造德이
不降하면 我則鳴鳥를 不聞하리니
矧曰其有能格이리오

『이제 나 소자 단은 마치 큰 시내를 헤엄치는 것과 같음이 있나니 내가 감에 그대 석과 더불어야 그 물을 건너가리라. 소자는 함께 같이 벼슬자리에 있지 않으면 대체로 내가 죄과를 스스로 책망함이 없으므로 힘쓰지 아니하여 미치지 못하리니 늙은이가 만든 덕이 내리지 않

으면 나는 곧 봉황새를 울리는 것을 듣지 못하리니 하물며 그 능히 바로잡음이 있다고 말하리오.』

● 주공이 성왕을 바르게 보필함에 있어서 반드시 소공과 함께 있어야 책임감을 가지고 분발 노력하여 봉황이 우는 태평시대를 창조할 수 있다고 호소하였다.

기(曁)는 더불어 함께 함이고 제(濟)는 제천(濟川)이니 목적을 달성함이며 소자(小子)는 주공(周公)이요 동(同)은 함께 근무함이다. 탄(誕)은 대체로, 책수(責收)는 수책(收責)과 같으니 죄과를 스스로 책망함이며 망욱(罔勗)은 힘써 노력함이 없는 것이요 불급(不及)은 미치지 못함이니 목적을 달성하지 못함이다. 구(耉)는 노인이니 군석(君奭)을 지칭하고 조덕(造德)은 작덕(作德)으로 경영하여 만든 덕이며 명조(鳴鳥)는 이상국가를 건설하여 천하가 태평하고 인민이 안락하게 다스리면 봉황이 나와서 노래하고 춤추며 태평세계임을 증명함이다. 이것은 주공의 정치이상이 완전정치에 있음을 밝혀 소공(召公)에게 소성(小成)에 만족하지 말고 대성(大成)을 향하여 더욱 진취할 것을 요망한 말이다. 격(格)은 바로잡는 것이니 성왕(成王)을 바른 길로 보필하여 태평세계를 건설하는 성군(聖君)이 되게 함이다.

전배(前輩)들은 책수(責收)가 수책(收責)임을 알지 못하고 수망욱불급(收罔勗不及)이 무슨 뜻인지 알 수 없다고 하면서 아마도 빠진 문구가 있다고 의심하였으나 내가 바로잡았다. 대저 전배들이 어려운 글을 해석함에 먼저 자기의 지식이 부족함을 탓하지 않고 도리어 문득 경문을 의심하였으니 소인유(小人儒)의 공통적인 습성이다.

4-18-16 ·····················
　　　공　　　왈오호　　　군　　　사기감우자
　　　公이 曰嗚呼라 君아 肆其監于茲어다
　　아수명　　　무강유휴　　　역대유간
　　我受命이 無疆惟休나 亦大惟艱이라
　　고군내유유　　　　　아불이후인미
　　告君乃猷裕하노니 我不以後人迷하노라

『공이 말하기를 오호라, 그대여 그러므로 그 여기에서 감찰할지어다. 우리 주나라는 천명을 받음이 가이 없이 오직 아름다우나 또한 크게 오직 어려우므로 그대에게 이에 도모함을 너그럽게 하라고 하소연하노니 나는 뒤에 사람을 미혹하지 않게 하노라.』

◑ 주공이 소공에게 계속 조정에 남아서 감찰해야만 문왕과 무왕의 천명을 후인이 보수하여 완성하는 일에 공헌할 것임을 주장하였다.

사(肆)는 그러므로, 감(監)은 감찰(監察)함이고 자(玆)는 조정(朝廷)이며 아(我)는 우리 주(周)나라이다. 수명(受命)은 문왕(文王)과 무왕(武王)이 천명을 받음이고 대간(大艱)은 창업한 나라를 계승하여 수성(守成)하는 일의 어려움이며 고(告)는 하소연함이요 유유(猷裕)는 도모한 일을 너그럽게 생각하여 떠나지 말라는 뜻이며 미(迷)는 미혹함이다.

원로대신이 조정에 있으면 많은 경험과 높은 지혜로 차세대를 바른 길로 인도하여 즉흥적이고 일방적인 정책결정을 막을 수 있다.

4-18-17 ························· 公이 日前人이 敷乃心하사
乃悉命汝하시고 作汝民極하시며
曰汝明勖偶王하야
在亶乘玆大命하야 惟文王德하야
丕承無疆之恤하라하시니라

『공이 말하기를 앞에 사람이 그 마음을 펼쳐 전하시어 이에 너에게 다 명령하시고 너를 인민의 모범으로 삼으시며 말씀하시기를 너는 밝게 힘써서 왕을 짝하여 이에 임금이 될 후계자를 왕위에 오르게 함에 있어서 문왕의 덕을 생각하여 크게 가이 없는 사랑을 받들라고 하시니라.』

◐ 주공이 사리를 밝혀 군석에게 마음을 바꿀 것을 호소하여도 아무런 대답이 없으니 주공이 마침내 무왕의 유언을 말하여 떠나는 것이 옳지 못함을 강조했다.

전인(前人)은 앞서 간 사람이니 여기에서는 먼저 붕(崩)하신 무왕(武王)을 지칭한다. 부(敷)는 베풀어 전함이고 내심(乃心)은 그 마음이니 곧 무왕의 진심이며 민극(民極)은 인민의 지극한 모범으로 인극(人極)과 같다. 우(偶)는 짝지은 배필이고 왕(王)은 성왕(成王)이니 성왕의 곁을 떠나지 말라는 뜻이며 전(亶)은 전(驙)과 같으니 멀리 나는 것이고 승(乘)은 오르는 것이니 왕위에 오르게 함이며 대명(大命)은 임금이 될 운명이니 후계자로서 곧 무왕이 붕하신 뒤에 성왕을 임금의 자리에 오르게 함이다. 유(惟)는 생각함이고 승(承)은 받들어 행함이며 휼(恤)은 왕이 민중을 사랑함이다.

전배(前輩)들이 민극(民極)을 3공(三公)의 높은 벼슬로 해석하고 전(亶)을 단(亶)으로, 승(承)을 재(載)로, 대명(大命)을 천명(天命)으로, 휼(恤)을 근심으로 풀어 억지로 꾸며 맞추었으니 옳지 않다.

4-18-18 ························· 公이 曰君아 告汝朕允하노라
　　　　　　　　　　　　　　　　　保奭아 其汝克敬以予하며
　　　　　　　　　　　　　　　　　監于殷喪大否라 肆念我天威하니라

『공이 말하기를 그대여, 당신에게 나의 진실을 고백하노라. 태보 석아, 그 때에 그대가 잘 공경하여 나와 더불어 함께 하며 은나라가 망함에 크게 비색함을 감찰하므로 그리하여 나에게 하늘의 위엄을 생각하게 하였느니라.』

◐ 주공이 무왕의 유언을 말해도 군석이 아무런 대답이 없으므로 다시 지난날의 공로를 말하여 계속 자기를 도와달라고 호소하였다.

고(告)는 고백(告白)함이고 윤(允)은 진실이며 보(保)는 태보(太保)인데 관직을 말한 것은 소중한 직책임을 강조하기 위함이다. 이(以)는 여(與)의 뜻이니 함께 더불어 가까이 함이고 은상(殷喪)은 은(殷)나라가 망한 지역이며 대비(大否)는 크게 비색(否塞)함이니 곧 무경(武庚)의 반란을 일컫는 말이다.

주공과 소공의 관계는 앞의 금등(金縢) 편과 소고(召誥) 편 그리고 『시경(詩經)』의 주남(周南) 편과 소남(召南) 편을 보면 알 수 있으니 주공이 군석을 이토록 간절하게 만류하는 까닭을 알 수 있으리라.

4-18-19 ···················· 予^여不^불允^윤이면 惟^유若^약兹^자誥^고아

予^여惟^유曰^왈襄^양我^아二^이人^인하노니 汝^여有^유合^합哉^재인저

言^언曰^왈在^재時^시二^이人^인하야 天^천休^휴가 滋^자至^지인댄

惟^유時^시二^이人^인이 弗^불戡^감이라 其^기汝^여克^극敬^경德^덕하야

明^명我^아俊^준民^민하고 在^재讓^양後^후人^인于^우丕^비時^시니라

『내가 옳게 여기지 아니한다면 오직 이와 같이 훈고하겠는가. 나는 오직 우리 두 사람을 이루려고 말하노니 그대는 같은 생각이 있을진저. 이야기하여 말하기를 당시에 두 사람이 있어서 하늘의 아름다움이 많이 이르렀다고 할진댄 오직 이 두 사람이 이기지 못할 것이므로 그 그대는 덕을 잘 공경하여 우리의 준수한 민중을 밝게 하고 후인에게 넘겨주는 것은 성대한 시기에 있느니라.』

◉ 주공이 소공에게 둘이 끝까지 힘을 합쳐서 성왕을 보필하여 하늘이 축복하는 이상세계를 건설하자고 간절히 호소하였다.

윤(允)은 옳게 여김이고 양(襄)은 이룩함이며 이인(二人)은 주공(周公)과 소공(召公)이니 곧 자기(自己)를 완성하여 천하국가를 완성함이

다. 합(合)은 합의(合意)함이요 언왈(言曰)은 세상사람들이 이야기하여 말함이며 천휴(天休)는 하늘이 내린 휴징(休徵)이니 앞(4-6-34)에서 이미 해설하였고 자지(滋至)는 많이 이르름이다. 이것은 세상사람들이 주공과 소공에게 거는 기대가 큼을 말한 것으로 아직 소공의 임무가 끝나지 않았음을 강조한 것이다. 감(勘)은 감당하여 극복함이고 준민(俊民)은 준수(俊秀)한 민중이니 나라를 이끌어갈 차세대의 지도자요 양(讓)은 양여(讓與)이며 비시(丕時)는 성대(盛大)한 시대이다.

4-18-20 ···································· 嗚呼라 篤棐는 時二人이니
我는 式克至于今日休하나
我는 咸成文王功于不怠하야
丕冒하야 海隅出日에 罔不率俾니라

『오호라, 돈독하게 보필함은 이 두 사람이니 나는 공경하여 능히 오늘날의 아름다움에 이르게 하였으나 나는 문왕의 일을 게을리 하지 않게 하여 모두 이루려고 크게 무릅쓰면서 바다의 모퉁이에서 해가 떠오름에 거느리고 좇지 아니함이 없느니라.』

◐ 주공이 소공에게 현재의 성공에 만족하지 말고 문왕의 사업을 모두 완성할 때까지 더욱 정진하자고 격려하였다.

비(棐)는 보필함이고 식(式)은 공경함이며 공(功)은 일이다. 해우(海隅)는 해변의 모퉁이고 솔(率)은 거느림에 솔선수범함이며 비(俾)는 따르며 좇는 것이다.

주공은 소성(小成)에 만족하지 않고 대성(大成)을 기약하여 천하사람을 다스림에 동쪽 해변에 해가 뜨면 일어나서 서쪽 산에 해가 져야 잠을 잤는바 낙양은 서쪽에 있었으므로 동쪽 해변에 해가 뜨는 시각

이 첫닭이 우는 꼭두새벽이기 때문에 주공은 바로 첫닭이 울면 기상하여 부지런히 정치를 지도감독하였다. 전배(前輩)들은 이것을 솔토지빈(率土之濱)을 경영하는 것으로 해석하였으나 옳지 않다. 이 때는 이미 천하가 종주(宗周)하여 주나라의 예악이 흥행하였는데 어디에 다시 복종시킬 사람이 있겠는가? 시대적 상황을 살피지 못한 피상적인 단견이다.

4-18-21 ·································· 公이 曰君아 予不惠하야
若玆多誥아 予惟用閔于天越民이니라

『공이 말하기를 그대여 내가 인애하지 아니하여 이와 같이 훈고를 많이 하는가. 나는 오직 하늘과 민중을 걱정하기 때문이다.』

☯ 주공의 간절한 만류에도 소공이 아무 말이 없으니 마침내 주공이 그 만류한 목적이 천명을 받들고 민심에 부응하기 위한 것임을 밝혔다.

혜(惠)는 인애(仁愛)함이요 민(閔)은 걱정함이며 천(天)은 천명이고 민(民)은 민심이다.

군자는 하늘의 사명과 민중의 희망을 소중하게 받들고 따르기 때문에 각각 출사했어도 함께 같이 사임하고 소인배는 자기의 사리사욕을 가장 크게 생각하기 때문에 함께 조정에 들어갔어도 각각 퇴직하는 것이다. 그러므로 군자당(君子黨)은 언제나 생사고락의 운명을 같이하고 소인당(小人黨)은 이익이 있으면 굳게 뭉쳤다가 이익이 다하면 각자 흩어져서 구명도생(苟命徒生)의 길을 찾아 이합집산(離合集散)을 거듭한다.

公이 曰鳴呼라 君아 惟乃知民德하나니
亦罔不能厥初라야 惟其終이라
祗若茲하야 往敬用治하라

『공이 말하기를 오호라, 그대여 오직 그대는 민중의 마음을 아나니 또한 그 처음을 착하게 하지 않음이 없어야 오직 그 끝을 맺으므로 이와 같이 훈고함을 공경히 받들어 가서 공경하여 다스리도록 하라.』

◉ 소공이 끝내 대답을 아니하므로 주공이 이에 만류에 동의한 것으로 인정하여 태보의 직무를 계속 수행하라고 성왕의 뜻으로 명령하였다.

민덕(民德)은 민중의 천심(天心)이니 곧 앞에서 말한 천명과 민심을 합하여 일컬음이고 능(能)은 착하게 잘함이며 종(終)은 잘 끝냄이다. 약자(若茲)는 이와 같이 말하는 훈고요 왕(往)은 집무실로 돌아감이며 용(用)은 이(以)의 뜻이다.

주공이 소공을 만류한 논리와 정성이 천지신명을 감동시킬 만함에도 소공이 끝내 한마디의 말도 아니했으니 이것은 주공의 말을 끊지 않으려는 깊은 배려에서 나온 것이다. 보통사람들은 자기에 관한 말이 나오면 즉각 일어나 그 말을 끊고 자기의 주장을 펼치는데 이리하여 대화가 중단되므로 말을 다하지 못하여 그 깊은 뜻을 알지 못하게 되는 것과 같다.

대저 말은 다 들어보아야 그 깊은 뜻을 뚜렷이 확인할 수 있는 것이고 또한 그 깊은 뜻을 확인하고 나서 태도를 결정해도 늦지 않으며 더욱이 임금이나 스승이나 아버지의 말씀은 중간에 끼여들어 맞장구를 치거나 또는 반대하여 끊으면 불경인즉 소공이 임금을 대신한 주공의 훈고에 말이 없이 조용히 따르는 것은 예(禮)에 맞는 행실이다. 그리하여 소공은 계속 성왕을 보필하고 뒤에 강왕까지 보필하는 명신이 되었으며 그 아들은 소(김)나라와 연(燕)나라 임금으로 봉하였다.

19. 채중지명(蔡仲之命) / 채(蔡)나라 임금 중(仲)에게 교명(敎命)함

채(蔡)는 나라이름이고 중(仲)은 자(字)로서 채숙(蔡叔)의 아들인데 이름이 호(胡)이다. 채숙(蔡叔)은 문왕(文王)의 아들로 무왕(武王)이 은(殷)을 정벌한 다음 아우 채숙을 채나라 임금으로 봉(封)하고 은나라 무경(武庚)을 감독하게 하였으나 무왕이 붕(崩)하고 성왕(成王)이 즉위함에 관숙(管叔)과 동조하여 반란을 꾀하므로 주공(周公)이 동정(東征)하였다.

그러나 그 아들 호(胡)가 착하므로 성왕이 채나라의 임금으로 봉하면서 교명(敎命)한 내용이니 채숙의 반란은 앞(4-8-12)에서 이미 해설하였다.

이 편은 『금문상서(今文尙書)』에는 없고 『고문상서(古文尙書)』에 수록되어 있다.

4-19-1 ·························· 惟周公이 位冢宰하야 正百工이어늘
群叔이 流言이라 乃致辟管叔于商하고
囚蔡叔于郭鄰하되 以車七乘하며
降霍叔于庶人하야 三年不齒러니
蔡仲이 克庸祗德이어늘 周公이
以爲卿士러니 叔이 卒하거늘
乃命諸王하야 邦之蔡하니라

『오직 주공이 총재의 자리에 앉아 일백 관리를 바로잡거늘 여러 아재비들이 근거 없는 소문을 퍼뜨리므로 이에 관숙은 상읍에서 사형에 처하고 채숙은 외곽의 이웃에 가두되 전차 7승으로 지키며 곽숙은 서인으로 강등하여 3년간을 일반인에게 끼지 못하게 하더니 채중이 능히 하여금 덕을 공경하거늘 주공이 경대부를 삼았더니 채숙이 졸하거늘 이에 왕에게 교명하게 하여 채나라 임금으로 봉하니라.』

　☯ 주공은 광명정대한 마음으로 인재를 발탁하여 등용함에 사사로운 감정이 없으므로 죄인 채숙의 아들 채중을 경대부로 삼았다가 채숙이 죽은 다음에 성왕에게 건의하여 채나라 임금으로 봉하였음을 사관이 기술하였다.

위(位)는 자리에 앉음이고 총재(冢宰)는 정무(政務)를 총리(總理)함이니 앞(3-4-1)에서 이미 해설하였으며 백공(百工)은 백관(百官)이다. 군숙(群叔)은 성왕(成王)의 숙부인 관숙(管叔), 채숙(蔡叔), 곽숙(霍叔)이요 유언(流言)은 앞(4-8-12)에서 이미 해설하였으며 치벽(致辟)은 대벽(大辟)의 형벌로 처리함이니 가장 무거운 형벌인바 앞(1-2-20)에서 이미 해설하였다. 상(商)은 상읍(商邑)이고 곽린(郭鄰)은 외곽의 주변이니 외딴 곳이며 차(車)는 전차이니 무장군인으로 하여금 감옥을 지키게 함이며 치(齒)는 치열(齒列)이니 보통사람들 가운데에 끼는 것이다. 극(克)은 능(能)과 같고 용(庸)은 하여금, 경사(卿士)는 경대부(卿大夫)이며 숙(叔)은 채숙(蔡叔)이요 졸(卒)은 늙어서 자연사(自然死)함이고 제(諸)는 지어(之於)의 합자(合字)이다. 왕(王)은 성왕을 지칭하고 방(邦)은 제후(諸侯)로 봉하는 것이다.

죄의 대소에 따라 형벌에 경중이 있는 것은 당연하고 죄인을 가족에게 연좌시키지 않고 그 아들이 어질면 후계자로 등용한 것은 현명한 인사정책이니 이미 순(舜)이 우(禹)를 등용하여 성공한 역사적 실례가 있었다.

전배(前輩)들은 주공(周公)이 채중(蔡仲)을 제후로 봉한 것을 순(舜)이 그 이복동생 상(象)을 제후로 봉한 일로 비교하여 해설하였으나 옳지 않다. 순임금은 상을 변방의 작은 나라에 봉하여 거의 채지(采地)의 수준에 머물게 하였거늘 채(蔡)나라는 회수(淮水)와 여수(汝水)의 사이에 있는 문화중심국(文化中心國)으로서 정치의 수준이 높아서 임금의 훌륭한 지도력이 없이는 다스릴 수 없는 나라이다.

4-19-2 ······················· 王이 若하시고 曰小子胡야
惟爾率德改行하야 克愼厥猷할새
肆予는 命爾侯于東土하노니
往卽乃封하야 敬哉어다

『왕이 '어이쿠' 하시고 말씀하시기를 소자 호야 오직 그대는 덕을 따르며 행실을 새롭게 하여 능히 그 도모함을 신중하게 하거늘 그러므로 나는 그대를 동쪽 땅에 후작 임금으로 임명하노니 가서 그대의 봉토에 즉위하여 공경할지어다.』

◑ 성왕이 공식적으로 채중을 채나라 임금으로 봉한다고 발표하였다.
호(胡)는 채중(蔡仲)의 이름이고 개(改)는 새롭게 발전함이며 후(侯)는 후작(侯爵) 임금이요 동토(東土)는 채(蔡)나라가 주(周)나라의 동쪽에 위치하기 때문에 일컫는 말이다. 즉(卽)은 즉위함이고 내(乃)는 대명사이며 봉(封)은 봉토이다.
아버지는 비록 어리석지만 그 아들이 어질면 가업을 다시 일으켜 창성하게 하나니 순(舜)과 우(禹)의 아버지는 어리석기 그지없었으나 순과 우가 어질었기 때문에 그 가문이 길이 번창했는바 독자는 잘나도 내 부모, 못나도 내 부모임을 깨달아 효심을 더욱 일으켜 부모의 허물을 덮을 수 있는 전능한 효자가 되기를 바란다.

·· 爾尙蓋前人之愆하고 惟忠惟孝하야

爾乃邁跡이니 自身克勤無怠하야

以垂憲乃後할새 率乃祖文王之彛訓하고

無若爾考之違王命하라

『그대는 일찍이 앞 사람의 허물을 가리어 덮고 오직 충성하며 오직 효도하여 그대는 이에 자신의 힘으로 입신출세하였으니 자기자신이 능히 부지런하여 게으름이 없게 해서 그대의 후손에게 모범을 보이되 그대의 할아버지 문왕의 떳떳한 가르침을 따르고 너의 죽은 아버지와 같이 왕명을 어김이 없도록 하라.』

◯ 성왕이 채중의 충효를 칭찬하고 앞으로 문왕의 가르침을 본받아 후세의 모범이 되라고 당부하였다.

상(尙)은 일찍이, 개(蓋)는 보이지 않도록 가리고 덮는 것이며 전인(前人)은 채숙(蔡叔)을 지칭한다. 충(忠)은 임금을 충직하게 정의(正義)로 섬김이고 매적(邁迹)은 자신의 노력으로 입신출세함이니 채중(蔡仲)이 제후가 되는 것은 부모의 음덕이 아니고 자기자신의 인격을 수양한 공로에 의거하여 등용되었다는 뜻이다. 수헌(垂憲)은 헌장(憲章)을 후세에 전함이니 곧 모범을 보임이고 내후(乃後)는 너의 후대(後代)이며 고(考)는 죽은 아버지로 채숙을 지칭하고 왕(王)은 성왕(成王)이다.

아버지가 불효하고 불충하여 처형을 당하면 마땅히 아들은 그 아버지의 죄악을 엄폐하기 위하여 더욱 효도하고 더욱 충성해서 아버지의 죄를 덮을 수 있는 큰 공을 세우는 것이 자식의 도리이다.

·· 皇天은 無親하사 惟德을

시 보　　　　민 심　　무 상
是輔하시며 民心은 無常이라

유 혜 지 회　　　　위 선　　불 동
惟惠之懷하나니 爲善은 不同이나

동 귀 우 치　　　　위 악　　불 동
同歸于治하고 爲惡이 不同이나

동 귀 우 란　　　　이 기 계 재
同歸于亂하나니 爾其戒哉어다

『거룩하신 하느님은 친함이 없으시어 오직 덕이 있는 사람을 이에
도우시며 민심은 항상함이 없어 오직 인애하는 사람을 그리워하나니
착한 일을 함에는 동일하지 않으나 똑같이 잘 다스림으로 돌아가고
악한 일을 함에는 동일하지 않으나 똑같이 어지러운 정치로 돌아가나
니 너는 그 경계할진저.』

◉ 천명을 받들고 민심에 따라서 선정을 베풀라고 경계하였다.
　황천무친(皇天無親)과 민심무상(民心無常)은 앞(3-7-1)에서 이미 해
설하였고 위선(爲善)과 위악(爲惡)은 앞(3-7-2)에서 말한 뜻과 동일하
다. 이것은 왕도정치의 기본이념이니 정치가는 명심할지어다.

　　　　　　　　　　　　　　　신 궐 초　　　　유 궐 종
4-19-5 ·································· 愼厥初하되 惟厥終이라사

종 이 불 곤　　　　불 유 궐 종
終以不困하리니 不惟厥終하면

종 이 곤 궁
終以困窮하리라

『그 처음을 신중하게 하되 그 끝을 생각하여야 끝이 곤란하지 아니
하리니 그 끝을 생각하지 아니하면 끝이 곤궁하게 되리라.』

◉ 성왕이 채중에게 모든 정사에 있어서 시작을 신중하게 착수하되
그 끝을 생각하라고 경계하였다.

유(惟)는 사유함이고 곤궁(困窮)은 어렵고 고달파서 자체적으로 해결하지 못하는 상태가 되는 것이다.

정치는 변화에 대처하는 지도력이 필요하다. 천시가 변화함에 따라서 사물도 바뀌고 사람의 마음도 변화하기 때문에 그 흐름을 간파하지 못하면 새로운 변화에 대처하지 못하여 답답한 정치로 전락해서 결국 몰락하는 것이다.

그러므로 처음에는 비록 활기차게 시작하였어도 나중에 타성에 젖어 안일하게 대처하면 곧 지리멸렬한 혼돈상태로 전락하게 되나니 나라가 이렇게 생기를 잃으면 천명과 민심이 모두 떠나고 멸망하나니 정치가는 하늘이 네 철을 끊임없이 바꾸듯이 날로 새롭게 다스려야 한다.

4-19-6 ·································
무 내 유 적
懋乃攸績하고
목 내 사 린
睦乃四鄰하며
이 번 왕 실
以蕃王室하고
이 화 형 제
以和兄弟하며
강 제 소 민
康濟小民하라

『그대의 치적할 바를 힘쓰고 너의 사방에 이웃 나라를 친목하며 왕실을 보호하고 형제를 화합하여 약소한 민중을 편안하게 구제하라.』

☯ 성왕이 채중에게 제후로서 마땅히 수행해야 할 다섯 가지 중대한 사업을 밝혔다.

내(乃)는 대명사이고 적(績)은 치적(治績)이니 정치와 교육 및 경제 등 내치(內治)의 사업이고 사린(四鄰)은 사방(四方)의 이웃 나라이니 외교사업이며 번(蕃)은 번병(蕃屛)으로 울타리가 되어 왕실을 보호하여 방위하는 군사정책이다. 화형제(和兄弟)는 효제(孝悌)의 윤리를 밝혀 풍속을 일으키는 것이요 강제(康濟)는 민생문제를 해결하여 사회보장제도를 시행하는 것이다.

대저 제후는 봉건영토 내에서 자율자치하는 것이므로 정치, 교육, 경제, 외교, 치안, 국방, 건설, 재판, 풍속, 제도 등등의 사업을 자체적으로 경영하는 까닭에 그 업무량이 대단히 많다. 따라서 큰 나라보다는 작은 나라가 더욱 어렵고 강한 나라보다는 약한 나라가 더욱 복잡한 것인즉 모든 제후는 부지런히 관찰하고 비교하고 연구하여 다른 나라에 뒤떨어지지 않기 위해서 있는 힘을 다해야 성공적으로 다스릴 수 있는 것이다.

4-19-7 ···

솔 자 중
率自中이요

무 작 총 명
無作聰明하야

난 구 장
亂舊章하며

상 내 시 청
詳乃視聽하야

망 이 측 언
罔以側言으로

개 궐 도
改厥度하면

즉 여 일 이
則予一人이

여 가
汝嘉하리라

『좋음을 중도를 말미암아 따르고 총명을 조작하여 옛날의 헌장을 어지럽히지 말며 너의 보고 들음을 상세하게 살펴 측근의 말로써 그 법도를 바꾸지 아니하면 나 한 사람이 그대를 포상하리라.』

◑ 성왕이 채중에게 중용의 도를 말미암아 문왕과 무왕의 헌장을 지키고 주나라의 법도를 따르면 아름다운 포상을 내리겠다고 약속하였다.

솔(率)은 좋음이요 자(自)는 말미암아 따르는 것이며 중(中)은 지나침이나 모자람이 없는 중용(中庸)의 도(道)로서 지도자가 갖추어야 되는 필수적인 덕목이다. 작(作)은 조작(造作)함이니 곧 잘난 척하여 독재(獨裁)함이고 구장(舊章)은 문왕(文王)과 무왕(武王)이 이룩한 덕치(德治仁政)의 헌장(憲章)이며 측언(側言)은 측근에 있는 사람들의 말로 공론(公論)이 아닌 것이다. 도(度)는 주(周)나라의 법도(法度)이고 가

(嘉)는 아름답게 기리어 포상을 내림이다.

　제후의 정치에 대한 득실을 조사 평가하여 치적이 많으면 표창하고 실정하여 어지러우면 견책 징계하는 것은 천자의 고유권한이니 특별히 말할 필요가 없지만 성왕이 채중에게 특별히 언급한 것은 그 기대가 크다는 뜻을 담아서 주목하겠다는 말이다.

4-19-8 ·································· 王이 曰嗚呼라 小子胡야
　　　　　　　　　　　　　　　汝往哉하야 無荒棄朕命하라

『왕이 말씀하시기를 오호라, 소자 호야, 그대는 가서 나의 명령을 거칠게 하여 버리지 말라.』

　◑ 성왕이 채중에게 끝으로 이 교명을　폐기하지 말라고 경계하였다.

　황기(荒棄)는 황폐화하여 못쓰게 됨이고 명(命)은 교명(敎命)이다.

　채중이 성왕의 교명을 받들어 선정을 베풀고 그 자손에게 충효의 가풍을 전하여 채나라가 길이 번영해서 춘추시대에까지 오랜 역사를 이어왔으니 모두 채중의 공적이다.

20. 다방(多方) / 여러 지방(地方)

　다방(多方)은 무경(武庚)이 다스리던 상읍(商邑)을 중심으로 그 주변의 여러 지방이다. 주공(周公)이 동정(東征)하여 무경과 관숙(管叔), 채숙(蔡叔), 곽숙(霍叔)의 반란을 평정하고 돌아왔으나 그 지역의 선비들이 탕(湯)임금의 덕을 기리며 절의를 지켜 주(周)나라에 벼슬을 하지 않으므로 앞의 다사(多士) 편에서 성왕(成王)이 낙양(洛陽)에 와서 벼슬할 것을 이미 촉구하였다.

　그러나 그들은 기자(箕子)와 백이(伯夷), 숙제(叔齊)의 지조를 계속 사모하면서 일민(逸民)으로 자처하니 주나라가 약동하는 혁명사업을 추진하는 데 상당한 장애요인으로 작용하여 많은 사회모순을 파생하였기 때문에 주공이 그 지방을 순회하면서 왕명을 대신 반포한 내용이다.

　이 편은 『금문상서(今文尚書)』와 『고문상서(古文尚書)』에 모두 수록되어 있다.

4-20-1 ······························· 惟五月丁亥에 王이
來自奄하사 至于宗周하시다

　『때는 바야흐로 5월 정해일에 왕이 엄 땅으로부터 오시어 호경에 이르시다.』

　◑ 무경의 반란을 평정한 뒤에도 엄나라 지방을 중심으로 주나라에 협조하지 않은 사람이 많아서 문제가 심각하였기 때문에 성왕이 직접

순수(巡狩)한 다음 주공이 왕명을 반포하게 된 경위를 사관이 서술하였다.

오월(五月)은 어느 해 5월인지 알 수 없으나 낙읍(洛邑)으로 천도하여 다사(多士)의 훈고(訓告)를 내린 뒤에도 이들이 벼슬을 하지 않으므로 또다시 다방(多方)의 훈고를 내린 것으로 본다면 성왕(成王) 7년 3월에 다사의 훈고가 있었으니 다방은 성왕 8년의 5월로 추정할 수 있다. 정해(丁亥)는 일진(日辰)으로 곧 5월 21일이며 엄(奄)은 나라이름으로 앞(4-16-15)에서 이미 해설하였고 지(至)는 태묘(太廟)에 고유(告由)했다는 뜻이고 종주(宗周)는 호경(鎬京)이다.

은나라 선비들이 윤리에 밝아 몸을 깨끗하게 지키려는 마음은 가상하지만 그 재능과 학식을 새 나라의 건설에 쓰지 못한 것도 매우 아쉬운 일이다. 그러므로 성왕이 그들을 초청하여 낙양에서 벼슬하라고 권유하고 또 직접 엄 지방에 순수하여 설득하고 다시 주공을 보내서 독촉하였으니 성왕이 어진 인재를 아끼는 정성이 하늘에 닿았도다.

전배(前輩)들은 이러한 정황을 살피지 못하고 이 때에 또 엄 땅에서 반란이 일어났기 때문에 성왕이 정벌하고 온 것이라고 하였으나 근거가 없다. 만일 반란이 일어났다면 그 주모자를 토벌한 기록이 있어야 되거늘 어찌 사관이 정벌기록을 생략하고 왔다고만 기술하겠는가.

4-20-2 ·························· 周公이 曰王이 若하시고 曰猷라가

告爾四方多方하셨나니

惟爾殷侯尹民아 我惟大降爾命하노라

『주공이 말하기를 왕이 '어이쿠' 하시고 말씀하시기를 머뭇거리시다가 그대들 사방의 나라에 많은 지방에 알리노라고 하셨나니 오직 그대들 은나라의 제후와 서윤과 인민이여, 나는 오직 크게 그대들에게 명령을 내리노라.』

○ 성왕의 훈고를 주공이 은나라 유민에게 직접 전하여 포고하였음을 사관이 기록하였다.

주공왈(周公曰)은 주공(周公)이 엄(奄) 땅의 사람에게 왕명을 직접 포고함이고 왕왈(王曰)은 성왕(成王)이 호경(鎬京)의 명당(明堂)에서 조회할 때에 훈고(訓誥)한 내용이니 이 편의 전체에 해당한다. 유(猷)는 머뭇거림이요 다방(多方)은 앞의 편제 해설에서 이미 설명하였으며 후(侯)는 제후, 윤(尹)은 서윤(庶尹)으로 여러 기관장이고 명(命)은 명령이다.

대강(大降)과 명(命)에 대하여 앞(4-16-15)에서 이미 전배(前輩)들의 오역을 지적하여 바로잡았다.

4-20-3 ································· 爾罔不知洪惟圖天之命이나
이망불지홍유도천지명

弗永寅念于祀니라
불영인념우사

『그대들은 크게 오직 하늘의 운명을 도모할 줄을 알지 못함이 없으나 길이 제사에 대하여 삼가 생각하지 못했느니라.』

○ 엄 지방을 중심으로 은나라가 멸망함에 절의를 지켜 주나라에 벼슬을 하지 않은 사람들에게 신하의 의리를 지키기 위하여 조상의 제사를 생각하지 않은 것을 지적하였다.

도(圖)는 도모(圖謀)함이고 명(命)은 전배(前輩)들이 천명(天命)으로 보았으나 옳지 않으니 곧 하늘이 내린 개인의 운명이며 인념(寅念)은 삼가 생각함이요 사(祀)는 조상에 대한 제사(祭祀)이다.

사람은 하늘의 운명에 순응하여 출처진퇴(出處進退)하는 것이 지족안분(知足安分)의 처세법이다. 그러나 제후(諸侯)와 경대부(卿大夫) 그리고 사서인(士庶人)에게 있어서 벼슬이 있으면 그 조상에게 제사를 지내고 만일 벼슬이 없으면 그 조상에게 제사를 지내지 못하므로 사

람이 조상의 제사를 생각한다면 홀로 절의(節義)만을 지키기 위하여 두문불출할 수 없는 바가 있는 것이다.

대저 장례(葬禮)는 죽은 사람의 신분으로 지내고 제례(祭禮)는 살아 있는 자손의 신분으로 지내기 때문에 사대부는 벼슬을 잃으면 조상의 제사를 폐지하는 것이다. 따라서 옛날 임금에게 의리를 지키는 것은 충성심이고 옛날 조상에게 도리를 다하는 것은 효심이니 의리를 지키기 위하여 도리를 잊어서도 안 되고 충성심 때문에 효심이 없어도 안 된다. 그러므로 사군자(士君子)는 도의를 밝혀 충효쌍전(忠孝雙全)의 길을 찾는다.

전배(前輩)들은 이망불지(爾罔不知)의 네 글자를 앞의 구절에다가 이었으나 내가 뒤의 구절에다가 붙여서 바로잡으니 그 뜻이 명료해졌다.

4-20-4 ·························· 惟帝가 降格于夏이어시늘 有夏가
誕厥逸하야 不肯感言于民하고
乃大淫昏하야 不克終日勸于帝之迪하나니
乃爾攸聞이니라

『오직 하느님이 하나라에 내려와 이르시거늘 하나라 정부가 그 일락에 빠져서 민중에게 근심하는 말을 인정하지 않고 이에 크게 음란하고 혼미하여 능히 하루종일 하느님의 계도에 대하여 권하지 아니했나니 이에 그대들도 들은 바이니라.』

◉ 성왕이 하나라 걸이 방탕하여 민중을 학대하고 천명을 어겨서 멸망한 사실을 확인하였다.

제(帝)는 하느님이고 격(格)은 이르는 것이며 탄(誕)은 방탕하여 빠

진 것이요 긍(肯)은 받아들여서 인정함이다. 척언(慼言)은 근심하고 격정하는 말이고 혼(昏)은 혼미함이며 적(迪)은 계도함이다.

이것은 우임금의 덕으로 하나라가 천명을 받았으나 걸의 포악한 정치로 천명을 잃어서 탕임금이 정벌하여 천명을 계승했듯이 은나라 주의 포악을 제거한 무왕의 혁명도 역시 천명을 받은 것임을 논증한 것이다.

4-20-5 ························· 厥圖帝之命할새 不克開于民之麗라
乃大降罰하야 崇亂有夏하시니
因甲于內亂하야 不克靈承于旅하며
罔丕惟進之恭하야 洪舒于民하고
亦惟有夏之民이 叨懫를 日欽이라
劓割夏邑하니라

『그 하느님의 명령을 도모할 때에 민중에게 베푸는 정책을 잘 개발하지 않으므로 이에 크게 벌을 내려서 마침내 하나라 정부를 어지럽게 하시니 이로 인하여 내부에서 혼란이 비롯하여 능히 여제를 지냄에 잘 받들지 못하며 크게 오직 나아감이 공손하여 민중에게 널리 여유가 있고 침착하게 함이 없고 또한 오직 하나라의 민중이 탐내어 화를 낸 것을 날로 근심함이 있으므로 하나라의 도읍을 베어버리시니라.』

☯ 하나라 걸이 민중을 위하는 정책을 개발하지 않으므로 천벌을 내려 경고하였으나 이로 인하여 정치가 더욱 문란하여 천지신명에 대한 제사도 잘 받들지 못하고 민생경제를 해결하지도 못하며 착취와

탄압만 일삼았기 때문에 하늘이 하나라를 멸망시켰음을 증언하였다.

제지명(帝之命)은 하느님의 명령이요 민지리(民之麗)는 민중을 위한 시책이니 리(麗)는 시(施)의 뜻이다. 숭(崇)은 종(終)의 뜻이니 종조(終朝)를 숭조(崇祖)라고 하였으며 갑(甲)은 비롯함이고 내란(內亂)은 걸(桀)의 중앙정부 내에서 소인배가 득세하여 정치혼란이 생긴 것이며 영승(靈承)은 착하게 받드는 것이요 여(旅)는 제명(祭名)으로 천자가 명산의 산신령에게 제사를 지내는 것이다. 진(進)은 진달(進達)함이고 서(舒)는 서지(舒遲)이니 여유가 있고 침착한 모양이며 도치(叨懥)는 탐내며 화를 냄이니 포악하게 착취하는 관리들의 모습이다. 흠(欽)은 걱정하고 근심함이며 의할(劓割)은 베어서 잘라버림이니 곧 멸망시키는 것이다.

임금이 천명을 받드는 것은 오직 정책을 개발하여 민중을 여유가 있고 침착하게 다스림에 있다는 성왕의 논리는 만세에 빛나는 철언(哲言)인저!

전배(前輩)들이 이 경문의 뜻을 파악하지 못하여 주어와 술어를 뒤섞고 하늘과 민중을 바꾸어 해설하였으므로 채침(蔡沈)도 자세히 알 수 없다고 했는데 내가 문법을 바로잡고 자의(字意)를 되찾았다.

4-20-6 ·· 天이 惟時求民主하사
乃大降顯休命于成湯하사
刑殄有夏하시니라

『하늘이 바야흐로 이 때에 민중의 주체를 찾으시어 이에 크게 뚜렷하고 아름다운 명령을 성탕에게 내리시어 하나라 정부를 처벌하여 멸망하게 하시니라.』

◉ 하늘이 민중의 주체로 탕임금을 선정하여 천명을 내려 하나라

정부를 정벌하게 하였음을 밝혔다.

　유시(惟時)는 바야흐로 이 때이고 민주(民主)는 민중의 주체(主體)이니 곧 민중의 자체 역량을 결집하여 자주독립해서 자율자치할 수 있는 중심체이다. 현휴명(顯休命)은 뚜렷하고 아름다운 명령이니 바로 천명(天命)이고 형진(刑殄)은 형벌로 다스려 멸망시킴이니 정벌하여 타도함이다.

　하늘이 민중의 주체를 찾고 천명을 내리는 것은 민심이 하나로 돌아가는 것으로 징험(徵驗)한다.

4-20-7 ‥‥‥‥‥‥‥‥‥‥‥‥‥
惟天不畀純하사 乃惟以爾多方之義民이

不克永于多享하고 惟夏之恭多士는

大不克明保享于民하며 乃胥惟虐于民일새

至于百爲가 大不克開하니라

『오직 하늘이 순후함을 주지 아니하사 이에 오직 너의 여러 지방의 정의로운 민중이 능히 여러 가지를 향유함에 길이 하지 못하게 됨으로써 오직 하나라의 공순한 여러 선비는 크게 보존하여 향유함을 민중에게 능히 밝히지 못하였으며 이에 서로 오직 민중에게 학대하므로 일백 가지의 힘써 하는 일이 크게 잘 개발하지 못함에 이르렀느니라.』

　☯ 하늘이 하나라 걸의 천명을 단절시켜서 돕지 않으므로 비록 하나라의 정의로운 민중이라 하여도 여러 가지 향유를 길이 하지 못하게 되었고 또 하나라의 공순한 많은 선비도 민중에게 간직하여 향유하는 방법을 깨우치지 못했을 뿐만 아니라 서로 민중을 학대하는 세태에서 일백 가지로 힘써 노력했던 일이 사회를 개발하지 못하는 데에 이르렀던 망국풍조를 지적하였다.

비(畀)는 주는 것이고 순(純)은 순후(純厚)함이니 기질이 순수하고 마음이 후덕함이며 이(以)는 위(爲)의 뜻이다. 의민(義民)은 오로지 충직하게 생산에만 종사하는 민중이고 다향(多享)은 여러 가지의 인생 행복을 향유(享有)하는 국민의 기본권이며 공(恭)은 공순(恭順)함이요 다사(多士)는 지식인으로 중하위급의 관리이며 보향(保享)은 향유를 보장함이니 민중의 기본권을 확보하는 제도이다. 백위(百爲)는 일백 가지로 힘써 추진하는 일이요 개(開)는 사회를 개발하여 발전시킴이다.

하나라에 천명이 있다면 적어도 정의롭고 충직한 민중은 국민의 기본권을 누려야 되고 또 공순한 중하위급 관리는 민중에게 인생의 행복을 향유하는 국민의 기본권을 제도적으로 보장했어야 마땅하거늘 이제 그들의 노력이 모두 수포로 돌아갔으니 천명이 이미 끊어진 것이 분명한 것이다.

4-20-8 ················· 乃惟成湯이 克以爾多方하실새
내유성탕 극이이다방

簡하사 代夏하사 作民主하시니라
간 대하 작민주

『이에 오직 성탕이 능히 너의 여러 지방의 민중을 위하시므로 하느님이 간택하시어 하나라를 교대하시며 민중의 주체를 삼으시니라.』

● 탕임금이 여러 지방의 정의로운 민중의 행복을 보장하기 위하여 진심으로 노력하므로 하늘이 탕임금을 선정하여 하나라를 정벌하고 상나라를 세우는 민중의 주체로 삼았음을 확인하였다.

이(以)는 위(爲)의 뜻이고 간(簡)은 하늘이 간택함이며 대(代)는 교대(交代)함이다.

하늘은 착한 사람에게 복을 주고 악한 사람에게 벌을 내리므로 악한 정권이 착한 민중을 학대하면 그 착한 민중의 주체를 뽑아서 악한

정권을 타도하도록 돕는 것이 역사적 실증이다.

4-20-9 ·· 愼^신厥^궐麗^리하사 乃^내勸^권하신대
厥^궐民^민이 刑^형하야 用^용勸^권하니라

『그 시책을 신중하게 하시어 이에 권장하신대 그 민중이 본받아 부지런히 권면함을 쓰니라.』

◉ 탕임금이 민중의 행복을 보장하는 정책을 신중하게 개발하여 윤리도덕을 가르치고 세금을 줄이며 농업, 축산업, 어업, 공업, 상업 등을 권장해서 날로 새롭게 발전하는 정치를 베푸니 그 민중이 본받아 말만 번지르르하게 하면서 사리사욕만 추구하는 사회풍속을 개량하여 덕을 숭상하고 의를 알아서 서로 돕는 기풍이 일어났음을 밝혔다.

리(麗)는 시책이니 앞(4-20-5)에서 이미 해설하였고 권(勸)은 공동체임을 깨닫고 서로 잘 되도록 깨우치고 돕는 것이며 형(刑)은 본받아 실천함이요 용권(用勸)은 마음을 열고 서로 권면(勸勉)하는 도(道)를 쓰는 것이다.

4-20-10 ······························ 以^이至^지于^우帝^제乙^을에 罔^망不^불明^명德^덕愼^신罰^벌하사
亦^역克^극用^용勸^권하시니 要^요囚^수에
殄^진戮^륙多^다罪^죄도 亦^역克^극用^용勸^권이요
開^개釋^석無^무辜^고도 亦^역克^극用^용勸^권하시니라

『제을에 이르기까지 덕을 밝히고 벌을 삼가지 않음이 없으시어 또

한 능히 권장책을 쓰신 까닭에 죄수를 자세히 취조하여 죄를 결정함에 죄가 많은 사람을 처형함도 또한 능히 권장책을 쓰심이고 허물이 없는 이를 열어 석방함도 또한 능히 권장책을 쓰심이니라.』

　◑ 은나라는 오랫동안 민중이 스스로 떨치고 일어나서 서로 권장하여 새롭게 발전하는 자율자치의 정치체제를 정착시켰음을 확인하였다.
　제을(帝乙)은 은(殷)나라 주(紂)의 부왕(父王)이고 요수(要囚)는 죄수를 자세히 취조하여 죄를 결정하는 일이니 앞(4-11-11)에서 이미 해설하였으며 진륙(殄戮)은 사형(死刑)에 처함이요 개석(開釋)은 감옥의 문을 열고 석방함이다.
　정부가 신상필벌(信賞必罰)하고 일벌백계(一罰百戒)함이 곧 착하게 살도록 권장하는 길이다.

4-20-11 ························ 今至于爾辟하야 弗克以爾多方이 享天之命하니라
<small>금지우이벽</small>　<small>불극이이다방</small>
<small>향천지명</small>

『이제 그대의 임금에 이르러서 능히 그대들 여러 지방이 하늘의 명령을 누리지 못했느니라.』

　◑ 은나라 주에 이르러서 천명이 끊어졌기 때문에 여러 지방의 민중이 천부인권(天賦人權)을 향유하지 못하게 되었음을 검증하였다.
　벽(辟)은 임금이니 주(紂)를 일컬음이요 다방(多方)은 여러 지방의 민중이며 천지명(天之命)은 하늘이 선천적으로 부여한 인간의 고유한 행복추구권인데 첫째가 양심에 따라서 떳떳하게 살 권리이고, 둘째가 자유롭고 평등하게 살 권리이며, 셋째가 인간의 존엄성을 지킬 권리이다.

嗚呼라 王이 若하시고
曰誥告爾多方하셨나니 非天이면
庸釋有夏하며 非天이면 庸釋有殷이리오

『오호라, 왕이 '어이쿠' 하시고 말씀하시기를 훈시로 그대들의 여러 지방에 알리노라고 하셨나니 하늘이 아니면 어찌 하나라 정부를 풀어지게 하며 하늘이 아니면 어찌 은나라 정부를 풀어지게 하리오.』

◑ 주공이 성왕의 훈고임을 다시 한 번 강조하며 그 내용을 계속 반포하였다.

오호(嗚呼)는 주공(周公)이 감탄한 것이니 사관이 기록하여 넣은 바요 고(誥)는 훈시이며 용(庸)은 어찌, 석(釋)은 풀리는 것이니 소모되어서 흩어진 것이다.

천명을 받으면 나라의 정체성이 확립되어 정부를 신임하고 천명이 단절되면 나라의 정체성이 없어져서 정부를 불신임하므로 정권이 해체되는 것이다. 그러므로 나라의 정권을 해체할 수 있는 권능은 오로지 하늘에 있나니 사람이 자의적으로 주고 빼앗을 대상이 아니다.

4-20-13 ····························· 乃惟爾辟이 以爾多方으로
大淫圖天之命하며 屑有辭하니라

『이에 오직 너의 임금이 그대들의 여러 지방으로써 크게 하늘의 명령을 음란하게 도모하며 번거롭게 변명을 하였느니라.』

◑ 은나라 주가 음란방종하여 하늘의 명령을 거역하고도 오히려 천명을 빙자하여 왕권의 영구성을 주장한 사실을 지적하였다.

벽(辟)은 임금이니 주(紂)를 지칭하고 설(屑)은 번거롭고 경망함이며
유사(有辭)는 변명할 말이 있는 것이다.

4-20-14 ········· 乃惟有夏가 圖厥政하되 不集于享이라
내유유하　도궐정　　불집우향
天降時喪하사 有邦間之하시니라
천강시상　　유방간지

『이에 오직 하나라 정부가 그 정사를 도모하되 향유함에 나아가지
아니하므로 하늘이 이 멸망을 내리시어 지방정부가 그것을 교대하게
하시니라.』

　● 하나라의 정치가 민중의 기본권을 향유하는 데로 나아가지 아니
하므로 하늘이 멸망시키고 상나라 탕임금으로 교대하였음을 증명하
였다.
　집(集)은 나아감이고 유방(有邦)은 지방정부이니 상(商)나라 탕(湯)임
금의 정부를 지칭하며 간(間)은 교대함이다.
　이것은 상나라도 지방정부로서 하나라를 혁명하고 천자국이 되었
으니 주나라가 은나라를 혁명하고 천자국이 된 것과 똑같이 모두 하
늘이 하는 바임을 논증한 것이다.

4-20-15 ········· 乃惟爾商後王이 逸厥逸하야 圖厥政하되
내유이상후왕　　일궐일　　도궐정
不蠲烝이라 天惟降時喪이시니라
불견증　　천유강시상

『이에 오직 너의 상나라 뒤에 왕이 그 일락을 편안히 즐기면서 그
정사를 도모하되 깨끗하게 나아가지 아니하므로 하늘이 오직 이 멸망
을 내리시니라.』

● 상나라 주가 하나라 걸의 안락을 편안하게 즐기며 정치사업을 깨끗한 방향으로 나아가지 아니하므로 하늘이 멸망시켰음을 증언하였다.

　후왕(後王)은 뒤에 왕으로 주(紂)를 지칭하고 궐일(厥逸)은 하(夏)나라 걸(桀)이 즐긴 일락(逸樂)이며 견(蠲)은 깨끗함이니 잡세(雜稅)를 없애고 민중의 부담을 줄이는 것이며 증(烝)은 나아감이다.

　은나라는 주(紂)가 민중을 학대하므로 하늘이 멸망시킨 것이지 주(周)나라가 자의적으로 멸망시킨 것이 아니므로 여러 지방의 선비는 스스로 주를 원망해야지 주나라를 배척할 이유가 없는 것이다.

4-20-16 ·································· 惟聖도 罔念이면 作狂하고
　　　　　　　　　　　　　　　惟狂도 克念이면 作聖하나니
　　　　　　　　　　　　　　　天惟五年을 須暇之하사
　　　　　　　　子孫誕作民主이어시늘 罔可念聽하니라

　『오직 성철한 사람도 생각이 없으면 경망한 일을 하고 오직 경망한 사람도 생각을 잘하면 성철한 일을 하나니 하늘이 오직 5년을 기다리고 틈을 주시어 자손이 크게 민중의 주체가 되게 하시거늘 옳게 생각하고 들음이 없느니라.』

　● 사람의 천성은 본래 착하지만 그 생각함에 따라서 성철한 사람이 되고 경망한 사람이 되기 때문에 하늘은 경망한 사람에게 반성의 기회를 주고 회개하기를 기다린다고 하였다.

　성(聖)은 성철(聖哲)한 어진 이요 념(念)은 기억력을 바탕으로 형성된 주관적인 관념인데 추리하고 비교하고 판단함에 결정적인 기준이 되는 것이다. 망념(妄念)은 생각이 없는 것이니 흐리멍덩하게 결정함

이며 광(狂)은 경망한 미치광이이고 극념(克念)은 생각을 두루 치밀하
게 잘함이다. 수(須)는 기다림이고 가(暇)는 틈을 주는 것이며 자손(子
孫)은 왕과 그 종친을 지칭한다.

임금의 경망한 행동에 하늘이 5년간의 말미를 주고 개과천선하기
를 기다린다는 말은 최초의 재앙을 내려 경고한 때로부터 계산한 것
이니 그 기간 내에 임금이 스스로 반성하거나 아니면 그 종친이 일어
나서 임금을 갈아치우고 새로운 임금을 세워 반정해야 하는데 만일
아무런 개혁조치가 없다면 이에 혁명의 정당성을 확보하게 된다는 뜻
이다.

대저 5년은 천자(天子)의 회개를 기다리는 기간이고 제후(諸侯)는 3
년간이요 대부(大夫)는 1년간이며 하급관료인 사(士)는 3개월이니 이
기간 내에 생각을 바로잡지 않으면 모두 교체하는 것이 고대의 법이
다.

4-20-17 ·························· 天惟求爾多方하사 大動以威하야
　　　　　　　　　　　　　　천 유 구 이 다 방　　　대 동 이 위
　　　　　　　　　　　　　　開厥顧天이어시늘 惟爾多方이
　　　　　　　　　　　　　　개 궐 고 천　　　　유 이 다 방
　　　　　　　　　　　　　　罔堪顧之하니라
　　　　　　　　　　　　　　망 감 고 지

『하늘이 오직 그대들 여러 지방에 촉구하시어 크게 위엄으로 진동
하여 그 하늘을 돌아보도록 개통하시거늘 오직 그대들 여러 지방이
돌아보기를 감당함이 없느니라.』

◑ 하늘이 주의 방종을 경고하여 재앙을 거듭 내리며 5년을 기다렸
으나 주가 반성하지도 않고 또한 종친이 일어나서 하늘의 뜻에 따라
반정(反正)도 하지 않은 사실을 여러 지방의 선비에게 지적하여 은나
라의 멸망은 자업자득임을 선언하였다.

구(求)는 촉구(促求)함이고 동(動)은 진동(震動)함이며 위(威)는 위엄

(威嚴)이니 무서운 재앙이다. 개(開)는 개통(開通)함이요 고천(顧天)은 하늘의 뜻을 돌아보고 살펴 좇음이며 감(堪)은 감당(勘當)함이다.

자체적으로 정치사회를 정화할 능력이 없는 나라는 결국 하늘이 멸망시켜버리는 것이다. 정치는 본래 맑고 깨끗한 기강을 세워서 천리를 밝히고 인심을 바로잡아 아름다운 이상세계를 건설하는 것이거늘 그 정치집단이 먼저 부패하여 음란 포악함에도 이를 스스로 제재하고 징계할 힘이 없다면 결국 혁명에 의하여 청산할 수밖에 없는 것이다.

4-20-18 ······························ 惟我周王이 靈承于旅하시고
克堪用德하시며 惟典神天하시니
天惟式敎我用休하시고 簡畀殷命하시니
尹爾多方하시니라

『오직 우리 주나라 왕이 여제를 잘 받드시고 덕을 쓰심을 잘 감당하시며 오직 하느님을 본받으시니 하늘이 오직 우리를 굽어 가르치시어 아름답게 하시고 간택하시어 은나라의 천명을 주시므로 그대들의 여러 지방을 다스리시니라.』

☯ 주나라 문왕과 무왕이 명산에 제사를 잘 받들고 덕치인정을 베풀며 하느님을 본받았기 때문에 하늘이 은나라의 천명을 단절하여 주나라에 주었음을 확인하였다.

영승우려(靈承于旅)는 앞(4-20-5)에서 이미 해설하였고 전(典)은 모범으로 삼아서 본받음이며 신천(神天)은 천신(天神)과 같으니 바로 하느님이다. 식(式)은 굽어 내려봄이요 교(敎)는 계시하여 가르침이며 윤(尹)은 다스리는 것이다.

사람이 자기가 해야 되는 도리와 의리를 다하지 못하고 또한 하늘

의 뜻도 받아들이지 않는다면 어찌할 수 없는 것이니 이런 사람은 선비로 인정하기가 곤란하리라.

금 아   갈 감 다 고

4-20-19 ·· 今我는 曷敢多誥리오

아 유 대 강 이 사 국 민 명

我惟大降爾四國民命하노라

『이제 나는 어찌 감히 여러 번 훈고하리오. 나는 오직 크게 그대들 네 나라의 인민에게 명령을 내리노라.』

◉ 여러 번 훈고하여 타일러도 끝내 듣지 않으므로 부득이 이제는 왕의 명령으로 강력히 다루겠음을 선포하였다.

갈(曷)은 어찌, 다(多)는 여러 번, 명(命)은 명령이니 훈고(訓誥)의 차원을 넘어 강력한 공권력을 발동함이다.

이 아래는 고체(誥體)가 아니고 명령문체이다.

이   갈 불 침 유 지 우 이 다 방

4-20-20 ································· 爾는 曷不忱裕之于爾多方고

이   갈 불 협 개 예 아 주 왕 향 천 지 명

爾는 曷不夾介乂我周王享天之命고

금 이 상 택 이 택   전 이 전

今爾尙宅爾宅하며 畋爾田하나니

이   갈 불 혜 왕   희 천 지 명

爾는 曷不惠王하야 熙天之命고

『그대들은 어찌 너의 여러 지방에 사람을 성실하고 너그럽게 하지 아니하는가. 그대들은 어찌 우리 주나라 왕이 하늘의 명령을 향유하심을 가까이 도와서 아름답게 하지 아니하는가. 이제 그대들은 오히려 너의 집에 살며 너의 밭을 대리경작시키나니 그대들은 어찌 왕을

사랑하여 하늘의 천명을 빛내지 아니하는가.』

◉ 성왕의 명령으로 네 나라의 지도급 인사에게 주나라의 혜택을 누리면서 어찌하여 주나라에 협조하지 않느냐고 힐문하였다.

협(夾)은 좌우에서 가까이 부축함이고 개(介)는 돕는 것이며 상(尙)은 오히려, 전(畋)은 대리경작(代理耕作)함이니 곧 채지(采地)를 가지고 있다는 뜻이다. 혜(惠)는 인애(仁愛)함이고 희(熙)는 빛내는 것이다.

네 나라의 관리들이 주나라의 관직을 승계하여 그 주택과 채지를 그대로 소유한다면 마땅히 주나라에 대한 신하로서의 의무도 이행해야 한다.

4-20-21 ·························
이내적루불정　　　이심미애
爾乃迪屢不靜하나니 爾心未愛아
이내불대택천명　　이내설파천명
爾乃不大宅天命가 爾乃屑播天命가
이내자작불전　　　도침우정
爾乃自作不典하야 圖忱于正가

『그대들은 이에 자주 정숙하지 아니함에 이르렀나니 너의 마음이 사랑하지 못하는가. 그대들이 이에 천명을 크게 확정하지 아니함인가. 그대들이 이에 천명을 옮기는 것을 좋아하지 아니함인가. 그대들이 이에 스스로 맡지 않기로 작정하여 정도에 성실하기를 도모함인가.』

◉ 네 나라의 관리들이 정숙하게 복무하지 않고 자주 결근하거나 해태(懈怠)하여 국정을 마비상태로 만든 이유가 무엇이냐고 힐책하였다.

적(迪)은 이르는 것이고 누(屢)는 자주 여러 번이며 정(靜)은 정숙함이다. 심미애(心未愛)는 마음이 모질어서 봉사정신이 없는 것이요 택(宅)은 정(定)함이니 대택(大宅)은 명확하게 결정함이며 설(屑)은 좋아하지 아니함이고 파(播)는 옮기는 것이다. 작(作)은 작정함이고 전(典)

은 일을 맡아서 책임을 지는 것이요 정(正)은 정도이니 하늘이 준 운명에 순순히 따르는 것이다.

공무원의 집단적인 파업권과 태업권은 본래 인정하는 것이지만 그러나 그 이유도 밝히지 않고 자주 여러 번 집단파업과 개별태업을 하는 것은 문제가 있는바 추측하건대 심술이 고약한 까닭인가? 아니면 은나라의 천명이 주나라로 확실하게 넘어갔다고 보지 않기 때문인가? 또는 천명이 주나라로 넘어간 것을 싫어한 까닭인가? 아니면 승조(勝朝)의 신하로서 소대(昭代)에 벼슬을 아니하고 절의를 지키려는 까닭인가? 확실하게 밝히라고 촉구하였으니 당대를 다스릴 책임이 있는 왕으로서 당연한 요구이다.

전배(前輩)들은 이 구절의 뜻을 제대로 파악하지 못하고 억지로 해석하였으니 취할 것이 없어 내가 바로잡았다.

4-20-22 ·········· 我惟時其敎告之하며
我惟時其戰要囚之하되 至于再하고
至于三하니 乃有不用我降爾命하면
我乃其罰殛之하리니 非我有周가
秉德不康寧이라 乃惟爾自速辜니라

『나는 오직 때로 그 교령을 널리 알리며 나는 오직 때로 그 전투부대로 죄수를 자세히 취조하여 죄를 결정하되 두 번에 이르고 세 번에 이르렀나니 이에 내가 그대들에게 명령을 내린 것을 쓰지 아니함이 있으면 나는 이에 그 벌로 귀양을 보내리니 우리 주나라 정부가 덕을 강녕하지 못하게 집행함이 아니라 이에 오직 그대들이 스스로 허물을 재촉함이니라.』

◉ 성왕이 네 나라의 관리들에게 아무런 이유도 밝히지 않고 계속 태업과 파업을 반복하면 부득이 법으로 다스려 귀양을 보내겠다고 경고하였다.

시(時)는 때로, 교(敎)는 교령(敎令)이며 전(戰)은 전투부대이니 이미 계엄령을 선포하고 군사력으로 사회질서를 유지하는 지역이다. 요수(要囚)는 앞(4-20-10)에서 이미 해설하였으니 파업의 주동자를 색출하여 처벌함이고 벌(罰)은 불법적으로 태업하고 이유도 밝히지 않고 파업한 죄값이며 극(殛)은 귀양을 보내서 사회로부터 격리함이요 속(速)은 재촉함이다.

앞의 네 가지 파업이유 가운데 깨끗하게 절의를 지키려는 사람은 즉각 벼슬을 사임하고 두문불출하여 고결하게 살면 아무런 죄가 없지만 심술이 고약하거나 주나라 혁명의 성공을 아직도 인정하지 않거나 나아가 주나라의 천명을 반대한다면 이것은 천명을 거역하고 민심을 배반한 것이므로 처벌이 불가피하다.

4-20-23 ························· 王이 曰嗚呼라 하시고 猷라가
告爾有方多士와 曁殷多士하노라
今爾奔走臣我監이 五祀니라

『왕이 말씀하시기를 오호라, 하시고 머뭇거리시다가 그대들 지방의 여러 선비 및 은나라 여러 선비에게 알리노라. 이제 그대들이 분주하게 우리 감독관에게 신하 노릇을 한 지가 5년이니라.』

◉ 주공이 왕의 명령임을 강조하여 네 나라의 관리와 옛 은나라 중앙정부에서 근무했던 관리들에게 이미 주나라 성왕의 정부에서 녹봉을 받은 지도 5년이 되었음을 밝혔다.

왕왈(王曰)은 주공(周公)이 강조하기 위하여 다시 밝힘이요 유(猷)는

머뭇거림이니 신중한 모습이고 기(曁)는 및, 은다사(殷多士)는 은(殷)나라 중앙정부에서 근무했던 중하위급의 관리이다. 신(臣)은 신하 노릇을 함이고 감(監)은 감독관이니 본래 지방자치에는 중앙에서 파견한 감독관이 없는 것이나 무경(武庚)과 3숙(叔)이 반란을 일으킨 지방이기 때문에 부득이 소수의 감독관과 군사를 파견하여 감찰하게 했던 것이므로 평화가 정착되면 즉각 철수한다. 사(祀)는 연(年)의 뜻이다. 5년은 성왕이 즉위한 때로부터 계산한 것이다.

4-20-24 ·················· 越惟有胥伯小大多正아 爾罔不克臬이어다
　　　　　　　　　　　　　월유유서백소대다정　　이망불극얼

『이에 오직 방백을 돕는 작고 큰 여러 정관이 있는 이여, 그대들은 법을 잘 지키지 않음이 없을지어다.』

　◑ 관직이 있는 네 나라의 크고 작은 관리들에게 정부조직법과 공무원수칙을 어기지 말라고 명령하였다.
　월(越)은 이에, 서(胥)는 돕는 것이고 백(伯)은 방백(邦伯)이며 정(正)은 정관(正官)이니 여러 관청의 책임자이다. 극(克)은 잘 지킴이고 얼(臬)은 법이다.
　관리가 나라의 법을 잘 지킨다면 이유 없는 태업이나 파업은 할 수 없는 것이다.

4-20-25 ·························· 自作不和일새 爾惟和哉인저
　　　　　　　　　　　　자작불화　　이유화재
　　　　　　　　　　　　爾室不睦일새 爾惟和哉인저
　　　　　　　　　　　　이실불목　　이유화재
　　　　　　　　　　　　爾邑克明이라사 爾惟克勤乃事리라
　　　　　　　　　　　　이읍극명　　　이유극근내사

『스스로 불화를 일으킬 때에 그대들은 오직 화합할진저. 그대들의 집안이 화목하지 못할 때에 그대들은 오직 화목하게 할진저. 그대들의 읍이 능히 명랑하여야 그대들이 능히 그대들의 일에 부지런하리라.』

☯ 방백(邦伯)을 돕는 크고 작은 여러 정관(正官)의 책임자는 사회화합과 가정화목의 기풍을 일으키는 중심적 역할을 하라고 명령하였다.

명(明)은 명랑함이니 망국의 과거에 집착하지 않고 혁명하여 새 나라를 건설하는 활기를 되찾는 것이고 내사(乃事)는 네가 맡은 사업이다.

4-20-26 ························ 爾尚不忌于凶德하고 亦則以穆穆으로
在乃位하며 克閲于乃邑하야 謀介하니라

『그대들은 일찍이 흉악한 덕을 꺼리어 피하지 않고 또한 곧 온화한 모습으로 너의 벼슬자리에 있으면서 너의 읍을 보살펴 돕기를 도모하였느니라.』

☯ 네 나라의 관리들이 일찍이 주의 포학한 정치에도 묵묵히 벼슬자리에 있으면서 그 읍민을 보호했던 사실을 평가하였다.

상(尙)은 일찍이, 기(忌)는 기피(忌避)함이며 흉덕(凶德)은 주(紂)의 흉악한 정치지도력이요 목목(穆穆)은 온화하고 사려가 깊은 모양이다. 위(位)는 은(殷)나라 주가 임명한 벼슬자리이며 열(閲)은 보살핌이고 내읍(乃邑)은 그가 다스리는 읍(邑)이며 개(介)는 돕는 것이다.

악한 조정에서 벼슬을 하는 것은 부끄러운 일이로되 폭군으로부터 주민을 보호하기 위하여 관직을 고수하며 방패막이가 되는 것은 개인

의 명예보다도 인민의 생명과 재산을 보호하기 위하여 결연히 몸을
바치는 것이니 장렬한 정신이다. 성왕은 이들의 이러한 높은 정신과
사명을 평가했기 때문에 그토록 벼슬을 시키려고 노력한 것이다.

학자는 여기에서 뜻을 낮추지 않고 몸을 깨끗하게 지키는 사람만
평가하지 말고 비록 몸은 더럽혀도 뜻을 고상하게 지킨 사람도 평가
해야 함을 알리라.

4-20-27 ························ 爾乃自時洛邑으로 尙永力畋爾田하면
天惟畀矜爾하시며 我有周가
惟其大介賚爾하고 迪簡在王庭하리니
尙爾事하면 有服이 在大僚하리라

『그대들은 이에 이 낙읍으로부터 오히려 길이 힘써 그대들의 전토
를 대리경작하면 하늘이 오직 그대들에게 긍휼함을 내리시며 우리 주
나라 정부가 오직 그 큰 도움을 그대들에게 주고 계도하며 간택해서
중앙정부에 있으리니 그대들의 일을 숭상하면 직분을 가짐이 고관의
자리에 있으리라.』

☯ 네 나라의 관리들이 태업과 파업을 중지하고 주나라의 정부에
적극 협조하면 과거를 묻지 않고 도와서 공평하게 인재를 발탁 등용
하여 중앙정부의 고위직에 오르게 하겠다고 약속하였다.

낙읍(洛邑)은 주(周)나라의 정부를 상징하고 비(畀)는 주는 것이며
긍(矜)은 긍휼(矜恤)이다. 개(介)는 돕는 것이고 뢰(賚)는 주는 것이며
왕정(王庭)은 주나라 조정이다. 상(尙)은 숭상함이요 이사(爾事)는 그대
들이 맡은 일이며 유복(有服)은 복무할 직분을 가짐이고 대료(大僚)는
보국(輔國) 이하의 벼슬아치가 의정(議政)을 일컫는 칭호로 곧 고관이

란 말이다.

성왕이 차별이 없이 인재를 등용하려는 뜻이 광명정대하다.

王^왕이 曰^왈嗚^오呼^호라 多^다士^사여

爾^이不^불克^극勸^권忱^침我^아命^명하면 爾^이亦^역則^즉惟^유不^불克^극享^향이라

凡^범民^민惟^유曰^왈不^불享^향이라하리니

爾^이乃^내惟^유逸^일惟^유頗^파하야 大^대遠^원王^왕命^명이면

則^즉惟^유爾^이多^다方^방이 探^탐天^천之^지威^위라

我^아則^즉致^치天^천之^지罰^벌하야 離^이逖^적爾^이土^토하리라

『왕이 말씀하시기를 오호라, 여러 선비여, 그대들이 능히 나의 명령을 권면하여 믿지 아니하면 그대들이 또한 곧 오직 향유하지 아니하므로 모든 민중이 오직 말하기를 향유하지 아니하리라고 하리니 그대들이 이에 오직 안일하고 오직 비뚤어져서 크게 왕명을 멀리하면 오직 그대들의 여러 지방이 하늘의 위엄을 취함이므로 나는 곧 하늘의 벌을 극진히 하여 그대들의 전토에서 격리하여 멀리하리라.』

☯ 앞에서 파업을 풀고 정상적인 업무에 복귀하면 과거를 묻지 않고 공평하게 중앙정부에 등용하겠다고 약속하였으나 네 나라의 관리가 아무런 대답이 없으므로 주공이 다시 왕명임을 강조하여 끝내 파업을 철회하지 않으면 부득이 천벌로 다스려 그 관직을 박탈하고 채지(采地)를 환수할 것임을 경고하였다.

파(頗)는 편파하여 바르지 못함이고 탐(探)은 취함이며 치(致)는 극진히 함이다. 이(離)는 격리함이고 적(逖)은 멀리함이다.

명확한 이유도 밝히지 않고 침묵으로 일관하면서 막중한 행정업무

를 마비시키는 태업과 파업을 거듭한다면 이것은 천지신명이 함께 분노할 일인즉 그 관직을 파면하고 그 채지를 회수하는 것이 마땅하다.

4-20-29 ·················· 王이 曰我不惟多誥라 我惟祗告爾命이니라

『왕이 말씀하시기를 나는 오직 여러 번 훈고함이 아니라 나는 오직 공경하여 그대들에게 명령을 알리노라.』

◑ 주공이 왕명으로 네 나라 관리에게 그 파업을 계속하면 부득이 관직과 채지를 몰수하겠다고 경고하여도 아무런 대답이 없으므로 이것은 훈고가 아니고 왕의 명령임을 다시 강조하였다.
앞(4--20--19)에서도 이와 같은 뜻을 이미 밝혔으나 네 나라의 관리들이 묵묵히 아무런 의사도 밝히지 않으니 답답하고 답답하지만 모든 사람에게는 묵비권이 있으므로 그 권리를 존중하지 않을 수 없는 것이다.

4-20-30 ··· 又曰時惟爾初니
不克敬于和인댄 則無我怨인저

『너그럽게 용서하여 말씀하시기를 이는 그대들에게 최초로 생각하노니 능히 삼가 화합하지 못할진댄 곧 나를 원망하지 말지어다.』

◑ 다방의 선비들이 성왕의 업무 복귀명령을 듣고도 끝내 아무런 의사표현이 없으므로 성왕이 끝으로 너그럽게 용서하여 지난 5년간 있었던 파업과 태업에 관한 일은 모두 없었던 일로 덮어버리고 이제부터 시작하여 네 나라의 관리들의 행동에 주목하겠다고 선언하였다.

우왈(又曰)은 너그럽게 용서하여 말함이니 앞(4-16-19)에서 이미 해
설하였고 초(初)는 최초이니 과거는 묻지 않으나 지금부터는 단속하
겠다는 뜻이다. 경(敬)은 삼감이요 우(于)는 위(爲)의 뜻이며 무(無)는
말라는 뜻이다.

사람에게는 무언의 저항권이 있고 더욱이 정치와 사상적 확신에서
나온 무언의 저항권은 존중해야 마땅하다. 그러므로 은나라가 망함에
기자는 주나라의 신하가 되지 않겠다고 선언하였고 백이와 숙제는 수
양산으로 올라갔으며 상읍 주변의 네 나라 관리는 파업과 태업을 거
듭하였으니 다사(多士) 편과 다방(多方) 편에서 성왕과 주공이 그들을
깨우치기 위하여 훈고와 명령을 여러 번 하였던 것이다.

대저 선비는 나라와 운명을 함께 하여 그 삶이 고통스러울수록 그
지조가 더욱 빛나는 까닭에 본래 이해득실을 걱정하지 않고 뜻을 굳
게 지키는 것이다. 따라서 충신(忠臣)과 의사(義士)와 열녀(烈女)는 누
구도 그 뜻을 빼앗을 수 없는 것이나 그렇다고 방관할 수도 없나니
성왕이 하늘의 뜻으로 세 번 깨우치는 것은 인정(仁政)의 도량이다.

21. 입정(立政) / 정체(政體)를 확립함

입(立)은 명확하게 정립(定立)함이고 정(政)은 정체(政體)이니 국가를 조직하여 주권을 운용하는 체제이다.

주공(周公)이 성왕(成王)에게 정체를 확립하는 방법으로 정부조직의 기본원칙을 제시하며 그 책임의 한계를 분명히 하고 어진 이를 임명하여 능력을 발휘하게 하며 정덕(正德), 이용(利用), 후생(厚生)의 정책사업을 추진하여 천시(天時)를 따르고 민심(民心)에 부응하는 정부가 되어야 한다고 훈도(訓導)한 내용이니 민중주체의 공화정체(共和政體)를 확립하는 대원칙이다.

이 편은 『금문상서(今文尙書)』와 『고문상서(古文尙書)』에 모두 수록되어 있다.

4-21-1 ······························· 周公이 若하고 曰拜手稽首하며
告嗣天子王矣일새 用咸戒于王曰王은
左右常伯과 常任과
準人과 綴衣와 虎賁하나이다

『주공이 '어이쿠' 하고 말하기를 절하고 머리를 조아리며 대를 이어 천자가 되신 왕에게 보고할 때에 왕에게 경계를 다하여 말하기를 왕은 3공과 6경과 법령으로 정한 관리와 계약직의 보조원과 용맹한 군대를 자유롭게 부리나이다.』

● 주공이 성왕에게 왕은 국가의 원수로서 나라를 대표하며 나라의 전반에 걸친 행정을 통할하기 때문에 최고의 통치권을 행사하여 공경 이하 모든 관리를 자유롭게 부리는 권력이 있음을 밝혔다.

사천자(嗣天子)는 무왕(武王)의 뒤를 이은 천자임을 강조한 말이며 좌우(左右)는 좌지우지하여 자유롭게 시킨다는 뜻이니 임면권(任免權) 과 업무를 지시하는 명령권(命令權)이 있다는 말인데 전배(前輩)들은 이것을 알지 못하고 측근으로 해석하여 본의를 훼손하였다. 상백(常 伯)은 항상 왕을 보필하는 관장(官長)이니 곧 3공(三公)과 3고(三孤)이 고 상임(常任)은 일정한 직무를 늘 계속하여 맡은 사람이니 곧 6경(卿) 이며 준인(準人)은 관리의 계급과 직종을 법령으로 정한 사람이니 정 식 관리로서 사대부(士大夫)이며 철의(綴衣)는 옷이 해지면 이어 꿰매 듯이 임시적으로 채용한 계약직의 보조원이요 호분(虎賁)은 용맹스러 운 군대이다.

왕은 모름지기 자주독립하여 자유롭게 국가를 경영하여야 국가의 이념을 구현하고 정책의 목표를 실현할 수 있기 때문에 절대적인 통 치권을 확립해야 한다. 그렇지 않고 만일 권신이나 내시나 여알(女謁) 이 발호하여 왕권을 침해하게 되면 왕은 실권을 잃어서 무능한 존재 가 되나니 위태로운저!

4-21-2 ·································· 周公이 曰嗚呼라 休茲할새

知恤이 鮮哉이니다 古之人이 迪하니

惟有夏가 乃有室大競하야

籲俊尊上帝하니 迪知하야

忱恂于九德之行을 乃敢告敎厥后하야

曰拜手稽首后矣하며 曰宅乃事하며

宅乃牧하며 宅乃準이라사

（택내목） （택내준）

茲惟后矣니이다 謀面하야

（자유후의） （모면）

用조訓德으로 則乃宅人하면

（용비훈덕） （즉내택인）

茲乃三宅에 無義民이라 하니이다

（자내삼택） （무의민）

『주공이 말하기를 오호라, 이것을 아름답게 할 때에 근심을 아는 이가 드무나이다. 옛사람이 계도하였으니 오직 하나라 정부가 이에 왕실을 경영함에 크게 쫓아 준걸을 초빙하여 하느님을 높이 받들었나니 지혜를 개발하여 아홉 가지 덕의 행실을 진심으로 함을 이에 감히 임금에게 가르쳐 알리면서 말하기를 임금에게 절하고 머리를 조아리며 말하기를 그 사업의 위상을 정립하며 그 다스림의 위상을 정립하며 그 법률제도의 위상을 정립하여야 이에 오직 임금이니다. 면전에서 꾀하여 크게 가르치는 덕으로 곧 이에 사람의 위상을 결정하면 이는 그 세 가지 위상을 정립함에 정의로운 국민이 없으리라고 하였나이다.』

☯ 주공이 왕의 정치지도력을 확립하는 방법으로 고요가 우에게 말한 9덕을 인용하여 설명하였다.

주공왈(周公曰)은 앞에서 주공(周公)이 말한 왕권의 주체성에 관한 문제를 거론했음에도 성왕(成王)이 감사하거나 그 방법을 묻지 않으므로 주공이 다시 말을 계속한 장면을 사관(史官)이 기록한 것이다. 휴(休)는 아름답게 행사함이고 자(茲)는 왕권이며 휼(恤)은 근심이니 실천방법에 대한 어려움이다. 고지인(古之人)은 고요(皐陶)를 지칭하고 적(迪)은 계도함이며 유실(有室)은 왕실을 경영함이요 경(競)은 쫓음이다. 유(籲)는 불러서 초빙함이고 준(俊)은 준걸(俊傑)이며 지(知)는 지혜이다. 침순(忱恂)은 진심으로 함이고 구덕(九德)은 앞(1-4-3)에서 이미 해설하였다. 후(后)는 임금이니 우(禹)임금을 지칭하고 택(宅)은 위상(位相)을 정립함이니 마치 집터를 정하듯이 위치와 방향 그리고 크기를 결정하는 것이며 내(乃)는 대명사로 왕(王)을 지칭한다. 사(事)는 정치사업이요 목(牧)은 행정조직을 관리함이며 준(準)은 법령제도이니 모두 정체(政體)를 확립하는 중대사항이다. 모면(謀面)은 면전에서만 도모하고 실천성이 없는 것이며 용(用)은 이(以)의 뜻이요 비훈덕(丕訓德)은 크게 모범적인 인격이다. 택인(宅人)은 사람의 품격을 평가하여 등급을 정함이고 삼택(三宅)은 사(事)와 목(牧)과 준(俊)의 대소(大小), 고하(高下), 본말(本末)의 체계를 세움이요 의민(義民)은 정의로운 국민이다.

나라에 정체가 확립되어야 사회에 기강이 서는 것이니 만일 정치사업과 행정조직과 법령제도가 문란하여 체계가 없으면 힘과 술수가 즉각 일어나서 사회혼란을 증폭하기 때문에 정의롭게 사는 국민이 존재할 수 없는 상황에 이르는 것이다.

소동파(蘇東坡)가 말하기를 사(事)는 상임(常任)이고 목(牧)은 상백(常伯)이며 준(準)은 준인(準人)이라고 하였으나 옳지 않다. 주공은 왕의 업무장악력으로 통치권을 확립해야 됨을 말했고 고요는 왕이 국가이념과 목적을 뚜렷하고 사업경영방법을 합리적으로 갖추어야 됨을 말한 것이다.

4-21-3 ·································· 桀德은 惟乃弗作往任하고
是惟暴德이라 罔後하니이다

『걸의 지도력은 오직 이에 지난일을 일으키지 아니하고 이에 오직 포학한 지도력이므로 뒤가 없었나이다.』

◐ 하나라 걸은 과거의 인덕으로 다스리는 일을 일으키지 않고 오직 포학한 형벌로 다스렸기 때문에 멸망하였음을 논증하였다.

덕(德)은 지도력이고 작(作)은 일으키는 것이며 왕임(往任)은 지난날의 일이니 곧 우(禹)임금이 천하를 위하여 노력했던 일로 옛날의 왕이 덕(德)을 닦아 천리(天理)를 밝히고 민심을 바로잡는 일이다. 포덕(暴德)은 포학(暴虐)한 형벌로 민중을 탄압하여 다스리는 절대왕권이며 망후(罔後)는 미래가 없는 것이니 곧 멸망한 것이다.

4-21-4 ·················· 亦越成湯이 陟하사 조釐上帝之耿命하시며
乃用三有宅하사 克卽宅하시며
曰三有俊이라하사 克卽俊하시고
嚴惟조式하사 克用三宅三俊하시니
其在商邑엔 用協于厥邑하며
其在四方엔 用조式見德하나이다

『또한 이에 성탕이 왕위에 오르시어 하느님의 빛나는 명령을 크게 다스리시며 이에 세 가지에 위상정립이 있는 것을 쓰시어 능히 위상을 정립하여 나아가시며 말씀하시기를 세 가지에 준걸이 있어야 된다고 하시어 능히 준걸을 나아가게 하시고 엄숙하게 큰 법도를 생각하시어 능히 세 가지 위상정립과 세 가지 준걸을 쓰시니 그 상나라 도읍에 있어서는 그 읍이 협력하며 그 사방에 있어서는 크게 본받아 덕을 깨닫게 되었나이다.』

◐ 탕임금이 하나라 걸을 정벌하고 왕위에 올라 고요가 밝힌 옛날의 9덕을 받들어 삼택을 회복하고 삼준을 발탁 등용하여 천하사람이 화합하여 협력하는 사회를 건설하였음을 변증하였다.

월(越)은 이에, 척(陟)은 왕위에 오름이고 리(釐)는 다스리는 것이다.

경명(耿命)은 빛나는 명령이니 곧 뚜렷한 자연의 화합질서이며 삼(三)은 앞(4-21-2)에서 말한 사(事)와 목(牧)과 준(準)이요 즉(卽)은 나아가는 것이다. 준(俊)은 준걸(俊傑)이니 뛰어난 사람이고 유(惟)는 생각함이요 식(式)은 법(法)으로 본받음이며 견덕(見德)은 덕성(德性)을 깨닫는 것이다.

임금이 자연의 화합질서를 본받아 정치사업과 행정조직 및 법령제도의 위상을 정립하고 준걸을 등용하여 일을 하게 하면 나라에 협력하는 기풍이 일어나고 어지럽게 소인배가 날뛰면 민심이 날로 투박해져서 풍속이 각박하게 되는 것이므로 정치지도자는 먼저 정부의 위상을 뚜렷이 세우고 어진 이를 등용하여 그 능력을 발휘하도록 확실히 보장하라.

4-21-5 ······································ 嗚呼라 其在受德엔 暋하야
惟羞刑暴德之人이 同于厥邦하며
乃惟庶習逸德之人이 同于厥政한대
帝欽罰之하사 乃伻我有夏로
式商受命하사 奄甸萬姓하시니이다

『오호라, 그 주의 지도력에 있어서는 우악스러워서 오직 부끄러운 형벌과 포악하게 탄압하는 사람이 그 나라에 같이하며 이에 오직 여러 가지 습벽과 안일한 생각을 가진 사람들이 그 정권에 같이하므로 하느님이 근심하시고 처벌하시어 이에 우리 문화중심국 정부로 하여금 상나라 주의 천명을 쓰게 하시어 문득 천하 만민을 다스리게 하시니이다.』

◐ 은나라 주가 9덕을 어기고 삼택을 어지럽히며 삼준을 버리므로

하늘이 근심하여 처벌하고 주의 천명을 문왕과 무왕에게 주었음을 밝혔다.

수(受)는 주(紂)의 이름이고 민(暋)은 우악스러움이며 수형(羞刑)은 부끄러운 형벌이니 자연법과 양심으로 형벌을 결정하지 않고 실정법과 사심으로 형벌을 결정함이며 동(同)은 함께 같이함이요 서습(庶習)은 뭇 잡기(雜技)에 익숙한 나쁜 버릇이고 흠(欽)은 근심함이다. 팽(伻)은 하여금, 유하(有夏)는 문화중심국(文化中心國)의 정부이니 곧 주(周)나라 문왕(文王)의 정부를 지칭하고 식(式)은 용(用)의 뜻이며 수명(受命)은 주(紂)의 천명이요 승(甸)은 다스리는 것이다.

걸과 주가 모두 포학하고 우악한 정치지도력을 행사했기 때문에 멸망하였고 탕임금과 문왕, 무왕은 오직 자연의 화합질서를 본받아 스스로 공손하고 부지런히 나라에 기강을 세우고 인재를 등용하여 문명의 중심국을 건설함으로써 천명을 받았으니 나라를 잃고 얻은 방법은 오직 여기에 있을 뿐인즉 정치가는 깊이 음미하라.

4-21-6 ·························· 亦越文王武王이 克知三有宅하사
（역 월 문 왕 무 왕）（극 지 삼 유 택）
心灼見三有俊하시고 心以敬事上帝하시며
（심 작 견 삼 유 준）（심 이 경 사 상 제）
立民長伯하시니이다
（입 민 장 백）

『또한 이에 문왕과 무왕이 세 가지에 위상정립이 있어야 함을 잘 아시어 마음으로 세 가지에 준걸이 있음을 밝게 보시고 마음으로 하느님을 공경하여 섬기시며 민중의 장관과 방백을 세우셨나이다.』

◑ 주나라 문왕과 무왕도 삼택을 확립하고 삼준을 등용하여 천명을 받들어 민중의 장관과 방백을 세웠음을 밝혔다.

작(灼)은 밝은 것이고 장(長)은 장관(長官)이니 공경(公卿)이요 백(伯)은 방백(邦伯)이다.

전배(前輩)들은 심(心)자를 앞의 말에 붙여서 택심(宅心), 준심(俊心)이라고 하였으나 옳지 않다. 나는 심작견(心灼見), 심이경사(心以敬事)로 보았으니 면전에서 형식적으로 보고 섬기는 것이 아니라 내면에서 진심으로 하였다는 뜻이다.

4-21-7 ·················· 立政은 任人이 準夫牧하야 作三事니이다
입정　임인　준부목　작삼사

『정체를 확립함은 6경이 그 행정조직을 법령 제도화하여 세 가지 정치사업을 일으키는 것입니다.』

◉ 주공이 성왕에게 정체를 확립하는 대원칙을 제시하였으니 곧 왕도정치의 정치체제는 정치와 행정을 분리하여 임금은 3공과 논의하여 도덕정치를 주재하고 행정은 총재가 6경과 협의하여 공화행정을 하는 것이 대경대법(大經大法)이라고 하였다.

입정(立政)은 공화정체(共和政體)를 수립함이고 임인(任人)은 행정에 책임을 지는 사람이니 곧 총재(冢宰)와 6경(卿)이며 준(準)은 균평(均平)한 준칙을 만드는 것으로 곧 법령을 제도화함이다. 부(夫)는 대명사이고 목(牧)은 다스리는 행정조직이며 작(作)은 작흥(作興)이요 삼사(三事)는 정치사업이니 앞(1-3-7, 8)에서 말한 정덕(正德), 이용(利用), 후생(厚生)이다.

이것은 주공이 성왕에게 독재나 독단하지 말고 행정권을 총재와 6경에게 위임하여 공동으로 책임을 지게 하는 공화제도를 확립해야 됨을 말한 것이니 전제정체를 방지하기 위한 것이다.

전배(前輩)들은 임인(任人)은 상임(常任)이고 준부(準夫)는 준인(準人)이며 목(牧)은 상백(常伯)이라고 해설하였으나 옳지 않다. 아래도 역시 모두 관명(官名)의 나열로 보았기에 내가 모두 바로잡았다.

호분   철의   추마
虎賁과 綴衣와 趣馬와

소윤   좌우휴복
小尹도 左右攜僕케하시고

『용맹한 군대와 계약직의 보조원과 말을 관장하는 사람과 작은 관장도 딸린 무리를 자유롭게 경영하게 하시고』

◉ 여기에서는 정부의 모든 기관은 그 책임자가 딸린 무리를 자유롭게 경영하여 독립적인 활동영역을 보장해야 된다고 강조하였다.

호분(虎賁)과 철의(綴衣)는 앞(4-21-1)에서 이미 해설하였고 추마(趣馬)는 말을 관장하는 기관의 책임자이며 소윤(小尹)은 작은 관청의 장(長)이다. 좌우(左右)는 앞(4-21-1)에서 이미 해설하였고 휴복(攜僕)은 딸린 무리로 곧 소속한 부하(部下)이다.

이것은 정부조직에 부서를 나누고 각 부서마다 책임자를 두어 책임 경영하게 하는 방법으로 조직에 활력을 주어서 능률적으로 일을 처리하는 길이다.

백사   서부   대도소백
4-21-9 ·································· 百司의 庶府에 大都小伯과

예인   표신
藝人도 表臣하시며

『일백 관료의 여러 부중에 대략 작은 책임자와 예능인도 신하의 책임 한계를 표출하시며』

◉ 여기에서는 정부의 모든 기관에 종사하는 사람은 각각 그 책임의 한계를 분명하게 밝혀두어야 됨을 강조하였다.

백사(百司)는 백관(百官)이요 서부(庶府)는 육부(六府) 및 기타 특별 관청을 통칭하며 대도(大都)는 대략(大略)의 뜻이다. 소백(小伯)은 작

은 책임자이고 예인(藝人)은 예능인이니 특별한 기술자이며 표(表)는 표출(表出)함이요 신(臣)은 신분(臣分)이니 신하의 등급과 그 책임의 한계이다.

책임정치를 하기 위해서는 관작의 등급과 업무의 한계를 먼저 규정하고 그 일을 자유롭게 경영하는 권리를 보장한 다음에 그 결과에 대하여 책임을 지게 할 수 있는 것이니 아무리 작고 낮은 자리에 있다고 하여도 그 신분을 명확히 밝히지 않으면 안 된다.

4-21-10 ·································· 百司에 太史와 尹伯과
백사　　　태사　　　윤백
庶常은 吉士로 하시며
서상　　길사

『일백 관료에 태사와 다스리는 책임자와 서무를 맡은 사람은 좋은 사람으로 써야 하시며』

◉ 여기에서는 각 관청의 기록담당과 책임자 및 서무를 맡은 사람은 그 재주보다도 정직하고 양심적인 사람을 써야 됨을 강조하였다.

태사(太史)는 모든 일을 사실대로 기록하는 것이 중요하고 윤(尹)은 다스림이요 백(伯)은 모두 각 관청의 최고책임자이니 양심이 있어야 하며 서상(庶常)은 서무를 항상 책임지는 사람으로 진실해야 하는바 이들이 부정부패하여 결탁하면 기록을 조작하고 책임을 회피하며 서무를 판별할 수 없게 되는 것이다. 길사(吉士)는 착한 양심을 지켜서 충직하게 복무하고 변명을 하지 않은 선비이다. 전배(前輩)들은 앞 문장과 이 문장을 연결하여 모두 관명(官名)으로 해설하였으나 내가 분리 독립시켰다.

4-21-11 ···························· 司徒와 司馬와 司空은 亞旅하시고
사도　　사마　　사공　　아려

『교육부와 국방부와 건설부는 합동참모회의를 운영하게 하시고』

◉ 교육부와 국방부 그리고 건설부는 그 직원이 많고 일이 크기 때문에 각각 합동참모회의를 통해 운영하게 하여야 됨을 강조하였다.

사도(司徒)는 국가의 교육을 담당하는 기관이고 사마(司馬)는 군대를 양성하여 나라를 지키는 기관이며 사공(司空)은 국토를 개발하고 도시와 도로 등을 건설하는 기관이요 아려(亞旅)는 사대부(士大夫)의 이칭(異稱)으로 각 기관에 소속하는 사대부로 합동참모회의를 운영하여 정책을 개발하고 업무추진을 결의하는 것이니 지혜를 모아 최선책을 선택하여 과오를 미연에 방지하는 방법이다.

다른 기관의 사업도 중대하지 않은 것이 아니지만 특히 교육과 국방과 건설은 한 번의 실책으로 정부의 신뢰를 크게 떨어뜨리게 되는 까닭에 참으로 완벽을 기해야 되므로 기관 내의 지혜를 모두 종합하게 하였으니 아름다운 제도이다.

4-21-12 ·················· 夷와 微와 盧와 烝과 三亳은 阪尹하소서
　　　　　　　　　　　　　 이　 미　 로　 증　　삼박　　판윤

『이와 미와 노와 증과 3박은 형편에 따라 다스리게 하소서.』

◉ 여기에서는 자유롭게 사는 동이(東夷), 서융(西戎), 남만(南蠻), 북적(北狄)과 자존심이 강한 은나라의 도읍지역은 형편에 따라 자체적으로 다스리게 하여 간섭하지 말 것을 강조하였다.

이(夷)와 미(微)와 노(盧)와 증(烝)은 변방의 자유거주지역에 위치한 나라이름으로서 스스로 군장(君長)을 세우고 고유한 풍속을 가지고 있기 때문에 간섭하면 반발하기 쉽고 3박(三亳)은 은(殷)나라가 천도했던 세 박읍(亳邑)으로 몽(蒙)을 북박(北亳), 곡숙(穀熟)을 남박(南亳), 언사(偃師)를 서박(西亳)이라고 하였는데 이곳은 자존심이 강해서 주(周)나라의 명령에 따르지 않고 자체적인 조직으로 운영하였다. 판(阪)

은 산비탈이니 자연적으로 이루어진 형세(形勢)이며 윤(尹)은 다스리는 것인즉 곧 형편에 따라 돌아오면 수용하고 돌아오지 않으면 자체적인 조직으로 다스리게 하여 간섭하지 않음이다.

성왕(聖王)은 본래 자기들의 고유한 풍속에 따라 자유롭게 사는 나라나 민족을 간섭하지 아니하였으나 이제 주공은 3박까지도 자율자치를 보장하여야 된다고 하였으니 왕도정치는 주민의 자치권을 어느 지역에서든지 인정해야 되는 것임을 알 수 있다. 따라서 군대를 길러 반란을 도모함이 없이 평화롭고 자유롭게 자체적으로 단결하여 문화사회를 경영하는 지역은 그 누구도 침략하거나 강제통치를 해서는 안된다.

4-21-13 ······································· 文王이 惟克厥宅心하사
乃克立玆常事하사 司牧人으로
以克俊有德하시니이다

『문왕이 오직 그 위상을 정립하려는 마음을 가지시고 이에 능히 이렇게 정상적인 사무체계를 세우시어 다스리는 책임을 맡은 사람으로 능히 재주와 슬기가 뛰어나고 공덕이 있게 하시니이다.』

☯ 주공이 성왕에게 문왕은 정부를 조직함에 있어서 모든 관리에게 사무의 영역과 책임의 한계를 분명히 밝히고 업무처리의 재량권을 주어서 그들로 하여금 재능과 슬기를 충분히 발휘하여 공덕이 있게 하였음을 증언하였다.

극(克)은 가지는 것이고 상사(常事)는 정상적인 사무로 관리가 맡은 일정한 직무사항이며 사목인(司牧人)은 다스리는 일을 맡은 사람이니 모든 관청의 책임자요 준(俊)은 재주와 슬기가 뛰어남이니 능력을 충분히 발휘함이며 덕(德)은 공덕(功德)이다.

공화정체(共和政體)는 만인의 능력을 개발하게 하고 전제정체(專制政體)는 한 사람의 능력만을 개발하게 한다.

4-21-14 ·························· 文王은 罔攸兼于庶言과 庶獄과
庶愼하시고 惟有司之牧하니니
夫是訓用違리오 庶獄과 庶愼을
文王이 罔敢知于玆하시니이다

『문왕은 여러 언관과 여러 재판관과 여러 치안관을 겸직시킨 바가 없으시고 오직 맡아서 다스리는 이가 있게 하시니 무릇 이 가르침을 어겨서 쓰리오. 여러 재판관과 여러 치안관을 문왕은 이에 감히 아는 척도 함이 없으셨나이다.』

◉ 여기에서는 문왕은 관사(官事)를 겸직시키지 않고 또 오로지 책임자에게 맡겨서 간섭하지 않았기 때문에 재판관과 치안관들에게 사사롭게 대함이 전혀 없었다고 증언하였다.
겸(兼)은 겸직(兼職)시킴이고 서언(庶言)은 여러 언관(言官)이요 서옥(庶獄)은 여러 재판관이며 서신(庶愼)은 여러 치안관이다. 위(違)는 어기는 것이고 지(知)는 아는 척함이니 곧 특별히 총애하는 것이다.
전배(前輩)들은 이 문장을 나누어 해설하였으나 나는 합쳤으니 문왕은 공화정체를 숭상하고 전제정체를 멀리하였음을 비교할 수 있기 때문이다.

4-21-15 ····························· 亦越武王이 率惟敉功하사

不敢替厥義德하시며 率惟謀하사

從容德하사 以並受此丕丕基하시니이다

『또한 이에 무왕이 오직 편안하게 일하는 방법을 따르시어 감히 의무를 다하는 덕을 바꾸지 아니하시어 오직 논의함을 따르시고 포용하는 덕을 좇으시어 아울러 이 크고 큰 기업을 받으셨나이다.』

◐ 무왕도 공화정체를 수립하여 행정의 조직체계를 확립하여 업무를 분담하고 책임을 맡겨 모든 관료에게 의무를 다하게 하는 편안한 방법을 따랐고 또 회의를 통해 자유롭게 논의하여 통일적인 합의에 이르게 하는 방법을 따랐음을 확인하였다.

솔(率)은 따라가는 것이고 공(功)은 구공(九功)의 정치사업이니 앞(1-3-7)에서 이미 해설하였으며 미공(敉功)은 관리에게 업무를 분담하여 책임을 지게 함으로써 편안하게 다스리는 정치사업을 추진하는 방법이다. 의덕(義德)은 의무감을 가지고 스스로 책임을 지는 정신이며 모(謀)는 회의를 열어 자유롭게 논의함이고 용덕(容德)은 포용하는 덕(德)이니 상대방의 의견을 존중하여 받아들이고 타협해서 전체의 의사를 종합 통일하는 것이다. 비비(丕丕)는 큰 모양이요 기(基)는 기업(基業)이니 주(周)나라의 기업(基業)이다.

전배(前輩)들은 이에 관리의 업무영역과 책임한계를 분명하게 밝힌 의덕(義德)과 최선의 정책을 개발하기 위하여 반드시 회의에서 논의하여 전체가 찬성하는 통일안을 도출하는 용덕(容德)의 공화정치체제를 알지 못하고 의덕지인(義德之人), 용덕지인(容德之人)이라고 했으나 옳지 않다.

4-21-16 ································· 嗚呼라 孺子가 王矣시니

계 자 금   아   기 립 정
繼自今으로 我는 其立政에

입 사   준 인 목
立事하고 準人牧하여야

부 아 기 극 작 지 궐 약   비 내 비 란
夫我其克灼知厥若하야 丕乃俾亂하야

상 아 수 민   화 아 서 옥 서 신
相我受民하고 和我庶獄庶愼하리니

시 즉 물 유 간 지
時則勿有間之하소서

『오호라, 계승자가 왕 노릇을 하시니 이제부터 계속하여 우리는 그
정체를 확립함에 정치사업을 정립하고 인군의 직무를 법률제도화하
여야 대저 우리가 그 능히 그 순종할 것을 밝게 알아서 크게 이에 오
로지 다스리게 하여 우리가 받은 민중을 돕고 우리 여러 재판관과 여
러 치안관을 화합하게 하리니 때로 곧 틈을 냄이 있게 하지 마소서.』

● 주공이 성왕에게 문왕과 무왕의 공화정체를 이제는 법률제도화
하여 인군의 직무도 명확히 밝혀서 그 역할과 기능의 한계를 정하겠
다고 건의하였다.

유자(孺子)는 무왕(武王)의 계승자라는 뜻이고 왕(王)은 왕 노릇을
한다는 말이며 입사(立事)는 삼사(三事)를 정치목표로 정립함이다. 준
(準)은 법률로 제도화함이요 인목(人牧)은 인군(人君)이니 왕과 제후를
모두 일컬음이며 약(若)은 순종함이고 비(俾)는 오로지 전문직으로 복
무함이며 난(亂)은 치(治)의 뜻이니 곧 전문직위로 다스리는 것이다.
상(相)은 돕는 것이고 시(時)는 때로 가끔이며 간(間)은 사이에 끼여들
어 간섭함이다.

위로 왕과 제후의 직무에 대한 권한과 의무를 명확하게 밝혀서 그
역할과 기능을 뚜렷이 하여야 그 명령의 합법성과 불법성을 분별하여
신하들이 순종할 일과 간(諫)할 일을 분간할 수 있고 모든 신하도 업
무에 대한 권한과 책임을 명확하게 밝혀서 적임자를 써야만 오로지
전문적으로 다스려 능력을 발휘하고 서로 협력할 수 있으므로 가장

중요한 것은 왕이 먼저 법률의 기강을 세워서 제도를 바르게 운용하는 것이다.

춘추(春秋), 전국(戰國)시대의 패주(覇主)들은 스스로 왕법(王法)을 허물고 임금의 명령이 곧 법이 되는 전제정체를 만들었으니 이것은 곧 전제군주의 독재체제로 전락한 역사적 선례로서 공자와 맹자가 앞장서서 비판하였다.

전배(前輩)들은 준인(準人)을 목부(牧夫)로 해석하였으나 어불성설이라 내가 바로잡았다.

4-21-17 ················· 自一話一言으로 我則末惟成德之彦하야
　　　　　　　　　　　　以乂我受民하리이다

『한마디의 이야기와 한마디의 말로부터 우리는 곧 오직 덕을 쌓은 아름다운 말을 다하여 우리가 받은 민중을 다스리겠나이다.』

◑ 주공이 공화정체를 확립하여 훌륭한 선비를 모두 등용하여 적재를 적소에 배치해서 그 능력을 크게 발휘하는 정부를 만들겠다고 서약하였다.

말(末)은 다함이니 진(盡)의 뜻이고 성덕(成德)은 몸에 덕을 쌓음이며 언(彦)은 언성(彦聖)이니 아름답고 신성한 말이요 예(乂)는 다스리는 것이다.

공화정체의 기본은 언론의 자유를 보장하는 것이니 언론의 자유를 보장해야 중론이 나오고 중론을 모아야 공론정치를 할 수 있기 때문에 성왕은 언론의 자유를 매우 소중하게 생각하였다.

4-21-18 ························· 嗚呼라 予旦은 已受人之徽言으로

함 고 유 자　　왕 의　　　계 자 금
咸告孺子가 王矣로니 繼自今으로
문 자 문 손　　기 물 오 우 서 옥 서 신
文子文孫은 其勿誤于庶獄庶愼케하시고
유 정 시 예 지
惟正是乂之하소서

『오호라, 나 단은 이미 받은 사람의 아름다운 말로 계승자가 왕 노릇하는 것을 모두 알리노니 이제부터 계속적으로 문왕의 아들과 문왕의 손자들은 그 여러 재판관과 여러 치안관에게 그릇되지 말게 하시고 오직 이를 바르게 하도록 다스리소서.』

◑ 주공이 성왕에게 옛날의 아름다운 공화정체의 법도를 모두 말하였으니 이제부터는 왕실의 종친들도 법률과 제도를 지켜서 재판관과 치안관에게 청탁하지 못하도록 단속하여 이 기강을 바로잡아서 아름답게 다스리라고 간절히 훈계하였다.

단(旦)은 주공(周公)의 이름이고 인(人)은 고요(皐陶)를 지칭하며 휘언(徽言)은 아름다운 말이니 앞(1-4-3)에서 말한 구덕(九德)을 갖추는 법이다. 문자(文子)는 문왕(文王)의 아들이니 무왕(武王)의 형제를 말하고 문손(文孫)은 문왕의 손자이니 성왕(成王)의 형제로서 왕실의 직계 종친이다. 오(誤)는 오심(誤審), 오판(誤判)하게 함이니 곧 왕실의 권위로 청탁하여 법과 양심을 어기게 함이고 서옥(庶獄)과 서신(庶愼)을 특별히 거론한 것은 민생과 관련이 깊어서 청탁이 많은 기관이기 때문이다.

재판관과 치안관은 법의 존엄성을 밝히고 준법정신을 일으키는 기관인데 이들을 권력자들이 오심, 오판하게 위협하고 유혹한다면 장차 민중이 국법을 신용하지 않고 정부를 신임하지 아니하여 나라가 어지러워지는 것이니 주공의 훈고는 만고에 철언(哲言)이다.

4-21-18 ··· 自古商人과 亦越我周文王이
자고 상 인   역 월 아 주 문 왕

立政에 立事하시고 牧夫準하시며
입정   입사   목부준

人則克宅之하사 克由繹之하실새
인 즉 극 택 지   극 유 역 지

茲乃俾乂하시니이다
자 내 비 예

『예로부터 상나라 사람과 또한 이에 우리 주나라 문왕이 정체를 확립하심에 정치사업을 정립하시고 행정조직은 그 법률 제도화하시며 사람은 곧 능히 위상을 정립하시어 잘 실마리를 끌어내어 찾아내므로 이에 그 오로지 다스렸나이다.』

☯ 상나라 탕임금의 정치체제와 주나라 문왕의 정치체제는 모두 공화정체로서 정치의 목적이 뚜렷하고 행정조직을 법률 제도화함으로써 모든 관리의 업무영역과 책임한계가 명확한 까닭에 전문기술을 개발하였고 또 책임의 소재를 찾아내기가 쉬웠음을 증언하였다.

상인(商人)은 상(商)나라 탕(湯)임금을 지칭하고 유(由)는 주(紬)와 같으니 주역(紬繹)은 실마리를 끌어내어 찾아냄이다.

업무를 나누어 분업협동하는 것은 조직을 활기차게 만들고 전문기술을 통달하여 전업하게 하는 것은 일을 능률적으로 하는 방법이다.

4-21-20 ····························· 國則罔有立政에 用憸人이니
국 즉 망 유 립 정   용 섬 인

不訓于德이라 是罔顯在厥世하니이다
불 훈 우 덕   시 망 현 재 궐 세

繼自今으로 立政에 其勿以憸人하시고
계 자 금   입정   기 물 이 섬 인

其惟吉士를 用하사 勱相我國家하소서
기 유 길 사   용   매 상 아 국 가

『나라에 곧 정체를 확립함에 있어 간사하고 아첨하는 사람을 등용함이 없어야 하나니 덕에 순하게 따르지 아니하므로 이것들이 그 세상에 나타나 있음이 없어야 하나이다. 이제부터 계속적으로 정체를 세움에 그 간사하고 아첨하는 사람을 쓰지 마시고 그 오직 길한 선비를 등용하시어 우리 국가를 힘써 돕게 하소서.』

◑ 나라의 정체를 확립함에 간사한 아첨배를 물리치고 길인(吉人)을 등용하여야 덕치인정을 베풀 수 있음을 특별히 강조하였다.

섬인(憸人)은 간사하고 아첨하는 사람이니 권력을 출세의 도구로 이용하는 부류이며 훈(訓)은 순하게 따르는 것이요 덕(德)은 앞 (4-21-15)에서 말한 의덕(義德)과 용덕(容德)이다. 현재(顯在)는 나타나 있음이고 세(世)는 세상이며 길사(吉士)는 말이 없이 법과 양심에 따라 책임을 다하는 선비니 곧 권력을 통하여 국가사회에 이바지하는 계층이요 매상(勱相)은 힘써 돕는 것이다.

아름다운 정치사업과 좋은 법률제도와 큰 행정조직이 갖추어 있어도 그 관리들이 밝고 정직하고 성실하지 않으면 덕치인정을 베풀 수 없는 것이니 주공이 간사한 아첨배를 멀리하고 길인을 등용하라는 경계는 만고에 철언(哲言)이다.

4-21-21 ·· 今文子文孫은 孺子가
王矣시니 其勿誤于庶獄하시고
惟有司之牧夫하소서

『이제 문왕의 아들과 문왕의 손자는 계승자가 왕 노릇하시니 그들이 여러 재판관에게 그릇되지 말게 하시고 오직 담당관의 행정조직으로 하소서.』

● 왕실의 종친이 권력을 이용하여 재판관에게 청탁하지 못하도록 엄중 단속하고 모든 재판의 담당관은 법에 의하여 자체적으로 처리하는 독립성을 보장하라고 재강조하였다.

　　이것은 앞(4-21-16, 18)에서 이미 강조하였으나 그 정체를 확립함에 대단히 중요한 사항이므로 거듭 강조하였는바 공화정체와 전제정체의 차이점이 여기에 있기 때문이다. 법이 권력을 규정하면 공화정체이고 권력이 법을 침월하면 전제정체이다.

4-21-22 ················· 其克詰爾戎兵하사 以陟禹之迹하사

　　　　　　　　　　方行天下하사 至于海表에

　　　　罔有不服하사 以覲文王之耿光하시며

　　　　　　　　以揚武王之大烈하소서

『그 능히 그대의 전투병을 다스리시어 우의 발자국에 오르시어 사방으로 천하를 다니시어 바다 밖에 이르기까지 복종하지 않음이 있지 않게 하시어 문왕의 밝은 빛을 보이시며 무왕의 큰 공업을 드날리소서.』

　　● 주공이 성왕에게 주나라의 공화정치체제를 온 세상의 만방에 보급 시행하게 하여 덕치인정을 베풀었던 문왕의 정치철학과 무왕의 혁명정신을 뚜렷이 밝히라고 당부하였다.

　　힐(詰)은 다스림이요 이(爾)는 성왕(成王)을 지칭하고 융병(戎兵)은 전투병이니 왕을 호위하여 순수(巡狩)함과 동시에 전제군주가 있으면 징계하여 공화정체로 바꾸도록 강제하기 위한 무력이다. 우지적(禹之迹)은 앞에 우공(禹貢) 편에 있는 우(禹)가 치산치수했던 지역에 남긴 자취이고 방(方)은 사방(四方)이며 해표(海表)는 해외에 있는 땅이요

경광(耿光)은 공화정체로 덕치인정을 베풀어 문명사회를 건설한 밝은 빛이며 대렬(大烈)은 포학한 독재자를 정벌하고 민중을 해방하며 민중 주체의 민주국가를 건설한 위대한 공업(功業)이다.

전배(前輩)들은 이 경문의 취지가 지방의 제후국도 모두 공화정체를 확립하게 해서 전제독재를 방지하여야 된다는 논지를 파악하지 못하고 한갓 군사정책을 논한 것으로 오역하였기에 내가 바로잡았다.

천자가 지방을 순수함에는 반드시 전투부대가 호위하는 것이니 천자의 안전을 도모하고 포학한 제후를 처벌하기 위함이다.

4-21-23 ······································ 嗚呼라 繼自今後로 王은
立政에 其惟克用常人하소서

『오호라, 이제부터 이어서 뒤로는 왕은 정체를 확립함에 그 오직 능히 항상 법도를 지키는 사람을 등용하소서.』

☯ 주공이 이미 문왕과 무왕의 공화정체를 개발하여 정치사업과 법률제도와 행정조직을 갖추어 정립하였으므로 앞으로 성왕은 이 법도를 잘 지키고 변경시키지 않을 사람을 등용하라고 끝으로 당부하였다.

상인(常人)은 항상 법을 지키고 변덕이 없는 사람이니 또한 길사(吉士)이다.

어진 이는 법의 존엄성을 깨달아 옛날 성왕(聖王)의 법을 오래 지키고 어리석은 이는 법을 무시하여 가볍게 바꾸기 때문에 조령모개(朝令暮改)한다.

4-21-24 ······················ 周公이 若하고 曰太史야 司寇蘇公이

式敬爾由獄하야 以長我王國하니
<small>식 경 이 유 옥　　이 장 아 왕 국</small>

茲式有愼以列用하면 中罰하리라
<small>자 식 유 신 이 렬 용　　중 벌</small>

『주공이 '어이쿠' 하고 말하기를 태사여, 법무장관 소공이 그 경유한 재판을 공경하여서 우리 왕국을 길이 아름답게 하니 이에 본받아 삼가 포열하여 쓰게 함이 있으면 벌을 적중하리라.』

◉ 주공이 태사에게 명령하여 사구 소공이 판결한 재판이 공정하여 주나라의 재판을 천하가 신뢰하게 되었으므로 소공의 판례를 간추려서 분류 정리하여 천하의 재판관이 표준판례로 삼아서 세상의 형벌이 거의 적중하도록 하라고 지시하였다.

사구(司寇)는 법무장관이요 소공(蘇公)은 소(蘇)나라 임금이니 이름이 분생(忿生)인데 무왕(武王) 시대에 사구가 되었다.

주공이 권력으로 하여금 사법관을 침월하지 못하게 하여 사법의 독립을 보장하고 또한 소공의 판례집을 편찬하여 모든 법관에게 표준판례로 삼게 하였으니 주공은 어질도다.

22. 주관(周官) / 주(周)나라의 관제(官制)

주(周)는 나라이름이고 관(官)은 관제(官制)이다. 무왕(武王)이 주(紂)를 정벌하고 은(殷)나라를 혁명해서 주나라가 천자국(天子國)이 되니 주공(周公)이 예법(禮法)을 제정하고 음악(音樂)을 창작하여 찬란한 문화제도를 일으켰다.

이에 성왕(成王)이 정치를 직접 주재하면서 관제를 반포하였는바 왕도정치(王道政治)의 기본골격으로 책임행정을 구현하는 기틀인데 대체로 권력을 분립하여 역할을 나누고 상호협력과 견제의 기능을 발휘하게 하였으니 공화정체(共和政體)의 관제이다.

이 편은 『금문상서(今文尙書)』에는 없고 『고문상서(古文尙書)』에 수록되어 있으니 『주례(周禮)』와 더불어 고대 유교문화를 연구하는 데 중요한 자료이다.

4-22-1 ························· 惟周王이 撫萬邦하사 巡侯甸하시며
四征弗庭하사 綏厥兆民하신대
六服群辟이 罔不承德이어늘
歸于宗周하사 董正治官하시다

『바야흐로 주나라 왕이 일만 나라를 어루만지시어 후복과 전복 지역을 순수하시며 사방으로 정직하지 않은 것을 정벌하시어 그 억조 민중을 편안하게 하신대 여섯 지역의 여러 임금이 덕을 받들지 아니함이 없거늘 호경에 돌아오시어 다스리는 관제를 바로잡으시다.』

◉ 성왕이 정치를 직접 주재하면서 천하를 순수하며 전제군주를 성토하여 공화정체로 바꾸게 하고 호경에 돌아와서 관제를 바로잡아 반포하게 된 전말을 사관이 기록하였다.

왕(王)은 성왕(成王)이고 순(巡)은 천자가 제후국을 시찰하여 정치의 득실을 직접 확인하는 것이며 후(侯)는 후복(侯服)이요 전(甸)은 전복(甸服)이다. 사(四)는 사방(四方)이고 정(征)은 정벌인데 여기에서는 성토하여 규탄함을 뜻하며 정(庭)은 정직함으로 마당이 네모가 반듯함에서 비롯한 말이다. 조민(兆民)은 억조 만민이고 육복(六服)은 앞(2-1-83~87)에서 말한 오복(五服)을 다시 후복(侯服), 전복(甸服), 남복(男服), 채복(采服), 위복(衛服), 만복(蠻服)으로 분류한 것이다. 벽(辟)은 임금이요 덕(德)은 공화정체를 확립하는 덕이며 종주(宗周)는 호경(鎬京)이고 동정(董正)은 바로잡는 것이며 치관(治官)은 다스리는 관제이다.

주공이 앞(4-21-22)에서 건의한 문왕과 무왕의 민중주체의 공화정체를 천하에 정립하는 과제를 성왕이 즉각 따라서 천하를 순수하며 전제군주를 성토하여 규탄하고 일시에 공화정체로 바꾸게 하였으니 성왕의 실천력이 대단하도다.

4-22-2 ·· 王이 曰若하시고 昔大猷는
制治于未亂하며 保邦于未危하나니

『왕이 말씀하시기를 '어이쿠' 하시고 옛날에 큰 계획은 정치를 어지럽기 전에 단속하며 나라를 위태롭기 전에 보호하나니』

◉ 성왕이 옛날에 큰 계획을 세운 사람들은 정치안정과 국가안전을 위하여 철저한 대책을 세웠음을 설파하였다.

대유(大猷)는 큰 계획이고 제(制)는 단속함이며 보(保)는 보호함이다.

부지런한 사람은 미리미리 대비하고 게으른 사람은 일이 터진 뒤에
야 서두르나니 성왕이 주공의 무일계(無逸戒)를 받들어 부지런히 대
비한 정신이 아름답기 그지없다.

4-22-3 ······························
曰唐虞^{왈당우}가 稽古^{계고}하사 建官惟百^{건관유백}하시니
內有百揆四岳^{내유백규사악}하고 外有州牧侯伯^{외유주목후백}하야
庶政^{서정}이 惟和^{유화}하여 萬國^{만국}이 咸寧^{함녕}하니라
夏商^{하상}은 官倍^{관배}하야 亦克用乂^{역극용예}하니
明王立政^{명왕립정}은 不惟其官^{불유기관}이라 惟其人^{유기인}이니라

『말하건대 당나라와 우나라가 옛날을 상고하시어 관제를 창건하심
에 오직 일백 가지 관직으로 하시니 안으로는 백관의 장과 4악이 있
고 밖으로는 9주의 목과 제후와 방백이 있어 여러 가지의 정사가 오
직 조화하여 일만 나라가 모두 편안하니라. 하나라와 상나라는 관직
을 더욱 더하여 또한 능히 아름답게 다스렸으니 밝은 왕이 정체를 확
립함은 오직 그 관직으로 함이 아니고 오직 그 사람으로 하니라.』

◎ 성왕이 왕도정치의 관제를 창건한 역사는 요임금과 순임금에서
비롯하였음을 밝히고 하나라와 상나라를 거쳐 더욱 발전하였음을 증
언하였다.
당(唐)은 요(堯)임금의 씨(氏)인데 요임금이 다스린 나라의 이름으로
일컫고 우(虞)는 순(舜)임금의 씨(氏)인데 순임금이 다스린 나라의 이
름으로 일컬었으니 앞에 우서(虞書)의 해제에서 이미 해설하였다. 건
관(建官)은 관제를 창건함이고 백(百)은 백관(百官)이며 내(內)는 중앙
(中央)이요 백규(百揆)는 일백 관리를 모두 관장하여 행정을 주관하는
총재(冢宰)로 오늘날의 국무총리이다. 사악(四岳)은 앞(1-1-11)에서 이

미 해설하였으니 사방의 제후(諸侯)를 관할하는 관명(官名)이고 외(外)는 지방(地方)이며 주(州)는 9주(州)이고 목(牧)은 주를 다스리는 목사(牧使)요 후백(侯伯)은 주에 소속한 제후와 방백(邦伯)이다. 배(倍)는 더욱 더함이고 기관(其官)은 그 관직을 채운다는 말이며 기인(其人)은 그 인물을 등용한다는 말이다.

　직권이 저절로 일을 하는 것이 아니고 어질고 유능한 인물이 직권을 바르게 행사하는 것이므로 오직 그 일을 할 수 있는 사람을 등용해야지 만일 그렇지 않으면 월권자가 나와서 불화를 조성하거나 직무 유기자가 생겨서 일을 못하거나 심지어 독직자가 나타나서 기강을 타락시키게 된다.

4-22-4 ······································ 今予小子는 祇勤于德하되
　　　　　　　　　　　　　　　　 금 여 소 자　　　 지 근 우 덕

　　　　　　　夙夜不逮라 仰惟前代하야
　　　　　　　숙 야 불 체　　 앙 유 전 대

　　　　　　　時若하노니 訓迪厥官하노라
　　　　　　　시 약　　　　 훈 적 궐 관

『이제 나 소자는 삼가 덕에 부지런하되 이른 새벽부터 밤늦게까지 미치지 못하므로 우러러 전대를 생각하여 이에 따르노니 그 관제를 훈도하노라.』

　◯ 성왕이 삼가 덕을 부지런히 닦아도 일상의 실무에 부족하여 새로운 관제를 창안할 능력이 없기 때문에 전대의 관제를 쓰기로 결정했음을 밝혔다.

　여(予)는 성왕(成王)이 스스로를 지칭한 것이고 숙야(夙夜)는 하루종일 처리하는 실무(實務)요 체(逮)는 미치는 것이며 유(惟)는 생각함이다. 전대(前代)는 당(唐), 우(虞), 하(夏), 상(商)의 관제요 시(時)는 시(是)의 뜻이고 약(若)은 순(順)의 뜻이니 따르는 것이며 훈적(訓迪)은 훈도(訓導)함이다.

4-22-5 ··························
<ruby>立<rt>입</rt></ruby><ruby>太<rt>태</rt></ruby><ruby>師<rt>사</rt></ruby><ruby>太<rt>태</rt></ruby><ruby>傅<rt>부</rt></ruby><ruby>太<rt>태</rt></ruby><ruby>保<rt>보</rt></ruby>하노니 <ruby>玆<rt>자</rt></ruby><ruby>惟<rt>유</rt></ruby><ruby>三<rt>삼</rt></ruby><ruby>公<rt>공</rt></ruby>이라

<ruby>論<rt>논</rt></ruby><ruby>道<rt>도</rt></ruby><ruby>經<rt>경</rt></ruby><ruby>邦<rt>방</rt></ruby>하며 <ruby>燮<rt>섭</rt></ruby><ruby>理<rt>리</rt></ruby><ruby>陰<rt>음</rt></ruby><ruby>陽<rt>양</rt></ruby>하나니

<ruby>官<rt>관</rt></ruby><ruby>不<rt>불</rt></ruby><ruby>必<rt>필</rt></ruby><ruby>備<rt>비</rt></ruby>라 <ruby>惟<rt>유</rt></ruby><ruby>其<rt>기</rt></ruby><ruby>人<rt>인</rt></ruby>이니라

『태사와 태부와 태보를 설립하노니 이는 오직 3공이므로 도덕을 논의하여 나라를 경영하며 음양을 조화하여 바르게 다스리나니 관직을 반드시 갖추어 채움이 아니라 오직 그 인물로 하니라.』

◐ 국가를 경영하는 도덕과 공론과 사업을 공개적으로 논의하기 위하여 3공의 최고회의를 설립한다고 공포하였다.

입(入)은 설립(設立)이니 기관을 설치하는 것이고 태사(太師), 태부(太傅), 태보(太保)는 관직의 이름인데 태사는 천하에서 가장 높은 도덕을 가지고 있어서 만인의 사표(師表)가 된다는 뜻이요 태부는 천하에서 가장 넓은 식견을 가지고 있어서 세상의 공론에 정통한 현사(賢師)라는 뜻이며 태보는 천하에서 가장 많은 능력을 가지고 있어서 정치사업을 안전하고 공평하게 기획 조정하는 사장(師長)이라는 뜻이다. 3공(三公)은 세 기관이 공평무사한 자세로 공개회의를 개최하여 안건을 논의하고 결정해서 왕에게 건의하는 나라의 최고의결기관이다. 논도(論道)는 정치도덕을 논의하여 나라를 세운 이념과 정치법률 및 사회제도 등을 토론하여 의결함이요 경방(經邦)은 나라를 경영함이니 정치, 경제, 교육, 외교, 국방, 치안 등의 사업추진방침을 논의하여 정책을 개발함이다. 섭리(燮理)는 화합하고 협력하여 바르게 다스림이요 음양(陰陽)은 음기와 양기로서 상반된 두 개의 성질인데 크게는 하늘과 땅, 해와 달, 불과 물, 산과 내, 여름과 겨울, 낮과 밤 같은 자연현상으로부터 작게는 수(壽)와 요(夭), 빈(貧)과 부(富), 귀(貴)와 천(賤), 현(賢)과 우(愚)처럼 인생만사에 이르기까지 온갖 모순과 대립과 갈등이다. 관불필비(官不必備)는 3공(三公)의 직(職)은 정부의 기구를 갖추기 위하여 설치한 것이 아니라는 뜻이니 어질고 유능한 인물을 발탁하여 등용하여야 된다는 말이다.

　대저 3공은 입법부로서 전 국민이 우러러 존경하고 신임하여 날마다 주목하는 대상인데 본래 3공회의는 자체적으로 개최하지만 특별히 왕이 참석하거나 또는 백관이 출석하여 확대조정회의를 개최할 수도 있으므로 그 권능이 능히 왕권을 견제하고 백관을 절제하기 때문에 왕도 이들을 스승으로 받들었던 것이다.

4-22-6 ····················· 少師少傅少保는 曰三孤니 貳公弘化하야
　　　　　　　　　　　　　　　　　寅亮天地하야 弼予一人하나라

『소사와 소부와 소보는 일컬어 3고라고 하니 3공을 버금하여 널리 덕화가 미치게 해서 삼가 하늘 땅을 밝게 살펴 나 한 사람을 보필하니라.』

　● 여기에서는 3공에 버금하는 독립특별기관으로 3고를 설립하여 널리 덕화가 미치도록 온 세상을 밝게 살펴 관권을 규찰하는 최고의 감찰부를 설치한다고 공포하였다.

　소(少)는 태(太)에 비교하여 나이가 젊고 학덕과 재능이 낮은 사람이라는 뜻이니 대체로 감찰의 직무는 원로의 후덕한 도량(度量)보다는 신진의 예기(銳氣)가 필요하기 때문이다. 3고(三孤)는 세 기관(機關)으로 결성한 독립적인 특별기관이라는 말인데 외부의 어떠한 간섭도 받지 않고 독립적으로 행정기관의 사무집행을 감독, 검사하여 그 비리와 부정을 적발하여 시정하고 왕에게 보고하는 국가기관이다. 이(貳)는 버금이니 다음이라는 뜻이요 공(公)은 3공(三公)이며 홍화(弘化)는 널리 도덕정치의 문화가 미치는 것으로 곧 정치문화가 크게 발전하여 만민이 행복을 노래하는 것이다. 인(寅)은 삼가 공경함이고 량(亮)은 밝게 살피는 것이며 천지(天地)는 온 세상이니 자연과 인간과

사회를 전부 빠짐없이 살펴서 어두운 곳이 없어야 된다는 뜻이요 필여일인(弼予一人)은 왕을 보필하라는 말이니 왕의 잘못도 직간(直諫)하여 바로잡으라는 뜻이다.

대저 3고의 감찰부를 독립적인 특별기구로 설치한 까닭은 위로 왕으로부터 아래로 백관을 감독하고 조사하는 권능을 가짐에 왕권과 관권의 간섭을 방지하기 위함이니 이렇게 활동을 보장해야만 정권이 자정능력을 가져서 부패하지 않은 것이다.

전배(前輩)들은 3공의 입법부와 3고의 감찰부의 역할과 기능을 모두 왕을 보필하는 보조역할로 해석하였으나 옳지 않다. 물론 후세의 전제정체에서는 왕을 돕는 보조기관으로 전락했지만 주나라의 공화정체에서의 3공과 3고는 왕권을 견제하는 민의의 대표기관이요 백관을 규찰하는 국가의 독립기관이었던 것이다.

4-22-7 ·· 冢宰는 掌邦治하니

統百官하야 均四海하나니라

『총재는 나라의 행정을 관장하니 백관을 통괄하여 천하를 균평하게 하니라.』

☯ 여기에서는 행정수반의 기능과 역할을 밝혔다.

총재(冢宰)는 행정부의 수반으로 국무를 총리(總理)하는 내각의 수상인데 경(卿)의 의장(議長)이다. 장(掌)은 관장(管掌)함이며 방치(邦治)는 방정(邦政)으로 연방정부의 중앙행정이다. 통(統)은 통괄(統括)함이요 백관(百官)은 모든 관리를 전부 일컬음이며 균(均)은 균평(均平)함이고 사해(四海)는 천하를 말한다.

왕도정치의 공화정체는 정치와 행정을 분리해서 왕이 3공과 더불어 정치를 주재하고 그 아래에 총재가 5경(五卿)과 더불어 행정을 주

관한다. 그리하여 총재는 내무와 외무를 직접 관장하는 6경(六卿)의 장으로서 행정을 총지휘하고 감독하며 위로 왕의 명령을 받들고 아래로 천하의 만민을 균일하게 다스리는 책임을 가진다.

4-22-8 ··· 司徒는 掌邦教하니
敷五典하야 擾兆民하나니라

『사도는 나라의 교육을 관장하니 5전을 널리 베풀어 억조 만민을 온순하게 가르치니라.』

◉ 여기에서는 교육부장관의 역할과 책임을 밝혔다.

사도(司徒)는 교육부장관으로 6경(六卿)의 하나이다. 교(教)는 초등교육, 중등교육, 고등교육, 대학교육 등의 제도교육과 가정교육, 사회교육 등의 비제도교육을 총칭함과 동시에 전문교육과 일반교육을 망라한 것이고 부(敷)는 널리 부설(敷設)하여 시행함이며 5전(五典)은 앞 (1-2-19, 1-4-6)에서 말한 5교(五教)와 5전(五典)이니 요(擾)는 온순하게 가르치는 것이다.

대저 교육은 먼저 인간성을 함양하여 인격을 확립한 다음에 재능을 개발하는 것이 바른 길이니 국가가 교육사회의 문화적 토대를 형성하여 윤리를 밝히고 모든 사람으로 하여금 스스로 몸을 공경하여 행실을 다듬는 생활습관을 가지도록 이끌어야 문명세계를 건설할 수 있기 때문에 사도를 총재 다음에 말하였다.

4-22-9 ··· 宗伯은 掌邦禮하니
治神人하야 和上下하느니라

『종백은 나라의 예법을 관장하니 천지신명과 사람을 다스려 위와 아래가 화평하게 하느니라.』

◑ 여기에서는 예식과 음악을 관장하는 예악부장관의 역할과 책임을 밝혔다.

종백(宗伯)은 예악부장관으로 천지산천과 종묘와 사직의 제사를 관장하고 또한 나라의 가례(嘉禮), 길례(吉禮), 흉례(凶禮), 빙례(聘禮), 군례(軍禮) 등의 예절의식과 음악을 주관하는 장관이니 6경(六卿)의 하나이다. 치(治)는 잘 섬기는 것이고 신(神)은 천신(天神)과 지지(地祇) 그리고 인귀(人鬼)를 총칭함이며 인(人)은 제주(祭主)를 비롯하여 헌관(獻官), 집례(執禮), 집사(執事), 악사(樂士), 참관자(參觀者) 등이다. 화(利)는 화평함이고 상하(上下)는 위와 아래로 존귀한 사람과 비천한 사람이다.

대저 예(禮)는 아름다운 조리질서를 세우는 원리이고 악(樂)은 즐겁게 두루 화합하는 원리이므로 이러한 예악의 원리를 찾아서 의식절차를 만들어 관(冠), 혼(婚), 상(喪), 제(祭)를 거행하면 상하(上下), 귀천(貴賤), 빈부(貧富), 현우(賢愚), 남녀(男女), 노소(老少)가 모두 평등하게 화합하는 마당이 되는 것이다.

주나라의 종백은 순임금 시대의 전례(典禮)와 전악(典樂)을 통합한 것이니 앞(1-2-23, 24)에서 참고하기 바란다.

4-22-10 ·· 司馬는 掌邦政하니
　　　　　　　　　　　　　　　　　　　　　사마　　장방정
　　　　　　　　　　　　統六師하야 平邦國하니라
　　　　　　　　　　　　통륙사　　평방국

『사마는 나라의 군정을 관장하니 6군(六軍)을 통솔하여 연방국과 제후국을 평화롭게 하느니라.』

● 여기에서는 국방부장관의 역할과 책임을 밝혔다.

사마(司馬)는 국방부장관으로 6경(六卿)의 하나인데 군대를 마차의 승(乘)을 중심으로 편성하였기 때문에 사마라고 하였다. 정(政)은 군정 (軍政)이니 군사를 훈련하고 무기를 제작하며 전략전술을 개발하는 업무이며 통(統)은 통솔하여 일사불란하게 지휘감독함이요 6사(六師) 는 6군(六軍)이니 천자국이 육성하는 만승(萬乘)의 군사력이다. 평(平) 은 평화를 보장함이니 안전을 보장함이고 방(邦)은 중앙의 연방국이 요 국(國)은 지방의 제후국이다.

국가를 호위하고 국민의 생명과 재산을 보호하기 위하여 군대를 양 성해서 국가의 안전을 보장하고 국제평화를 최종적으로 담보하는 것 은 인정(仁政)의 규모(規模)로 유비무환의 정책이니 후세의 패권주의 에 의한 군사제일정책과는 본질적으로 다르다.

4-22-11 ·· 司寇는 掌邦禁하니
詰姦慝하여 刑暴亂하니라

『사구는 나라의 법률을 관장하니 간악하고 사특한 사람을 힐문하 여 포학하고 음란한 이를 형벌하니라.』

● 여기에서는 법무장관의 역할과 책임을 밝혔다.

사구(司寇)는 법무장관으로 6경(六卿)의 하나인데 앞(1-2-20)에서 말 한 사(士)이고 금(禁)은 금옥(禁獄)이니 형사사건을 조사하여 범인을 감옥에 가두고 기소하여 재판에 회부하는 것이다. 형(刑)은 형벌로 국 가가 죄인에게 법에 정한 형벌을 내리는 것이며 포(暴)는 포악한 범죄 이고 란(亂)은 음란한 범죄로 모두 죄질이 나쁜 것이다.

대저 사구의 공평무사한 법집행은 나라의 기강을 세우는 데 대단히 중요하기 때문에 앞(4-21-24)에서 그 재판의 판례집까지 만들게 하였

으니 재판을 공명정대하게 심판할 뿐만 아니라 재판사건이 생기지 않도록 경계하여 예방하는 책임까지 다해야 한다.

4-22-12 ··· 司空은 掌邦土하니
居四民하며 時地利하느니라

『사공은 나라의 토지를 관장하니 4민이 머물러 살게 하며 땅의 이로움을 살피느니라.』

☯ 여기에서는 건설부장관의 역할과 책임을 밝혔다.

사공(司空)은 건설부장관으로 6경(六卿)의 하나이고 토(土)는 토지이며 거(居)는 거주함이요 4민(四民)은 사농공상(士農工商)의 네 가지 직업에 종사하는 계층이다. 시(時)는 정찰(偵察)함이고 지리(地利)는 땅의 이로움이다.

건설부장관은 치산치수를 비롯하여 도시와 도로를 건설하고 농경지를 개척하며 주택지를 개발하여 전 국토를 효율적으로 이용하게 하는바 특히 정치교육지역, 농업지역, 공업지역, 상업지역을 살펴 조성해서 모든 산업이 균형발전하도록 경영하여야 한다.

4-22-13 ···························· 六卿이 分職하야 各率其屬하야
以倡九牧하야 阜盛兆民하느니라

『여섯 경이 직무를 분담하여 각각 그 소속 관리를 통솔하여 9주의 목사를 앞장서서 이끌어 억조 만민을 융성하게 하느니라.』

◑ 여기에서는 행정부의 여섯 경이 직종을 나누어 맡아서 각 직급의 소속 관리를 통솔하여 중앙행정기구를 편성해서 지방행정의 대표기관인 9주 목사를 창도하여 만민을 융성하게 되도록 다스릴 책임이 있음을 밝혔다.

6경(六卿)은 앞에서 밝힌 총재(冢宰), 사도(司徒), 종백(宗伯), 사마(司馬), 사구(司空), 사공(司空)이고 솔(率)은 통솔함이며 속(屬)은 소속하는 관리이다. 창(倡)은 창도(倡導)함이니 앞장서서 인도함이고 9목(九牧)은 9주(九州)의 목사(牧使)로 지방행정을 관장하는 대표기관이며 부성(阜盛)은 융성하게 함이다.

여기에서 중앙행정의 궁극적 목표가 만민을 융성하게 하는 데 있다는 말은 대단히 의미심장하다. 이것은 모든 행정조직이 애민, 양민, 호민하는 위민행정(爲民行政)이어야 함을 강조한 내용으로 행정사업이 날로 발전하여 민중을 날로 새롭게 해서 민생이 안정하고 민의를 존중하며 민권을 향유하는 사회를 건설함으로써 신민(新民)의 지선(至善)에 도달하는 민중주체 민주주의를 실현하는 것이다.

4-22-14 ·· 六年에 五服이 一朝하며
又六年에 王이 乃時巡하야
考制度于四岳하고 諸侯가
各朝于方岳하거든 大明黜陟하느니라

『6년에 다섯 지역의 제후가 한 번 조회하며 또 6년에 왕이 이에 때로 순수하여 4악에게 제도를 자세히 고찰하고 제후가 각각 방악에게 조회하거든 상과 벌을 크게 밝히느니라.』

◑ 여기에서는 왕과 4악과 제후의 역할과 기능을 밝혔으나 왕은 상

벌권을 가지고 제후를 지도감독하며 4악이 지방국가의 행정을 평가하는 데 지방국가의 정사에 대한 모든 책임은 제후에게 있음을 밝혔다.

5복(五服)은 앞(2-1-83~87)에서 말한 전복(甸服), 후복(侯服), 수복(綏服), 요복(要服), 황복(荒服)의 다섯 지역의 제후가 아니고 앞(4-22-1)에서 말한 6복(六服) 가운데 후복, 전복, 남복, 채복, 위복의 다섯 지역의 제후를 말한 것이다. 우6년(又六年)은 12년이니 앞(1-2-9)에서 순(舜)임금은 5년에 한 번 순수(巡狩)한다고 하였는바 시대에 따라 기간이 길어진 것이며 시(時)는 때로 적절한 시기를 선택한다는 말이다. 고(考)는 고찰함이며 제도(制度)는 대동세계를 건설하는 민주주의의 국체와 공화정체의 체제와 절도이다. 4악(四岳)은 앞(4-22-3)에서 이미 해설하였고 방악(方岳)은 해당 지역에 있는 주변 국가의 정치를 직접 평가하여 천자에게 보고하는 책임을 가진 맹주(盟主)이며 출(黜)은 벌하여 퇴출시킴이고 척(陟)은 상을 주어 승진시킴이니 토지나 작위를 더함이다.

대저 4악은 중앙정부의 벼슬로 지방제후의 정사를 조사하여 평가하는 직책이고 방악은 사방에서 주변의 제후의 정사를 직접 평가하여 왕에게 보고하는 맹주라고 할 것이니 혼동해서는 안 된다.

4-22-15 ····················· 王이 曰嗚呼라 凡我有官君子야
　　　　　　　　　　　　　　　　欽乃攸司하며 愼乃出令하라
　　　　　　　　　　　　　　　　令出에 惟行하고 弗惟反하리니
　　　　　　　　　　　　　　　　以公滅私하면 民其允懷하리라

『왕이 말씀하시기를 오호라, 무릇 우리 관직을 맡고 있는 군자여 너의 맡은 바를 공경하며 너의 명령을 내림을 신중히 하라. 명령을 냄에 오직 행하고 오직 돌이키지 아니하여야 되리니 공덕심으로 사리사

욕을 없게 하면 민중이 그 진실로 사모하여 따르리라.』

◐ 여기에서는 성왕이 모든 관리의 직무수칙을 밝혀 맡은 일을 공경하여 책임을 다하되 멸사봉공하여 민중의 신임을 받아야 된다고 특별히 강조하였다.

왕(王)은 성왕(成王)인데 앞에서는 관제의 체계를 말하고 여기에서는 그 복무수칙을 말하여 그 내용이 다르기 때문에 사관(史官)이 이를 분별하기 위하여 왕왈(王曰)을 첨가하였다. 군자(君子)는 관리의 인격을 높여서 일컫는 말이고 내(乃)는 너를 지칭하는 대명사이며 영(令)은 업무에 관련하여 정치적 또는 행정적으로 내리는 법령(法令), 명령(命令), 사령(辭令) 등이며 출(出)은 발표함이다. 행(行)은 시행이니 아래에서 받아들임이고 반(反)은 돌이킴이니 아래에서 반대하고 반항하므로 시행하지 못하고 되돌리는 것으로 곧 취소하고 변경함이다. 공(公)은 천리(天理)의 공명정대한 공덕심이요 사(私)는 사리사욕이며 회(懷)는 회복(懷服)이니 사모하여 따르는 것이다.

관리가 크고 작고 높고 낮은 직책을 가리지 않고 그 맡은 직무를 공경하여 소중히 여기고 공명정대하게 처리하여 그 민중의 신임을 얻는다면 길이 빛나는 공을 세워 자손만대에 아름다운 이름을 남기는 것이니 모름지기 관리는 현직(顯職)에만 집착하지 말고 그 직무에 통달할 것을 생각해야 된다.

4-22-16 ······························ 學古入官하고 議事以制라야

政乃不迷하나니 其爾는 典常으로

作之師하고 無以利口로 亂厥官하라

蓄疑하면 敗謀하며 怠忽하면

荒政하며 不學하면 牆面이라

『옛것을 배워서 처음으로 관리가 되고 정사를 논의하여 제정하여
야 정사가 이에 미혹하지 아니하나니 그 그대들은 항상 지켜야 할 법
전으로 스승을 삼고 말을 교묘하게 잘함으로써 그 관직을 어지럽히지
말라. 의혹이 쌓이면 계획을 실패하며 게으르고 소홀하면 정사를 황
폐화하며 배우지 아니하면 담장을 향하여 서는 것처럼 앞이 안 보여
일에 임함이 오직 번거로우리라.』

　　◐ 여기에서는 관리가 그 직무에 통달하여 완벽하게 책임을 완수하
는 방법을 밝혔으니 옛것을 배우고 벼슬을 하되 반드시 회의에서 국
사와 정무와 관직과 민업(民業)을 논의해서 제정한 전상(典常)을 따르
는 의사주의(議事主義)를 강조하였다.
　　고(古)는 옛날의 문학과 사학과 철학과 정치학, 예학(禮學), 음악 등
이고 입관(入官)은 처음으로 관직을 맡은 것이며 의사(議事)는 회의를
열어 사업의 안건을 토론하여 공론을 찾아 가부를 결정하는 것이니
공화정체(共和政體)의 의견수렴방법이요 천하의 만선(萬善)을 종합하
는 길이다. 제(制)는 제정(制定)이니 크게는 법률과 제도와 문장으로부
터 작게는 관분(官分)과 직제(職制)와 사안(事案)에 이르기까지 논의하
여 결정해서 절대로 독천(獨擅)하지 못하게 함이다. 미(迷)는 미혹됨이
요 전상(典常)은 항상 지켜야 할 법전이며 이구(利口)는 말을 교묘하게
잘하는 것이니 현실적인 여건을 내세워 상법(常法)을 바꿈이고 축의
(蓄疑)는 의혹이 축적함이니 의사안건을 결정하지 못하고 유예하여
오랫동안 미루기만 하는 것이며 패(敗)는 실패함이고 모(謀)는 계획안
(計劃案)이다. 태홀(怠忽)은 게으르고 소홀히 함이니 사업을 소극적으
로 추진함이고 황(荒)은 황폐화함이며 장면(牆面)은 담장을 향하여 서
는 것처럼 앞이 안 보여서 답답함이요 이(莅)는 임(臨)하는 것이다.
　　공화정체의 의사주의는 다양한 의견을 수렴하여 지선(至善)의 길을
찾아 대화합을 도모하는 장점이 있음에도 덕보다는 말을 숭상하게 되

는 폐단이 있고 의견이 분분하여 결정을 보류하는 시간낭비의 위험이 있으며 많은 의안으로 가볍게 처리될 걱정이 있고 전문적인 지식이 없는 사람이 처리할 근심이 있는 것이다.

그러므로 공화정체의 의사주의는 원리원칙을 존중하는 덕을 숭상하고 자세히 살펴 용기 있게 결단하여 우물쭈물하는 것을 경계하며 성의와 노력을 다하여 활기차게 추진하며 계속하여 배우는 전문가가 되어야 성공한다는 성왕의 교훈은 만고에 빛나는 명언이다.

4-22-17 ······························ 戒爾卿士하노니 功崇은 惟志요

業廣은 惟勤이니 惟克果斷하여야

乃罔後艱하리라

『그대들 경대부에게 경계하노니 공이 높음은 오직 의지력이요 사업이 넓음은 오직 근면성이니 오직 능히 과감하게 결단하여야 이에 뒷날의 재난이 없으리라.』

◉ 여기에서는 행정관료가 갖추어야 될 의지력과 근면성과 과단성의 세 가지 덕목을 밝혔으니 모두 공화정체의 의사주의를 신속 정확하게 운영하는 덕목이다.

계(戒)는 공화정체의 의사주의에 있어서 무책임하게 시간만 낭비하는 무능을 경계함이고 공숭(功崇)은 공적이 숭고함이며 지(志)는 의지력이요 업광(業廣)은 사업이 광대(廣大)함이다. 과단(果斷)은 일을 과감하게 결단함이니 추진력이 강함이고 후간(後艱)은 뒷날의 재난이니 사업을 실패함이다.

행정부의 고급관리는 억조 만민을 융성하게 만들어 높은 이상세계를 건설하려는 웅지를 품고 부지런히 사방을 널리 경영함에 과단성이 있어서 적극적으로 추진해야 성공하나니 각자 그 직분을 다하여 그

때를 맞추는 지혜와 사랑과 용기가 필요하다.

4-22-18 ·································· 位不期驕하며 祿不期侈니
위 불 기 교　　　녹 불 기 치

恭儉惟德일새 無載爾僞하라
공 검 유 덕　　　무 재 이 위

作德하면 心逸하야 日休하고
작 덕　　심 일　　일 휴

作僞하면 心勞하야 日拙하리라
작 위　　심 로　　일 졸

『벼슬은 교만하기를 기대하지 아니하며 녹은 사치하기를 기대하지
아니하나니 공손하고 검소함이 오직 덕이므로 비롯함에 그대들은 거
짓이 없을지어다. 덕을 지으면 마음이 편안하여 날로 아름답고 거짓
으로 조작하면 마음이 괴로워 날로 졸렬하리라.』

● 여기에서는 작위와 관록은 권력을 통하여 국민에게 헌신봉사하
기 위하여 있는 것이므로 결단코 개인의 영달을 위한 도구로 생각해
서는 안 되는 것임을 지적하였다.
위(位)는 벼슬의 위계이고 기(期)는 기대함이며 교(驕)는 교만방자함
이니 벼슬의 위계는 직무의 책임한계를 분별하기 위하여 제정한 것이
지 개인 영달의 등급을 나타내기 위하여 만든 것이 아니다. 녹(祿)은
녹봉(祿俸)이요 치(侈)는 사치(奢侈)함이니 관등에 따라 녹봉의 차등을
두는 것은 업무상 접대하고 쓸 곳이 있기 때문이지 개인의 사치호화
를 위하여 주는 것이 아니다. 공(恭)은 벼슬이 높을수록 책임이 무거
운 것을 깨달아 몸을 낮추어 여러 사람의 지혜를 널리 모아 일을 신
중하게 처리함이요 검(儉)은 녹봉이 많을수록 베풀 곳이 많음을 살펴
널리 두텁게 접대하고 자기의 생활은 검소질박하게 사는 것이다. 재
(載)는 비롯하여 시작함이고 위(僞)는 허위이니 속으로는 자만심이 있
으면서 겉으로는 공손한 모습으로 위장하고 집안에서는 사치하면서

밖에서는 검소한 자태로 포장한 것이다. 심일(心逸)은 진실하고 착하게 사는 까닭에 마음이 편안함이요 일휴(日休)는 날로 아름다움이며 심로(心勞)는 허위로 가장한 것이 탄로될까 두려워서 마음으로 고민함이고 일졸(日拙)은 날로 비굴하고 옹졸하여 사람을 기피하게 된다는 말이다.

모든 국민은 자기 나라의 관료가 교만하고 사치하기를 기대하지 않을뿐더러 또한 비굴하고 궁박하기를 원치도 않으니 전체 관리들은 처음부터 끝까지 정직하고 명확하게 직무를 수행하고 공평하고 정당하게 녹봉을 사용하여 어질고 유능할 뿐만 아니라 청렴결백한 자세를 견지해야 문명한 정치를 할 수 있게 된다.

4-22-19 ······························ 居寵思危하야 罔不惟畏하라
　　　　　　　　　　　　　　　　　弗畏면 入畏하리라

『총애하는 자리에 있어도 위험을 생각하여 오직 두려워하지 않음이 없도록 하라. 두려워하지 아니하면 두려움 속으로 들어가리라.』

◉ 여기에서는 임금이 총애할수록 더욱 분발하고 노력해서 그 기대에 부응해야지 만일 그 총애를 믿고 독천(獨擅)하고 독주(獨走)하면 사랑이 미움으로 바뀌고 기대감이 실망감으로 변하여 형벌을 받게 될 것임을 경고하였다.

총(寵)은 임금이 가까이 신임하여 총애(寵愛)함이고 위(危)는 불신임하여 문책당함이며 외(畏)는 맡은 책임을 완수하지 못할까를 두려워함이다.

대저 군자는 임금의 총애를 받을수록 더욱 책임감을 느껴서 진선(盡善), 진미(盡美)함을 추구하고 소인배는 임금의 총애를 받으면 기고만장하여 월권하거나 안일방종하여 직무유기하거나 또는 비리부정하

여 독직하나니 반드시 형벌을 받고 쫓겨나는 것이다.

4-22-20 ·· 推賢讓能하면 庶官이 乃和하고
(추현양능 / 서관 / 내화)
不和하면 政厖하리라 擧能其官이
(불화 / 정방 / 거능기관)
惟爾之能이며 稱匪其人이
(유이지능 / 칭비기인)
惟爾가 不任이니라
(유이 / 불임)

『어진 이를 추천하고 능력자에게 양보하면 여러 관리가 이에 화합하고 화합하지 아니하면 행정이 난잡하리라. 능력자를 그 관직에 천거함이 오직 그대들의 직능이며 그 사람이 아닌 이를 칭찬하여 선거함은 오직 그대들의 임무가 아니니라.』

◉ 여기에서는 어진 이를 추천하고 능력자에게 양보하는 것이 행정관리의 직능이요 임무임을 교시하였다.

추(推)는 추천함이고 양(讓)은 양보함이니 어진 이를 추천하고 능력자에게 양보하면 천하의 현인과 능력자가 모두 벼슬을 하여 유능한 정부가 될 것이다. 방(厖)은 난잡(亂雜)함이고 거(擧)는 천거(薦擧)함이며 칭(稱)은 칭거(稱擧)로 칭찬하여 선거함이다.

성왕이 행정관료에게 훈계한 정직(正直), 근면(勤勉), 책임(責任), 공검(恭儉), 천현(薦賢)의 5대 덕목은 공화정체를 성공하는 기본조건이니 후세의 행정가는 깊이 음미하라.

4-22-21 ·· 王이 曰嗚呼라 三事曁大夫야
(왕 / 왈오호 / 삼사기대부)
敬爾有官하며 亂爾有政하야
(경이유관 / 난이유정)

이 우 내 벽　　　영 강 조 민
以佑乃辟하야 永康兆民하야
만 방　　유 무 역
萬邦이 惟無斁하리라

『왕이 말씀하시기를 오호라, 세 가지 직사관과 대부여, 그대들이 보유한 관직을 공경하며 그대들이 보유한 정무를 다스려서 그대들의 임금을 도와 길이 억조 만민을 편안하게 하여야 일만 나라가 오직 싫어함이 없을진저.』

☯ 성왕이 모든 관료에게 직분의 책임을 다하여 임금을 보우하고 길이 만민을 편안하게 만들어야 세계가 우호협력할 것임을 끝으로 당부하였다.

3사(三事)는 3공(三公)과 3고(三孤)와 6경(六卿)으로 곧 입법부와 감찰부와 행정부의 주요 직사관(職事官)이요 대부(大夫)는 그 밑에 소속한 사대부(士大夫)이다. 유(有)는 보유함이고 난(亂)은 치(治)의 뜻이며 벽(辟)은 임금이요 역(斁)은 싫어함이다.

민중의 자율자치를 기본으로 하는 왕도정치는 민중주체 민주주의 국가를 세움에 있어서 민중을 가장 사랑하고 보호하는 성현을 찾아 하늘이 그에게 천명을 주고 민중이 추대하여 왕을 세우는 것이므로 이에 왕은 천하의 만민을 위하여 덕치인정을 베풀어야 되는 사명과 책임이 있는 것이다. 따라서 왕이 이러한 사명과 책임을 망각하고 도리어 민중을 학대하고 폭압하면 즉각 천명과 민심을 함께 잃어서 독재자로 전락되기 때문에 민중봉기에 의한 타도의 대상이 되므로 혁명하여 새로운 왕을 세워야 하는 것이다.

이리하여 밝은 왕은 오래 재위할수록 그 덕이 더욱 성대하고 그 사업이 더욱 위대하기 때문에 왕도정치는 왕의 임기제를 두지 않고 성왕(聖王)이 붕할 때까지 재위하였는바 만약 왕이 붕하면 다시 천하에서 어진 이를 골라 뽑아 왕으로 세워 천명을 주고 민중이 지지하여 왕위를 계승하게 하였으니 순(舜)임금과 우(禹)임금이 이렇게 전현(傳

賢)한 역사적 실례이다.

그러나 우(禹)의 하(夏)나라와 탕(湯)의 상(商)나라 그리고 문왕(文王)과 무왕(武王)의 주(周)나라는 왕위를 그 아들이 계승하는 전자(傳子)의 제도가 생겼는데 이것은 그 아들이 당대에 가장 현능(賢能)하여 천명과 민심을 얻었기 때문이지 단순히 왕자라는 이유만으로 왕위를 독점한 것이 아니기 때문에 공자(孔子)가 말하기를 하은주(夏殷周)의 계자(繼子)는 곧 당우(唐虞)의 선양(禪讓)의 의미와 다를 것이 없다고 하였던 것이다. [『맹자(孟子)』, 만장상(萬章上)]

천하는 천하사람의 것이요 한 사람의 것이 아니라는 사상에서 출발한 왕위의 전현제도는 곧 민본사상의 꽃이고 민주주의의 빛으로 결단코 후세의 패권주의 전제독재 시대에 천하를 한 사람이 거머쥐고 왕위를 독점하여 현(賢)과 불초(不肖), 지(知)와 우(愚)를 가리지 않고 자자손손 세습했던 것과는 분명히 구별하여야 당우(唐虞), 삼대(三代)의 역사인식을 바르게 정립할 것인즉 모름지기 사학자는 이 점에 주목하여 바르게 평가하기 바란다.

23. 군진(君陳) / 그대 진(陳)이여

군(君)은 존칭대명사로 앞에 군석(君奭) 편의 해제(解題)에서 이미 밝혔으며 진(陳)은 성왕(成王)의 신하이름이다.

주공(周公)이 동정(東征)한 이후로 은(殷)나라의 도읍지였던 3박(三亳)지역은 주공이 관리만 하면서 자체적으로 형편에 따라 다스리게 하였는데 주공이 졸(卒)하자 성왕이 군진(君陳)에게 3박지역을 관리하게 하면서 주공의 덕을 본받아 너그럽고 아름답게 감복시키라고 훈고(訓告)한 내용이다.

이 편은 『금문상서(今文尚書)』에는 없고 『고문상서(古文尚書)』에 기재되어 있으니 성왕이 주공의 미덕을 계승하려는 정신을 여기에서 확인할 수 있다.

4-23-1 ·· 王이 若하시고 曰君陳아

惟爾令德이 孝恭하니 惟孝하야

友于兄弟하며 克施有政일새

命汝하야 尹兹東郊하노니 敬哉어다

『왕이 '어이쿠' 하시고 말씀하시기를 그대 진이여, 오직 그대의 아름다운 덕이 효도하고 공순하니 오직 효도하여 형제에게 우애하며 맡은 정사를 잘 베풀기 때문에 그대를 임명하여 이 동쪽 교야를 다스리게 하노니 공경할지어다.』

◉ 성왕이 군진의 아름다운 덕을 칭찬하여 동교윤(東郊尹)으로 임명하였음을 사관이 기록하였다.

효(孝)는 어버이를 잘 섬김이요 공(恭)은 어른을 잘 섬김이며 우(友)는 형제 사이에 정이 두터움이다. 극시(克施)는 잘 베풀어 성공함이고 유정(有政)은 맡은 정사이며 윤(尹)은 다스림이요 동교(東郊)는 낙읍(洛邑)의 동쪽 교야(郊野)인바 여기에서는 앞(4-21-12)에서 말한 3박(三亳)으로 일찍이 주공(周公)이 동정(東征)한 뒤로 주(周)나라에 벼슬을 아니하고 집단파업과 태업을 일삼아 부득이 자치지역으로 남겨두고 주공이 멀리서 관리만 하였는데 이제 주공이 졸(卒)하므로 성왕(成王)이 군진(君陳)을 임명하여 관리하게 하였다. 전배(前輩)들은 낙읍의 동쪽 교외라고 하였으나 증거나 없으니 앞에 다사(多士) 편과 다방(多方) 편을 참고하라.

여기에서 성왕이 효(孝)의 영덕(令德)을 인경(仁敬)과 공순(恭順)과 우애(友愛)와 충직(忠直)으로 정의하여 효도는 인간성과 사회성에 바탕하여 가정과 국가에서 합리적이고 화합적인 대동사회 건설의 촉매인자임을 밝혔다.

대저 효심은 인간성이 발동하여 나타나는 근본으로 사랑과 공경인데 이 마음을 길러서 널리 확충하면 사랑하지 않은 것이 없고 공경하지 않은 것이 없어서 천하를 사랑하고 만물을 공경하게 되며 대저 효도는 어버이를 친(親)하고 순(順)하고 낙(樂)하고 수(壽)하게 함이니 그 극치에 이르면 어버이와 자손이 지친(至親), 지순(至順), 극락(極樂), 만수(萬壽)를 누리는 것이다. 그러므로 효자는 부지런히 노력하여 전지전능의 지혜를 개발하고 수신(修身), 제가(齊家), 치국(治國), 평천하(平天下)의 사업에 헌신해서 대공(大功)을 세워 천하로서 어버이를 봉양하고 입신양명하여 그 어버이를 뚜렷하게 빛내는 것이다. 특히 그 지극한 효성은 갸륵하게 여겨서 사람은 물론이고 천지만물도 감동하여 도우면서 큰 복을 주는 것이니 그 근본에 보답하는 정신은 곧 하늘과 땅의 근본원리이고 인간의 본심이며 금수와 곤충과 초목의 생리인 까닭에 그 효성이 지극하면 천지신명과 사람은 말할 것도 없고 사나운 새나 짐승도 돕고 풀과 나무까지도 돕는 것이다. 그리하여 세상에 효사상이 일어나면 남의 부모도 존경하고 남의 아들도 사랑할 뿐만 아니라 나아가 새나 짐승의 어미와 새끼를 죽이지 않고 물고기의 어미와 새끼를 잡지 않고 곤충의 어미와 알을 해치지 않고 풀과 나무의 어미와 싹을 꺾지 않아서 삼라만상이 모두 번성하는 대동세계를 건설하여 봉황이 노래하고 춤추는 태평성대를 이룩하게 되는 것인즉 이 세상에 효사상보다 위대한 사상은 없으니 독자는 앞의 요전(堯典), 순전(舜典)과 더불어 깊이 통달하기 바란다.

4-23-2 ······························· 昔에 周公이 師保萬民이라
民懷其德하나니 往愼乃司하야
玆率厥常하야 懋昭周公之訓하면
惟民其乂하리라

『지난날에 주공이 만민을 가르치고 보호하였으므로 민중이 그 덕을 사모하나니 가서 그대가 맡은 일을 신중히 하여 이에 그 상법을 쫓아 힘써 주공의 교훈을 밝히면 오직 민중이 그 평안하리라.』

☯ 여기에서는 동교의 3박을 관리함에 오직 주공이 했던 그대로 따르고 절대로 새로운 방식으로 바꾸지 말 것을 지시하였다.
사(師)는 덕(德)으로 교화함이고 보(保)는 치안을 보장함이니 3박(三亳)의 자치권을 인정하여 그 정치와 행정은 일체 간섭하지 않고 다만 간접적으로 교화와 치안만을 관리하는 것이다. 내(乃)는 대명사이고 사(司)는 맡은 일이니 곧 군진(君陳)이 3박을 관리하는 직책이며 솔(率)은 쫓아서 따라감이요 상(常)은 상법(常法)이다. 주공지훈(周公之訓)은 아래(4-23-7)에서 밝혔으며 예(乂)는 평안(平安)함이다.

은나라 유민이 망국의 한을 품고도 주공의 덕화에 감동하여 은인자중하거늘 어찌 감히 힘으로 탄압하여 직접 다스리겠는가? 그러므로 성왕이 군진에게 효심을 칭찬하여 은나라 유민이 효심으로 조국을 잊지 못함을 가엾게 여겨서 따뜻하게 보호하라고 훈고한 것이니 독자는 깊이 음미하기 바란다.

4-23-3 ······································· 我는 聞하니 曰至治는
馨香하야 感于神明하나니 黍稷이
非馨이라 明德이 惟馨이라 하니
爾尙式時周公之猷訓하야
惟日孜孜하야 無敢逸豫하라

『나는 들으니 말하기를 지극한 정치는 향기를 그윽하게 하여 신명에게 감통하나니 기장과 피가 향기로움이 아니라 밝은 덕이 오직 향기로움이라고 하니 그대는 이 주공이 도모한 교훈을 숭상하여 본받아 오직 날로 부지런히 하여 감히 편안히 즐기지 말라.』

◕ 성왕이 군진에게 재차 주공이 도모했던 천지신명을 감동시키는 밝은 덕을 숭상하여 본받으라고 훈계하였다.

문(聞)은 성왕(成王)이 주공(周公)에게 직접 들은 것이고 지치(至治)는 지극한 정치이니 덕치인정(德治仁政)을 완전히 성공하여 대동세계(大同世界)를 건설한 것이며 형(馨)은 그윽한 향기가 멀리 퍼지는 것이다. 감(感)은 감통(感通)함이고 신명(神明)은 천지신명(天地神明)이니 지극한 덕치(德治)의 꽃다운 향기는 오직 사람만을 감동시키는 것이 아니라 하늘과 땅과 귀신도 감통한다는 말이다. 서직(黍稷)은 기장과 피로 제사에 올리는 곡식이요 명덕(明德)은 밝게 다스리는 덕치이며

상식(尙式)은 숭상하여 본받음이고 시(時)는 시(是)와 같다. 유(猷)는 도모(圖謀)함이고 자자(孜孜)는 부지런히 힘쓰는 모양이며 일예(逸豫)는 편안하게 즐김이다.

성왕이 앞에서는 주공의 사보만민(師保萬民)을 말하고 여기에서는 주공의 지치형향(至治馨香)을 숭상하여 본받으라고 하였으니 군진에게 기대하는 바가 대단히 크도다.

4-23-4 ·· 凡人이 未見聖하얀
若不克見하다가 旣見聖하얀
亦不克由聖하나니 爾其戒哉어다
爾惟風이요 下民은 惟草니라

『무릇 사람이 성인을 보지 못해서는 마치 볼 수 없는 듯이 하다가 이미 성인을 보고서는 또한 능히 성인을 말미암지 아니하나니 그대는 그것을 경계할지어다. 그대는 오직 바람이요 하층민중은 오직 풀이니라.』

◐ 여기에서는 성인의 덕을 말미암아야 사람을 감복시킬 수 있음을 밝혔다.

성(聖)은 성인(聖人)이니 지혜와 도덕이 지극한 인간의 최고 인격자로 신성한 감화력이 있고 영원히 인류의 사표가 되는 사람이며 극(克)은 능(能)과 같으며 유(由)는 말미암는 것이다. 풍(風)은 바람이고 초(草)는 풀이니 바람이 불면 풀이 흔들려 엎드리는 것을 상징하였다.

사람은 누구나 인의예지(仁義禮智)의 고유한 천성이 있으므로 스스로 향상심(向上心)이 있기 때문에 아직 성인을 보지 못했을 때에는 열심히 성인을 보려고 노력한다. 그러나 이미 성인을 보고서는 그 인격

의 고매함과 그 조예의 심원함에 탄복하면서도 선뜻 배우려고 분발 노력하지 아니하나니 그것은 성인이란 아무나 되는 것이 아니고 특별한 능력이 있는 사람만이 될 수 있다고 생각하기 때문이다.

그러나 유교의 성인은 자기의 고유한 인의예지의 덕성을 말미암아 효제충신(孝悌忠信)의 도의를 현실에서 실천함으로써 세월과 더불어 점점 향상 발전하여 선비가 되고 군자가 되고 현철이 되어서 차례차례 이르는 단계가 있기 때문에 누구든지 뜻을 세우고 꾸준히 노력하면 다 성인이 될 수 있는 것이다.

그러므로 맹자는 만물이 모두 나에게 갖추어 있다(『맹자』진심상)고 역설하면서 누구든지 성인의 말을 하고 성인의 옷을 입고 성인의 행실을 하면 성문(聖門)에 들어가는 것이라고 하였다.

4-23-5 ······························· 圖厥政이 莫或不艱하나니
有廢有興에 出入을 自爾師虞하야
庶言이 同則繹할진저

『그 정사를 도모함이 어느 것도 어렵지 아니함이 없나니 폐지함이 있고 흥행함이 있음에 나아감과 들어옴을 그대의 무리로부터 헤아리게 하여 여러 말이 같으면 깊이 살필진저.』

◯ 여기에서는 모든 정사를 고루 베풀어 성공하기는 대단히 어려운 일이므로 부분적으로 폐지된 것과 흥행한 것을 전체적으로 균형이 있게 조절함에 그 실무자들로부터 헤아리게 하여 여러 사람의 말이 동일하면 직접 깊이 살펴서 해결하라고 당부하였다.

정(政)은 정책사업이고 혹(或)은 어느 것이라도의 뜻이며 간(艱)은 전체적으로 균형을 이루기가 어려운 것이다. 폐(廢)는 폐지하여 무너진 것이요 흥(興)은 흥행하여 왕성함이며 출입(出入)은 나아감과 들어

옴이니 곧 폐지한 것을 수리하여 나아가게 하고 흥행한 것을 늦추어 들어오게 하여 전체적인 균형을 맞추는 것이다. 사(師)는 무리이니 실무에 종사하는 해당 관리들과 그 지역의 주민들이며 서언(庶言)은 여러 사람의 말이요 역(繹)은 깊이 생각하여 해결함이다.

정책사업은 우선순위가 있고 또 그 추진하는 시기와 지역이 있으며 또한 그 주민들의 호응을 얻어야 성공하는 것이므로 대단히 어려운 일이며 더욱이 국책사업의 전체적인 균형을 이루기는 쉽지 않으므로 다양한 여론을 들어서 동일한 내용이면 반드시 깊이 살펴서 원만하게 해결하여야 순조롭게 도모할 수 있는 것이다.

4-23-6 ························· 爾有嘉謀嘉猷어든 則入告爾后于內하고
　　　　　　　　　　　　　　爾乃順之于外하야 曰斯謀斯猷는
　　　　　　　　　　　　　　惟我后之德이라 하라 嗚呼라
　　　　　　　　　　　　　　臣人이 咸若時라사 惟良顯哉인저

『그대에게 아름다운 모책과 아름다운 도모가 있거든 중앙정부에 들어와 대궐 안에서 그대의 왕에게 보고하고 그대는 이에 지방에 순행하야 말하기를 이 모책과 이 도모는 오직 우리 왕의 은덕이라고 하라. 오호라, 신하와 인민이 모두 이와 같아야 오직 어질고 밝을진저.』

☯ 여기에서는 군진이 3박의 자치지역을 관리함에 새로운 정책을 펴고자 하면 반드시 먼저 왕에게 보고하여 윤허를 받은 다음에 그 지역에 반포하여 주나라 왕의 은덕임을 밝히라고 지시하였다.

입(入)은 중앙정부로 들어옴이고 고(告)는 보고하여 윤허를 받음이며 후(后)는 왕이요 내(內)는 대궐 안이다. 순(順)은 순행(順行)이니 차례로 돌아다니는 것이고 외(外)는 지방이니 곧 3박(三亳)지역이며 덕

(德)은 은덕(恩德)으로 좋은 정책을 시행하여 은총을 받음이다. 신인(臣人)은 관리와 인민이고 양현(良顯)은 어질고 밝음이니 3박의 관리와 인민이 주(周)나라의 덕치(德治)에 감화하여 과거의 은(殷)나라 역사에만 집착하지 않고 새로운 시대발전에 동참하여 어질고 밝은 삶을 개척하게 된다는 말이다.

대저 이 경문은 앞 경문의 여론수렴을 통하여 깊이 살펴서 해결하라는 말에 이어 아름다운 개혁정책이 있으면 왕에게 보고하여 윤허를 받은 다음에 반포 시행하게 하라는 지시이다.

성왕이 군진에게 3박을 다스림에 있어서 자유재량권을 특별히 제한한 까닭은 첫째 주공의 유훈을 본받아 절대로 정책을 바꾸지 못하게 하여 정책의 일관성을 유지하려는 뜻이요, 둘째 성왕이 효사상으로 지극한 정치를 이룩하여 3박의 관리와 인민을 끝내 감동시켜 새 시대에 동참하도록 이끌고자 함이며, 셋째 군진이 관숙과 채숙처럼 3박의 자치정부와 결탁하여 반란을 일으키는 불행한 사태를 미연에 방지하기 위함이니 학자는 이 점을 깊이 헤아려서 털끝만큼도 성왕이 신하의 아름다움을 훔쳐서 자기를 미화하는 전제군주로 오해하지 말라.

4-23-7 ····················· 王이 曰君陳아 爾惟弘周公之丕訓하야
無依勢作威하며 無倚法以削하고
寬而有制하야 從容以和하라

『왕이 말씀하시기를 그대 진이며, 그대는 오직 주공의 큰 교훈을 널리 베풀어 권세에 의지하여 위협하지 말며 법률에 의거하여 지근거리지 말고 너그럽게 하되 절제가 있어 조용하게 화합하라.』

☯ 성왕이 군진에게 절대로 권세와 법률에 의거하여 강제력으로 억

압하지 말고 너그럽고 조용하게 관리하여 화합정책을 펴라고 경계하였다.

의세(依勢)는 권세에 의지함이요 작위(作威)는 위협함이니 위력으로 으르고 협박함이며 의법(倚法)은 법률에 의거함이고 삭(削)은 지근거림으로 귀찮아하도록 은근히 조르는 것이다. 관(寬)은 너그럽게 포용함이고 제(制)는 절제이며 종용(從容)은 조용히 부드럽게 말하는 모양이다.

성왕이 군진에게 주공의 교훈을 본받아 받들라고 세 번을 강조하였으니 3박에 대한 주나라의 유화정책은 확고한 것임을 확인하였다. 대저 홍범(洪範)의 삼덕에서 섭우유극(燮友柔克)과 고명유극(高明柔克)이라고(4-6-17) 하였는바 은나라 유민은 충효사상이 투철한 선비들이고 그 동안 주공의 덕화로 평온하게 자율자치하여 주나라와 상당히 가까워졌기 때문에 당연히 유화정책을 계속하는 것이 옳다.

4-23-8 ························· 殷民이 在辟이어든 予曰辟이라도
이 유 물 벽   여 왈 유
爾惟勿辟하며 予曰宥라도
이 유 물 유   유 궐 중
爾惟勿宥하고 惟厥中하라

『은나라 인민이 형벌사건에 있거든 내가 말하기를 형벌하라고 하여도 그대는 오직 형벌하지 말며 내가 말하기를 사면하라고 하여도 그대는 오직 사면하지 말고 그 적중함을 생각하라.』

◉ 여기에서는 3박의 현실에 알맞게 법을 집행하여 위화감을 조성하지 말라고 특별히 명령하였다.

은민(殷民)은 3박(三亳)의 인민이고 벽(辟)은 형벌(刑罰)이며 유(宥)는 사면(赦免)함이요 중(中)은 적중(的中)함이니 곧 합당한 형량이다.

중앙정부의 왕은 일반적인 법리로 판단하기 때문에 3박의 특수한

상황을 간과할 위험이 있으므로 왕명도 따르지 말고 그 현실을 살펴 적당한 형량을 스스로 결정하라고 하였다.

4-23-9 ························유불약우여정 有弗若于汝政하며 불화우여훈 弗化于汝訓이라도
벽이지벽 辟以止辟인댄 내벽 乃辟하라

『그대의 정사에 따르지 아니하며 그대의 교훈에 감화하지 아니함 이 있어도 형벌하여서 형벌이 그친다면 이에 형벌하라.』

  ◐ 여기에서는 가볍게 형벌하지 말고 3박의 인민이 형벌에 승복하 여 개과천선해서 재범이 없게 될 상황에서만 형벌하라고 명령하였다.
  약(若)은 순(順)의 뜻이고 화(化)는 감화하여 변화함이며 지(止)는 그 치는 것이다.
  3박의 인민이 스스로 일어나 주나라에 동참하고 새롭게 변화하기 를 오로지 기다릴 뿐이요 절대로 조급하게 서둘러서 반감을 사거나 모순대립을 일으킬 사단을 만들지 말라고 하였으니 자연변화에 맡기 는 유화정책의 극치이다.

4-23-10 ···························뉴우간궤 狃于姦宄하야 패상란속 敗常亂俗을
삼 三하면 세 細라도 불유 不宥하라

『안도적과 바깥도적에게 친근하여 상법을 허물고 풍속을 어지럽힘 을 자주 하면 경범이라도 용서하지 말라.』

  ◐ 여기에서는 내외의 도적으로부터 사주를 받고 고의적으로 상법

을 허물고 풍속을 어지럽히는 행위를 자주 하면 비록 사소한 경범이라도 용서하지 말라고 하였다.

뉴(狃)는 익숙하게 친근함이고 간(姦)은 내부의 도적이며 궤(宄)는 외국의 도적이다. 패상(敗常)은 상법(常法)을 허무는 것이고 삼(三)은 자주 함이며 세(細)는 사소한 죄로서 곧 경범이다.

종범은 주범보다 죄가 가볍지만 고의적으로 자주 파괴와 난동을 일으키면 사회를 혼란스럽게 만들기 때문에 부득이 엄단해서 미연에 방지하지 않을 수 없는 것이다.

4-23-11 ························ <ruby>爾<rt>이</rt></ruby><ruby>無<rt>무</rt></ruby><ruby>忿<rt>분</rt></ruby><ruby>疾<rt>질</rt></ruby><ruby>于<rt>우</rt></ruby><ruby>頑<rt>완</rt></ruby>하며 <ruby>無<rt>무</rt></ruby><ruby>求<rt>구</rt></ruby><ruby>備<rt>비</rt></ruby><ruby>于<rt>우</rt></ruby><ruby>一<rt>일</rt></ruby><ruby>夫<rt>부</rt></ruby>하라

『그대는 완미한 사람을 분노하여 미워하지 말며 한 사람에게 모두 갖추기를 요구하지 말라.』

◉ 여기에서는 인간의 재능이 서로 다르지만 그러나 똑같은 사람이므로 완고하고 어리석은 사람을 미워하지도 말고 어질고 똑똑하다고 해서 모든 면을 두루 갖추기를 요구하지도 말라고 하였다.

분(忿)은 분노함이고 질(疾)은 미워함이며 완(頑)은 완미(頑迷)함이니 완우(頑愚)한 사람에게 분노하고 미워하면 정만 떨어지게 될 것이며 비(備)는 완비(完備)함이요 일부(一夫)는 한 사람으로 한 사람에게 모든 면을 완비하라고 요구하면 결국 실망하게 되는 것이다. 만일 나라의 지도자가 인간관계에서 정이 떨어지고 실망한다면 어떻게 정치목적을 달성할 수 있겠는가? 사람을 사랑하여 조심하고 조심할지어다.

4-23-12 ····························· <ruby>必<rt>필</rt></ruby><ruby>有<rt>유</rt></ruby><ruby>忍<rt>인</rt></ruby>이라사 <ruby>其<rt>기</rt></ruby><ruby>乃<rt>내</rt></ruby><ruby>有<rt>유</rt></ruby><ruby>濟<rt>제</rt></ruby>하며
<ruby>有<rt>유</rt></ruby><ruby>容<rt>용</rt></ruby>이라사 <ruby>德<rt>덕</rt></ruby><ruby>乃<rt>내</rt></ruby><ruby>大<rt>대</rt></ruby>하리라

『반드시 참음이 있어야 그 그대가 구제함이 있으며 포용함이 있어야 그대의 덕이 성대하리라.』

◑ 여기에서는 감정을 스스로 절제하여 인내력을 발휘하여야 완미한 사람을 구제하고 포용력을 발휘하여야 현능한 사람을 등용하여 위대한 지도자가 될 수 있음을 밝혔다.

인(忍)은 인내함이고 내(乃)는 그대를 지칭하는 대명사이며 용(容)은 포용함이요 대(大)는 성대함이다.

사람의 재능은 서로 다르지만 성실하게 100배의 노력을 하면 그 기질이 변화해서 천천히 바뀌는 것이고 사람은 신령하여 정신을 집중하면 무한한 능력을 발휘하는 것이므로 각박하게 인간을 평가하지 않고 너그럽게 여지를 두어 점점 일하는 솜씨가 늘어서 숙달하게 되기를 기다리는 것이 대인의 도량이다.

4-23-13 ·····························
간 궐 수
簡厥修하되
역 간 기 혹 불 수
亦簡其或不修하며
진 궐 량
進厥良하야
이 솔 기 혹 불 량
以率其或不良하라

『그 다스린 사람을 골라내되 또한 그 혹 다스리지 않은 사람도 골라내며 그 어진 이를 승진하여 그 혹 어질지 아니한 사람을 거느리게 하라.』

◑ 여기에서는 관리의 직무수행능력을 평가하여 치적이 있는 사람은 상을 주고 실정이 있는 사람은 벌하며 또한 어진 이를 승진시켜서 그 어질지 못한 사람을 이끌게 하라고 하였다.

간(簡)은 간출(簡出)이니 평가하여 골라내는 것이고 수(修)는 수치(修治)로 직무를 잘 처리하여 성공하는 직무수행능력이다. 진(進)은 승진(升進)이요 양(良)은 현량(賢良)으로 우수한 재능을 가진 사람이다.

관료의 직무수행능력을 평가하여 상벌을 시행하며 현량을 발탁하여 승진시키고 어리석은 신하를 좌천시키는 것은 관리를 격려하고 이도(吏道)를 쇄신하는 정치지도자의 고유권한이니 엄정하게 살피고 공평하게 평가하며 합당하게 조치하여야 지도력을 발휘하리라.

4-23-14 ·················· 惟民生厚하나 因物有遷이라
違上所命하고 從厥攸好하나니
爾克敬典在德하면 時乃罔不變이라
允升于大猷하리니 惟予一人이
膺受多福하며 其爾之休도
終有辭於永世하리라

『오직 사람의 생리는 인후하지만 물건으로 인하여 옮겨감이 있으므로 위에서 명령한 바를 어기고 그 좋아하는 바를 쫓나니 그대는 능히 상전을 공경하고 덕을 살피면 이에 그대가 변화하지 못함이 없어서 진실로 큰 도모에 오르리니 오직 나 한 사람이 많은 복을 받으며 그 그대가 세운 아름다운 공적도 마침내 길이 세상에 할 말이 있으리라.』

☯ 여기에서는 사람의 천부적인 생리는 인후하지만 물건으로 인하여 각박하게 되기 때문에 성왕이 군진에게 항상 상전(常典)을 공경하고 덕을 살펴서 3박의 풍속을 순후하게 변화시켜야 주나라를 안정하는 큰 목표에 도달할 것임을 밝혔다.

민생(民生)은 사람의 생리(生理)로 하층민중이 자연적으로 생활하는 방법과 본능적인 감각의 작용이며 후(厚)는 인후(仁厚)함이니 인정이

넘치고 행동이 순박함이다. 물(物)은 물건으로 일정한 형체를 갖춘 모든 물질적 대상이고 천(遷)은 천이(遷移)로 옮아가는 것인데 곧 사람이 물욕이 생기면 생활방식과 감각작용이 각박하게 된다는 뜻이다. 재(在)는 살피는 것이요 시(時)는 시(是)의 뜻이며 내(乃)는 대명사이고 망불변(罔不變)은 3박(三亳)의 풍속을 아름답게 변화하지 못함이 없을 것이라는 말이다. 승(升)은 올라감이니 곧 도달함이요 대유(大猷)는 큰 도모(圖謀)로 3박의 인민을 감복시켜서 주(周)나라에 화합하도록 경영함이다. 일인(一人)은 왕이고 응수(膺受)는 받음이며 다복(多福)은 주나라가 번영함이다. 휴(休)는 아름다운 공적이며 유사(有辭)는 할말이 있는 것이니 곧 시대적 사명과 자기의 직분을 다했다는 뜻이다.

성왕이 군진에게 3박을 다스리는 유화정책을 자세히 밝혔으니 덕치인정(德治仁政)으로 돈화세계(敦化世界)를 건설하는 아름다운 전범(典範)이다.

24. 고명(顧命) / 돌아보고 교명(敎命)함

　고(顧)는 돌아보는 것이고 명(命)은 교명(敎命)이니 임금이 임종(臨終)에 사후의 뒷일을 돌아보고 대신들에게 부탁함이다.
　성왕(成王)이 주공(周公)의 훈로(勳勞)에 힘입어 문왕(文王)과 무왕(武王)의 덕치인정(德治仁政)을 계승발전해서 태평성대를 건설하여 봉황이 노래하는 문화를 창조하였는데 그 임종에 이러한 정치문명을 길이길이 이어나가도록 대신들에게 부탁한 내용이다.
　이 편은 『금문상서(今文尚書)』와 『고문상서(古文尚書)』에 모두 수록되어 있으니 주나라의 아름다운 예법문화를 연구하는 데 매우 중요한 자료이다.

4-24-1 ······················　惟四月哉生魄에 王이 不懌하시다
〔유 사 월 재 생 백〕〔왕〕〔불 역〕

『때는 바야흐로 4월 16일에 왕이 기쁘지 아니하시다.』

　☯ 성왕이 4월 16일부터 질병을 앓아서 정상적인 집무가 불가능했음을 사관이 기록하였다.
　사월(四月)은 어느 해의 4월인지 알 수 없는데 이 편에서 살피면 성왕(成王)이 붕(崩)하신 해이며 소강절(邵康節)의 『황극경세(皇極經世)』에서는 성왕의 재위는 37년이라고 하였다. 왕(王)은 성왕이요 불역(不懌)은 왕의 질병이 심하여 정상적인 집무가 불가능한 상태이다.

4-24-2 ···································· 甲子에 王이 乃洮頮水이어시늘
　　　　　　　　　　　　　　　相이 被冕服한대 憑玉几하시다

『갑자일에 왕이 이에 물로 손 씻고 낮 씻으시거늘 돕는 사람이 면류관과 곤룡포를 입힌대 옥궤에 기대어 의지하시다.』

● 갑자일에 성왕이 여러 신하들에게 고명하시기 위하여 불편한 몸으로 간단하게 손과 얼굴만 씻고 정복으로 단상에 올라 책상에 기대어 의지하는 상황을 기록하였다.

갑자(甲子)는 갑자일(甲子日)로 무슨 달의 갑자일인지 알 수 없으나 간지(干支)가 새로 시작하는 날을 선택하였음을 볼 수 있다. 조(洮)는 손을 씻는 것이고 회(頮)는 얼굴을 씻는 것이니 왕이 큰 교명(敎命)을 발표할 때에는 본래 목욕재계하는 것이 예법이지만 성왕(成王)이 이제 질병을 앓으므로 부득이 세수와 세면으로 대체한 사실을 밝힌 것이다. 상(相)은 상자(相者)이니 돕는 사람이고 면복(冕服)은 면류관과 곤룡포로 왕의 정복(正服)이며 빙(憑)은 기력이 약하여 기대어 의지함이요 옥궤(玉几)는 옥(玉)으로 장식한 책상이다.

성왕이 질병을 앓으면서도 예의범절을 갖추려고 노력하였으니 그 예법정신이 장엄하도다.

4-24-3 ···································· 乃同召太保奭과 芮伯과 彤伯과
　　　　　　　　　　　　　　　畢公과 衛侯와 毛公과 師氏와
　　　　　　　　　　　　　　　虎臣과 百尹과 御事하시다

『이에 태보 석과 예나라 백작임금과 동나라 백작임금과 필나라 임금 공과 위나라 후작임금과 모나라 임금 공과 교수와 용맹한 신하와

일백 관청의 책임자와 군사의 지휘관을 다같이 소집하시다.』

● 성왕이 고명을 내리기 위하여 6경과 함께 3공, 3고 및 교수, 호신, 일백 관청의 책임자, 군사지휘관까지 모두 조정에 소집하였음을 밝혔다.

동(同)은 6경(六卿)과 함께 합동으로 함이고 소(召)는 왕의 명령으로 소집함이며 태보(太保) 석(奭)은 소공(召公)이니 앞(4-7-1)에서 이미 해설하였다. 예(芮), 동(彤), 필(畢), 위(衛), 모(毛)는 모두 나라이름으로 동(彤)나라만 사성(姒姓)의 나라이고 그 나머지는 모두 희성(姬姓)의 나라이며 모(毛)나라 임금으로 봉했던 정(鄭)과 필(畢)나라 임금으로 봉했던 고(高)는 문왕(文王)의 서자이다. 살피건대 본래 필나라와 모나라는 백작국(伯爵國)임에도 여기에서 공(公)으로 썼으니 이것은 3공(三公)이라는 뜻이고 공작국(公爵國)이라는 말이 아니다. 그렇다면 예백(芮伯)과 동백(彤伯)과 위후(衛侯)는 마땅히 3고로 보아야 될 것이며 6경은 조정회의에 당연히 참석하는 것이므로 기록할 필요가 없기 때문에 사관이 생략한 것이다. 그럼에도 전배(前輩)들은 이 3공과 3고가 6경을 겸직하였다고 해설하였으나 예법에 국가의 관직은 겸직이 없다고 하였으니 옳지 않다. 성왕(成王)과 주공(周公)이 민중주체 민주주의 국체를 건립해서 공화정체의 문물제도를 아름답게 확립하였거늘 어찌 국가조직의 핵심기틀인 3공, 3고, 6경 같은 요직을 겸직시켜서 정사를 전제하고 권력을 독점했겠는가? 모두 진한(秦漢) 이후의 전제독재왕조의 시대조류에 물들어 성왕(聖王)의 예법을 분별하지 못한 소치라고 하겠다. 사씨(師氏)는 태학(太學)의 교수(敎授)이고 호신(虎臣)은 한 몸의 안위를 돌아보지 않고 용맹하게 직간(直諫)하는 신하이며 백윤(百尹)은 일백 관청의 책임자요 어사(御事)는 군사지휘관이니 평소의 조정회의에는 참석하지 않은 사람들이지만 성왕이 특별히 소집하여 참석시킨 것이다.

王이 曰嗚呼라 疾이
大漸惟幾하야 病이 日臻하니
旣彌留할새 恐不獲誓言嗣하야
茲予는 審訓命汝하노라

『왕이 말씀하시기를 오호라, 질통이 크게 점점 심해서 오직 위태하여 병세가 날로 더하니 이미 오래 낫지 않으므로 자손에게 맹세하는 말을 할 기회를 얻지 못할가를 두려워하여 이에 나는 그대들에게 살펴서 훈도하여 교명하노라.』

☯ 성왕이 스스로 임종을 예감하고 유훈을 남기지 못하고 죽는 것을 두려워하여 미리 유훈으로 교명하게 된 배경을 설명하였다.

왕(王)은 성왕(成王)이요 대점(大漸)은 임금의 질병이 점점 심한 것이며 기(幾)는 위태함이다. 병(病)은 병세이고 진(臻)은 이르러 더함이며 미류(彌留)는 질병이 오래 낫지 않음이고 획(獲)은 기회를 얻음이다. 서언(誓言)은 맹세하는 말이요 사(嗣)는 자손이며 훈(訓)은 훈도(訓導)이고 명(命)은 교명(敎命)이다.

후세를 걱정함이 크기 때문에 특별히 조정의 합동회의를 소집하여 공개적으로 훈명하였으니 중세의 암흑시대에 총애하는 사람에게만 은밀히 유언한 것과는 아주 다르다.

昔君文王武王이 宣重光하사
奠麗陳敎하신대 則肄肄不違하야
用克達殷하야 集大命하시니라

『옛 임금 문왕과 무왕이 거듭 광휘를 드날리시어 걸리는 관계를 정하고 교육을 베푸신대 곧 익히고 익히어 어기지 아니하여 능히 은나라에 도달하여 대명에 나아가느라.』

◉ 성왕이 문왕과 무왕이 천명을 받고 민심을 얻은 것은 오직 인간의 상대적으로 걸린 관계를 정하여 교육을 베풀어 그 인민이 부자, 군신, 부부, 장유, 붕우의 윤리를 어기지 않았기 때문임을 설파하였다.

선(宣)은 선양(宣揚)함이고 중광(重光)은 문왕(文王)의 광휘(光輝)를 무왕(武王)이 계승하여 거듭 빛남이니 마치 요(堯)임금의 덕을 순(舜)임금이 계승발전하므로 중화(重華)라고 앞(1-2-1)에서 표현한 것과 같다. 전(奠)은 정(定)함이고 리(麗)는 걸림이니 인간의 본말(本末), 상하(上下), 내외(內外), 전후(前後), 좌우(左右)로 맺어진 부자(父子), 군신(君臣), 부부(夫婦), 장유(長幼), 붕우(朋友)의 관계이며 진(陳)은 베풀어 펼침이요 교(敎)는 5륜(五倫)의 교훈이다. 이(肄)는 익혀서 배움이고 위(違)는 위반함이며 달(達)은 도달함이요 집(集)은 나아감이며 대명(大命)은 임금이 될 운명으로 천명을 받고 민심을 얻음이다.

성왕이 임종에 인간관계의 정립을 강조한 것은 자기가 죽은 뒤에 불효, 불충한 패륜의 역적인 관숙과 채숙과 같은 도당의 출현을 경계하기 위함이다.

재 후 지 동   경 아 천 위
4-24-6 ······················· 在後之侗이 敬迓天威하야

사 수 문 무 대 훈   무 감 혼 유
嗣守文武大訓하야 無敢昏逾하노라

『후사로 있던 어리석은 사람이 하느님의 위력을 경건하게 맞아 문왕과 무왕의 큰 훈도를 계승하여 지켜서 감히 혼미하여 넘어감이 없었노라.』

◐ 성왕이 천명을 받아 즉위하여 문왕과 무왕의 인간윤리를 존중하라는 대훈을 계승하여 지켜서 감히 어김이 없었음을 스스로 밝혔다.

재후(在後)는 후계자로 있는 것이요 동(侗)은 어리석은 사람이니 성왕(成王)이 스스로를 낮추어 말하는 것이며 아(迓)는 맞이함이고 천위(天威)는 하느님의 위력이니 곧 어길 수 없는 천명(天命)이다. 사수(嗣守)는 계승하여 지키는 것이고 대훈(大訓)은 앞에서 말한 전리진교(奠麗陳教)이고 혼유(昏逾)는 혼미하여 넘어감이다.

문왕과 무왕의 대훈을 계승하여 끝까지 지킨 성왕이 또다시 후인에게 그것을 계속 지키라고 고명하니 성왕은 대효(大孝)인저!

4-24-7 ························· 今天이 降疾하사 殆弗興弗悟일새
　　　　　　　　　　　　　　　금천　　강질　　　태불흥불오

爾尚明時朕言하야 用敬保元子釗하야
이상명시짐언　　　용경보원자소

弘濟丁艱難하며 柔遠能邇하며
홍제우간난　　　유원능이

安勸小大庶邦하라
안권소대서방

『이제 하늘이 질병을 내리시어 장차 일어나지 못하고 깨어나지 못할지니 그대들은 맑은 정신일 때에 나의 말을 숭상하여 원자 소를 공경하고 보호하여 어려운 사람들에게 널리 구제하며 먼 나라의 사람을 부드럽게 대하며 가까운 나라의 사람을 착하게 하며 작고 큰 여러 지방국가를 편안하게 하며 서로 권면하게 하라.』

◐ 성왕이 이제 맑은 정신으로 고명하니 제신들은 오직 이 말만을 숭상하여 원자 소를 보호하여 널리 어려운 민중을 구제하고 멀고 가까운 사람을 고루 보살피며 크고 작은 나라를 안정하여 분발 노력하도록 다스리라고 당부하였다.

태(殆)는 장차, 불흥(弗興)은 기동(起動)을 못함이고 불오(弗悟)는 혼

미해서 깨어나지 못함이며 상(尙)은 숭상함이요 명시(明時)는 정신이 맑을 때이다. 이것은 성왕(成王)이 장차 혼미한 정신으로 다른 고명(顧命)을 또 내릴지라도 절대로 따르지 말고 오직 이번에 발표한 고명만을 받들라는 확고한 의지의 표명이다. 원자(元子)는 성왕의 장자(長子)이고 소(釗)는 강왕(康王)의 이름이니 성왕이 그 원자 소를 왕위를 계승할 사람으로 제신(諸臣)에게 추천한 것이다. 간난(艱難)은 어려운 민중의 생활고요 유원(柔遠)은 먼 나라에서 온 사람을 부드럽게 대우함이며 능이(能邇)는 가까운 곳에 사는 사람을 착하게 하는 것이다. 권(勸)은 서로 부지런히 권선징악(勸善懲惡)함이며 서방(庶邦)은 여러 나라이다.

천자는 천명을 받고 민심을 얻은 어진 사람을 골라서 세우는 것인데 그 방법이 여러 가지 절차가 있으나 대체로 현재의 왕이 후계자를 발탁하여 하늘에 추천하는 것이다. 이에 하늘은 그에 대한 민심의 반응을 살펴 호응도가 좋으면 천명을 주고 만일 그 여론이 나쁘면 재앙을 내려서 거부의사를 밝히는 것이다. 따라서 성왕이 제신에게 원자 소를 추천하고 공경하며 보호하되 어려운 민중을 구제하고 원근의 인민을 고루 살피며 크고 작은 나라를 안정하도록 다스리라고 특별히 당부한 것은 모두 천명을 받기 위한 사업이니 일찍이 민중의 지지를 얻지 않고 천명을 받은 왕은 없는 것이다.

4-24-8 ·· 思夫人은 自亂于威儀니
爾無以釗로 冒貢于非幾인저

『생각건대 무릇 사람은 스스로 위엄이 있는 거동에서 다스려지나니 그대들은 소로서 살피지 아니한 데로 무턱대고 돌진함이 없게 할진저.』

● 성왕이 마지막으로 사람은 아름다운 품행이 있어야 존경을 받고 신임을 얻으므로 제신에게 원자 소로 하여금 살피지 아니한 데로 무턱대고 나아감이 없게 하라고 간곡히 당부하였다.

부(夫)는 무릇, 난(亂)은 치(治)의 뜻이고 위의(威儀)는 훌륭하고 아름다운 예절을 지켜서 위엄이 있는 거동이며 모공(冒貢)은 모진(冒進)과 같으니 앞뒤를 살피지 않고 무턱대고 앞으로만 돌진함이요 기(幾)는 살피는 것으로 한 가지 본체(本體)가 두 가지의 작용으로 갈라지는 기미를 살피는 것인데 천리(天理)의 진(眞)과 망(妄), 물리(物理)의 이(利)와 해(害), 사리(事理)의 득(得)과 실(失), 그리고 성리(性理)의 선(善)과 악(惡), 심리(心理)의 정(正)과 사(邪), 정리(情理)의 직(直)과 곡(曲) 및 윤리(倫理)의 미(美)와 추(醜), 도리(道理)의 공(公)과 사(私), 의리(義理)의 시(是)와 비(非)를 모두 분별하여 살펴서 진실하고 이롭고 득이 되고 착하고 바르고 곧으며 아름답고 공변되고 옳은 것을 선택하여 실천하여야 위엄이 있는 거동이 되는 것이다.

성왕의 고명은 대단히 간결하지만 후세를 걱정하는 마음이 지극하므로 그 말이 매우 간절하니 사람으로 하여금 세 번 읽고 감탄하게 하도다. 그리고 성왕이 원자 소를 제신에게 후계자로 추천만 하고 천자로 세우라는 말을 끝내 하지 않았으니 그것은 하늘이 결정할 사항임을 알고 있는 까닭에 끝으로 위의(威儀)를 말하여 합리적인 방법과 아름다운 절차를 따르게 하라고 가르쳤다.

4-24-9 ························· 茲旣受命還커늘 出綴衣于庭하니
越翼日乙丑에 王이 崩하시다

『이에 이미 고명을 받고 돌아가거늘 장막을 뜰로 내보내니 이에 다음날 을축일에 왕이 붕하시다.』

◐ 성왕이 고명을 마치고 노침으로 들어가자 병세가 더욱 심하여 임종이 가까우므로 전내(殿內)의 장막과 휘장을 모두 철거해서 뜰로 내보내니 다음날 을축일에 붕하였음을 사관이 기록하였다.

　명(命)은 고명(顧命)이요 출(出)은 밖으로 내보내는 것이며 철의(綴衣)는 냉기를 방지하기 위하여 위를 가리는 장막과 옆을 가리는 휘장이니 임금은 노침(路寢)에서 임종을 맞이하고 임종을 맞이할 때에는 모든 사람이 지켜보아야 되기 때문에 장막과 휘장을 철거하며 임종하는 자리는 북쪽 창 아래에 머리를 동쪽으로 하는 것이 예법이다.

　성왕이 질병을 앓으면서도 정신을 가다듬어 힘을 내서 고명을 마치고 그 다음날에 붕하였으니 그 청명한 의지력과 기상이 높고 장엄하도다.

4-24-10 ······························ 太保가 命仲桓南宮毛하야
　　　　　　　　　　　　　　　　　　俾爰齊侯呂伋으로 以二干戈와
　　　　　　　　　　　　　　　　　　虎賁百人으로 逆子釗於南門之外하야
　　　　　　　　　　　　　　　　　　延入翼室하야 恤宅宗하다

　『태보가 중환과 남궁모에게 명령하여 이에 제나라 임금 여급으로 하여금 두 개의 방패와 창과 용맹한 군대 100사람으로 아들 소를 궁궐의 남문 밖에서 맞이하여 기다랗게 늘어서서 노침의 곁방으로 들어가게 하여 상사에 상주로 정하였다.』

　◐ 성왕이 붕하자 국상을 발표하고 조정에서 장례위원회를 구성하여 상주를 정하며 장례위원장을 선출하니 태보가 장례위원장으로서 상주를 맞이하는 절차를 사관이 기록하였다.

　태보(太保)는 소공(召公) 석(奭)으로 당시에 나이와 덕이 가장 높기

때문에 장례위원장으로 선출되었고 중환(仲桓)과 남궁모(南宮毛)는 두 신하로 장례위원이며 제(齊)나라 임금 여급(呂伋)은 태공망(太公望)의 아들이다. 이간과(二干戈)는 두 개의 방패와 창으로 상주(喪主)를 앞뒤에서 호위하여 인도하는 의장(儀仗)인데 아직 임금의 자리에 오르지 않았으므로 부월(斧鉞)을 쓰지 못하고 간과(干戈)를 사용한 것이며 호분(虎賁)은 용맹한 군대다. 역(逆)은 맞이함이요 남문(南門)은 궁궐의 남쪽 정문이며 연(延)은 기다랗게 양쪽으로 늘어서서 연인(延引)함이고 익실(翼室)은 집의 몸채의 좌우편에 딸려 있는 실(室)이니 곧 노침(路寢)의 정침(正寢) 양쪽에 붙어 있는 부속실인데 상(廂) 또는 서(序)라고도 한다. 휼(恤)은 상사(喪事)이고 택(宅)은 정(定)함이며 종(宗)은 상주(喪主)니 상제(喪制) 가운데 주장(主張)이 되는 사람이다.

자손은 어버이의 임종에 곁을 떠나지 않은 것이 예법이므로 성왕의 임종에 원자 소가 그 곁을 지키고 있었지만 이제 장례위원회에서 상주를 세움에 궁궐의 남문 밖으로 나아가서 공개적으로 맞이한 것은 국상을 공명정대하게 거행하려는 뜻이니 학자는 이러한 절차의 형식이 필요한 까닭을 살피기 바란다.

4-24-11 ···　<ruby>丁卯<rt>정묘</rt></ruby>에　<ruby>命作冊度<rt>명작책도</rt></ruby>하다

『정묘일에 상장의 의례제도를 책으로 만들라고 명령하다.』

◑ 성왕이 붕한 지 3일이 지나서 장례위원장이 장례위원에게 상장의 의례절차와 필요한 물품의 수량과 도수 등을 논의하여 정해서 책으로 만들어 공개하라고 하였다.

정묘(丁卯)는 정묘일로 성왕(成王)이 붕(崩)한 지 3일이 지난 다음날이고 명(命)은 장례위원장 태보(太保)가 명령한 것이며 작책(作冊)은 책으로 작성함이요 도(度)는 도량수제(度量數制)로 상장(喪葬)의 일시(日時), 장소(場所), 복제(服制), 조문(弔問), 상구(喪具), 운구(運柩), 능역

(陵役) 등의 구체적인 의례제도와 의식절차이다.

왕이 붕하면 조정의 모든 일을 중지하고 3일간 애도하며 조상하는 까닭에 장례위원회도 3일이 지난 다음에야 활동을 개시하므로 정묘일에 명령하였으니 예법을 지킨 것이다.

4-24-12 ························ 越七日癸酉에 伯相이 命土須材하다
월 칠 일 계 유　　백 상　　명 사 수 재

『7일을 지나서 계유일에 왕권을 대행하는 수상이 관리에게 필요한 자재를 명령하다.』

◉ 장례위원이 7일 동안에 상장의 의례제도를 의논하여 결정하고 책으로 완성하여 왕의 유고시에 왕권대행인 수상에게 통보하니 이에 수상이 해당 관리들에게 필요한 자재를 공급하도록 명령하였음을 밝혔다.

월칠일(越七日)은 정묘일로부터 7일이 지난 것이니 장례위원회에서 의례제도를 논의하여 결정한 기간이고 백상(伯相)은 수상(首相)으로 곧 왕의 유고(有故)시에 왕권을 대행하는 총재(冢宰)를 특별히 높여서 일컫는 말이다. 사(土)는 해당 관리들이요 수(須)는 수요(須要)로 필요한 것이며 재(材)는 상장(喪葬)에 쓸 자재이다.

전배(前輩)들은 백상(伯相)을 소공(召公) 석(奭)이라고 하였으나 옳지 않다. 만일 소공이 태보(太保)와 백상을 겸직했다면 구태여 사관이 백상이라고 특별히 밝힐 이유가 없고 또한 주나라 관제는 겸직을 엄금했기 때문에 있을 수 없는 일이다. 따라서 백상은 소공이 아니고 당시에 총재로 있는 사람이며 소공은 다만 장례위원장으로서 책도(冊度)를 만들어 총재에게 통보하고 이에 총재가 해당 관리들에게 명령하여 장례위원회에 공급토록 해서 공명정대한 절차로 거행하였음을 밝히기 위하여 사관이 태보와 백상을 분별하여 기록한 것이다.

『악공이 병풍과 장막과 휘장을 설치하고』

◉ 여기에서부터는 이미 성왕의 장례준비를 끝낸 다음에 즉각 새 왕을 세우기 위한 준비에 들어간 사실을 사관이 기록하였다.

적(狄)은 적(翟)과 같으니 『예기(禮記)』의 제통(祭統) 편에서 적자(翟者)는 악리지천자야(樂吏之賤者也)라고 하였고 또 상대기(喪大記) 편에서는 적인(狄人)이 설계한다고 하였으니 곧 악공(樂工), 악인(樂人)인데 음악인은 정숙하고 예술감각이 뛰어나기 때문에 왕의 노침(路寢)에 실내장식과 취임식장의 설치를 맡긴 것이다. 보의(黼衣)는 도끼의 문양을 그린 병풍으로 임금의 결단력을 상징하고 철의(綴衣)는 앞(4-24-9)에서 이미 해설하였다.

장례위원회가 이미 성왕의 빈궁(嬪宮)을 서서(西序)에 마련하여 관을 안치한 다음에 노침(路寢)을 새로 단장하여 새 왕을 세우기 위한 준비작업에 들어간 것인즉 그 동안 조정의 관료는 천명과 민심을 살펴 의견을 수렴하여 성왕의 원자 소를 새 왕으로 선출하고 또 그 추대위원회를 결성하여 즉위식을 준비함에 추대위원장에 역시 태보 석을 선출하였기 때문에 사관이 그 적인에게 명령한 사실을 생략하였다.

『창문 사이에 남쪽을 향하여 고귀하고 중요한 자리를 베풀어 설치하니 도지죽으로 만든 대자리에 검고 흰 선을 두른 것과 아름다운 옥으로 장식한 이전에 쓰던 책상이며』

☯ 여기에서는 노침의 정침을 새로 꾸며서 새 왕을 맞이할 자리를 설치하는 법도를 기록하였다.

유(牖)는 북쪽으로 낸 창문이니 유간(牖間)은 정침(正寢)의 북쪽 중앙이요 남향(南嚮)은 남쪽으로 향함이니 임금은 밝은 빛을 상징하여 남쪽을 향하여 앉는 것이 원칙이다. 부(敷)는 부설(敷設)함이고 중(重)은 중위(重位)이니 고귀하고 중요한 자리로 곧 왕위(王位)를 지칭하며 멸석(蔑席)은 도지죽(桃枝竹)으로 만든 대자리요 보(黼)는 희고 검은 색을 섞은 비단이고 준(純)은 선을 두른 것이다. 화옥(華玉)은 아름답게 채색한 옥(玉)이며 잉(仍)은 잉용(仍用)이니 이전의 것을 그대로 쓰는 것이고 궤(几)는 책상과 의자를 통틀어 말함이다.

정침에서는 왕이 조정의 중신과 제후를 접견하는 곳으로 새 왕의 즉위식에 전 왕이 쓰던 것을 그대로 설치한 것은 왕위를 계승하는 정통성을 확인하기 위함이니 그 의미가 대단히 크도다.

4-24-15 ·······························
서서　　동　향　　부중
西序에 東嚮하야 敷重하니
저석철준　　문패잉궤
底席綴純과 文貝仍几이며

『서쪽 서에 동쪽을 향하여 고귀하고 중요한 자리를 베풀어 설치하니 밑자리에 매듭으로 선을 두른 것과 자패로 장식한 이전에 쓰던 책상이며』

☯ 여기에서는 정침의 서쪽 부속실에 왕위를 배치한 법도를 기록하였으니 본래 왕위는 남향으로 설치하지만 지금 성왕의 빈궁을 서서의 북쪽에 설치하였기 때문에 새 왕의 자리를 그 남쪽에 동향으로 만든 것을 기록하였다.

서서(西序)는 노침(路寢)의 서쪽에 붙어 있는 부속실이요 저석(底席)은 바닥에 까는 밑자리로 대개 짚이나 띠 또는 부들로 만들었으니 여

기에서는 포석(蒲席)이요 철준(綴純)은 매듭으로 엮어서 선을 두른 것
이며 문패(文貝)는 자패(紫貝)의 껍질로 조각하여 장식한 자개책상이
다.

　서서는 본래 왕이 아침과 저녁으로 정무를 보는 곳인데 저석만 까
는 이유는 바로 성왕의 빈궁 앞이기 때문에 상주의 신분임을 나타내
기 위하여 밑자리만 펴고 그 위에 화려한 자리를 펴지 않은 것이니
그 뜻이 깊도다.

4-24-16 ······································ 東_{동서}序에 西_{서향}嚮하야 敷_{부중}重하니
豊_{풍석화준}席畫純과 雕_{조옥잉궤}玉仍几이며

『동쪽 서에 서쪽을 향하여 고귀하고 중요한 자리를 베풀어 설치하
니 왕골로 짠 자리에 무늬가 있는 비단으로 선을 두른 것과 조각한
옥으로 꾸민 이전에 쓰던 책상이며』

　☯ 여기에서는 정침의 동쪽 부속실에 있는 왕위를 배치한 법도를
기록하였으니 동서는 왕이 향례(饗禮)를 거행하는 곳이므로 주인인
왕위(王位)를 서향으로 하였음을 밝혔다.
　동서(東序)는 노침(路寢)의 동쪽에 붙어 있는 부속실이요 풍석(豊席)
은 왕골로 짠 자리이니 풍(豊)은 완초(莞草)이며 화(畫)는 화포(畫布)이
고 조옥(彫玉)은 조각한 옥으로 장식한 것이다.
　동서는 본래 나라의 원로에게 향음주례를 베풀고 공신에게 향례를
거행한 까닭에 왕위를 서향으로 하였으니 곧 주인의 자리이다.

4-24-17 ······································ 西_{서협}夾에 南_{남향}嚮하야 敷_{부중}重하니

筍席玄紛純과　漆仍几니라

『서쪽 협실에 남쪽을 향하여 고귀하고 중요한 자리를 베풀어 설치하니 죽순껍질로 만든 자리에 검은 무늬비단으로 선을 두른 것과 옻칠을 칠한 이전에 쓰던 책상이니라.』

◑ 여기에서는 서협실에 왕위를 배치한 법도를 밝혔으니 서협실은 평소에 왕이 친속(親屬)들과 만나는 곳이다.

서협(西夾)은 서서(西序)의 서쪽에 붙어 있는 협실(夾室)이요 순석(筍席)은 죽순의 껍질로 만든 자리이며 분(紛)은 무늬를 섞어서 분잡(紛雜)함이고 칠(漆)은 옻칠을 한 것이다.

4-24-18 ·······················
越玉五重이야　陳寶하니　赤刀와
大訓과　弘璧과　琬琰은　在西序하고
大玉과　夷玉과　天球와　河圖는
在東序하고　胤之舞衣와　大貝와
鼖鼓는　在西房하고　兌之戈와
和之弓과　垂之竹矢는　在東房하며

『이에 다섯 곳의 고귀하고 중요한 자리를 완성하여 국보를 진열하니 적도와 대훈과 홍벽과 완염은 서서에 있고 대옥과 이옥과 천구와 하도는 동서에 있고 윤나라에서 만든 무의와 대패와 분고는 서방에 있고 태씨가 만든 창과 화씨가 만든 활과 수씨가 만든 대나무화살은 동방에 있으며』

◐ 여기에서는 다섯 곳의 고귀하고 중요한 자리를 조성하여 왕위를 상징하는 중요한 국보를 진열하는 방법을 기록하였으니 다섯 곳은 동서와 서서 그리고 동방과 서방 및 아래에서 말한 정(庭)이다.

옥(玉)은 조성하여 완성함인데 전배(前輩)들은 옥돌[玉石]로 해석하였으니 옳지 않으며 오중(五重)은 다섯 곳의 고귀하고 중요한 자리인데 전배들은 다섯 가지 종류로 해석하였으니 어불성설이다. 보(寶)는 왕위를 상징하는 전래의 국보요 적도(赤刀)는 붉은 손잡이가 있는 삭도(削刀)이며 대훈(大訓)은 요(堯), 순(舜), 우(禹), 탕(湯) 문무(文武)의 훈고를 기록한 책이고 홍벽(弘璧)은 큰 패옥(佩玉)이다. 완염(琬琰)은 아름다운 옥으로 만든 규(圭)이고 대옥(大玉)은 하늘의 별자리를 표시한 옥이요 이옥(夷玉)은 강과 산의 지형을 표시한 옥이며 천구(天球)는 천체의 분포와 운행을 살피기 위하여 구상(球狀)으로 만든 천구의(天球儀)이다. 하도(河圖)는 복희(伏犧) 시대에 황하에서 나온 용마(龍馬)의 등에 나타난 도형으로 1과 6은 북쪽에 있고 2와 7은 남쪽에 있으며 3과 8은 동쪽에 있고 4와 9는 서쪽에 있으며 5와 10은 중앙에 있는데 여기에서 음양오행의 원리를 발명하여 역학(易學)이 기원하였다. 윤(胤)은 나라이름이고 무의(舞衣)는 춤을 출 때에 입는 옷이며 대패(大貝)는 큰 조개껍질로 화폐 또는 재물을 상징한다. 분고(鼖鼓)는 8척 길이의 큰북으로 군사가 진군할 때에 치는 북이고 태(兌)와 화(和)는 기능공의 성씨이며 수(垂)는 순임금 시대에 공공(共工)의 벼슬을 하였으니 앞(1-2-21)에서 이미 해설하였다.

이것은 모두 왕이 정치를 하면서 위의(威儀)를 갖추고 도덕을 생각하며 정사를 살피는 데 좌우에 두고 잊지 말아야 되는 물건인바 왕의 즉위식에 진열하여 그 막중한 책임의식을 깨우치기 위함이다.

4-24-19 ·· 大輅는 在賓階하야 面하고
綴輅는 在阼階하야 面하며

『천자의 의장용 큰 수레는 서쪽 계단에 있어 서쪽 계단을 향하고 천자의 유개차에 수술이 늘어진 수레는 동쪽 계단에 있어 동쪽 계단을 향하며 천자의 무개차는 왼쪽 숙의 앞에 있고 천자의 장막차는 오른쪽 숙의 앞에 있느니라.』

◉ 여기에서는 천자가 사용하는 네 가지 수레를 노침의 마당에 배치하는 상황을 기록하였다.

대로(大輅)는 옥로(玉輅)인데 천자의 의장용의 큰 수레로 옥으로 장식하고 일산(日傘)을 수레 앞에 세웠다. 빈계(賓階)는 당(堂)의 전면에 있는 서쪽 계단인데 손님이 사용하므로 빈계라고 하며 면(面)은 향(向)하는 것이니 곧 서쪽 계단의 서쪽에 있으면서 서쪽 계단을 향한다는 뜻이다. 철로(綴輅)는 천자가 사용하는 유개차(有蓋車)로 수레의 지붕이 있어 하늘을 가리고 사방의 옆은 수술이나 조각천을 늘어뜨려서 햇볕을 가리는 수레이고 조계(阼階)는 서계(西階)와 나란히 있는 동쪽 계단으로 섬돌계단이라고 하는데 주인이 사용하는 계단이며 면(面)은 철로(綴輅)를 동쪽 계단의 동쪽에 있으면서 동쪽 계단을 향하게 한다는 말이다. 선로(先輅)는 천자의 무개차(無蓋車)이니 군사용이요 숙(塾)은 정문의 양쪽으로 마당 끝에 있는 건물인데 좌숙(左塾)은 동쪽에 있고 우숙(右塾)은 서쪽에 있다. 차로(次輅)는 천자의 장막차(帳幕車)로 소위 포장마차인데 위와 사방을 모두 휘장으로 둘러쳐서 내부가 보이지 않은 수레이다. 선로(先輅)는 동쪽에서 서쪽을 향하고 차로(次輅)는 서쪽에서 동쪽을 향하니 곧 네 대의 수레가 둘씩 짝을 지어 서로 마주 향하는 배치법이다.

왕의 즉위식에 다섯 곳의 고귀하고 중요한 자리를 설치하고 각각 네 가지나 세 가지를 나누어 진열함으로써 태극, 음양, 삼재, 사상, 오

행의 원리를 모두 갖추어 아름답게 조화시켰으니 그 뜻이 심오하도
다.

4-24-20 ························· 二人은 雀弁으로 執惠하야

立于畢門之內하고 四人은

鍪弁으로 執戈上刃하야 夾兩階戺하고

一人은 冕으로 執劉하야 立于東堂하고

一人은 冕으로 執鉞하야

立于西堂하고 一人은 冕으로

執戣하야 立于東垂하고 一人은 冕으로

執瞿하야 立于西垂하고 一人은 冕으로

執銳하야 立于側階니라

『두 사람은 참새의 빛깔을 한 관을 쓰고 세모창을 잡고 필문의 안
쪽에 서고 네 사람은 청흑색의 가죽으로 만든 관을 쓰고 미늘이 밖으
로 난 창을 잡고 협실의 양쪽 계단 모퉁이에 서고 한 사람은 면류관
을 쓰고 자귀를 잡고 동당에 서고 한 사람은 면류관을 쓰고 도끼를
잡고 서당에 서고 한 사람은 면류관을 쓰고 양지창을 잡고 동쪽 수에
서고 한 사람은 면류관을 쓰고 갈고리창을 잡고 서쪽 수에 서고 한
사람은 면류관을 쓰고 가시랭이창을 잡고 옆 계단에 서니라.』

● 여기에서는 새 왕의 즉위식장에 의장대를 배치하는 상황을 기술
하였다.
작변(雀弁)은 참새의 빛깔을 한 관(冠)으로 병사(兵士)가 쓰며 혜(惠)

는 세모창이고 필문(畢門)은 노침(路寢)의 정문으로 곧 노문(路門)이요 내(內)는 정내(庭內)이다. 기변(綦弁)은 사슴가죽으로 만든 청흑색(靑黑色)의 관(冠)이고 과상인(戈上刃)은 미늘이 밖으로 난 창이며 협(夾)은 협실(夾室)이고 양계(兩階)는 동쪽과 서쪽의 두 계단이요 사(阼)는 모퉁이니 곧 노침의 동쪽과 서쪽에 있는 협실의 아래에 있는 계단이다. 면(冕)은 면류관(冕旒冠)으로 대부(大夫) 이상이 쓰는 것이며 유(劉)는 자귀, 월(鉞)은 도끼인데 모두 의장용의 무기이고 동당(東堂)은 동협실(東夾室) 앞에 있는 건물이요 서당(西堂)은 서협실(西夾室) 앞에 있는 건물이다. 규(戣)는 창끝이 두 갈래로 째진 양지창이고 구(瞿)는 갈고리창이며 동수(東垂)는 당(堂)의 동쪽 변두리요 서수(西垂)는 당(堂)의 서쪽 변두리이다. 태(銳)는 가시랭이창으로 톱니가 붙어 있는 것이며 측계(側階)는 당(堂)의 서쪽에 있는 계단이다.

　의장대를 즉위식장에 배치한 것은 왕위의 장엄한 위용을 드날릴 뿐만 아니라 또한 왕을 호위하기 위함이다. 고대에는 실용적이고 질박하게 거행하였으나 주나라가 아름다운 천문을 본받아 문화정치를 숭상하면서 주공이 천지만물의 자연적인 조리질서를 밝혀 최고의 인문주의적인 지성으로 조절 화합하여 아름다운 예법절도를 제정하였기 때문에 이와 같이 장엄하고 성대한 의식으로 발전하였으니 독자는 살피기 바란다.

4-24-21 ························　王이 麻冕黼裳으로 由賓階隮하시고
　　　　　　　　　　　　　　卿士와 邦君은 麻冕蟻裳으로
　　　　　　　　　　　　　　入하야 卽位하게하며

　『왕이 삼베로 만든 면류관을 쓰고 흑백색으로 도끼의 모양을 수놓은 치마를 입고 서쪽 계단을 말미암아 오르시고 총재와 제후는 삼베로 만든 면류관을 쓰고 검은색의 치마를 입고 노침으로 들어가서 왕

을 왕위에 오르게 하며』

　● 여기에서는 강왕이 즉위하는 장면을 기술하였으니 왕의 대례복을 입으면서도 삼베로 만든 면류관을 쓰게 하여 상주임을 겉으로 표출하였고 손님이 오르는 서쪽 계단으로 올라서 인민이 나라의 주인임을 밝혔으며 총재와 제후가 들어가서 왕위에 오르게 하여 정부에서 공식적으로 왕을 세웠음을 확인하였다.

　왕(王)은 강왕(康王) 소(釗)이며 마면(麻冕)은 삼베로 만든 면류관인데 본래 비단으로 만들었으나 성왕(成王)이 붕(崩)하여 국상(國喪)중이기 때문에 삼베로 만들었고 보상(黼裳)은 흑색과 백색으로 도끼의 모양을 수놓은 치마로 왕은 이미 대례복(大禮服)을 입었으나 국상중이기 때문에 겉에 흑백색의 무늬가 있는 보상(黼裳)을 입은 것이니 모두 강왕이 상주임을 밝힌 것이다. 빈계(賓階)는 손님이 사용하는 계단인데 다음 절(節)에서 국민의 대표성을 가진 사람들이 동쪽 계단으로 오르기 때문에 그들을 존중하기 위하여 왕이 즉위함에 서쪽 계단으로 오르는 것이다. 제(隮)는 계단마다 발을 모았다가 올라감이고 경사(卿士)는 앞(4-22-7)에서 말한 총재(冢宰)이며 방군(邦君)은 지방국가의 임금이니 곧 제후(諸侯)이다. 의상(蟻裳)은 검은색 치마로 예복의 겉에 입어서 국상중임을 나타낸 것이다. 입(入)은 노침(路寢)으로 들어간 것이고 즉위(卽位)는 앞(4-24-14)에서 이미 설치한 왕위(王位)에 강왕을 오르도록 인도한다는 뜻이다.

　전배(前輩)들은 입즉위(入卽位)를 경대부와 제후들이 들어가서 각각 제자리로 간다고 해석하였으나 옳지 않다. 무릇 임금이 왕위에 오르는 것은 즉위(卽位)이고 신하들이 제자리로 가는 것은 취위(就位)이니 사관이 왕의 즉위식장 절차를 기록하면서 어찌 신하들이 제자리로 가는 것을 즉위라고 기술하겠는가? 그리고 이 편에서 즉위는 여기서의 한 번뿐이거늘 그렇다면 왕은 언제 즉위하였다는 말인가? 깊이 살피지 못한 오해이다.

4-24-22 ·································· 太_태保_보와 太_태史_사와 太_태宗_종은

皆_개麻_마冕_면彤_동裳_상으로 太_태保_보는

承_승介_개圭_규하고 上_상宗_종은 奉_봉同_동瑁_모하야

由_유阼_조階_계隮_제하고 大_태史_사는 秉_병書_서하야

由_유賓_빈階_계隮_제하야 御_아王_왕冊_책命_명하니라

『태보와 태사와 태종은 모두 삼베로 만든 면류관을 쓰고 붉은 치마를 입고서 태보는 큰 옥으로 만든 규를 받들고 상종은 술잔과 서옥의 두겁을 받들며 동쪽 계단을 말미암아 오르고 태사는 책명서를 가지고 서쪽 계단을 말미암아 올라가서 왕을 맞이하여 천명을 세우느니라.』

◐ 여기에서는 강왕에게 하늘이 내린 천명을 새로운 왕을 추대하는 추대위원장이 전달하고 서약을 받는 과정을 기술하였다.

태보(太保)는 소공(召公)이니 신왕추대위원장(新王推戴委員長)이고 태사(太史)는 역사를 편찬하는 최고 책임자이며 태종(太宗)은 나라의 예악을 관장하여 제사를 주관하는 장관이니 앞(4-22-9)에서 말한 종백(宗伯)으로 신왕추대위원회의 집행위원장이다. 동상(彤裳)은 붉은 치마로 새 왕의 즉위식에 밝고 정열적인 미래를 축복하기 위하여 특별한 의미를 담은 옷이고 개규(介圭)는 큰 옥으로 만든 규(圭)이니 길이가 1척 2촌인데 천자(天子)를 상징하는 징표이며 상종(上宗)은 태종(太宗)이요 동(同)은 작(爵)의 이름이니 제기(祭器) 술잔이요 모(瑁)는 사방(四方)이 4촌인 옥(玉)에 그림이나 글씨를 새겨서 제후의 규벽(珪璧)에 덮어 가지런하게 만들어서 신표(信標)로 쓰는 서옥(瑞玉)의 두겁이다. 서(書)는 책명서(冊命書)이고 아(御)는 맞이함이니 아왕(御王)은 태보와 태종이 당(堂)에 올라가서 북쪽을 향하여 서면 왕이 노침(路寢)에서 당으로 나와서 그 가운데에 북쪽을 향하여 서는 것이다. 책(冊)은 세우는 것이요 명(命)은 천명이니 바로 천명을 왕에게 전달하여 주고 왕으

로부터 서약을 받음으로써 정식으로 왕이 성립되는 의식절차이다.

여기에서 태보와 태종은 동쪽의 주인이 사용하는 계단을 쓰고 태사는 손님이 사용하는 계단을 쓰는 뜻이 대단히 중요하다. 태보는 민의를 대변하는 3공의 자리에 있으면서 신왕추대위원장이고 태종은 신왕추대위원회의 의전집행위원장이니 모두 민과 관을 대표하는 까닭에 주인의 자격으로 동쪽 계단인 조계를 사용하며 태사는 천명을 기록한 책을 가지고 있기 때문에 곧 하늘을 상징하는데 하늘은 사람에게 있어서 손님의 위치에 있으므로 서쪽 계단을 사용하였으니 여기에 나라의 근본은 민이라는 민본사상과 하늘땅의 주인은 사람이라는 인본주의 정신을 뚜렷이 밝혀서 나라는 국민이 주인이고 왕은 빈객이며 천하는 사람이 주인이고 하늘땅이 빈객임을 확인시켰으니 후세의 정치지도자는 이 점을 명확히 인식하기 바란다.

4-24-23 ·································· 왈황후가 빙옥궤하사
曰皇后가 憑玉几하사

도양말명하사 명여사훈하시니
道揚末命하사 命汝嗣訓하시니

임군주방하야 솔순대변하며
臨君周邦하야 率循大卞하며

섭화천하하야 용답양문무지광훈하라
燮和天下하야 用答揚文武之光訓하라

『말씀하시기를 황후가 옥궤에 기대시어 임종에 교명을 뚜렷이 말씀하사 그대를 지명하여 대훈을 계승하게 하라고 하시니 주나라 임금자리에 임하여 대법을 쫓아 따르며 천하를 조절하여 알맞게 화합시켜서 문왕과 무왕의 빛나는 교훈을 드날려서 보답하라.』

☯ 여기에서는 하느님이 강왕 소에게 주나라의 왕이 되라는 천명을 준 이유를 밝혔으니 첫째 성왕이 고명을 통해 후계자로 지명하여 추천을 하였고, 둘째 이에 대하여 민중이 말없이 찬동하였으며, 셋째 중

앙정부와 지방정부의 모든 관료가 적극 찬성하였기 때문임을 밝혔다.

왈(曰)은 책명(冊命)에서 말함이니 곧 하늘의 말씀인데 태사(太史)가 왕의 왼쪽에 나아가 동쪽을 향하여 서서 책명을 대신 읽는 말이다. 황후(皇后)는 성왕(成王)을 지칭하고 빙옥궤(憑玉几)는 앞(4-24-2)에서 이미 해설하였으며 도(道)는 말한다는 뜻이요 말명(末命)은 임종에 내린 교명(敎命)이니 곧 고명(顧命)이다. 명여(命汝)는 그대를 지명하여 천하에 추천했다는 말이고 사훈(嗣訓)은 대훈(大訓)을 계승할 후계자이니 대통을 계승할 왕이다. 임(臨)은 조림(照臨)이니 밝게 다가감이요 군주방(君周邦)은 주(周)나라 연방국가의 임금자리니 곧 하느님이 천명을 준다는 뜻이며 변(卞)은 법의 뜻이고 섭화(燮和)는 조절하여 알맞게 화합시킴이다. 답(答)은 보답이니 천명과 민심 그리고 문왕(文王)과 무왕(武王), 성왕(成王)의 덕으로 왕이 되었으니 그 은덕에 보답하라는 뜻인즉 모두 하느님이 경계하는 말씀이다.

민심은 천심이므로 하느님은 민심에 따라 천명을 주는 까닭에 성왕이 후계자를 지명하여 천하에 추천하고 이에 대하여 모든 민중이 이의가 없이 찬동하는 까닭에 중앙정부와 지방정부의 관료들이 전체회의를 통해 왕으로 추대한 것은 하늘도 동의하여 천명을 내린 것인즉 왕도정치의 절차에 어그러짐이 없는 것이다. 전배(前輩)들은 이 구절의 말씀을 전부 성왕(成王)의 말로 해석하였으나 옳지 않다. 성왕은 왕을 임명하는 책명권(冊命權)이 없고 왕을 임명하는 책명권은 오직 민심을 따르는 하느님만이 가지는 것이며 왕은 다만 왕비나 세자 또는 제후를 비롯한 정부의 대관을 책봉할 권리를 가지고 있을 따름이다. 그러므로 앞에 명여사훈(命汝嗣訓)까지는 성왕의 추천내용을 하느님이 밝힌 말씀이고 임군주방(臨君周邦) 이하는 추대위원회에서 하느님의 말씀으로 기록한 내용이니 독자는 혼동하지 말라.

4-24-24 ······································· 王이 再拜하시고 興하사
_왕 _{재 배} _흥

답 왈 묘 묘 여 말 소 자
答曰眇眇予末小子는

기 능 이 란 사 방　　　이 경 기 천 위
其能而亂四方하야 以敬忌天威하리다

『왕이 절을 두 번 하시고 일어나시어 대답하여 말씀하시기를 작고 작은 나 말류 소자는 그 능히 이에 사방을 다스려서 하늘의 위엄을 공경하고 공경하리이다.』

● 여기에서는 강왕이 삼가 천명을 받들어 사방을 다스림에 하늘의 위엄을 공경하고 경계할 것을 맹세한 광경을 기록하였다.

재배(再拜)는 강왕(康王)이 북쪽을 향하여 재배함이니 곧 하느님께 절함이고 흥(興)은 몸을 일으켜 세움이며 답(答)은 하느님의 책명(冊命)에 대답함이다. 묘묘(眇眇)는 미소(微少)한 모양이고 말(末)은 말류(末流)이며 소자(小子)는 하느님에 대한 소자니 바로 천자(天子)를 뜻한다. 이(而)는 이에, 란(亂)은 치(治)의 뜻이요 기(忌)는 경계하여 삼가는 것이며 천위(天威)는 하늘의 책명(冊命)을 지칭한다.

강왕이 스스로를 지극히 낮추었으니 이것은 천명을 공경하고 민심을 두려워하는 바른 자세로서 축복받을 행실인저!

내 수 동 모　　　왕　삼 숙　　삼 제
4-24-25 ·················· 乃受同瑁하사 王이 三宿에 三祭하시고

삼 타　　　　상 종　왈 향
三咤하신대 上宗이 曰饗이라 하다

『이에 술잔과 서옥 두껍을 받으시어 왕이 세 곳에 미리 마련한 제사상에 세 번 제사를 지내고 세 번 음복주를 머금어서 뿜으면 상종이 말하기를 신명께서 흠향하셨다고 하니라.』

● 여기에서는 강왕이 천명을 받은 다음에 이에 감사하여 천지신명

과 조상에게 향례(饗禮)를 거행하였음을 기록하였다.

동(同)과 모(瑁)는 앞(4-24-22)에서 가지고 올라간 것이며 숙(宿)은 숙안(宿案)이니 삼숙(三宿)은 당(堂) 위에 미리 만들어 놓은 제사상으로 하늘과 땅과 조상을 위한 삼위(三位)이다. 삼제(三祭)는 세 곳에 차례로 제사를 지내는 것이고 타(咤)는 음복주를 한 모금만 머금어서 뿜어내는 것이니 복(福)을 받아서 혼자 먹지 않고 세상에 고루 나누어주겠다는 뜻이요 향(饗)은 천지신명과 조상이 강왕(康王)의 제사를 잡수시어 흠향(歆饗)하셨다는 말이니 곧 강왕을 왕으로 인정하였다는 뜻이다.

여기에서 태보가 가지고 올라간 개규(介圭)를 왕에게 주었다는 기록이 없으나 왕이 동과 모보다 먼저 받았을 터인데 책명서를 읽기 전에 태보가 왕에게 주었는지 또는 읽은 다음에 주었는지는 알 수 없지만 아마도 문맥이나 절차로 보아 책명서를 읽기 전에 태보가 왕에게 주는 것이 옳을 듯하다.

전배(前輩)들은 숙(宿)은 술잔을 올리는 진작(進爵)이고 제(祭)는 제주(祭酒)이며 타(咤)는 전작(奠爵)이라고 해석하였으나 옳지 못하여 내가 바로잡았으니 살피기 바란다.

4-24-26 ····································· 太保가 受同하야 降盥하고
　　　　　　　　　　　　　　　　　　　　　이이동　　　병장이작
　　　　　　　　　　　　　　　　　以異同으로 秉璋以酢하야
　　　수종인동　　　배　　왕　답배
　　　授宗人同하고 拜한대 王이 答拜하시다

『태보가 술잔을 받아 내려와서 손을 씻고 다른 술잔에 반쪽 서옥으로 손잡이를 만든 구를 잡고 술을 담아서 왕에게 술을 권하여 종인에게 술잔을 주고 절하니 왕이 답하여 절하고 받아서 마신다.』

◑ 여기에서는 천지신명과 조상에게 제사를 지내고 향례를 거행하

는 절차를 기록하였으니 이제 왕이 주인이 되고 왕추대위원장인 태보
가 손님의 자리로 돌아가서 먼저 손님의 자격으로 태보가 주인인 왕
에게 술을 권하였음을 밝혔다.

　수동(受同)은 왕이 제사를 지내고 음복(飮福)할 때에 마시던 술잔이
요 강(降)은 서쪽 계단으로 내려온 것이며 관(盥)은 손을 씻음이다. 이
동(異同)은 다른 술잔이니 새 술잔이요 병장(秉璋)은 반쪽 서옥(瑞玉)
으로 손잡이를 만든 구기인데 국자처럼 생긴 것으로 술단지에서 술을
떠서 술잔에 담는 것이다. 작(酢)은 향례(饗禮)에서 손님이 주인에게
술을 권하는 것이니 곧 태보(太保)가 왕에게 술을 권하는 것인바 본래
향례에서 처음 주인이 손님에게 술을 권하는 것을 헌(獻)이라 하고 그
다음에 손님이 주인에게 권하는 술잔을 작(酢)이라고 하며 또다시 주
인이 손님에게 권하는 술잔을 수(酬)라고 하는 것이다. 수종인동(授宗
人同)은 집례(執禮)를 보는 사람에게 술잔을 주는 것이니 태보가 절을
하기 위함인데 향례에서 술잔을 권하고 받을 때에 서로 절하는 것이
예법이다. 따라서 태보가 절함에 왕이 답배하였으면 왕이 그 술잔을
받아서 마신 것을 뜻한다.

4-24-27 ·· 太保가 受同하야 祭하며

　　　　　　　　　　　　　齊宅하야 授宗人同하고

　　　　　　　　　　　　　拜한대 王이 答拜하시다

　『태보가 술잔을 받아 땅에 술을 조금 부어서 지신에게 제사를 지내
고 그 자리에서 술을 맛만 보고 종인에게 술잔을 주고 절하니 왕이
답하여 절하시다.』

　◑ 여기에서는 왕이 태보가 권하는 작을 받고 다시 왕이 태보에게
술을 권하는 수를 태보가 받아 맛보는 절차를 기록하였다.

수동(受同)은 태보가 왕으로부터 술잔을 받음이요 제(祭)는 제주(祭酒)로 술을 땅에 조금 부어서 지신(地神)에게 제사를 지내서 맑고 깨끗한 술임을 확인하는 의식이니 '고수레'와 같은 것이며 제(嚌)는 조금 마셔서 맛만 보는 것이니 복(福)을 남겨서 다른 사람에게 나누어주겠다는 뜻으로 경건한 예절임을 말하고 택(宅)은 본래의 위치로 여기서는 서쪽 계단의 위에이다. 배(拜)는 술을 마시고 절하는 것으로 향례(饗禮)에서 술을 마신 다음에 서로 절하는 것이 예법이다.

이와 같이 천지신명과 조상에게 술잔을 헌(獻)하고 태보가 왕에게 술잔을 작(酢)하며 왕이 태보에게 술잔을 수(酬)하면 향례의 헌, 작, 수가 모두 끝나는 것이다. 그 다음에는 모두 같이 연회하는 연례(燕禮)를 시작하는바 여기에서는 생략하고 기록하지 않았으니 성왕의 빈궁이 있는 까닭에 음악까지도 생략하였다.

전배(前輩)들은 이와 같은 향례의 절차를 살피지 못하여 앞 절에서 말한 작(酢)을 태보가 제(嚌)한 것으로 해설하였으나 옳지 않다. 주나라의 향례나 연례에 손님이 스스로 술잔에 술을 담아다가 마시는 경우는 없으므로 내가 향음주례의 절차에 따라 바로잡았으니 살피기 바란다.

4-24-28 ·· 太保가 降하고 收할새
諸侯가 出廟門하야 俟하나니라

『태보가 내려오고 제사상을 거두면 제후가 묘문을 나와서 기다리느니라.』

☯ 여기에서는 향례를 마치고 자리를 정리하여 새로 즉위한 왕이 공경과 제후를 접견하는 절차를 기록하였다.

강(降)은 서쪽 계단으로 내려오는 것이고 수(收)는 향례(饗禮)를 거

행한 제사상을 철수함이며 묘문(廟門)은 대청(大廳)의 문이니 곧 노침(路寢)의 문이요 사(俟)는 기다리는 것으로 왕이 노침에 들어가서 왕좌에 앉으면 알현하기 위하여 당(堂)에서 기다리는 것이다.

이 편에서 보이는 성왕의 후계자 추천과 그에 대한 신하들의 민의 수렴을 통한 천명 확인작업을 거쳐 지극히 화합적으로 새로운 왕을 세움에 그 즉위식이 장엄하면서도 조리가 있고 간결하면서도 아름다우며 국상중에 애도의 물결 속에서도 신왕 즉위에 축복의 뜻을 가득히 담았으니 길이 후세의 모범인저.

25. 강왕지고(康王之誥) / 강왕(康王)의 훈고(訓誥)

강왕(康王)은 주(周)나라 성왕(成王)의 아들이요 소왕(昭王)의 아버지인데 이름이 소(釗)이고 강왕(康王)은 시호(諡號)이며 고(誥)는 훈고(訓告)이다.

강왕이 즉위(卽位)하였으나 모든 정무(政務)를 총재(冢宰)에게 위임하고 양암(諒闇) 3년의 상복을 입고 근신을 하고 있었는데 소공(召公)과 필공(畢公)이 제후들을 인솔하고 와서 특별히 공경하여 훈도(訓導)할 말이 있다고 하므로 이에 강왕이 나아가 그 말을 듣고 훈고한 내용이다.

이 편은 『금문상서(今文尙書)』와 『고문상서(古文尙書)』에 모두 있는데 다만 『금문상서』에는 앞에 고명(顧命) 편에다가 이 편을 합쳤으나 옳지 않으니 그 시기가 서로 다르기 때문이다.

4-25-1 ······························ 王이 出하사 在應門之內어시늘

太保는 率西方諸侯하야

入應門左하고 畢公은 率東方諸侯하야

入應門右하니 皆布乘黃朱러라

賓이 稱奉圭兼幣하야 曰一二臣衛는

敢執壤奠이라하고 皆再拜稽首한대

王이 義嗣德이라 答拜하시다

『왕이 나아가시어 응문의 안에 계시거늘 태보가 서쪽지방의 제후를 거느리고 응문의 왼쪽으로 들어오고 필공이 동쪽지방의 제후를 거느리고 응문의 오른쪽으로 들어오니 모두 둘씩 짝을 지어 줄을 섰는데 황색에 붉은 색을 띤 무릎가리개를 하였더라. 외무장관이 제후의 규와 아울러 폐백을 들어서 받들고 말하기를 "한두 신하의 위성국가가 감히 토산의 물건을 제사에 바치려고 가지고 와서 경의를 표하나이다." 하고 모두 재배하고 머리를 조아린대 왕이 "마땅히 훌륭한 덕을 이어받으리라." 하시고 답하여 절을 하시다.』

◉ 성왕이 붕하여 국장을 거행함에 이미 동성국(同姓國)과 이성(異姓)의 대국(大國), 차국(次國), 소국(小國)은 모두 분상(奔喪)하여 조위하였지만 원방(遠方)의 약소국과 작은 부용국(附庸國)의 제후들은 장례식을 거행한 뒤에야 조문을 왔기 때문에 강왕이 특별히 접견한 절차를 기록하였다.

왕(王)은 강왕(康王)이요 출(出)은 노침(路寢)의 문을 나아감이며 응문(應門)은 『주례(周禮)』에 다섯 문(門)이 있다고 하였으니 궁궐의 가장 밖에 문이 고문(皐門)이요 그 안에 치문(雉門), 고문(庫門), 응문(應門), 노문(路門)의 순서로 일직선을 이루는데 노문(路門)을 일명(一名) 필문(畢門)이라고 하였다. 태보(太保)는 소공(召公) 석(奭)이요 솔(率)은 앞에서 인솔함이며 서방제후(西方諸侯)는 낙읍(洛邑)을 중심으로 서쪽지방에 있는 약소국의 제후이고 필공(畢公)은 문왕(文王)의 아들로 이름이 고(高)인데 무왕(武王)이 예(芮)나라 임금으로 봉하였으며 이 때에 태사(太師)의 자리에 있었다. 동방제후(東邦諸侯)는 낙읍의 동쪽지역에 있는 약소국과 자유거주지역의 제후들이고 포(布)는 벌려서 줄을 섬이고 승(乘)은 둘이 한 쌍을 이루는 것이니 곧 포승(布乘)은 두줄로 나란히 짝을 지은 것이다. 황주(黃朱)는 홍색에 붉은 빛을 띤 제후의 무릎가리개로 천자는 순수한 붉은 색이다. 이것은 제후가 상복이 아닌 예복을 입었음을 밝힌 것이며 빈(賓)은 외무부장관으로 앞(1-2-2)에서 이미 해설하였는데 주(周)나라의 관제로는 총재(冢宰)가 관장하였다. 칭봉(稱奉)은 들어서 받드는 것이요 규(圭)는 제후의 신표(信標)로 서옥(瑞玉)인데 위는 둥글고 아래는 방형(方形)이며 겸(兼)은 아울러, 폐(幣)는 폐백이니 곧 예물이다. 일이신(一二臣)은 국력이 미약하고 작아서 보잘 것 없는 신하이고 위(衛)는 위성국이니 혹성(惑星)의 주위를 맴도는 위성처럼 지리적으로 강대국의 주변에 가까이 접하여 표면상으로는 독립국가이지만 실제로는 정치, 경제, 외교, 국방에 관하여 강대국의 지배와 보호를 받는 약소국이다. 감집(敢執)은 감히 가지고 온 것이요 양전(壤奠)은 토산(土産)의 물건을 제사에 바치는 것인데 본래 위성국가는 천자국에 직접 외교관계를 수립하지 못하고 그 지역의 강대국을 통하여 간접적으로 천자국과 교통하는 것이 국가제도이거늘 이들이 직접 왔기 때문에 감(敢)자를 쓴 것이다. 의(義)는 마땅함이고 사덕(嗣德)은 훌륭한 덕을 이어받음이니 곧 위성국가의 제후들이 성왕의 덕치인정(德治仁政)의 덕화(德化)를 잊지 못하여 스스로 국법을 어기면서까지 제물을 가지고 왔으니 성왕의 덕화를 추모하는 그 마음을 받아들이는 것이 마땅하다고 여기는 것이며 답배(答拜)는 받아들이기로 허락하였다는 뜻이다.

왕도정치는 나라의 법률과 제도를 엄격히 지켜서 제후는 국법으로 정한 물품 이외의 것을 바치지 아니하고 천자는 국법으로 정한 공물이 아니면 받지 않은 것인데 이제 약소국의 제후들이 성왕의 덕을 추모하여 그 제물을 스스로 특별히 가지고 왔으니 만일 법도에 어긋난다고 강왕이 받지 않으면 제후들은 그 성의를 표시할 데가 없고 강왕은 성왕의 덕을 단절시킨 것인즉 너그럽게 받아서 성왕의 영전에 바치는 것이 옳다.

4-25-2 ······················· 太保와 暨芮伯이 咸進相揖하고

皆再拜稽首하야 曰敢敬告天子하노이다

皇天이 改大邦殷之命이어시늘

유주문무　　탄수　　　유약
惟周文武가 誕受하시고 羑若하시며

극휼서토
克恤西土하시니이다

『태보와 예나라 임금이 모두 나아가 서로 읍하고 다 함께 재배하고 머리를 조아리며 말하기를 감히 천자에게 공경하여 아뢰나이다. 거룩하신 하느님이 큰 나라인 은나라의 천명을 바꾸시거늘 오직 주나라 문왕과 무왕이 크게 받으시고 교도하사 화순하게 하시며 능히 서쪽지방을 사랑하시니이다.』

◎ 여기에서는 태보와 예백이 제후들을 이끌고 강왕 앞에 나아가 공경하여 훈도하는 내용을 기록하였다.

예백(芮伯)은 예(芮)나라 임금으로 곧 필공(畢公)을 지칭하고 상읍(相揖)은 동방의 제후와 서방의 제후가 서로 마주보고 읍(揖)하는 것이며 재배(再拜)는 왕에게 절한 것이다. 왈(曰)은 태보(太保)가 대표로 말함이고 경고(敬告)는 공경하여 훈도(訓導)함이며 유(羑)는 교도(敎導)함이요 약(若)은 화순(和順)함이다.

강왕이 비록 양암(諒闇) 3년의 거상(居喪)중에 있지만 문왕과 무왕이 천명을 받아 사람을 교도하여 화순하게 하고 인민을 사랑했던 사실을 상기시켜 조상의 덕을 잊지 말라고 훈도한 것은 대신(大臣)의 직분이다.

유신척왕　　　필협상벌
4-25-3 ······························· 惟新陟王이 畢協賞罰이라

감정궐공　　　용부유후인휴
戡定厥功하사 用敷遺後人休하시니

금왕　　경지재　　　장황륙사
今王은 敬之哉하사 張皇六師하사

무괴아고조과명
無壞我高祖寡命하소서

『오직 새로 승하하신 왕이 상과 벌을 다 알맞게 하시어 그 공을 능히 바르게 결정하심으로써 후인에게 아름다움을 베풀어 남기셨나니 이제 왕은 그것을 공경하사 6군을 벌려서 크게 하시어 우리 높은 조상의 드문 천명을 허물지 마소서.』

◉ 여기에서는 성왕이 상과 벌을 공명정대하게 밝혀서 천하를 안정시켜서 변방의 약속국도 안전을 보장하는 아름다운 시대를 개척하였으므로 이제 강왕도 이러한 문무의 덕과 성왕의 공업을 공경하여 6군을 벌려서 확대하여 변방의 방위를 튼튼히 함으로써 변두리에 있는 약소국과 자유거주지역까지도 평화를 보장해서 주나라 높은 조상이 받은 희귀한 천명을 허물지 말라고 훈도하였다.

신척왕(新陟王)은 새로 승하(升遐)한 왕이니 곧 성왕(成王)을 지칭하고 필협(畢協)은 모두 알맞은 것이며 감정(戡定)은 능히 바르게 결정함이다. 금왕(今王)은 강왕(康王)이고 장황(張皇)은 널리 벌리어 확대함이며 6사(六師)는 천자국이 양성하는 6군(軍)이요 고조(高祖)는 고명하신 조상이고 과명(寡命)은 드물어 흔치 않은 천명이다.

강왕이 비록 거상하는 몸으로 정무에 관여하지 않고 있지만 그러나 왕위 교체기에 처하여 변방의 약소국과 자유거주지역의 사람들은 장차 안전을 보장하는 문제가 가장 큰 관심사이기 때문에 부득이 소공과 필공이 그 제후들의 뜻을 모아 강왕에게 세계평화를 확실히 보장하라고 훈도하였으니 비상한 시국에 특별한 일이다.

전배(前輩)들은 여기에서 소공이 강왕에게 상무정신(尙武精神)을 고취한 것이라고 해설하였으나 옳지 않다. 천하에 어느 노신(老臣)이 거상하고 있는 왕에게 상무정신을 고취하겠는가? 소공은 약소국의 제후들이 안전을 크게 걱정하여 두려워하므로 그들에게 국제평화에 대한 확신을 보여주기 위하여 부득이 6군의 강화를 언급하였을 뿐이다.

4-25-4 ···································· 王이 若하시고 曰庶邦侯甸男의

위　　유여일인소　　보고
衛야 惟予一人釗는 報誥하노라

『왕이 '어이쿠' 하시고 말씀하시기를 여러 지방국가, 후복, 전복, 남복지역에 있는 위성국가여, 오직 나 한 사람 소는 훈고를 알리노라.』

◯ 강왕이 약소국의 제후에게 왕의 직권으로 훈고할 것임을 밝혔다.

후(侯)는 후복(侯服)이고 전(甸)은 전복(甸服)이며 남(男)은 남복(男服)이니 앞(2-1-83, 84)에서 이미 해설하였고 위(衛)도 앞(4-25-1)에서 해설하였다. 소(釗)는 강왕(康王)의 이름으로 본래 왕은 살아서 이름을 쓰지 않으나 거상(居喪)중에 있고 또 새로 즉위하였기 때문에 특별히 썼으며 고(誥)는 훈고(訓告)이니 왕의 직권으로 알린다는 뜻이다.

　　　　　　　　　　　　　　　　　　석 군 문 무　　비 평 부
4-25-5 ·································· 昔君文武가 丕平富하시며
　　　　　　　　　　불 무 구　　　　지 지 제 신
　　　　　　　　　不務咎하시고 底至齊信하사
　　　　용 소 명 우 천 하　　　　　즉 역 유 웅 비 지 사
　　　　用昭明于天下하시거늘 則亦有熊羆之士와
　　　　　　　불 이 심 지 신　　　보 예 왕 가
　　　　　　不二心之臣이 保乂王家하야
　　　　　　　　용 단 명 우 상 제　　　황 천
　　　　　　　用端命于上帝하니 皇天이
　　　　　용 훈 궐 도　　　　부 비 사 방
　　　　　用訓厥道하사 付畀四方하시니라

『옛날 임금 문왕과 무왕이 널리 융평하여 풍부하게 하시며 책망하기를 힘쓰지 아니하시고 지극함을 이루어 믿음을 한결같이 하심으로써 밝음을 천하에 나타내시거늘 곧 또한 곰과 불곰처럼 용맹한 선비와 마음을 둘로 하지 않은 신하가 있어 왕가를 보호하고 다스리면서 천명을 하느님께 살피니 거룩하신 하느님이 그 도에 순응하사 사방을

부쳐주시니라.』

　◯ 여기에서는 문왕과 무왕이 널리 융평하고 부강한 나라를 건설하기 위하여 인민을 사랑하고 신의를 밝혀 문명하게 다스렸기 때문에 천명을 받았던 역사적 사실을 변증하여 강왕이 주나라의 건국이념은 화평세계의 건설임을 확인하였다.

　비평(丕平)은 널리 융평(隆平)함이요 부(富)는 재물이 풍부함이며 구(咎)는 허물을 책망함이고 지지(底至)는 지극한 덕을 이룩함이다. 제신(齊信)은 한결같은 믿음이고 소(昭)는 나타냄이며 명(明)은 투명함인데 비밀이나 술수가 없는 것이다. 웅(熊)은 곰이요 비(羆)는 큰 불곰인데 용맹을 상징하고 단(端)은 살핌이며 명(命)은 천명이다. 훈(訓)은 순응(順應)함이고 도(道)는 문왕(文王)과 무왕(武王)의 도덕정치(道德政治)이며 부비(付畀)는 부쳐주는 것이다.

　약소국의 제후들을 안심시키기 위하여 주나라의 건국정신이 도덕과 신의임을 강조하였다.

4-25-6 ······························ 乃命建侯樹屛은 在我後之人이니
今予一二伯父가 尙胥일새
暨顧綏爾先公之臣服于先王하야
雖爾身在外나 乃心이
罔不在王室하야 用奉恤厥若하야
無遺鞠子羞하라

『이에 임명하여 제후를 세우고 병번을 둘러 배치한 것은 우리 후세의 사람에게 있나니 이제 나의 한두 분의 백부가 거의 도우시므로 다

못 편안하게 그대의 선공이 신하로서 선왕에게 복무했던 것을 돌아보고 비록 그대의 몸은 지방에 있으나 그대의 마음을 왕실에 있지 않음이 없어서 사랑으로 받들어 그 화순하여 어린 아들에게 부끄러움을 남기지 말라.』

◐ 주나라가 제후를 세우고 사방의 변두리에 군대를 배치하여 국방을 튼튼히 한 것은 우리 후세 사람을 평화롭게 보호하기 위함이니 이제 소공과 필공이 돕고 있으므로 약소국의 제후들도 그 선공들처럼 왕실을 믿고 따라서 강왕에게 부끄러움을 남기지 말라고 당부하였다.

명(命)은 임명함이고 건후(建侯)는 제후를 봉하여 나라를 세움이며 수병(樹屛)은 병번(屛藩)을 세우는 것이니 곧 변방에 군대를 배치하여 국방을 튼튼히 하는 것이다. 백부(伯父)는 왕이 동성(同姓)의 제후를 일컫는 말인데 이성(異姓)의 제후는 백구(伯舅)라고 한다. 상(尙)은 거의, 서(胥)는 협조하여 돕는 것이요 기고(曁顧)는 더불어 돌아보아 살핌이며 수(綏)는 편안하게, 선공(先公)은 돌아가신 제후이다. 신복(臣服)은 신하로서 복무함이고 선왕(先王)은 문왕(文王), 무왕(武王), 성왕(成王)을 지칭하며 휼(恤)은 사랑함이요 약(若)은 화순(和順)함이다. 국자(鞠子)는 어린 아들이니 강왕(康王)이 자기를 낮추어 말함이고 수(羞)는 부끄러운 것이다.

강왕이 옛날과 다름이 없이 주나라의 제도와 정책을 계승하여 지킬 것임을 다짐하고 그 협조와 지지를 당부하였으니 명분이 정당하고 말이 진실하여 의심할 여지가 없도다.

4-25-7 ························ 群公이 旣皆聽命하고 相揖趨出이어늘
王이 釋冕하시고 反喪服하시다

『여러 공이 이미 모두 명령을 듣고 서로 읍하고 허리를 굽혀 빨리

나가거늘 왕이 면류관을 벗으시고 상복을 도로 입으시다.』

● 여러 약소국의 제후들이 강왕의 훈고를 모두 들은 다음에 안심하고 물러가니 강왕이 면류관과 곤룡포를 벗고 상복을 다시 입었음을 밝혔다.

군공(群公)은 태보(太保)와 예백(芮伯)을 비롯하여 약소국의 제후를 통틀어 일컬음이요 청명(聽命)은 강왕(康王)의 훈고(訓誥)를 받아들였다는 뜻이며 추출(趨出)은 허리를 굽히고 빠른 걸음으로 나간 것이니 존경의 뜻을 표시한 모습이다. 석(釋)은 벗는 것이요 면(冕)은 면류관이니 왕의 정복(正服)을 뜻하고 반(反)은 돌이키는 것으로 곧 다시 입었다는 말이다.

강왕이 약소국의 제후에게 국제평화를 보장하는 훈고를 내림에 잠깐 왕의 정복을 입었으나 그 훈고를 마치자마자 다시 상복으로 갈아입었음을 밝혔으니 부득이한 일로 각각 합당성이 있다고 할 것이다. 상복은 근신함을 나타내는 의복이므로 만일 강왕이 상복을 입었다고 훈고를 하지 않으면 약속국의 제후들이 더욱 불안해서 두려워할 것이며 또한 강왕이 상복을 입은 채로 훈고를 한다면 약소국의 제후들이 강왕을 괴롭히고 핍박한 혐의를 벗을 수 없는 것이다. 그러므로 강왕이 권도(權道)를 취하여 잠깐 왕의 정복을 입고 훈고를 한 다음에 바로 상복을 다시 입었으니 상복을 입는 예절과 훈고를 하는 법도를 모두 지켰기 때문에 공자가 이 편을 『서경』에 편집하였다.

26. 필명(畢命) / 필공(畢公)에게 교명(敎命)함

필(畢)은 필공(畢公)으로 앞(4-23-1)에서 이미 해설하였고 명(命)은 교명(敎命)이다.

주공(周公)이 동정(東征)한 다음 3박(三亳)의 은(殷)나라 유민을 자치지역으로 관리하면서 동화정책을 베푼 것은 앞(4-21-12)에서 이미 밝혔다. 그리하여 처음에는 주공이 직접 관리하다가 이어 군진(君陳)이 관리한 사실은 앞에 군진 편에서 이미 기술하였다.

이에 군진이 졸(卒)하자 강왕(康王)은 필공에게 3박을 관리하게 하면서 주공의 법을 존중하라고 교명하였으니 주(周)나라 정책의 일관성을 여기에서 확인할 수 있을 것이다.

이 편은 『금문상서(今文尙書)』에는 없고 『고문상서(古文尙書)』에 있으니 강왕의 정치철학도 문왕(文王), 무왕(武王)의 덕치인정(德治仁政)을 계승한 성왕(成王)의 사업을 완성하는 데 있음을 살필 수 있다.

4-26-1 ·······························
　유 십 유 이 년 류 월 경 오 비 월 삼 일 임 신
惟十有二年六月庚午朏越三日壬申에

　왕　　　조 보 자 종 주　　　지 우 풍
王이　朝步自宗周하사　至于豊하사

　이 성 주 지 중　　　명 필 공
以成周之衆으로　命畢公하야

　보 리 동 교
保釐東郊하시다

『바야흐로 12년 6월 경오일인 초사흘에서 3일을 지나 임신일에 왕이 아침에 호경으로부터 걸어서 풍묘에 이르시어 낙양의 군중을 거느리시고 필공을 임명하여 동교를 보호하여 관리하게 하시다.』

◐ 강왕이 즉위한 지 12년 6월 6일에 낙양의 문왕묘에서 필공을 임명하여 은나라 유민의 자치지역인 3박, 즉 동교를 관리하게 하였음을 사관이 기록하였다.

십유이년(十有二年)은 강왕(康王)이 즉위한 지 12년이 되는 해이고 경오비(庚午朏)는 경오일이 초사흘이라는 말이며 임신(壬申)은 곧 6일의 일진(日辰)이다. 종주(宗周)는 호경(鎬京)이요 지(至)는 이르러 태묘(太廟)에 고유(告由)했다는 뜻이고 풍(豊)은 풍묘(豊廟)이니 문왕(文王)의 사당이며 성주(成周)는 낙양(洛陽)이다. 필공(畢公)은 앞(4-25-1)에서 이미 해설하였고 보(保)는 보호, 이(釐)는 관리하여 다스림이며 동교(東郊)는 앞(4-23-1)에서 이미 해설하였다.

주공이 동정한 이후로 3박지역의 은나라 유민이 주나라에 신복하지 않으므로 덕을 베풀어 저절로 동화하도록 주공과 군진과 필공이 모두 그들을 보호하고 관리만 하였으니 덕치의 본보기라고 할 것인즉 다사(多士), 다방(多方), 군진(君陳) 편과 함께 살피기 바란다.

4-26-2 ································· 王이 若하시고 曰嗚呼라 父師야
惟文王武王이 敷大德于天下하사
用克受殷命하시니라

『왕이 '어이쿠' 하시고 말씀하시기를 오호라, 늙으신 태사여, 오직 문왕과 무왕이 큰 덕을 천하에 베푸시어 능히 은나라의 천명을 받으시니라.』

◐ 강왕이 먼저 주나라의 건국정신을 밝혀서 필공에게 잊지 말 것을 당부하였다.

부사(父師)는 늙으신 태사(太師)이니 필공(畢公)이 당시에 태사의 자

리에 있었는바 필공이 문왕(文王)의 아들이요 무왕(武王)의 아우이기 때문에 존칭으로 노인이라는 뜻을 담아 부(父)자를 앞에 썼다.

동교(東郊)를 보호하고 관리하는 일을 맡겼기 때문에 먼저 은나라가 멸망하고 문왕과 무왕이 천명을 받은 이유를 밝혔다.

4-26-3 ·································· 惟周公이 左右先王하야
綏定厥家하고 毖殷頑民하야
遷于洛邑하야 密邇王室하니
式化厥訓하야 旣歷三紀할새
世變風移하야 四方無虞라
予一人이 以寧하니라

『오직 주공이 선왕을 도와서 그 집안을 안정시키고 은나라의 완고한 인민을 삼가게 하여 낙읍으로 옮겨서 왕실에 바싹 다붙게 하니 그 가르침을 본받아 변화하여 이미 3기를 경과하는 사이에 세상이 변하고 풍속이 바뀌어 사방에 근심이 없으므로 나 한 사람이 편안하게 되었느니라.』

◐ 여기에서는 주공이 성왕을 도와 은나라 유민을 감화시켜서 주나라에 신복하게 된 역사적 사실을 밝혔다.

좌우(左右)는 좌우(佐佑)이니 보필(輔弼)함이요 선왕(先王)은 성왕(成王)이며 수정(綏定)은 안정시킴이고 가(家)는 왕가(王家)이다. 비(毖)는 삼가게 해서 신중하게 만듦이고 은완민(殷頑民)은 3박(三亳)의 은(殷)나라 유민으로 주(周)나라의 명령을 따르지 않은 완고한 사람들이니 곧 앞(4-16-2)에서 말한 은유다사(殷遺多士)이다. 천우락읍(遷于洛邑)은

성왕이 주공(周公)으로 하여금 천하의 중심지에 천도하여 사방의 인재가 와서 벼슬함으로써 대동태평(大同太平)한 시대를 건설하려는 정책이니 앞(4-16-16)에서 이미 그 뜻을 밝혔다. 밀이(密邇)는 서로 바싹 다붙음이요 식화(式化)는 본받아 변화함이며 기(紀)는 12년이니 삼기(三紀)는 36년이다. 세변풍이(世變風移)는 세상의 인심이 착하게 변하고 풍속이 아름답고 두텁게 바뀐 것이니 곧 은나라 유민이 주나라의 도덕정치에 감동하여 점점 동화해서 협력하고 화합하게 되었다는 말이다.

4-26-4 ·································· 道有升降하며 政由俗革하니
不臧厥臧하면 民罔攸勸하리라

『도덕은 올라가고 내려감이 있으며 정치는 풍속을 말미암아 개혁하나니 그 착함을 착하게 여기지 아니하면 인민이 권면할 바가 없으리라.』

☯ 여기에서는 정치지도자의 도덕에 따라 사회도덕이 융성하기도 하고 쇠퇴하기도 하며 정치는 나라의 풍속을 개량함으로써 개혁이 성공하므로 도덕정치를 계승 발전시켜야 됨을 역설하였다.
도(道)는 정치지도자의 도덕이고 승강(升降)은 사회도덕이 융성하고 쇠퇴함이며 장(臧)은 착함이다. 착한 사람을 잘되게 하여야 인민이 부지런히 권면하여 아름다운 풍속을 일으키는 것이다.

4-26-5 ·································· 惟公懋德하야 克勤小物하며
弼亮四世하야 正色率下하되

罔不祇師言하야 嘉績이 多于先王하니
망 불 지 사 언　　가 적　　다 우 선 왕

予小子는 垂拱仰成하리라
여 소 자　　수 공 앙 성

『오직 공은 도덕을 힘써서 능히 작은 사물에도 부지런하며 4세의
왕을 어질게 보필하여 안색을 바르게 하여 아랫사람을 거느리되 스승
의 말을 공경하지 않음이 없어서 아름다운 공적이 선왕에게 많았나니
나 소자는 옷을 드리워 늘어뜨리고 손을 마주잡고 가만히 있으면서
성공을 앙망하리라.』

● 여기에서는 강왕이 필공의 도덕과 공적을 높이 치하하고 3박을
다스림에 전권을 위임한다고 명령하였다.

무(懋)는 힘쓰는 것이고 소물(小物)은 사소한 일이며 4세(四世)는 문
왕(文王), 무왕(武王), 성왕(成王) 및 강왕(康王)의 네 세대이다. 정색(正
色)은 안색을 바르게 함이고 사언(師言)은 사훈(師訓)이며 선왕(先王)은
문왕과 무왕과 성왕이요 수(垂)는 수의(垂衣), 공(拱)은 공수(拱手)이며
앙(仰)은 앙망(仰望)이니 왕의 정복(正服)을 입어 옷깃을 드리워 늘어
뜨리고 두 손을 마주 잡고 있으면서 성공을 기다린다는 말이니 곧 강
왕은 필공(畢公)에게 동교(東郊)를 보호관리하는 권한을 위임하고 요
(堯)와 순(舜)처럼 의상지치(衣裳之治), 무위지치(無爲之治)를 하겠다는
뜻이다.

4-26-6 ····································· 王이 曰嗚呼라 父師여 今予는
왕　　왈 오 호　　부 사　　금 여

祇命公以周公之事하노니 往哉인저
지 명 공 이 주 공 지 사　　왕 재

『왕이 말씀하시기를 오호라, 늙으신 태사여, 이제 나는 공경하여 공
에게 주공의 정책사업으로 명령하노니 뒤따라갈진저.』

◑ 여기에서는 강왕이 필공에게 주공의 정책사업을 그대로 뒤따라 시행하라고 명령하였다.

왕왈(王曰)은 앞에서 강왕(康王)이 전권을 위임한다고 명령함에도 필공(畢公)이 아무런 대답이 없으므로 왕이 다시 구체적으로 말했음을 사관(史官)이 기록한 것이며 사(事)는 동교(東郊)를 다스리는 정책과 사업이고 왕(往)은 뒤따라가는 것이니 곧 추종함이다.

모름지기 왕이 전권을 위임한다고 명령하면 신하는 그 명령을 받아 자기의 정치철학과 사업추진방법을 밝혀서 왕의 동의나 허락을 받아야 함에도 필공이 아무런 대답을 하지 않으므로 강왕이 다시 구체적으로 주공의 정책과 사업을 계속 시행하라고 명령하였으니 강왕은 신하의 인격을 존중하면서도 사업의 중대성을 잊지 않았도다.

4-26-7 ······························

정 별 숙 특
旌別淑慝하야 表厥宅里하며

창 선 단 악
彰善癉惡하야 樹之風聲하며

불 솔 훈 전
弗率訓典이어든 殊厥井疆하야

비 극 외 모
俾克畏慕하되 申畫郊圻하며

신 고 봉 수
愼固封守하야 以康四海하라

『정숙함과 사특함을 정포하고 차별하여 그 집과 마을에 표시하며 착함을 표창하고 악함을 괴롭게 하여 풍화의 성교를 수립하며 교훈과 법전을 따르지 않거든 그 정지의 경계를 다르게 해서 하여금 능히 두려워하고 사모하게 하되 교야와 경기지방에 구획을 거듭 밝혀서 삼가 봉역의 수호를 튼튼하게 하여 천하의 인류를 편안하게 하라.』

◑ 여기에서는 강왕이 주공의 정책사업을 구체적으로 열거하였다. 정(旌)은 착하고 정숙한 사람에게 상을 주어 정포(旌褒)함이요 별

(別)은 사악하고 간특한 사람에게 벌을 주어 차별함이며 표(表)는 공개
적으로 알리기 위하여 표시함이다. 창(彰)은 표창하여 권장하는 것이
고 단(癉)은 형벌을 주어 고통스럽게 함이며 수(樹)는 수립(樹立), 풍
(風)은 풍화(風化), 성(聲)은 성교(聲敎)이니 임금이 덕으로 풍속을 일으
키고 인민을 교화하는 정치지도력이다. 수(殊)는 분리하여 다르게 함
이며 정(井)은 정지(井地), 강(疆)은 토지의 경계이니 택지와 농지를 분
리시켜서 따로 살게 함이다. 신(申)은 신명(申明)으로 거듭 밝히는 것
이요 획(畫)은 구획(區畫), 교(郊)는 교야(郊野), 기(圻)는 경기(京畿)지방
이니 곧 국토개발을 효율적으로 경영하여 문화중심의 도시를 건설하
고 지방의 자연의 환경을 보존하는 것이다. 신고(愼固)는 신중히 하고
튼튼하게 함이고 봉수(封守)는 국경을 수호함이며 사해(四海)는 천하
의 인류이다.

　이것은 사람의 마음을 착하게 해서 아름다운 풍속을 일으켜 안녕사
회를 건설하는 정책사업이다.

　　　　　　　　　　　　　　　정귀유항　　　　사상체요
4-26-8 ‥‥‥‥‥‥‥‥‥‥‥‥‥‥‥‥‥‥‥ 政貴有恒이요 辭尙體要라
　　　　　　　불유호이　　　상속　　　미미
　　　　　　　不惟好異니 商俗이 靡靡하야
　　　　　　이구유현　　　　여풍　　미진
　　　　　　利口惟賢하던 餘風이 未殄하니
　　　　　　　　　　　　공기념재
　　　　　　　　　　　公其念哉어다

　『정책은 항구성이 있는 것이 귀중하고 언사는 사체의 요령을 숭상
하므로 오직 이견을 좋아하지 아니하나니 상나라의 습속이 붙좇아 휩
쓸려서 말을 교묘하게 잘한 것을 오직 어진 이로 여겼던 남은 기풍이
아직도 다 없어지지 않았나니 공은 그것을 생각할지어다.』

　☯ 여기에서는 정책은 항구적인 발전을 도모한 것이 귀중하고 말은

사체의 근본을 밝혀 해결책을 세우는 것을 숭상하므로 상나라의 말만 교묘하게 꾸며대며 자주 정책을 바꾸려고 하는 폐단을 없애라고 하였다.

항(恒)은 항구불변함이요 체(體)는 사물의 본질적 체계(體系)이며 요(要)는 요령(要領)이니 중요한 줄거리이다. 미미(靡靡)는 붙좇아 휩쓸리는 것이니 일관된 주의주장이 없이 가볍게 동조하여 따라감이고 이구(利口)는 말을 교묘하게 꾸며서 듣기 좋게 하는 것이며 진(殄)은 다하여 없어짐이다.

예로부터 군자는 도덕을 숭상하고 소인배는 이익을 숭상하며 치세에는 정의를 숭상하고 난세에는 언변을 숭상하는 것이니 도덕과 정의를 존중하면 나라가 발전하고 이익과 말솜씨를 앞세우면 나라가 멸망하는 것이다.

4-26-9 ·· 我聞하니 曰世祿之家는
　　　　　　　　　　　　　　　　　　　　아 문　　　왈 세 록 지 가

鮮克由禮하야 以蕩陵德하며
선 극 유 례　　　이 탕 릉 덕

實悖天道하야 敝化奢麗가
실 패 천 도　　　폐 화 사 려

萬世同流라하니라
만 세 동 류

『나는 들으니 말하기를 대대로 녹을 먹는 집안은 능히 예법을 말미암음이 드물어 방탕하여 덕을 무시하며 진실로 천도를 거슬러서 퇴폐적으로 되어 화려하게 사치함이 만세에 똑같은 유행이라고 하니라.』

☯ 여기에서는 대대로 관록을 받아먹는 귀족의 퇴폐풍조는 예의도덕을 무시하고 안일과 방종 그리고 화려하게 사치하는 것이 고금에 똑같은 유행병임을 지적하였다.

세록(世祿)은 대대로 벼슬을 하여 관록(官祿)을 받음이고 선(鮮)은

희소(稀少)함이며 탕(蕩)은 방탕(放蕩), 릉(陵)은 능멸(陵蔑), 패(悖)는 패역(悖逆)이요 폐화(敝化)는 타락하여 퇴폐적으로 변화함이다. 사(奢)는 사치, 여(麗)는 화려함이고 동류(同流)는 똑같은 현상의 유행이 일어나는 것이다.

안락하면 교만하기 쉽고 교만하면 예의도덕을 무시하여 어기면서 퇴폐적인 유행을 좇는 것인즉 예의도덕은 퇴폐적인 유행을 물리치는 성곽이다.

4-26-10 ·······························

자은서사
茲殷庶士가 席寵惟舊라

호치멸의　　복미우인
怙侈滅義하며 服美于人하야

교음긍과　　장유악종
驕淫矜侉하야 將由惡終이러니

수수방심　　한지유간
雖收放心하나 閑之惟艱하니라

『이에 은나라의 여러 선비가 총애를 받음이 오직 오래이므로 풍요로움을 믿고 의리를 끊어버리며 의복을 남보다 아름답게 하여 교만하고 음란함을 자랑하고 뽐내어 장차 악한 행동으로 말미암아 끝내리니 비록 흩어진 마음을 거두었으나 외부의 유혹을 막아주는 일이 오직 어려우니라.』

◉ 여기에서는 은나라의 여러 선비들도 총애를 오랫동안 받았기 때문에 이미 퇴폐적인 유행에 물들었으나 주공과 군진이 계속 교화하여 그들의 방심을 수복하게 해서 지금은 건전하게 살고 있지만 그러나 외부의 유혹을 막아서 다시는 예의도덕을 어기지 않도록 만들기는 어려운 일임을 지적하여 필공의 책임이 막중함을 강조하였다.

석(席)은 자뢰(資賴)함이니 석총(席寵)은 총애를 받아 누림이요 구(舊)는 오래됨이며 치(侈)는 많아서 풍요로움이고 멸(滅)을 끊어버림이다. 복(服)은 의복이고 미우인(美于人)은 형용사 비교급 구문으로 남보다 아름답게 함이며 악(惡)은 악행이요 종(終)은 끝냄이니 불행한 종말을 초래하게 된다는 말이다. 수(收)는 수복(收復)함이고 방심(放心)은 흩어진 마음이니 수방심(收放心)은 잃어버린 양심을 되찾아 존심(存心)함이요 한(閑)은 외부의 유혹을 막음이니 곧 동심(動心)을 못하게 하는 일인데 『주역(周易)』 건괘(乾卦) 문언전(文言傳)에서 한사존기성(閑邪存其誠)이라고 하여 사악한 생각을 막아야 그 성실성을 보존한다고 하였다.

공자(孔子)가 말하기를 "간직하면 있고 버리면 없으며 나아가고 들어옴에 때가 없으며 그 고향을 알 수 없는 것은 오직 마음을 일컬음인저. [孔子曰操則存하고 舍則亡하며 出入無時하며 莫知其鄕은 惟心之謂與인저. (『孟子』 告子上)]"라고 하였고, 맹자(孟子)는 말하기를 "학문의 길은 다른 것이 아니라 그 흩어진 마음을 되찾는 것일 뿐이다. [學問之道는 無他라 求其放心而已矣니라. (『孟子』 告子上)]"라고 설파하였으니 모두 학자의 정심(正心) 공부이고 정치가의 정덕(正德) 사업이니 어렵기 그지없는 일이다.

4-26-11 ······························
자부능훈　유이영년
資富能訓이 惟以永年이니
유덕유의　시내대훈
惟德惟義가 時乃大訓이니라
불유고훈　우하기훈
不由古訓이면 于何其訓이리오

『충실함을 바탕해서 잘 훈도하여야 오직 길이 진보하나니 오직 덕과 오직 의가 이에 큰 교훈이니라. 옛날의 교훈을 말미암지 아니하면 어떻게 그들을 훈도하리오.』

◉ 여기에서는 충실하고 건전할 때에 잘 훈도하여야 더욱 발전하는 것이므로 옛 성현의 정치도덕과 사회정의로써 계속 훈도할 것을 명령

하였다.

자(資)는 바탕이고 부(富)는 만족스러울 만큼 충실함이며 능훈(能訓)
은 잘 훈도(訓導)하여 가르침이다. 년(年)은 진보하여 나아감이고 시
(時)는 시(是)의 뜻이며 우하(于何)는 위하(爲何)와 같다.

불충실한 사람은 훈도하여도 잘 따르지 않으니 주공이 동교를 관리
함에 어려움이 많았으나 이제 주공과 군진이 그들을 거의 충실하게
교화하였으므로 필공이 훈도하기가 매우 쉬워졌기 때문에 그 성과가
또한 크리라고 강왕이 기대하였다.

4-26-12 ···································· 王이 日嗚呼라 父師여
邦之安危는 惟玆殷士니
不剛不柔라야 厥德이 允修하리라

『왕이 말씀하시기를 오호라, 늙으신 태사여, 나라의 안전과 위험
은 오직 이 은나라의 선비들이니 강포하지 아니하고 유약하지 아니하
여야 그 덕이 진실로 다듬어지리라.』

◉ 강왕이 이미 주공의 정책사업을 그대로 계승하여 동교를 보호
관리하라고 명령하였으나 또다시 필공이 아무런 대답을 하지 않으므
로 이제는 행정의 수칙과 임무를 말하였다.

왕왈(王曰)은 강왕(康王)이 명령하였으나 필공(畢公)이 대답을 아니
하였음을 표시하기 위하여 사관(史官)이 기록하였다. 강(剛)은 강포(剛
暴)하게 다스림이요 유(柔)는 유약하게 다스림이니 모두 중용(中庸)의
절도를 잃은 것이며 궐덕(厥德)은 은(殷)나라 선비의 덕이고 윤수(允
修)는 진실로 수양이 된다는 말이다.

여기서의 강(剛)과 유(柔)는 앞(4-6-17)에서 말한 강극(剛克)과 유극
(柔克)이 아니다. 굳셀 곳에서 굳세고 유순한 곳에서 유순하게 하는

것은 중용이지만 지나치게 굳세고 너무나 유약한 것은 중용이 아니니 살피기 바란다.

4-26-13 ······························ 惟周公이 克愼厥始하고 惟君陳이

克和厥中하니 惟公이 克成厥終이라야

三后가 協心同底于道하야

道洽政治하고 澤潤生民하리니

四夷左衽이 罔不咸賴하면

予小子는 永膺多福하리라

『오직 주공이 능히 그 시작을 신중히 하고 오직 군진이 능히 그 중간을 어울리게 하니 오직 공은 그 종결을 이루어야 세 왕이 마음을 합하여 똑같이 도의에 이르러 도의가 정치를 흡족하게 하고 덕택이 생민을 윤택하게 하리니 사방의 자유거주지역에 미개한 사람들이 다 의뢰하지 않음이 없으면 나 소자는 길이 많은 복을 받으리라.』

☯ 여기에서는 주공이 시작하여 군진이 계승 발전시킨 사업을 필공이 성공적으로 완성해야 되는 책임이 있음을 밝혔다.

시(始)는 착수하여 시작하는 기초단계이고 화(和)는 조화시켜 어울리게 함이며 중(中)은 계승 발전시키는 중간단계요 종(終)은 사업을 끝내는 종결단계이다. 3후(三后)는 문왕(文王), 무왕(武王), 성왕(成王)을 지칭하고 지(底)는 이르러 감이요 도(道)는 정치도의이며 흡(洽)은 흡족함이니 아주 넉넉하고 두루 퍼져서 조금도 모자람이 없는 것이다. 택(澤)은 덕택(德澤)이고 윤(潤)은 윤택함이니 아름답게 윤기가 나서 번지르르함이며 사이(四夷)는 사방(四方)의 자유거주지역으로 앞

(2-1-86)에서 이미 해설하였고 좌임(左衽)은 옷깃이 왼쪽으로 가는 것을 앞으로 함인데 미개(未開)한 사람을 지칭한다. 함뢰(咸賴)는 모두 의뢰(依賴)하여 붙음이요 응(膺)은 받음이며 다복(多福)은 천재(天災), 지변(地變), 인화(人禍)가 멀리 없어지고 하늘에는 영광, 땅에는 평화, 사람에게는 행복이 가득함이다.

일이란 잘 시작하기는 쉬워도 잘 끝내기는 어렵나니 주나라는 문왕과 무왕이 창업을 하였고 성왕이 그것을 계승 발전하여 수성의 책임을 다하였는바 이제 강왕은 3후의 정치도의를 성공하기 위하여 수성을 성공적으로 종결할 책무가 있음을 깨닫고 필공에게 그 역할을 맡으라고 명령하였으니 강왕은 어질도다.

4-26-14 ························· 公이 其惟時成周에 建無窮之基하면
亦有無窮之聞하리니 子孫이
訓其成式하야 惟乂하리라

『공은 그 오직 이 낙읍에 무궁한 기초를 세우면 또한 무궁한 명예가 있으리니 자손이 그 성공법을 따라서 오직 아름답게 다스리리라.』

◉ 여기에서는 낙양에서 동교를 보호 관리하여 성공하는 법도를 확고하게 세워 후세의 자손들이 본받아 배우게 하라고 당부하였다.

시(時)는 시(是)의 뜻이고 성주(成周)는 낙읍(洛邑)으로 주공(周公)과 군진(君陳)과 필공(畢公)은 모두 3박(三亳)을 보호 관리함에 낙양(洛陽)에 거주하고 3박은 자율자치하게 하였다. 문(聞)은 명예와 인망(人望)이고 훈(訓)은 본받아 따르는 것이며 성식(成式)은 성공법이요 예(乂)는 아름답게 다스리는 것이다.

위로 조상의 업적을 빛내고 아래로 자손을 훈도하는 일에 어찌 한 몸을 아끼겠는가? 이것이 바로 사람이 옳게 사는 길이다.

오 호　　　망 왈 불 극
鳴呼라 罔曰弗克이라하고

유 기 궐 심　　　망 왈 민 과
惟旣厥心하며 罔曰民寡라하고

유 신 궐 사　　　흠 약 선 왕 성 렬
惟愼厥事하야 欽若先王成烈하야

이 휴 우 전 정
以休于前政하라

『오호라, 잘하지 못한다고 말하지 말고 오직 그 마음을 다하며 인민이 적다고 말하지 말고 오직 그 일을 신중히 하여 선왕이 이룩한 빛나는 훈공을 공경하여 따라서 이전의 정치보다 아름답게 하라.』

☯ 여기에서는 강왕이 필공에게 사양하지 말라고 명령하였으니 세번째 요청하는 강청의 예절로 말을 마친 것이다.

망왈(罔曰)은 말하지 말라는 뜻이고 극(克)은 잘함이며 기(旣)는 다함이요 과(寡)는 적음이니 3박(三亳)의 은(殷)나라 유민이 적은 것이다. 약(若)은 순(順)의 뜻이고 성렬(成烈)은 이룩한 빛나는 훈공이며 휴(休)는 아름답게 다스림이요 전정(前政)은 이전에 주공(周公)과 군진(君陳)이 다스린 정치사업이다.

필공이 이미 나이가 많으므로 선뜻 대답하지 않으니 강왕이 세 번에 걸쳐 절실하고도 자세하게 교명하여 사양하지 못하게 한 것은 대개 동교의 3박이 거의 주나라의 문명한 정치에 감화하여서 저절로 동화되어가고 있기 때문에 나라의 원로가 아니면 그 일을 성공적으로 완결할 인물이 없는 까닭이라고 할 것이다.

이 편에서 강왕이 밝힌 역사적 대전제와 시대적 사명은 대단히 정확하고 그 정치철학과 시정방침도 대단히 합리적이며 또한 동교의 현실적 상황인식도 매우 철저하여서 강왕의 탁월한 지도력을 눈앞에 보는 듯하니 정치지도자는 깊이 음미하라.

27. 군아(君牙) / 그대 아(牙)여

군(君)은 존칭대명사로 앞에 군석(君奭), 군진(君陳) 편의 해제(解題)에서 이미 해설하였고 아(牙)는 신하의 이름이다.

주(周)나라는 대대로 어진 왕자(王子)가 나와서 문왕(文王), 무왕(武王), 성왕(成王), 강왕(康王), 소왕(昭王), 목왕(穆王)으로 왕위를 이어왔는데 목왕이 군아(君牙)를 국민교육을 관장하는 대사도(大司徒)로 임명하면서 교명(敎命)한 내용을 사관(史官)이 기록하고 그 편명(篇名)으로 썼다.

이 편은 『금문상서(今文尙書)』에는 없고 『고문상서(古文尙書)』에는 수록되어 있으니 목왕의 정치사상을 살필 수 있는 중요한 자료이다. 대저 목왕의 시대는 주나라의 창업기(創業期)와 수성기(守成期)를 지나 승평기(昇平期)로서 천하가 무사하여 사해(四海)가 안락(安樂)을 노래하는 시기였기 때문에 사회에 약동하는 자립기상이 없어지고 안일하게 놀면서 의뢰(依賴)하는 습관이 생겼으므로 이러한 퇴폐풍조를 바로잡으려고 노력한 것이다.

4-27-1 ······································· 王이 若하시고 曰嗚呼라
君牙야 惟乃祖乃父가
世篤忠貞하야 服勞王家하야
厥有成績이라 紀于太常하니라

『왕이 '어이쿠' 하시고 말씀하시기를 오호라, 그대 아야 오직 그대

의 할아버지와 그대의 아버지가 대대로 충직하고 정숙함을 돈독히 하여 왕가에 복무하여서 그 이룩한 공적이 있으므로 태상에 기렸나니라.』

◑ 목왕이 먼저 군아의 할아버지와 아버지가 주나라의 공신이었음을 밝힌 것을 사관이 기록하였다.

왕(王)은 목왕(穆王)이니 강왕(康王)의 손자이고 소왕(昭王)의 아들이며 군아(君牙)는 이미 해제(解題)에서 해설하였다. 내(乃)는 군아를 지칭하는 대명사이고 복로(服勞)는 복무함이며 기(紀)는 기념하여 기리는 것이요 태상(太常)은 정기(旌旗)의 이름으로 나라에 훈공이 있는 사람을 영원히 기념하기 위하여 왕의 정기에 글을 써넣거나 또는 그림을 그려넣은 깃발이다.

사람을 칭찬함에 그 아버지와 할아버지의 훌륭한 업적을 먼저 밝히니 그 말이 대단히 후덕하도다.

4-27-2 ·························· 惟予小子는 嗣守文武成康遺緖어늘

亦惟先王之臣이 克左右하야

亂四方하나 心之憂危가

若蹈虎尾하며 涉于春冰이로다

『오직 나 소자는 문왕, 무왕, 성왕, 강왕이 남긴 사업을 이어받아 지키거늘 또한 오직 선왕의 신하들이 잘 보필하여 사방을 다스리나 마음의 근심과 위태로움이 마치 호랑이의 꼬리를 밟으며 봄에 얼음을 건너는 것 같으니라.』

◑ 소자(小子)는 나이가 어린 것이 아니라 덕(德)이 어린 아들이라

는 뜻이니 왕이 부모나 조상을 일컬을 때에 스스로 낮추는 말이다. 유서(遺緒)는 유업(遺業)이요 좌우(左右)는 좌우(佐佑)이며 난(亂)은 다스리는 것이고 도호미(蹈虎尾)는 범의 꼬리를 밟아 물릴 위험이 있다는 뜻이며 섭우춘빙(涉于春冰)은 봄날 해빙기에 얼음을 건너가는 것처럼 빠질 위험이 있다는 뜻이니 모두 전전긍긍한다는 말이다.

4-27-3 ························ 今命爾하노니 予翼하야 作股肱心膂하야
　　　　　　　　　　　　　　　　　　　纘乃舊服하야 無忝祖考하라

『이제 그대를 임명하노니 나를 도와서 팔다리와 심장과 등뼈가 되어 그대의 옛 복무를 이어받아 돌아가신 할아버지와 아버지를 욕되게 하지 말라.』

　● 여기에서는 목왕이 군아를 대사도(大司徒)로 임명하면서 적극적으로 왕을 보필하여 책임을 완수하라고 명령하였다.
　익(翼)은 측근에서 돕는 것이고 고(股)는 다리, 굉(肱)은 팔, 심(心)은 심장(心腸), 여(膂)는 척추의 등뼈이다. 찬(纘)은 이어받음이요 구복(舊服)은 옛날에 복무한 직책이니 곧 군아(君牙)의 할아버지와 아버지가 복무했던 직책이며 첨(忝)은 욕됨이다.

4-27-4 ································ 弘敷五典하야 式和民則하라
　　　　　　　　　　　　　　　　　爾身이 克正하면 罔敢弗正하리니
　　　　　　　　　　　　　　　　　民心에 罔中인댄 惟爾之中하라

『널리 5전을 베풀어 인민을 화합시키는 준칙을 쓰도록 하라. 그대

의 몸이 능히 바르면 감히 바르지 아니함이 없으리니 민중의 마음에 중정함이 없을진댄 그대의 중정함을 생각하라.』

☯ 여기에서는 민심을 바로잡는 교육이념과 교육방법을 뚜렷이 밝혔다.

홍부(弘敷)는 널리 베풀어 가르치는 것이고 5전(五典)은 5륜(五倫)이니 왕도정치의 교육이념으로 앞(1-4-6)에서 이미 해설하였으며 식(式)은 용(用)의 뜻이요 화민측(和民則)은 인민을 화합시키는 생활준칙으로 곧 실천예절이다. 정(正)은 덕(德)이 바른 것이고 중(中)은 도(道)가 합당하여 기울어지고 의지함이나 지나치고 모자람이 없이 중정(中正)함이니 곧 중정한 도덕으로 먼저 솔선수범하는 교육방법이다.

4-27-5 ························· 夏暑雨에 小民이 惟曰怨咨하며
冬祁寒에 小民이 亦惟曰怨咨하나니
厥惟艱哉인저 思其艱하야
以圖其易하면 民乃寧하리라

『여름의 더위와 비에 약소한 민중이 오직 말하기를 원망하고 탄식하며 겨울의 매서운 추위에 약소한 민중이 또한 오직 말하기를 원망하고 탄식하나니 그 오직 어려울진저. 그 어려움을 생각하여 그 쉬운 것을 도모하면 민중이 이에 편안하리라.』

☯ 여기에서는 자연자원을 이용하여 후생복지사회를 건설하는 민생경제개발과 과학기술발전의 교육정책을 강조하였다.

소민(小民)은 약소한 민중이고 원(怨)은 원망이며 자(咨)는 탄식함이니 곧 하늘을 원망하고 비참한 현실을 탄식함이다. 기한(祁寒)은 매서

운 추위이고 간(艱)은 민생고의 어려움이며 이(易)는 누구나 쉽게 자연자원을 이용하고 과학기술을 응용하여 의식주를 풍족하게 예비하도록 교육시키는 것이다.

약하고 어린 사람은 노동력이 부족하여 생산성이 낮기 때문에 저축이 없어서 더위와 추위에 견디기 어려우므로 이러한 점을 생각하여 영농법을 쉽고 간단하게 개발하면 노약자나 어린이도 능히 소득을 증대하여 저축생활을 함으로써 민생고를 스스로 해결하게 될 것이니 목왕의 윤리교육론과 기술교육론은 대단히 합리적이고도 현실적이라고 할 것이다.

4-27-6 ························· 鳴呼라 丕顯哉라 文王謨여 丕承哉라
武王烈이여 啓佑我後人하사대
咸以正罔缺하시니 爾惟敬明乃訓하야
用奉若于先王하야 對揚文武之光命하며
追配于前人하라

『오호라 크게 나타냈도다, 문왕의 계획이여. 크게 이었도다, 무왕의 공렬이여. 우리 후인을 계도하야 도우시되 모두 정도로 하여 빠짐이 없으시니 그대는 오직 공경하여 옛 가르침을 밝혀서 받들어 선왕에게 따르게 하여 문왕과 무왕의 빛나는 명령을 감당하여 받들어 널리 드날리며 전인에게 좇아서 짝하라.』

◯ 여기에서는 문왕의 덕치인정을 도모하는 윤리교육사상과 무왕의 민중해방을 위한 민생경제정책을 계속 받들어 따라서 성공하도록 노력하라고 당부하였다.

비현(丕顯)은 크게 나타남이니 매우 뚜렷한 사실이란 뜻이고 문왕

모(文王謨)는 문왕의 모책(謨策)이니 곧 인간의 윤리를 교육하여 도덕정치를 실현하는 것이다. 비승(丕承)은 크게 계승함이니 확실하게 이어받았다는 뜻이요 무왕렬(武王烈)은 민중을 해방하기 위하여 포악한 주(紂)를 정벌하고 혁명을 성공해서 민생고를 해결한 빛나는 공렬(功烈)이다. 계우(啓佑)는 계도하여 돕는 것이고 정(正)은 정도(正道)이며 내훈(乃訓)은 옛 교훈이다. 봉약(奉若)은 받들어 따르는 것이요 선왕(先王)은 성왕(成王), 강왕(康王), 소왕(昭王)이니 모두 문왕의 윤리교육 사상과 무왕의 민중해방정신을 계속 받들어 따랐던 왕이다. 대(對)는 감당하여 받드는 것이고 광명(光命)은 아름답게 빛나는 명령이니 곧 천명을 따르고 민심을 받드는 정책을 시행하는 것이며 추(追)는 추구함이고 배(配)는 짝하여 동등하게 됨이며 전인(前人)은 군아(君牙)의 할아버지와 아버지를 지칭한다.

목왕이 교육의 목표를 도덕사회구현과 민생고의 해결에 두고 문왕과 무왕의 정치이념을 실현하고자 하였으니 그 교육정신이 대단히 숭고하도다.

4-27-7 ······················· 王이 若하시고 曰君牙야
乃惟由先正舊典하야 時式하라
民之治亂이 在玆하니
率乃祖考之攸行하야 昭乃辟之有乂인저

『왕이 '어이쿠' 하시고 말씀하시기를 그대 아여, 그대는 오직 선정의 옛 법전을 말미암아서 이에 법식으로 하라. 민중의 다스림과 어지러움이 여기에 있나니 그대의 할아버지와 아버지가 시행한 것을 따라서 그대의 임금에게 아름다움이 있음을 밝게 알릴진저.』

● 여기에서는 군아에게 그 할아버지와 아버지가 대대로 충직하고 정숙함을 돈독히 하여 왕가에 복무한 행실을 본받아 목왕의 아름다운 교육정신을 널리 소명하라고 당부하였다.

왕약왈(王若曰)은 군아(君牙)가 아무런 대답이 없으므로 왕이 다시 말을 계속한 것을 사관(史官)이 기록한 것이요 선정(先正)은 선철(先哲), 선현(先賢), 역대에 이름난 교육장관이고 구전(舊典)은 오랫동안 전하여 오는 교육법전이며 시(時)는 시(是)의 뜻이고 식(式)은 법식이다. 소(昭)는 소명(昭明)이요 벽(辟)은 임금이며 예(乂)는 아름답게 다스림이다.

목왕이 군아에게 그 할아버지와 아버지의 행실을 본받으라고 재삼 강조하였으니 신임이 두텁고 기대가 큼을 알 수 있도다.

28. 경명(囧命) / 백경(伯囧)에게 교명(敎命)함

　경(囧)은 신하의 이름으로 경문(經文)에서는 백경(伯囧)이라고 하였으며 명(命)은 교명(敎命)함이다.

　목왕(穆王)이 백경을 왕의 비서실장인 대정(大正)으로 임명하면서 길인(吉人)을 쓰고 아첨하는 간사배(姦邪輩)를 쓰지 말라고 당부한 내용이다.

　『금문상서(今文尙書)』에는 없고 『고문상서(古文尙書)』에는 수록되어 있으니 왕의 측근에 충량(忠良)한 사람이 있어야 함을 깨우치는 큰 경계를 담았기 때문에 공자가 특별히 수록하였다.

4-28-1 ························· 王이 若하시고 曰伯囧아
　惟予·弗克于德이어늘
　嗣先人宅丕后하니 怵惕惟厲하야
　中夜以興하야 思免厥愆하노라

　『왕이 '어이쿠' 하시고 말씀하시기를 남의 맏형인 경아, 바야흐로 나는 덕에 잘하지 못하거늘 선인을 이어 큰 왕위를 차지하니 근심하고 두려워서 오직 위태하므로 밤중에도 일어나 그 허물을 면하려고 생각하노라.』

　☯ 목왕이 왕의 직무를 수행함에 밤낮으로 허물이 있을까를 두려워하여 반성하고 있음을 백경에게 고백하였다.

왕(王)은 목왕(穆王)이고 백(伯)은 백씨(伯氏)로 남의 맏형을 부르는 말이고 경(冏)은 신하의 이름이며 선인(先人)은 소왕(昭王)을 지칭한다. 택(宅)은 위치함이고 비후(丕后)는 주(周)나라의 왕위이며 출척(怵惕)은 깜짝 놀라고 두려워하는 모양이요 려(厲)는 위태로움이며 건(愆)은 허물이다.

목왕이 천자의 자리가 어려운 것임을 깨닫고 밤낮으로 덕을 닦으려고 노력하니 어진 신하만 있으면 아름다운 정치를 베풀겠도다.

4-28-2 ······························ 昔在文武하건대 聰明齊聖하시고

小大之臣이 咸懷忠良이로되

其侍御僕從이 罔匪正人하야

以旦夕으로 承弼厥辟이라

出入起居에 罔有不欽하시며

發號施令에 罔有不臧하신대

下民이 祗若하며 萬邦이 咸休하니라

『옛날에 문왕과 무왕을 살피건대 총명하사 바르게 도리에 통하시고 작고 큰 신하가 모두 충량한 덕을 가졌으되 그 임금의 옆에서 받드는 시중꾼들이 바른 사람이 아님이 없어서 아침과 저녁으로 그 임금을 받들어 도운지라 나아가고 들어오며 일어나고 앉음에 공경하지 않음이 있지 않으시며 법률을 발표하고 명령을 시행함에 착하지 않음이 있지 아니하신대 하층민중이 공경하여 따르며 일만 나라가 다 아름다웠느니라.』

◉ 문왕과 무왕은 성군이었고 대소 신료도 현신이었지만 역시 그

임금의 곁에서 아침저녁으로 받드는 시중꾼들이 모두 마음씨가 올바른 사람들이었기에 선정을 베풀어 화평세계를 건설하게 되었음을 변증하였다.

재(在)는 살피는 것이고 제성(齊聖)은 바르게 도리를 통하여 깨끗하고 성스러운 것이며 회(懷)는 가지는 것이요 충량(忠良)은 충직(忠直)하고 현량(賢良)함이다. 시어(侍御)는 임금의 옆에서 음식, 의복, 거마 등의 잡무를 담당하는 일이요 복종(僕從)은 복어(僕御)와 시종(侍從)으로 임금의 곁에서 시중을 드는 사람이며 정인(正人)은 마음씨가 착한 사람이다. 승필(承弼)은 받들어 돕는 것이요 벽(辟)은 임금이며 발호(發號)는 법률을 발표함이고 시령(施令)은 법률에 부속하여 그 집행에 필요한 세칙이나 그 위임에 기초를 둔 규정을 내용으로 하는 명령을 내림이니 곧 시행령을 발표함이다. 장(臧)은 착함이요 약(若)은 순종함이며 휴(休)는 정치문화가 아름다움이다.

고금에 영걸스러운 군주도 간교한 시종, 환관, 총희로 인하여 정치를 어지럽히고 나라를 망쳤으니 그들이 아침저녁으로 임금의 귀와 눈을 흐리게 하기 때문이다. 그러므로 현명한 임금은 직책의 높고 낮음에 관계없이 그 측근에 마음씨가 착한 사람을 배치해서 정치혼란을 미리 방지하는 지혜가 필요한 것이다.

4-28-3 ······················· 惟予一人은 無良이라

實賴左右前後有位之士하여야

匡其不及하며 繩愆糾謬하야

格其非心하야 俾克紹先烈인저

『오직 나 한 사람은 어진 재질이 없으므로 진실로 좌우전후에 직책이 있는 선비에게 의지하여야 그 미치지 못한 것을 바로잡으며 허물

을 다스리고 오류를 규탄하여 그 나쁜 마음을 바르게 하여서 하여금 능히 선대의 빛나는 공적을 이어받을진저.』

● 여기에서는 목왕이 겸손하게 자기를 낮추어 타고난 좋은 재질이 없으므로 측근의 도움을 받아야만 아름다운 정치를 할 수 있겠다고 고백하였다.

양(良)은 양재(良才)이니 타고난 좋은 재질이요 좌우전후(左右前後)는 측근이며 광(匡)은 광정(匡正)함이고 승(繩)은 다스려서 곧게 함이다. 규(糾)는 규탄(糾彈)이니 죄를 꼬집어 내어 비난하고 탄핵함이며 격(格)은 바르게 함이다. 건(愆)은 불급(不及)보다도 과실이 큰 것이고 비심(非心)은 오류보다도 고치기가 어려운 것이다. 선렬(先烈)은 선대의 빛나는 공적인데 곧 문왕(文王)과 무왕(武王)의 덕치인정(德治仁政)이다.

4-28-4 ······························ 今予는 命汝하야 作大正하노니
금여 명여 작대정

正于群僕侍御之臣하야
정우군복시어지신

懋乃后德하야 交修不逮하라
무내후덕 교수불체

『이제 나는 그대를 임명하여 대정을 삼노니 임금의 옆에서 받드는 여러 신하에 어른이 되어 그대 임금의 덕을 힘써서 미치지 못한 것을 교대로 닦도록 하라.』

● 여기에서는 목왕이 백경을 태복정, 즉 왕의 비서실장으로 임명하고 왕의 측근에 있는 모든 신하를 바로잡아 왕의 덕을 닦는 데 힘쓰라고 명령하였다.

작(作)은 삼는 것이고 대정(大正)은 태복정(太僕正)으로 곧 왕의 비서실장에 해당하는데 『주례(周禮)』에 태복(太僕)은 하대부(下大夫)라고

하였다. 정(正)은 장(長)의 뜻으로 총관리하는 책임을 지는 것이요 군복(群僕)은 여러 복례(僕隷)로 여러 비서(秘書)를 지칭하고 시어(侍御)는 앞(4-28-2)에서 이미 해설하였다. 후덕(后德)은 목왕(穆王)의 덕(德)이고 불체(不逮)는 미치지 못함이다.

4-28-5·····································愼簡乃僚하되
無以巧言令色便辟側媚하고 其惟吉士하라

『그대의 동료를 신중히 간택하되 말을 교묘하게 하고 얼굴색을 아름답게 하며 편벽하고 간사하게 아첨하는 사람을 쓰지 말고 그 오직 길한 선비로 하라.』

◉ 여기에서는 태복정(太僕正)에게 그 동료와 소속한 직원을 채용함에 있어서 간교한 아첨배를 쓰지 말고 마음씨가 착한 길사(吉士)를 선발하라고 명령하였다.

간(簡)은 간택(簡擇)함이고 교언(巧言)은 말을 교묘하게 꾸며서 함이며 영색(令色)은 얼굴빛을 어여쁘게 꾸미는 것이요 편벽(便辟)은 남에게 알랑거려 그 비위를 잘 맞추는 사람이며 측미(側媚)는 사특(邪慝)한 짓으로 아첨하는 사람이다.

왕이 태복정에게 동료와 소속직원을 임면하는 인사권을 부여하고 그 선발에 있어서 소인배를 쓰지 말고 길사를 채용하라고 하였으니 공화정체의 인사제도를 여기에서 확인하라.

4-28-6·····································僕臣正이면 厥后克正하고
僕臣諛면 厥后自聖하리니

후덕유신　　　불덕　유신
后德惟臣이며 不德도 惟臣이니라

『복신이 바르면 그 임금이 능히 바르고 복신이 아첨하면 그 임금이 스스로 거룩하게 생각하리니 임금의 덕은 오직 신하로 인하며 덕이 아님도 오직 신하 때문이니라.』

◉ 여기에서는 왕을 측근에서 모시는 시중꾼들의 직책이 대단히 중대함을 지적하였다.

복신(僕臣)은 왕의 비서진이요 유(諛)는 남에게 영합하여 아첨함이며 자성(自聖)은 스스로 거룩하다고 생각함이다.

아침저녁으로 왕의 비서들이 교언(巧言), 영색(令色), 편벽(便辟), 측미(側媚)하면 왕이 저절로 교만하게 되어서 덕을 잃을 것이고 좌우전후(左右前後)에서 정인(正人)과 길사(吉士)가 왕의 불급(不及), 건(愆), 오류(誤謬), 비심(非心)을 규찰하여 바로잡으면 반드시 겸손하여 덕이 높을 것이니 후세의 정치지도자는 명심할지어다.

이무닐우섬인　　　충이목지관
4-28-7 ························· 爾無昵于憸人하야 充耳目之官하야
적상이비선왕지전
迪上以非先王之典하라

『그대는 마음이 간사하여 아첨하는 사람을 친하고 가깝게 하여 임금의 귀와 눈이 되는 관직을 채워서 임금을 선왕의 법전이 아닌 것으로 계도하지 말라.』

◉ 여기에서는 임금의 귀와 눈이 되는 관직의 중요성을 특별히 강조하였다.

닐(昵)은 친근함이고 섬인(憸人)은 마음이 간사하여 아첨하는 사람이며 이목지관(耳目之官)은 임금의 귀와 눈이 되는 관직이니 사회의

현실과 여론을 임금에게 보고하는 직책을 가진 신하로 곧 민정비서관과 공보비서관이다. 적(迪)은 계도하여 나아가게 함이고 상(上)은 군상(君上)이니 여기에서는 목왕(穆王)을 지칭한다.

왕은 사회의 현실과 여론을 정확히 알고 있어야 그 정치적 판단을 올바르게 결정할 수 있기 때문에 왕의 눈과 귀가 되는 관직은 절대로 사실을 왜곡하고 여론을 조작하여 임금으로 하여금 오판하게 해서는 안 된다.

4-28-8·······································非人其吉이요 惟貨其吉이면
（비 인 기 길　　유 화 기 길）

若時瘝厥官하리니 惟爾大弗克祇厥辟이라
（약 시 환 궐 관　　유 이 대 불 극 지 궐 벽）

惟予는 汝辜하리라
（유 여　　여 고）

『잘난 사람으로 그 길함을 삼지 않고 오직 재화로 그 길함을 삼으면 그대가 이에 그 관리를 병들게 하리니 오직 그대는 크게 그 임금을 잘 공경하지 아니함이므로 오직 나는 그대를 허물하리라.』

◉ 여기에서는 인사와 업무에 관련하여 절대로 재화를 탐내지 말 것을 경계하였다.

인(人)은 현량한 사람이고 화(貨)는 재화이니 공금을 횡령하거나 뇌물을 받거나 이권을 청탁하는 것이며 약(若)은 대명사이다. 시(時) 시(是)의 뜻이고 환(瘝)은 병드는 것이며 벽(辟)은 임금이요 고(辜)는 허물함이니 곧 죄를 묻는 것이다.

관기(官紀)를 문란하게 하는 것은 뇌물로부터 발단하여 마침내 부정부패함으로써 불법비리가 사회에 만연하게 되는 까닭에 회뢰죄(賄賂罪)를 처벌하는 것은 당연하다.

왕 왈오호 흠 재
王이 曰嗚呼라 欽哉하야
영 필 내 후 우 이 헌
永弼乃后于彝憲할진저

『왕이 말씀하시기를 오호라, 공경하여 길이 그대의 임금을 떳떳한 관직의 질서로 도울진저.』

● 목왕이 끝으로 백경에게 떳떳한 관직의 질서를 지켜 월권하지 말라고 경계하였다.

왕왈(王曰)은 앞의 말에서 백경(伯囧)이 아무 대답도 아니하므로 사관이 그 사실을 밝히기 위하여 다시 기록하였으며 이(彝)는 떳떳한 것이요 헌(憲)은 헌강(憲綱)이니 이헌(彝憲)은 일반적인 관직의 위계질서로 직급과 직종의 체계를 유지하여 월권행위나 직무유기를 하지 않음이다.

정치의 혼란은 임금으로부터 말미암고 임금의 타락은 측근의 신하로 인하여 비롯하나니 측근의 비서진을 엄중히 단속하여 아첨하지 못하게 하고 사실을 왜곡하거나 여론을 조작하지 못하게 하며 재물을 탐하지 못하게 하며 월권행위를 못하도록 경계한 것은 길이 정치지도자가 살펴야 되는 교훈이니 목왕은 공화정체의 법과 제도에 의하여 나라를 경영하는 임금이라고 할진저. 후세에 목왕을 안일한 임금으로 평가하는 학자가 있으나『서경』의 내용으로 보면 대단히 의욕적인 임금이니 아마도 뒤에 의욕이 떨어졌는지 알 수 없다.

29. 여형(呂刑) / 여후(呂侯)의 형법(刑法)

여(呂)는 여(呂)나라 임금이니 여후(呂侯)라고 하며 형(刑)은 형법(刑法)이다.

목왕(穆王)이 여후(呂侯)를 대사구(大司寇)로 임명하고 형법(刑法)을 다듬고 보충해서 사방의 제후와 법관에게 형사사건의 처리에 대한 기본원칙을 밝히고 범죄사실을 명확하게 살펴 형량을 알맞게 결정하여 억울하거나 법을 무시하는 사람이 없게 하라고 훈시한 내용이다.

이 편은 『금문상서(今文尚書)』와 『고문상서(古文尚書)』에 모두 수록되어 있는데 고대의 형법을 살필 수 있는 중요한 자료이다. 사마천(司馬遷)은 『사기(史記)』의 주본기(周本紀)에서 보후(甫侯)가 보형(甫刑)을 제정하여 목왕이 발표했다고 했으니 참고하기 바란다.

4-29-1 ························· 惟呂를 命하시니 王이 享國百年에
老荒이라 度作刑하야 以詰四方하다

『오직 여후를 임명하시니 왕이 나라를 계승하여 재위하신 지 100년에 늙어서 정신이 흐리멍덩하시므로 헤아려 형법을 만들어 사방을 삼가게 하다.』

◉ 목왕이 여후를 대사구, 즉 법무장관으로 임명하니 목왕이 늙어서 정신이 흐리멍덩하기 때문에 여러 가지의 법규를 헤아리고 의논하여 형법을 제정해서 사방을 근신하게 하였음을 사관이 기록하였다.

여(呂)는 여후(呂侯)이고 명(命)은 대사구(大司寇)로 임명한 것인데

어순을 도치한 것은 여(呂)가 아래 문장의 주어임을 밝히기 위함이다. 왕(王)은 목왕(穆王)이고 모(耄)는 90~100세의 노인이고 황(荒)은 황홀(荒忽)이니 정신이 흐리멍덩한 모양으로 목왕은 50세에 즉위하여 재위 55년에 붕(崩)했다고 『사기(史記)』에서 밝혔다. 탁작(度作)은 여러 가지 법규를 헤아려 조정회의에서 결의하여 제정한 것이요 형(刑)은 형벌(刑罰)이며 힐(詰)은 근신하여 조심하게 함이다.

대저 고대에는 지방의 관습법에 의하여 범죄를 처벌하였으니 상황에 따라 합당한 징계를 하기 위함이었다. 그러나 사회가 발전함에 따라 범죄유형이 다양하고 사건이 많아짐에 늙은 왕이 그것을 모두 살피기가 어렵게 되자 여후가 왕의 직무를 줄이기 위하여 천하에 공통적인 형법을 만들어서 범죄와 형벌에 관한 법률체계를 성문화해서 누구나 어떠한 행위가 처벌되고 그 처벌은 어떠한 종류, 정도의 것인가를 알게 함으로써 그 범죄를 줄이고 각국이 자체적으로 사건을 처리하기 쉽게 하였다.

4-29-2 ······························· 王이 曰若하시고 古有訓하니
                              蚩尤가 惟始作亂한대
                              延及于平民하야 罔不寇賊하고
                              鴟義姦宄 奪攘矯虔하니라

『왕이 말씀하시기를 '어이쿠' 하시고 옛날에 훈계하는 말이 있나니 치우가 오직 처음으로 난동을 일으킨대 평민에게까지 뻗쳐서 미치어 떼도둑질과 도적질을 아니함이 없고 마음대로 날뛰며 안도적과 바깥도적을 옳다고 하며 강탈하고 훔침에 속이고 죽였다고 하니라.』

◑ 목왕이 역사적으로 범죄사건이 출현하게 된 배경을 밝혔다.

훈(訓)은 훈계함이고 치우(蚩尤)는 사람이름으로『사기(史記)』오제본기(五帝本記)에 의하면 신농씨(神農氏) 시대에 강성한 변방지역의 군장(君長)으로서 난폭하여 약탈과 살육을 일삼았기 때문에 황제가 제후의 군사를 소집하여 치우와 더불어 탁록(涿鹿)의 벌판에서 싸워서 사로잡아 죽였다고 하였으니 탁록은 직예성(直隷省)에 있는 산명(山名)이다. 작난(作亂)은 난동을 일으킴이요 연급(延及)은 난동의 풍조가 파급하여 미침이며 구(寇)는 도둑떼이고 적(賊)은 도적이니 단독범행이다. 치(鴟)는 마음대로 날뛰는 것이고 의(義)는 옳다고 주장하는 것이며 간(姦)은 안도적이고 궤(宄)는 바깥도적이다. 탈(奪)은 강탈이고 양(攘)은 훔치는 것이며 교(矯)는 속임수를 쓰는 것이요 건(虔)은 죽이는 것이다.

고대에는 인정이 두텁고 풍속이 순박하여 세상이 평화로웠는데 치우가 나와서 적자생존, 약육강식의 논리를 펴면서 강력한 무력으로 난동을 일으켜 약탈과 살육을 정당하다고 강변했기 때문에 세상에 범죄사건이 출현하였으니 치우는 세상에 처음으로 악을 전파한 장본인이라고 하겠다.

4-29-3 ·······························

묘 민　　　불 용 령　　　제 이 형
苗民이 弗用靈하고 制以刑하되
유 작 오 학 지 형　　　왈 법
惟作五虐之刑하야 曰法이라 하야
살 륙 무 고　　　원 시 음 위 의 이 탁 경
殺戮無辜하니 爰始淫爲劓刵椓黥하야
월 자 려 형　　　병 제　　　망 차 유 사
越玆麗刑하고 幷制하야 罔差有辭하니라

『묘나라 민족이 신령함을 쓰지 않고 형벌로써 단속하되 오직 다섯 가지 포학한 형벌을 만들어 말하기를 법이라고 하여 허물이 없는 사람을 죽이니 이에 비로소 멋대로 코를 베고 귀를 베고 불알을 까고 얼굴에 먹물로 글자를 새기게 하여 이에 형벌을 시행하고 아울러 단

속하여 할말이 있는 사람을 가리지 아니하니라.』

　● 여기에서는 묘나라 민족이 신령하게 감화시키는 도덕정치를 하지 않고 오로지 무서운 형벌로만 단속하는 포학한 형법통치로 무고한 사람까지 무자비하게 죽였음을 밝혔다.

　묘(苗)는 나라이름으로 앞(1-2-12)에서 이미 해설하였고 령(靈)은 인간의 신령한 지각으로 떳떳한 덕을 좋아하고 사악한 것을 싫어하여 덕치인정을 베풀면 착하게 되고 포학한 정치를 하면 사악하게 되는 것이다. 제(制)는 단속함이고 형(刑)은 형벌이며 오학지형(五虐之刑)은 다섯 가지 포학한 형벌로 5형(五刑)을 시행함에 그 심리절차나 변명의 기회도 없이 즉결처분하는 것이다. 법(法)은 국법이니 자연법이 아니라 실정법으로서 소위 악법이요 음(淫)은 자의적으로 법을 해석하여 형벌을 멋대로 판결함이며 의(劓)는 코를 베는 의벌(劓罰)이고 이(刵)는 귀를 베는 이형(刵刑)이며 탁(㭬)은 불알을 까는 궁형(宮刑)이고 경(黥)은 얼굴에 먹물로 글자를 새기는 묵형(墨刑)이다. 월(越)은 어(於)의 뜻이고 려(麗)는 베풀어 시행함이며 차(差)는 가려서 선택함이요 유사(有辭)는 할말이 있는 것이니 죄가 없음을 호소하는 사람이다.

　앞 절에서는 치우가 악을 전파한 원흉임을 밝히고 이 절에서는 묘나라가 포학한 형벌로 무고한 사람까지 죽이는 대흉임을 밝혔으니 구적간궤(寇賊姦宄)를 옳다고 강변하는 것도 죄악이요 형벌을 지나치게 시행하여 죄 없는 사람을 죽이는 것도 또한 죄악이니 법관은 여기에서 깊이 살피기 바란다.

4-29-4 ‥‥‥‥‥‥‥‥‥‥‥‥‥‥‥‥‥‥‥

민홍서점
民興胥漸하야

민민분분
泯泯棼棼하야

망중우신
罔中于信하야

이복조맹
以覆詛盟하니

학위서륙
虐威庶戮이라

방고무고우상
方告無辜于上한대

『인민이 본받아 서로 번져서 타락하여 뒤숭숭하고 어지러워 성신에 대한 마음이 없어 서약과 맹세를 반복하니 포학하게 위협하며 거의 죽이므로 바야흐로 허물이 없음을 위에 호소한대 하느님이 민중을 살피시니 향기로운 덕은 있지 않고 형벌로 일어난 소문이 오직 비린내뿐이라.』

☯ 여기에서는 묘나라의 포학한 형벌이 미치는 사회적 타락현상을 지적하였다.

민(民)은 묘(苗)나라의 민중이고 흥(興)은 본받아 따름이며 점(漸)은 점점 퍼져서 번지는 것이다. 민민(泯泯)은 질서와 도덕이 없어져서 타락한 모양이고 분분(棼棼)은 뒤숭숭하고 어지러운 모양이며 중(中)은 마음의 주장(主張)이니 곧 중심이다. 복(覆)은 반복함이고 조맹(詛盟)은 서약과 맹세이며 학위(虐威)는 포학한 형벌로 위협하는 정치요 서륙(庶戮)은 거의 모든 범죄를 극형으로 다스려 엄벌 위주로 판결함이다. 형향덕(馨香德)은 향기로운 덕치인정(德治仁政)이니 인간을 존중하고 사랑하는 정치풍토이고 형발문(刑發聞)은 형벌에 대하여 일어난 소문이며 성(腥)은 성취(腥臭)로 비린 냄새인데 곧 형장에 흐른 피의 냄새를 의미한다.

정치가 민심을 바로잡는 데 힘쓰지 않고 오로지 형벌로 범죄를 근절하려고 힘쓰면 도리어 민심이 더욱 사나워져서 도저히 개과천선하는 교화가 이루어지지 않음을 여기에서 확인하라.

황 제   애 긍 서 륙 지 불 고
4-29-5 ······························· 皇帝가 哀矜庶戮之不辜하사

보 학 이 위　　　알 절 묘 민
報虐以威하사 遏絶苗民하야
무 세 재 하
無世在下하시고

『황제가 거의 죽는 죄가 없는 사람을 불쌍하게 여기사 포학을 위무로써 응보하시어 묘나라 민족을 막고 끊어 대대로 아래에 있지 못하게 하시고』

◉ 여기에서는 순임금이 천벌을 받들어 묘나라 정부를 징계하여 정벌해서 추방한 역사적 사실을 증언하였다.

황제(皇帝)는 순(舜)임금을 지칭하고 애긍(哀矜)은 불쌍하게 여겨서 동정함이요 불고(不辜)는 죄가 없는 사람이며 보(報)는 응보(應報), 위(威)는 위무(威武), 알절(遏絶)은 막고 끊어서 교통하여 왕래하지 못하게 함이다. 묘민(苗民)은 묘나라 임금의 종족이고 재하(在下)는 천자국의 아래에 있는 것이니 곧 제후의 위치에 있는 것이다.

순임금이 묘나라 군장을 처벌한 기록은 앞(1-2-12)에서 처음 삼위(三危)로 귀양을 보냈고 그 다음(1-3-21)에서는 우로 하여금 정벌하게 하였으며 또 그 뒤(1-5-8)에는 치수공사에 비협조적이었음을 낱낱이 밝혔으니 남쪽의 묘나라가 개방과 개화를 얼마나 싫어했는가를 알 수 있다.

내 명 중 려　　　절 지 천 통
4-29-6 ·· 乃命重黎하사 絶地天通하사
망 유 강 격　　　군 후 지 체 재 하
罔有降格하게하신대 群后之逮在下가
명 명 비 상　　　환 과 무 개
明明棐常하야 鰥寡無蓋하니라

『이에 중과 려를 임명하사 멀리 떨어져 있는 지방에도 하늘이 통하게 하시어 인격을 낮춤이 있지 않게 하신대 여러 임금의 다스림이 미

치는 아래에 있는 사람들이 밝고 밝게 떳떳함을 도와서 홀아비나 과
부도 덮음이 없었느니라.』

● 여기에서는 순임금이 중과 려를 임명하여 멀리 떨어져 있는 변
방지역에까지 천부의 인간성이 통하게 하여 인간의 고귀한 인격을 낮
추지 못하게 함으로써 천자의 정치문화가 미치는 제후국에는 모두 문
명한 상도가 있어서 비록 홀아비나 과부처럼 고단한 사람의 인격이라
도 천부인권을 빼앗을 수 없게 하였음을 증언하였다.

중(重)과 려(黎)는 순(舜)임금의 신하이름이고 절지(絶地)는 멀리 떨
어져 있는 땅이며 천(天)는 천리(天理)이니 곧 사람이 태어날 때에 하
늘로부터 받은 고유한 인간성이요 통(通)은 알아서 통달함이다. 강격
(降格)은 그 품격을 낮춤이니 곧 하늘로부터 받은 만인 공통의 인격을
낮추어 짐승처럼 학대하고 마구 죽이는 것인데 전배(前輩)들은 신령
(神靈)이 강림하는 것으로 해석하였으나 위아래 문장과 통하지 않은
억지해석이기에 내가 바로잡았다. 군후(群后)는 여러 제후이고 체(逮)
는 정치력이 미치는 것이며 비(棐)는 돕는 것이고 상(常)은 상도(常道)
로 사람답게 사는 길이요 개(蓋)는 덮는 것이니 엄폐하여 인권을 찾지
못하게 함이다.

무릇 인간의 존엄성이 밝혀지면 인격을 무시할 수 없는 것이니 순
임금이 멀리 떨어진 지방에까지 천지의 도덕과 정치의 문명을 적극적
으로 보급한 것은 위대한 사업인저.

4-29-7 ·····························
皇帝가 淸問下民하시니 鰥寡가
　황제　　청문하민　　　환과

有辭于苗어늘 德威하신대
　유사우묘　　덕위

惟畏하고 德明하신대 惟明하니라
　유외　　덕명　　　유명

『황제가 조용히 하층민중에게 물으시니 홀아비와 과부가 묘나라에

할말이 있거늘 덕으로 으르신대 오직 두려워하고 덕으로 밝히신대 오직 밝으니라.』

◑ 여기에서는 순임금이 하층민중의 목소리를 듣고 지방국가의 정치득실을 평가하였음을 밝혔다.
청문(淸問)은 조용히 은밀하게 묻는 것이고 유사(有辭)는 할말이 있는 것이니 고발하여 하소연함이며 덕위(德威)는 도덕적으로 문책하는 것이요 덕명(德明)은 도덕적으로 밝게 타이르는 것이다.
순임금이 묘나라 정부를 도덕으로 감화하여 하층민중을 위하여 봉사하는 정책을 펴게 하였으니 바로 사랑의 정치이다.

4-29-8 ························ 乃命三后하사 恤功于民하시니

伯夷는 降典하야 折民惟刑하고

禹는 平水土하야 主名山川하며

稷은 降播種하야 農殖嘉穀하야

三后가 成功하야 惟殷于民하니라

『이에 세 제후를 임명하사 민중에게 공덕을 베풀어 구제하라고 하시니 백이는 예전을 내려서 민중을 눌러 복종하게 함에 오직 형벌로 하고 우는 강과 육지를 편편하게 다스려 이름난 산과 하천을 지키게 하며 후직은 파종법을 내려서 농사에 좋은 곡식을 심게 하여 세 제후가 공적을 이루어 오직 민중에게 융성하게 하니라.』

◑ 여기에서는 순임금이 백이와 우와 후직에게 민중을 구제하도록 하여 마침내 민중이 융성하게 되었음을 증언하였다.
삼후(三后)는 세 제후이니 곧 백이(伯夷)와 우(禹)와 후직(后稷)인데

백이(伯夷)는 백(伯)이 작(爵)이고 이(夷)가 이름이며 우(禹)는 숭백자(崇伯子)로 숭(崇)나라 임금의 아들이었으며 직(稷)은 이름이 기(棄)로 순(舜)임금이 태(邰)나라 임금으로 봉했다가 직관(稷官)을 삼았기 때문에 후직(后稷)이라고 불렸다. 강(降)은 정책을 반포하여 널리 시행함이고 전(典)은 예전(禮典)인데 앞(1-2-23)에서 말한 삼례(三禮)를 기록한 책이며 절(折)은 절복(折伏)으로 눌러서 복종시키는 것이니 의전(儀典)을 비난하고 어기는 사람을 제재하여 따르게 만드는 것이다. 형(刑)은 가벼운 형벌이니 반사회적인 풍속범죄를 약식재판으로 처벌하여 미풍양속을 해치지 못하도록 징계함이다. 대저 이것은 경범죄처벌법으로 일상생활 가운데 나타나는 반도덕적인 침해행위를 단속하는 것이므로 비교적 가벼운 처벌인바 구류와 과료에 한하는 처벌이기 때문에 법무부의 소관으로 하지 않고 전례부(典禮部)의 소관으로 말하였으니 백이가 형법을 관장한 말로 오해하지 않기 바란다. 백이의 질종(秩宗)에 대한 직무는 앞(1-2-23)에서 이미 해설하였으니 참고하라. 평수토(平水土)는 앞(1-2-17)에서 이미 해설하였고 주(主)는 지키는 것이고 명산천(名山川)은 명산대천으로 우가 택지와 농지를 개발하여 민중으로 하여금 정착생활을 하게 하면서 지역의 명산, 대천을 지키며 제사를 지내게 했다는 말이다. 직(稷)은 후직인데 앞(1-2-18)에서 이미 해설하였고 공(功)은 공적이며 은(殷)은 융성함이다.

민중을 정직하고 안전하고 넉넉하게 살도록 정책을 펴는 것은 인간성을 길러서 문명한 사회를 만드는 길이니 순임금의 정치는 인간의 존엄성을 발양하는 것인저!

4-29-9 ·························· 士制百姓于刑之中하야 以教祗德하니라
_{사 제 백 성 우 형 지 중　　이 교 지 덕}

『재판관은 백성을 형벌에 적중하도록 제재하여 덕을 공경함을 교도하니라.』

◎ 여기에서는 경범죄처벌법으로 다스릴 수 없는 사람은 정식재판에 회부하여 재판관으로 하여금 심리하게 하여 합당한 형벌을 내려서 진심으로 개과천선하도록 교도하게 하였음을 증언하였다.

사(士)는 앞(1-2-20)에서 이미 해설하였으니 곧 사사(士師)인데 고요(皐陶)가 관장하는 사법부의 재판관인즉 정식재판에 회부함을 뜻한다. 중(中)은 적중(的中)이니 죄상과 죄질을 살펴 형벌을 알맞게 판결함이고 교(敎)는 교도함이며 지덕(祗德)은 덕을 공경함이니 개과천선(改過遷善)하여 미풍양속(美風良俗)을 존중함이다.

백이의 전례부에서 고발하는 경범에 대한 약식재판에 불복할 때는 그 원고와 피고가 모두 정식재판을 청구할 수 있는 것이므로 오늘날 즉결재판에 불복하면 정식재판을 청구할 수 있는 것과 같으니 전례부가 법무부의 고유업무를 침해한 것이 아니다.

4-29-10 ······························· _{목 목 재 상} 穆穆在上하며 _{명 명 재 하} 明明在下하야
_{작 우 사 방} 灼于四方이어야 _{망 불 유 덕 지 근} 罔不惟德之勤하나니
_{고 내 명 우 형 지 중} 故乃明于刑之中하야 _{솔 예 우 민} 率乂于民하야
_{비 이} 棐彝하니라

『온화하고 그윽한 임금이 위에 있으며 밝고 밝은 신하가 아래에 있어 사방에 빛나야만 오직 덕에 부지런하지 않음이 없나니 그러므로 이에 형벌에 적중함을 밝혀야 민중에게 아름다움을 쫓게 하여 떳떳한 윤리를 북돋으리라.』

◎ 여기에서는 임금이 도덕을 밝히고 신하가 밝게 단속하여 명랑한 사회가 되어야 민중이 덕을 부지런히 닦을 것이므로 형벌이 적중해야만 민중을 교화하여 아름다운 풍속을 부식할 수 있음을 설파하였다.

목목(穆穆)은 온화하고 그윽한 모양이니 도덕의 표상이고 상(上)은 군상(君上)의 자리이며 명명(明明)은 밝게 살펴서 단속하는 모양이며 하(下)는 신하의 자리이다. 작(灼)은 빛이 남이고 솔(率)은 순(循)의 뜻이니 좇음이요 비(棐) 북돋아 부식(扶植)함이며 이(彝)는 이륜(彝倫)이다.

각박한 암흑사회에서는 도덕풍속이 몰락하고 사치와 방종과 아첨과 참소가 성행하여 위아래와 사방이 모두 어지러워서 마침내 민권을 보장할 수 없게 되는 것이다.

4-29-11 ····································

전 옥　　비 흘 우 위　　유 흘 우 부
典獄이 非訖于威라 惟訖于富니

경 기　　　　망 유 택 언 재 신
敬忌하야 罔有擇言在身하야

유 극 천 덕　　　　자 작 원 명
惟克天德이라사 自作元命하야

배 향 재 하
配享在下하리라

『형사사건을 담당한 재판관은 위엄에 이르름이 아니라 오직 충실함에 이르러야 하나니 공경하고 경계하여 말이 자신에게 있는 것을 선택함이 있지 아니하여 오직 천덕을 잘 섬겨야만 스스로 원래의 사명을 완수하여 종묘에 배향함이 하세에 있으리라.』

　☯　여기에서는 목왕이 여후에게 형사재판에 있어서 권력의 위엄으로 강압하여 개인적인 주관으로 판결하지 말고 오직 천덕을 잘 받들어 충실하게 사실을 확인하여 약자를 보호하는 원래의 사명을 완수해야만 사구의 모범이 되어 사후에 종묘에서 제사를 받을 것임을 말했다.

전(典)은 맡아서 주관함이고 옥(獄)은 형사재판이며 흘(訖)은 이르러 감이다. 위(威)는 위엄이요 부(富)는 충실하여 만족스러움이니 사건의

전모를 충분히 밝혀서 미진함이 없는 것이며 경(敬)은 사건의 중대성을 인식하여 경건하게 살핌이고 기(忌)는 착각이나 오해의 소지가 없도록 경계하여 조심하는 것이다. 택(擇)은 선택함이고 언(言)은 논리로써 판결의 기준이 되는 법리와 사리이며 재신(在身)은 자기자신에게 있는 선입관이나 편견 또는 주관적인 사상이다. 극(克)은 잘 받드는 것이고 천덕(天德)은 하늘의 덕이니 공명정대한 천심이며 작(作)은 완수함이요 원명(元命)은 원래(元來)의 사명이니 순(舜)임금이 사사(士師)를 임명하여 재판제도를 설치한 목적이다. 배향(配享)은 종묘에 공신의 위판(位版)을 나란히 모시고 제사를 지내는 것이며 하(下)는 하세(下世)이니 죽은 뒤에이다.

목왕이 여후에게 민중을 착하게 교도하여 죽은 다음에도 종묘에서 같이 제향을 받자고 하였으니 그 뜻이 아름답고 그 말이 간절하도다. 후세의 학자들이 목왕을 비난하면서 그 근거로 여형(呂刑)을 언급하지만 어불성설이다. 이 여형의 경문은 그 인용문이 모두 근거가 있고 논리의 격이 매우 높아서 덕언(德言)으로 손색이 없다.

4-29-12 ······································ 王이 曰嗟라 四方司政典獄아

非爾惟作天牧가 今爾는 何監고

非時伯夷播刑之迪이리오 其今爾何懲고

惟時苗民이 匪察于獄之麗하니

罔擇吉人하야 觀于五刑之中이오

惟時庶威奪貨로 斷制五刑하야

以亂無辜한대 上帝不蠲降咎于苗하시니

苗民이 無辭于罰하야 乃絶厥世하니라

『왕이 말씀하시기를 '아이고' 사방에 정치를 맡아 형사재판을 주관한 사람이여, 그대들은 오직 하늘의 목민관이 되지 않았는가. 이제 그대들은 무엇을 거울로 삼으려는가. 이 백이가 전파했던 가벼운 형벌을 따르지 않으리오. 그 이제 그대들은 무엇을 징계로 삼으려는가. 오직 이 묘나라 민족이 형사사건에 관련자들을 살피지 아니하니 길인을 선택하여 5형에 대한 적중함을 관찰하지 아니하고 오직 이에 여러 가지로 위협하여 재화를 빼앗는 것으로 다섯 가지 형벌을 판단하고 제재하여 무고한 사람을 어지럽게 한대 하느님이 감면하지 않고 벌을 묘나라에 내리시니 묘나라 민족이 벌에 대하여 변명할 말이 없으므로 이에 그 세대가 끊어졌느니라.』

◑ 여기에서는 목왕이 지방의 제후에게 천목의 사명을 다하여 백이의 가벼운 형벌을 본받고 묘민의 중벌주의를 경계로 삼으라고 명령하였다.

왕왈(王曰)은 앞에서 목왕(穆王)이 여후(呂侯)에게 천덕(天德)을 잘 받들어 스스로 원래의 사명을 완수하여 죽은 다음에 같이 종묘에 배향(配享)되는 영광을 누리자고 당부하였으나 여후가 아무런 대답을 하지 않으므로 왕이 다시 사방의 제후(諸侯)에게 말한 사실을 나타내기 위하여 사관(史官)이 기록한 것이다. 사정전옥(司政典獄)은 정치를 맡아 형사재판을 주관하는 사람이니 곧 제후의 직분이고 천목(天牧)은 하늘의 뜻을 받들어 사람을 양육하는 지방장관이며 감(監)은 거울로 삼는 것이다. 시(時)는 시(是)의 뜻이요 파(播)는 전파(傳播)하여 베푸는 것이며 형(刑)은 가벼운 형벌로 약식재판에 의하여 경범죄처벌법에 따라 가벼운 벌금이나 노역에 한하는 형벌이다. 적(迪)은 나아가서 쫓아다니는 것이고 징(懲)은 징계(懲戒)로 삼음이니 잘못을 깨달아 경계로 삼는 것이며 리(麗)는 걸리는 것으로 사건에 관련된 사람이다. 단제(斷制)는 판단하고 제재함이고 란(亂)은 혼란스럽게 만드는 것이니 어지럽게 뒤얽혀서 빠져나올 길이 없게 만든 것이다. 견(蠲)은 감면함이고 구(咎)는 허물을 처벌함이며 무사(無辭)는 할말이 없는 것이다.

목왕이 여후에게 범죄를 예방하는 차원에서 경벌로 민중을 교도하라고 교명하고 이어 지방의 제후에게 중벌주의를 경계로 삼으라고 훈고하였으니 목왕은 요순과 문무의 덕치인정을 계승하려는 밝은 임금인저!

4-29-13 ······································ 王이 曰嗚呼라 念之哉어다

伯父와 伯兄과 仲叔과

季弟와 幼子와 童孫아

皆聽朕言하라 庶有格命하니라

今爾는 罔不由慰日勤하나

爾罔或戒不勤하리요 天齊于民이라

俾我一日非終이시니 惟終이

在人이라 爾尙敬逆天命하야

以奉我一人하되 雖畏나 勿畏하고

雖休나 勿休하야 惟敬五刑하야

以成三德하면 一人有慶하며

兆民賴之하야 其寧惟永하리라

『왕이 말씀하시기를 오호라, 생각할지어다. 백부와 백형과 중숙과 계제와 유자와 동손아, 다 같이 나의 말을 들어라. 모두 올바른 사명이 있나니라. 이제 그대들은 위로를 행함에 날로 부지런함이 없으나 그대들에게 혹시라도 부지런하지 아니함을 경계시키지 않으리오. 하

늘은 민중에게 평등하므로 우리로 하여금 하루에 끝냄이 없게 하셨나니 오직 끝냄은 사람에게 있으므로 그대들은 마땅히 천명으로 공경하여 맞이해서 나 한 사람을 받들되 비록 두려워도 두려워 말고 비록 아름다워도 아름다워 말아서 오직 5형을 공경하여 3덕을 이룩하면 한 사람에게 경사가 있으며 억조 민중이 의지하여 그 안녕함이 오직 영구하리라.』

◉ 여기에서는 목왕이 동성의 제후에게 비록 경범죄처벌법에 의하여 약식재판으로 처리할지라도 반드시 부지런히 심리하여 하루에 즉결처분하여 종결하지 말고 반드시 민중에게 약식재판의 이의신청권과 정식재판청구권 및 불복상소권을 주어서 재판의 종결은 민중이 결정하도록 재판의 3심제도를 운용하라고 명령하였다.

백부(伯父), 백형(伯兄), 중숙(仲叔), 계제(季弟)는 동성(同姓)의 제후(諸侯)를 존경한 호칭이고 유자(幼子)와 동손(童孫)은 동성의 제후를 사랑하는 호칭으로 어린 아동이라는 뜻이 아니다. 서(庶)는 뭇이니 모두이고 격명(格命)은 정당한 사명이며 유위(由慰)는 민중에게 위로하는 정책을 시행함이다. 제(齊)는 사람의 천성이 동일하므로 평등하게 대함이니 민권(民權)은 평등하다는 뜻이고 일일(一日)은 즉일(卽日)로 판결함이며 종(終)은 앞(4-11-7)에서 이미 해설하였는바 종결하여 끝냄이니 곧 재판을 그만함이요 역(逆)은 영(迎)의 뜻이며 천명(天命)은 하느님의 명령이니 인민을 사랑하는 공명정대한 명령이다. 일인(一人)은 천자이고 외(畏)는 집단적인 항의에 대한 두려움이고 휴(休)는 판결에 대하여 환영하는 여론이니 곧 특정세력이나 일반의 여론에 따라 재판하지 말라는 뜻이다. 3덕(三德)은 앞(4-6-17)에서 이미 해설하였고 경(慶)은 천복을 받아 국가사회가 융성함이며 뢰(賴)는 민중이 정부를 신임하여 의지하는 것이다.

목왕이 동성의 제후에게 약자인 민중을 보호하는 일에 부지런히 힘쓰고 민권을 보호하며 천명을 받들어 판결하라고 명령하였으니 목왕은 민중의 희망인저.

王이 曰吁라 來하라 有邦有土야

告爾祥刑하노라 在今爾安百姓인댄

何擇고 非人가 何敬고

非刑가 何度고 非及가

『왕이 말씀하시기를 '에구구' 오너라. 나라가 있는 사람과 영토가 있는 사람이여, 그대들에게 상서로운 형벌을 알리노라. 오늘에 있어서 그대들이 백성을 편안하게 할진댄 무엇을 선택할꼬. 사람이 아닌가. 무엇을 공경할꼬. 형벌이 아닌가. 무엇을 헤아릴꼬. 파급효과가 아닌가.』

◉ 여기에서는 제후와 영주들에게 상서로운 형벌을 운용하는 방법으로 첫째 죄가 있는 사람과 죄가 없는 사람을 엄격히 가리고 둘째 형벌의 종류와 등급을 정확하게 살피며 셋째 그 사회에 미칠 파급효과를 깊이 헤아리는 것임을 밝혔다.

유토(有土)는 영토나 영지가 있는 사람이고 상형(祥刑)은 상서(祥瑞)로운 형벌이니 형벌이 적중하여 모두 승복함으로써 나라에 기강이 서고 교화가 이루어져서 명랑사회가 되는 것이다. 하(何)와 비(非)는 묻고 대답하는 어법으로 그 뜻을 더욱 강조하는 문체이다.

兩造하고 具備어든 師聽五辭하리니

五辭가 簡孚어든 正于五刑하며

五刑에 不簡이어든 正于五罰하며

五罰에 不服이어든 正于五過하라

『양쪽의 원고와 피고가 이르고 변호인과 증인과 증거물을 모두 갖추었거든 재판장이 다섯 사람의 말을 듣나니 다섯 사람의 말이 간단명료하고 진실하거든 5형에서 결정하며 5형에서 찾지 못하거든 5벌에서 결정하며 5벌에 불복하거든 5과에서 결정하라.』

◉ 여기에서는 형사사건을 심리하여 재판하는 방법을 구체적으로 설명하였다.

양(兩)은 원고와 피고의 양쪽 당사자이고 조(造)는 이르러 온 것이며 구비(具備)는 소송절차를 모두 갖추는 것으로 고소장과 답변서를 비롯하여 변호인, 증인, 증거물 등이다. 사(師)는 사사(士師)이니 재판장으로 사(士)는 재판관인바 단독판결하고 사(師)는 재판장인바 합동판결한다. 5사(五辭)는 원고와 원고측 변호인 및 피고와 피고측 변호인 그리고 양쪽이 인정하는 증인 등 다섯 사람이 진술하는 말이요 간(簡)은 간단명료함이며 부(孚)는 부신(孚信)이니 진실함이다. 정(正)은 결정함이고 5형(五刑)은 앞(1-4-6)에서 이미 해설하였으며 불간(不簡)은 해당 형을 찾아서 가려내지 못함이요 5벌(五罰)은 경범죄처벌법에서 정한 구류, 벌금, 노역 등의 가벼운 다섯 가지 처벌이며 5과(五過)는 다섯 가지의 과실범을 처벌하는 규정인데 그 죄가 고의성이 없기 때문에 대부분 판상(辦償), 견책(譴責), 과태료, 훈계방면으로 그치는 것이다.

형(刑)은 중형이고 벌(罰)은 경벌이며 과(過)는 건과(愆過)로 가장 경미한 처벌이니 5형(五刑)에 해당되지 않거나 피고가 불복하면 일단 경미한 5과(五過)로 결정한 뜻이 깊도다.

4-29-16 ·································· 五過之疵는 惟官과 惟反과
惟內와 惟貨와 惟來니
其罪가 惟均일새 其審克之하라

『5과의 단점은 벼슬을 생각함과 반감을 생각함과 마음을 생각함과 재화를 생각함과 돌아올 것을 생각함이니 그 죄가 오직 균등하므로 그 심리를 잘하라.』

● 여기에서는 재판관이 사건을 신속하고 명확하게 밝혀서 범죄사실을 명백하게 규명하지 않고 어물어물 미루기만 하다가 마침내 가장 경미한 5과(五過)로 판결을 내리는 것을 경고하였다.

자(疵)는 흠이니 곧 단점(短點)이고 유(惟)는 생각함이며 관(官)은 벼슬, 반(反)은 반감 또는 반발, 내(內)는 마음이니 곧 동정심이고 화(貨)는 뇌물이며 래(來)는 돌아올 반대급부이다. 기죄(其罪)는 재판관이 사건을 불성실하게 처리하는 직무유기죄와 독직의 죄이며 심(審)은 심리함이다.

재판관은 오직 사건의 내용을 살펴서 형법에 따라 판결해야지 그 밖의 권세와 반대여론과 동정심과 재화와 보답을 생각하여 가장 경미하게 처벌하면 이것은 법의 존엄성을 스스로 허물고 기강을 무너뜨리면서 개인의 사사로운 이익을 도모하는 것이므로 똑같은 범죄행위가 아닐 수 없는 것이다.

4-29-17 ···························· 五刑之疑는 有赦하고
　　　　　　　　　　　　　　　　　　오 형 지 의　　　유 사

　　　　五罰之疑는 有赦하되 其審克之하라
　　　오 벌 지 의　　유 사　　기 심 극 지

　　　　　　簡孚有衆이라도 惟貌有稽하고
　　　　　간 부 유 중　　　유 모 유 계

　　　無簡이어든 不聽하야 具嚴天威하라
　　무 간　　　　불 청　　구 엄 천 위

『5형의 의심스러운 것은 사면함이 있고 5벌의 의심스러운 것은 사면함이 있되 그 심리를 잘하라. 간단명료하고 진실함이 많이 있어도 오직 용모에 자세히 살핌이 있어야 하고 간단명료함이 없거든 듣지

아니하여 모두 하늘의 위엄을 엄격하게 하라.』

◐ 여기에서는 죄가 의심스러우면 가벼운 형벌로 징계하여 사면할 수도 있으며 또 간단명료하고 진실한 사건이라도 반드시 그 용모를 직접 살피고 신문하여 허위조작인지를 규명해야 하며 또한 간단명료한 증거가 없으면 사건을 각하하여 함부로 고발하고 고소한 풍조를 엄단하라고 명령하였다.

의(疑)는 죄의 유무가 매우 의심스러워서 판결을 내리기가 심히 곤란한 재판사건이고 유사(有赦)는 재판관의 재량권으로 사면할 수 있다는 것이며 중(衆)은 증인이 많다는 말이다. 모(貌)는 용모이니 정직한 사람은 말이 간결하고 얼굴색이 떳떳하며 기상이 맑으며 눈동자가 또렷하고 귀가 밝은 것이요 부정직한 사람은 말이 번거롭고 얼굴색이 불그레하며 기상이 비굴하고 눈동자가 흐리멍덩하며 귀가 어두운 것이다. 계(稽)는 자세히 고찰함이니 사건의 기록과 증거물을 반복하여 여러 번 다시 조사하는 것이고 무간(無簡)은 간단명료한 증거가 없는 것이며 불청(不聽)은 사건을 각하(却下)하여 기소하지 아니함이다. 천위(天威)는 하늘의 위엄이니 도저히 거짓으로 속일 수 없는 것이다.

재판관이 신속정확하게 판결하면 허위로 조작하여 재판으로 시간을 끌면서 거짓으로 버티는 사악한 무리가 저절로 살아질 것인즉 감히 신성한 법정에서 스스로 양심을 속이지 못할 것이다.

4-29-18 ························· 墨辟이라도 疑면 赦하고 其罰인댄

百鍰이니 閱實其罪하라 劓辟이라도

疑면 赦하고 其罰인댄 惟倍니

閱實其罪하라 剕辟이라도 疑면 赦하고

其罰인댄 倍差니 閱實其罪하라

궁 벽 의 사 기 벌
宮辟이라도 疑면 赦하고 其罰인댄

육 백 환 열 실 기 죄 대 벽
六百鍰이니 閱實其罪하라 大辟이라도

의 사 기 벌 천 환
疑면 赦하고 其罰인댄 千鍰이니

열 실 기 죄 묵 벌 지 속 천
閱實其罪하라 墨罰之屬이 千이요

의 벌 지 속 천 비 벌 지 속 오 백
劓罰之屬이 千이요 剕罰之屬이 五百이요

궁 벌 지 속 삼 백 대 벽 지 벌 기 속
宮罰之屬이 三百이요 大辟之罰이 其屬이

이 백 오 형 지 속 삼 천
二百이니 五刑之屬이 三千이니

상 하 비 죄 무 참 란 사 물 용 불 행
上下比罪하야 無僭亂辭하며 勿用不行하고

유 찰 유 법 기 심 극 지
惟察惟法하야 其審克之하라

『묵형의 법률에 해당하여도 의심스러우면 사면하고 그 미필적 고의범으로 처벌할진댄 100환이니 그 죄상을 검열하여 실증하라. 의형의 법률에 해당하여도 의심스러우면 사면하고 그 미필적 고의범으로 처벌할진댄 오직 배로 하니 그 죄상을 검열하여 실증하라. 비형의 법률에 해당하여도 의심스러우면 사면하고 그 미필적 고의범으로 처벌할진댄 배 정도로 차분하니 그 죄상을 검열하여 실증하라. 궁형의 법률에 해당하여도 의심스러우면 사면하고 그 미필적 고의범으로 처벌할진댄 600환이니 그 죄상을 검열하여 실증하라. 대벽의 법률에 해당할지라도 의심스러우면 사면하고 그 미필적 고의범으로 처벌할진댄 1000환이니 그 죄상을 검열하여 실증하라. 묵벌의 종류가 1000가지요 의벌의 종류가 1000가지요 비벌의 종류가 500가지요 궁벌의 종류가 300가지요 대벽의 벌이 그 종류가 200가지이니 5형의 종류가 3000이니 위아래로 벌을 비교하여 함부로 질서를 어지럽히는 판결문이 없게 하며 이행하지 못할 형벌을 쓰지 말고 오직 법도를 살펴서 그 심리를 잘하라.』

☯ 여기에서는 아무리 5형에 해당하는 형사사건이라고 하여도 죄의 유무를 판단할 수 없을 때에는 마땅히 사면하여 죄도 없이 벌을 받는 사람이 하나도 없게 할 것이며 다만 미필적 고의범은 감형하여 벌금형으로 처벌할 수 있음을 밝혔다.

묵벽(墨辟)은 묵형(墨刑)의 법률에 해당하는 것이니 가벼운 죄인은 얼굴에 먹물로 글자를 새기는 것이고 의(疑)와 사(赦)는 앞 절(4-29-17)에서 이미 해설하였으며 기벌(其罰)은 미필적(未必的) 고의범(故意犯)을 처벌하는 것이니 고의범은 앞(4-29-12)에서 5형(五刑)에 알맞게 처벌하라고 이미 명령하였다. 환(鍰)은 황철(黃鐵) 6량(兩)으로 주(周)나라 화폐이며 열실(閱實)은 검열하여 사실을 규명함이고 기죄(其罪)는 그 미필적 고의범에 해당하는 죄상이다. 의벽(劓辟)은 코를 베는 의형(劓刑)의 법률에 해당하는 것이요 배(倍)는 묵형(墨刑)의 배이니 곧 200환(鍰)이며 비(剕)는 발뒤꿈치를 자르는 형벌이고 배차(倍差)는 배(倍) 정도의 차분(差分)이 있음이니 곧 400환 정도의 내외이다. 궁(宮)은 궁형(宮刑)이니 남자는 거세(去勢)하고 여자는 음부를 유폐(幽閉)함이며 대벽(大辟)은 사형이다. 속(屬)은 해당하는 종류이고 비(比)는 비교함이며 참란(僭亂)은 함부로 조리질서를 어기는 것이며 사(辭)는 판결의 이유를 설명하는 말이요 불행(不行)은 이행하지 못함이니 죄인이 감당할 힘이 없어서 벌금을 내지 못하는 것이다.

이것은 미필적 고의범에 한하여 벌금형을 부과할 수 있다는 뜻이지 모두 벌금형으로 대체하라는 말이 아니니 깊이 살피기 바란다. 그리고 전배(前輩)들은 이 경문을 오해하여 5형에 모두 벌금으로 속죄할 수 있는 것처럼 해석하였으나 옳지 않다. 앞에서 고의범은 이미 다섯 가지 형벌에 알맞게 처벌하라고 하였거늘 어찌 사형죄까지 벌금으로 속죄하는 길이 있으리오.

4-29-19 ·························· 上刑^{상형}이라도 適輕^{적경}이어든 下服^{하복}하고

下刑_{하형}이라도 適重_{적중}이어든 上服_{상복}하라
輕重諸罰_{경중제벌}에 有權_{유권}하며 刑罰_{형벌}은
世輕世重_{세경세중}하나니 惟齊非齊_{유제비제}에 有倫有要_{유륜유요}하라

『상등의 형벌이라도 가벼운 쪽에 해당하거든 하급으로 복역하고 하등의 형벌이라도 무거운 쪽에 해당하거든 상급으로 복역하라. 가볍고 무거운 모든 형벌에 저울질함이 있으며 형벌은 세태로 가볍고 세태로 무겁게 하나니 오직 균등함과 균등하지 않음에 조리가 있고 요강이 있게 하라.』

◑ 여기에서는 형사사건을 심리하여 형벌을 결정함에 참작해야 될 사항을 밝혔으니 같은 형벌에 해당하여도 죄질에 따라 경중을 두고 세태의 변화에 따라 경중을 두되 균등한 조리질서가 있어야 하고 또한 균등하지 않음에 요강이 있게 하라고 명령하였다.

상형(上刑)은 상등(上等)의 형벌(刑罰)이니 대벽(大辟)의 형(刑)이요 적(適)은 적합함이며 하복(下服)은 대벽(大辟)의 형 가운데 하급으로 복역하게 함이다. 하형(下刑)은 하등(下等)의 형벌이니 묵형(墨刑)이고 상복(上服)은 묵형 가운데 상급으로 복역하게 함이며 경중제벌(輕重諸罰)은 5형(五刑)에 모두 상급, 중급, 하급의 형벌이 있는 것이요 권(權)은 저울질을 함이니 죄상에 따라 그 벌을 조절하여 알맞게 함이다. 세(世)는 세태의 흐름으로 치세(治世)에는 가볍게 처벌하고 난세(亂世)에는 무겁게 처벌함이며 제(齊)는 균등함인데 죄질이 같으면 형벌이 똑같은 것이고 비제(非齊)는 균등하지 아니함인데 세태가 다르면 형량이 달라진 것이다. 륜(倫)은 조리질서가 있어서 화합함이고 요(要)는 요강(要綱)이니 근본체계를 세우는 중요한 사항이다.

이것은 앞(4-29-14)에서 말한 인간을 사랑하고 법을 존중하며 파급효과를 헤아리는 실천방법이니 아울러 살피기 바란다.

4-29-20 ·························· 罰懲이 非死라도 人極于病하나니
非佞이 折獄이라 惟良이
折獄이라사 罔非在中하리니
察辭于差하야 非從惟從하라
哀敬으로 折獄하며 明啓刑書하야
胥占이라사 咸庶中正하리니
其刑其罰에 其審克之라야
獄成而孚하며 輸而孚하리니
其刑을 上備하되 有幷兩刑하라

『처벌하여 징계함이 사형이 아닐지라도 사람은 고통으로 마치나니 말재간이 좋은 사람이 형사재판을 판결함이 아니라 오직 현량한 사람이 형사재판을 판결하여야 속에 들어 있지 않음이 없으리니 말을 차이점에서 살펴 따르지 않거나 오직 따르도록 하라. 사랑과 공경심으로 형사재판을 판결하며 형법의 글을 분명하게 계몽하여 서로 형량을 예단하여야 모든 공판절차가 거의 알맞고 정당하리니 그 형과 그 벌에 그 심리를 잘하여야 형사재판이 이루어지고 믿으며 죄인의 실정을 다 말하여 진실하리니 그 형벌을 아주 만족스럽게 하되 원고와 피고의 양쪽에 형량을 동의함이 있게 하라.』

◐ 여기에서는 공판절차를 갖추어 공개된 공판정에서 재판관은 엄정 중립하여 인정심문하고 원고와 피고의 사건요지에 대한 진술 및 증거조사 그리고 변론과 판결 등의 순서에 있어서 서로 납득할 수 있도록 공판을 진행하라고 명령하였다.

벌징(罰懲)은 처벌하여 징계함이고 사(死)는 사형이며 극(極)은 다함이니 그 형벌을 마침이요 병(病)은 고통스러워함이다. 이것은 형벌을 받은 사람은 누구나 그 형벌을 마칠 때까지 고통을 받는다는 뜻이니 비록 가벼운 형벌이라도 신중히 판결하여야 된다는 것이다. 영(佞)은 말재간의 좋은 사람이요 절옥(折獄)은 형사사건을 판결함이니 곧 말재간이 좋은 사람은 사실을 아무렇게나 꿰어 맞추고 법률을 자의적으로 해석하여 판결이유를 강변(强辯)하므로 아무도 승복하지 않게 된다는 것이다. 량(良)은 현량(賢良)한 사람이니 사물의 이치에 밝고 사람의 마음을 꿰뚫어 보는 어진 사람이요 재중(在中)은 엄정 중립하여 사건의 진실 속에 들어가 있는 것이며 사(辭)는 앞(4-29-15)에서 말한 5사(五辭)이고 차(差)는 말의 차이점이니 서로 모순되고 대립함과 앞뒤가 다른 점이다. 비종(非從)은 이유가 없어서 인정하지 아니함이고 종(從)은 인정하여 진실로 받아들임이며 애(哀)는 인간을 사랑하여 죄는 미워해도 사람은 미워하지 아니함이요 경(敬)은 인격을 존중하여 사건을 신중하게 처리하는 것이다. 명계(明啓)는 밝게 계몽함이요 형서(刑書)는 형법의 해당조항에 대한 문장으로 곧 그 사건에 적용할 법조문을 소상하게 해설하여 모두 알게 하라는 것이다. 서(胥)는 서로이니 사건에 관련된 모든 사람과 방청객이요 점(占)은 예단하여 미리 짐작함인즉 그 사건에 대한 형량을 서로 미리 짐작하게 한다는 말이다. 함(咸)은 모두, 서(庶)는 거의이며, 중(中)은 지나침이나 모자람이 없이 꼭 알맞음이요 정(正)은 치우치거나 소홀히 함이 없이 정당함이니 곧 공판절차를 알맞고 정당하게 거의 모두 갖추었다는 말이다. 옥성(獄成)은 형사재판이 성립함이니 공판의 일반적인 구성요건을 갖춘다는 뜻이며 부(孚)는 진실성을 인정하는 것이고 수(輸)는 수정(輸情)으로 재판관과 죄인이 서로 마음이 교통하여 마침내 죄인이 그 실정을 다 말하는 것이다. 상비(上備)는 최상으로 완비함이니 매우 만족하게 함이고 병(幷)은 합동으로 같이함이며 양(兩)은 원고와 피고의 양쪽이니 유병량형(有幷兩刑)은 양쪽에게 형량에 대한 합의가 있게 함이다.

범죄에 대한 형벌은 재판관이 판결하지만 그러나 그 형벌권은 본래 하늘에 있기 때문에 하늘의 뜻으로 단죄함에 있어서 민심이 곧 천심이므로 재판관은 반드시 민심이 공인하는 수준을 찾아서 형량을 결정하는 것이 곧 공명정대한 천벌에 일치하는 길임을 여기에서 헤아리기 바란다.

전배(前輩)들은 이 경문을 재판관이 재판의 결과를 상부에 보고하는 내용으로 해석하였으나 옳지 않다. 재판은 본래 재판관이 스스로 독립하여 법과 양심에 따라 판결하는 것을 원칙으로 하거늘 어찌 스스로 판결을 못하고 상부에 보고만 하는 공판정이 있겠는가?

4-29-21 ·························· 王이 曰嗚呼라 敬之哉인저 官伯族姓아

朕言多懼하노라 朕敬于刑하노니

有德이라야 惟刑이니라 今天이

相民하사 作配在下일새 明淸于單辭하라

民之亂은 罔不中聽獄之兩辭니

無或私家于獄之兩辭하라 獄貨는

非寶요 惟府辜功이라 報以庶尤하리니

永畏惟罰하리라 非天不中일새

惟人在命하나니 天罰이 不極이면

庶民이 罔有令政在于天下하리라

『왕이 말씀하시기를 오호라, 공경할지어다. 중앙관과 방백으로 있는 겨레 성씨여, 나는 두려움이 많음을 말하노라. 나는 형벌에 대하여 경신하노니 덕이 있어야 형벌을 살피느니라. 이제 하늘이 민중을 돌보시어 짝을 지어 아래에 계시므로 한쪽의 말에 밝고 깨끗이 하라. 민

중을 잘 다스림은 형사재판의 양쪽 말을 가운데로 듣지 아니함이 없는 것이니 혹시라도 형사재판의 양쪽 말에 대하여 자기 집안의 이익을 꾀함이 없도록 하라. 형사재판으로 얻은 재화는 보배가 아니요 오직 죄를 저축하는 일이므로 여러 허물로써 보복하리니 길이 오직 형벌을 두려워하리라. 하늘이 아니면 적중하지 아니하므로 오직 사람에게 사명이 있나니 천벌이 적중하지 아니하면 서민대중이 아름다운 정치가 천하에 있는 것을 누림이 없으리라.』

　● 여기에서는 목왕이 주나라의 고위직에 있는 종친에게 절대로 자기 집안의 이익을 꾀하는 일이 없게 하라고 엄중히 경고하였다.

　왕왈(王曰)은 앞에서 제후와 영주들에게 형사재판에 대한 구체적인 원칙을 훈시하였으나 아무런 대답이 없으므로 목왕(穆王)이 다시 종친에게 말한 사실을 나타내기 위하여 사관(史官)이 기록하였다. 관(官)은 중앙정부의 고관이고 백(伯)은 방백(方伯)이며 족성(族姓)은 겨레 성씨로 종친(宗親)이다. 상(相)은 보살펴서 돌보는 것이요 작배(作配)는 짝을 지어 서로 돕는 것이며 단사(單辭)는 한쪽의 말이고 란(亂)은 치(治)의 뜻이다. 중청(中聽)은 중립적으로 듣는 것이고 양사(兩辭)는 원고와 피고의 양쪽에서 주장하는 말이며 사가(私家)는 자기 집안의 이익을 꾀함이다. 옥화(獄貨)는 형사재판을 통하여 뇌물을 받는 것이고 부(府)는 쌓아서 저장하는 것이며 공(功)은 일이요 보(報)는 보복(報復)함이며 서우(庶尤)는 여러 가지의 원우(怨尤)이다. 비천불중(非天不中)은 하늘이 아니면 형량을 정확하게 결정하지 못한다는 뜻이고 유인재명(惟人在命)은 오직 사람이 하늘의 뜻을 받들어야 되는 사명이 있다는 말이다. 극(極)은 한가운데로 적중(的中)함이고 유(有)는 보유하여 누리는 것이며 영정(슈政)은 아름다운 정치문화인데 입법부와 행정부에서 아무리 좋은 정치문화를 일으켜도 사법부가 부패하면 민중에게 혜택이 없다는 뜻이다.

　재판관이 뇌물을 받고 한쪽의 말만 듣는 것은 밝고 깨끗한 재판이 아닐 뿐만 아니라 다른 한쪽의 권리를 해치는 것이다. 이것은 권력을 통하여 인민에게 봉사하는 사람이 아니고 도리어 사리사욕을 채우는 도구로 이용하는 것인즉 반드시 재앙이 따르는 것이므로 크게 경계할 일이니 목왕이 종친에게 특별히 훈계한 것은 당연하다.

4-29-22 ························· 王이 曰嗚呼라 嗣孫아
今往何監고 非德于民之中가
尙明聽之哉어다 哲人은 惟刑에
無疆之辭를 屬于五極하야
咸中이라 有慶하야 受王嘉하나니
師監于玆祥刑이어다

『왕이 말씀하시기를 오호라, 대를 이은 손자여, 이제부터 뒤로는 무엇을 살필까. 민중의 마음속에 덕이 아닌가. 거의 밝게 들을지어다. 철인은 오직 형벌에 끝이 없는 말을 5형의 극진한 데에 딸려 붙여서 모두 적중하므로 경사가 있어 왕의 포상을 받나니 재판관은 이 상서로운 형벌에 대하여 살필지어다.』

☯ 목왕이 끝으로 후세의 사람들에게 형사소송에 있어서 항상 민중의 선덕을 살펴서 형량을 적중하게 판결하면 상서로운 형벌이 되고 만일 그 균형을 잃고 지나치게 엄벌하거나 너무 가볍게 처벌하면 상서롭지 못한 결과를 초래하게 될 것임을 경고하였다.

사손(嗣孫)은 대를 이은 손자이고 금왕(今往)은 금후(今後)의 뜻이며 민지중(民之中)은 민중의 마음속에 가지고 있는 떳떳한 양식(良識)이다. 철인(哲人)은 명철한 판단력을 가진 사람이고 무강지사(無疆之辭)는 소송의 당사자들이 주장하는 끝없는 말이며 속(屬)은 부속(附屬)이

니 딸려 붙이는 것이요 오(五)는 5형(五刑)이며 극(極)은 극진(極盡)이다. 함중(咸中)은 모두 적중(的中)함이고 유경(有慶)은 원고와 피고가 다 만족하여 승복함으로써 원한이 조금도 없는 것이고 왕가(王嘉)는 왕이 그 공로를 치하하여 내리는 포상이니 『주역(周易)』의 송괘(訟卦)에서 반대(鞶帶)를 상으로 내린다는 말이 있다. 사(師)는 사사(士師)이니 재판장인데 채침(蔡沈)은 중민(衆民)으로 해석하였으니 옳지 않기에 내가 바로잡았다.

목왕의 여형은 형사소송에 대한 본의를 자세히 밝히고 불행한 사건을 슬기롭게 처리하여 개인적으로나 국가적으로 전화위복의 계기로 삼도록 하였다.

비록 죄는 사람이 지었으나 그 벌은 천벌이어야 됨을 크게 강조하였으니 판사는 마땅히 공개적인 공판절차에 따라 사건의 진실을 모두 밝히고 해당 형벌의 법조문을 자세히 설명해서 모든 사람이 스스로 그 형량을 미리 예측할 수 있게 하고 특히 민중의 마음속에 있는 떳떳한 양식을 살펴서 천벌의 기준으로 삼으라는 말은 의미심장하다. 그러나 또한 이것은 인민재판이나 여론재판을 하라는 말이 아니고 오직 재판관이 독립하여 판결하는 것인즉 깊이 헤아리기 바란다.

30. 문후지명(文侯之命) / 문후(文侯)에게 교명(敎命)함

　문후(文侯)는 진(晋)나라 임금인데 이름이 구(仇)이며 성(姓)은 희(姬)이니 주(周)나라와 동성(同姓)이다. 명(命)은 교명(敎命)이니 앞에 미자지명(微子之命)에서 이미 해설하였다.

　주나라는 목왕(穆王)의 뒤를 이어 공왕(共王), 의왕(懿王), 효왕(孝王), 이왕(夷王)에 이르기까지 문명(文明)한 정치를 하였으나 여왕(厲王)에 이르러 왕이 포학하고 사치하므로 민중이 봉기하여 여왕(厲王)을 습격하여 축출하고 공경(公卿)이 대신하여 공화정치를 하다가 여왕이 망명지에서 죽으므로 그 아들 정(靜)을 왕으로 세우니 선왕(宣王)이다.

　선왕(宣王)의 아들 유왕(幽王)이 포사(褒姒)를 총애하여 또 나라를 어지럽히므로 신후(申侯)가 서쪽 오랑캐 견융(犬戎)과 더불어 유왕을 탄핵하여 죽였다. 이에 진(晋)나라 문후(文侯)와 정(鄭)나라 무공(武公)이 신후와 협력하여 함께 유왕의 태자 의구(宜臼)를 왕으로 세우니 바로 평왕(平王)이다.

　평왕이 서융(西戎)의 침략을 두려워하여 동도(東都) 낙읍(洛邑)으로 천도(遷都)하고 문후를 방백(方伯)으로 임명하면서 교명을 내린 것을 사관(史官)이 기록한 내용이다.

　이 편은『금문상서(今文尙書)』와『고문상서(古文尙書)』에 모두 수록되어 있으니 춘추시대(春秋時代)가 되기 직전의 주나라 문물을 살필 수 있는 중요한 자료이다.

4-30-1 ······································· 王이 若하시고 曰父義和야

^{비 현 문 무} ^{극 신 명 덕}
丕顯文武가 克愼明德하사

^{소 승 우 상} ^{부 문 재 하}
昭升于上하시며 敷聞在下하신대

^{유 시 상 제} ^{집 궐 명 우 문 왕}
惟時上帝가 集厥命于文王이어시늘

^{역 유 선 정} ^{극 좌 우} ^{소 사 궐 벽}
亦惟先正이 克左右하야 昭事厥辟하야

^{월 소 대 모 유} ^{망 불 솔 종}
越小大謀猷에 罔不率從이라

^{사 선 조} ^{회 재 위}
肆先祖가 懷在位하시니라

『왕이 '어이쿠' 하시고 말씀하시기를 그대 의화여, 크게 뚜렷하신 문왕과 무왕이 능히 밝은 덕을 신중히 하시어 밝음이 위에 성대하시며 넓은 성문이 아래에 있으신대 오직 이 하느님이 그 천명을 문왕에게 모으시거늘 또한 오직 선정이 능히 보좌하야 밝게 그 임금을 섬기어 이에 작고 큰 모책에 따르고 쫓지 않음이 없으므로 이리하여 선조가 편안하게 왕위에 계셨느니라.』

☯ 평왕이 문후에게 주나라를 창업한 문왕과 무왕의 밝은 덕으로도 선정의 보좌가 있었기 때문에 왕위를 편안하게 유지할 수 있었음을 밝혔다.

보(父)는 남자의 미칭(美稱)이니 군(君)과 같은 뜻이고 의화(義和)는 문후(文侯)의 자(字)로 문후는 앞에 해제에서 이미 설명하였으니 보의화(父義和)는 군석(君奭), 군진(君陳), 군아(君牙)의 군(君)처럼 쓰인 것이다. 소(昭)는 밝음이니 투명한 정치지도력이고 승(升)은 성대함이며 상(上)은 임금이 정치를 주재하는 중앙정부이다. 부문(敷聞)은 넓은 성문(聲聞)이요 하(下)는 하층사회로 문왕(文王)과 무왕(武王)의 아름다운 명성과 좋은 소문이 하층사회에 널리 퍼져 있었다는 말이다. 선정(先正)은 태공망(太公望)과 주공단(周公旦), 소공석(召公奭), 당숙우(唐叔虞)를 비롯하여 여러 어진 신하들을 지칭하고 좌우(左右)는 좌우(佐佑)

와 같으며 사(肆)는 그러므로, 회(懷)는 편안함이다.

역사가 오래 되어서 쇠퇴기에 이르러 창업기의 도덕과 제도를 밝혀서 경장(更張)을 도모하는 것은 당연한 일이다.

4-30-2 ······························ 嗚呼라 閔予小子는 嗣造天丕愆하야
殄資澤于下民이라 侵戎我國家에만
純커늘 卽我御事는 罔或耆壽俊이
在厥服일새 予則罔克하야 曰惟祖惟父는
其伊恤朕躬할진저 嗚呼라 有績이어야
予一人이 永綏在位하리라

『오호라, 근심하는 나 소자는 하늘에 큰 죄를 지음을 이어받아 하층민중에게 혜택을 베풀 자원을 끊어버림으로 서쪽 오랑캐가 우리나라에 침범함을 오로지 하거늘 이제 우리 군사지휘관에 그 누구 노련한 준걸이 그 일에 복무한 이가 있지 아니하므로 내가 곧 감당하지 못하여 말하기를 오직 할아버지뻘과 오직 아버지뻘을 그 오직 나의 몸을 사랑할진저. 오호라, 공적이 있어야 나 한 사람이 길이 편안하게 왕위에 있으리라.』

◉ 여기에서는 평왕이 나라가 어지러운 때에 즉위하여 서쪽 오랑캐의 침범을 두려워하지만 노련한 군사지휘관이 없음을 고백하고 종친의 도움을 요청하였다.

민(閔)은 근심함이고 소자(小子)는 앞에서 문왕(文王)과 무왕(武王) 및 선조(先祖)를 말했기 때문에 자기를 낮춘 말이며 조(造)는 지음이다. 진(殄)은 끊어진 것이요 자(資)는 자원이며 순(純)은 순전(純全)히

일을 삼는 것이고 기수(耆壽)는 오래 살아서 노련함이니 경험과 식견이 풍부함이며 준(俊)은 뛰어난 준걸(俊傑)이다. 조(祖)는 항렬(行列)이 할아버지뻘이 되는 사람이요 부(父)는 아버지뻘은 되는 중앙관료와 제후이며 이(伊)는 오직, 휼(恤)은 사랑함이다. 적(績)은 공적(功績)이고 수(綏)는 편안함이다.

천자가 즉위하여 시국의 어려움을 깨닫고 원로들에게 협조를 요청한 것은 현명한 일이다.

4-30-3 ······················· 父義和야 汝克紹乃顯祖하며
汝肇刑文武하야 用會紹乃辟하야
追孝于前文人하라 汝多修扞我于艱하니
若汝인댄 予嘉하니라

『그대 의화여, 그대는 능히 너의 훌륭한 조상을 빛내며 그대는 민첩하게 문왕과 무왕을 본받아서 너의 임금에게 종합하여 이어받게 하여 예전의 덕이 있는 사람에게 추종하여 효도하라. 그대는 나를 어려운 데서 많이 다스리고 호위하였나니 그대와 같을진댄 나를 아름답게 하리라.』

◉ 여기에서는 평왕이 문후에게 군사를 총지휘하는 책임을 맡아 서쪽 오랑캐의 침범을 막으라고 명령하였다.

소(昭)는 빛내는 것이며 현조(顯祖)는 훌륭한 이름이 널리 알려진 조상이니 곧 진(晉)나라의 임금으로 처음 봉(封)한 당숙우(唐叔虞)이며 조형(肇刑)은 민첩하게 본받음이다. 회소(會紹)는 종합하여 이어받음이고 추효(追孝)는 추종하여 효도함이며 문인(文人)은 문덕(文德)이 있는 사람이니 전문인(前文人)은 곧 진나라의 역대 임금을 지칭한다. 수

(修)는 다스림이고 한(扞)은 막아서 보호함이며 간(艱)은 견융(犬戎)이 침략하여 유왕(幽王)을 죽인 어려운 시국이요 가(嘉)는 아름답게 함이다.

평왕이 군사를 총지휘하는 책임자를 노성(老成)한 문덕을 가진 제후로 임명하였으니 천군(天軍)의 법도를 지키겠도다.

4-30-4 ······························ 王이 曰父義和야 其歸視爾師하야
寧爾邦하라 用賚爾秬鬯一卣와
形弓一과 形矢百과 盧弓一과
盧矢百과 馬四匹하노니 父는
往哉하야 柔遠能邇하며
惠康小民하되 無荒寧하고
簡恤爾都하야 用成爾顯德하라

『왕이 말씀하시기를 그대 의화여, 그 돌아가서 그대의 군사를 시찰하여 그대의 연방국가를 편안하게 하라. 그대에게 검은 기장을 넣어서 만든 울창주 한 술통과 붉은 칠을 한 활 하나와 붉은 칠을 한 화살 100개와 까만 칠을 한 활 하나와 까만 칠을 한 화살 100개와 말 네 마리를 사용하라고 주노니 그대는 가서 먼 나라를 부드럽게 하고 가까운 나라를 착하게 하며 약소한 민중을 사랑하고 편안하게 하되 안일함에 빠짐이 없도록 하고 그대의 도읍을 간열하고 휼병하여서 그대의 뚜렷한 덕을 이룩하라.』

● 여기에서는 평왕이 문후를 사마로 임명하고 6군의 통솔권을 주면서 의군을 양성하여 국방을 튼튼히 하라고 명령하였다.

왕왈(王曰)은 앞 절에서 평왕(平王)이 문후(文侯)에게 군사를 총지휘하는 적임자라고 하였으나 문후가 아무런 대답을 하지 않으므로 사관(史官)이 이러한 상황을 나타내기 위하여 특별히 기록한 것이다. 사(師)는 6사(師)이니 천자국의 군사요 용(用)은 사용하라는 말이며 뇌(賚)는 하사함이며 거창(秬鬯)은 검은 기장을 넣어서 만든 울창주(鬱鬯酒)이니 강신주(降神酒)로 쓴다. 유(卣)는 술통이요 동궁(彤弓)과 동시(彤矢)는 빨간 칠을 한 활과 화살로 왕이 공이 있는 제후에게 내리는 고귀한 물건이며 노궁(盧弓)과 노시(盧矢)는 까만 칠을 한 활과 화살이다. 유(柔)는 부드럽고 따뜻하게 대함이고 능(能)은 착함이며 혜강(惠康)은 사랑하고 편안하게 함이다. 황녕(荒寧)은 안일에 빠져서 무기력한 것이고 간(簡)은 간열점호(簡閱點呼)인데 제대한 군인을 해당 지구 병사구 사령부에서 소집하여 인원의 점검과 필요한 교육 및 훈련을 실시하는 일이며 휼(恤)은 휼병(恤兵)으로 군대에 나간 병사에게 물품이나 금품을 보내서 위로하는 일이다. 도(都)는 왕도(王都)이고 현덕(顯德)은 세상에 드날려서 뚜렷하게 나타난 공덕이니 국위를 선양하고 평화세계를 건설하여 전쟁이나 분쟁이 그치게 함이다.

소동파(蘇東坡)는 평왕이 살부지수(殺父之讐)에 대한 복수심이 없는 것으로 이 문후지명(文侯之命)을 동주(東周)의 쇠약함을 비판하기 위한 글이라고 하였으나 옳지 않다. 이미 유왕(幽王)은 포사(褒姒)에 현혹해서 무도하고 불의하여 제후를 농락하고 충신을 배척하였기 때문에 천명이 끊어지고 민심을 잃은 독재로 전락하였으므로 신후(申侯)가 견융(犬戎)과 협력하여 혼란을 제거하기 위하여 유왕을 탄핵하고 축출하여 죽인 다음에 평왕을 세웠으니 이것은 반정(反正)의 공신이므로 포상의 대상이지 결코 시군(弑君)의 역적이 아니다.

만일 평왕이 신후와 견융을 살부지수(殺父之讐)로 인식한다면 이것은 문왕과 무왕의 건국이념을 망각하고 개인적인 부자의 은의(恩義)에 집착한 것으로 곧 유왕의 죄악을 승계한 후계자로서 즉각 축출의 대상이 될 따름인즉 학자는 여기에서 천하국가의 대의를 공명정대하게 분별하기 바란다.

31. 비세(費誓) / 비(費) 땅에서 맹세(盟誓)함

비(費)는 지명으로 노(魯)나라의 영토인데 거기에 비읍(費邑)이 있으며 세(誓)는 군사들에게 맹세(盟誓)한 말이다.

주(周)나라는 여왕(厲王)과 유왕(幽王)의 포학한 정치로 인하여 왕실의 권위를 잃으니 사방의 오랑캐들이 준동(蠢動)하여 중원(中原)에 횡행하며 세상을 어지럽게 하였다.

이에 동남쪽에 있는 회이(淮夷)나라와 서(徐)나라의 오랑캐가 극성하므로 문후(文侯)가 노나라를 비롯한 동방(東方) 제후의 군사를 일으켜 토벌하면서 맹세한 내용을 사관(史官)이 기록하였다.

이 편은 『금문상서(今文尚書)』와 『고문상서(古文尚書)』에 모두 수록되어 있다.

전배(前輩)들은 이 편을 주공의 아들 백금(伯禽)이 노나라의 임금이 되어 정벌하면서 맹세한 말이라고 하였으나 옳지 않다. 왜냐하면 첫째 시대적으로 맞지 않고, 둘째 경문에 노공(魯公)이란 말이 없으며, 셋째 경문에 노인(魯人)이란 글이 있으므로 노나라 임금의 말로 보기가 어렵다고 할 것이다.

4-31-1 ······························· 公이 曰嗟라 人이여 無譁하고
聽命하라 徂玆淮夷徐戎이 並興이로다

『공이 말하기를 '아이고' 사람들이여, 시끄럽게 떠들지 말고 명령을 들어라. 지난번에 회이나라와 서나라의 오랑캐가 함께 일어나나니라.』

◑ 회이나라와 서나라에서 준동하는 오랑캐를 토벌하기 위하여 노나라 비 땅에 군사를 집결하고 총사령관인 문후가 조용히 명령을 들으라고 말한 것을 사관이 기록하였다.

공(公)은 앞에 문후지명(文侯之命)에서 주(周)나라 평왕(平王)이 사마(司馬)로 임명한 문후(文侯)이다. 전배(前輩)들은 노(魯)나라 임금 백금(伯禽)이라고 하였으나 옳지 않다. 대저 사관(史官)이 역사를 기술할 때에 반드시 먼저 그 주체를 명확히 밝히거늘 앞에 기록과 연관이 없는 사실을 기술하면서 막연하게 공(公)이라고 쓰는 법은 없다. 더욱이 『서경(書經)』은 공자(孔子)가 요(堯)와 순(舜)의 대통(大統)과 도통(道統)의 체제와 규모를 밝히기 위하여 우(虞), 하(夏), 상(商), 주(周)의 네 나라 역사를 편집한 실록이거늘 그 끝에 노나라 백금의 말을 기록할 하등의 이유가 없다. 인(人)은 군인이고 무화(無譁)는 떠들지 말고 조용히 하라는 말이며 조자(徂茲)는 왕차(往此)와 같으니 지난번이란 뜻이다. 회이(淮夷)는 회수(淮水)지역에 있는 나라이름이고 서(徐)는 회수(淮水) 하류지역에 있는 나라로 자작국(子爵國)인데 그 임금의 성은 영(嬴)씨이다. 융(戎)은 오랑캐이고 병흥(並興)은 연대하여 전쟁을 일으킨다는 뜻이다.

이것은 서쪽 오랑캐가 신후(申侯)를 도와서 유왕(幽王)을 축출하고 죽이는 데 공을 세우니 동쪽의 오랑캐들도 승세하여 날뛰는 시대적 상황을 밝혀서 주나라의 불안한 현실을 밝힌 것이다.

그리고 한(漢)나라 공안국(孔安國)은 노나라 백금이 방백이 되어 제후의 군사를 이끌고 정벌했다고 하였으나 성왕의 시대에 이미 주공이 동정하여 동방을 안정시켰거늘 백금이 다시 정벌했다는 것은 역사적 근거가 없으므로 인정할 수 없고 송(宋)나라 소동파(蘇東坡)는 회이와 서나라가 반란을 일으켰다고 하였으나 회이와 서나라는 약소국이거늘 이 작은 나라들이 무엇을 믿고 감히 반란을 일으키며 만일 반란을 일으켰다면 어떻게 춘추시대까지 그 나라를 이어왔겠는가? 회이나라와 서나라에 거주한 오랑캐들이 집단을 형성하여 도발한 것이지 결코 회이와 서나라가 반란을 일으킨 것이 아님을 『춘추(春秋)』은공(隱公)

2년 봄에 공이 회융우잠(會戎于潛)의 사실로써 증언한다.

4-31-2 ·················· 　　善敫乃甲冑하고　　敿乃干하되
선료 내 갑 주　　　교 내 간

無敢不吊하며　　備乃弓矢하며
무 감 불 적　　　비 내 궁 시

鍛乃戈矛하며　　礪乃鋒刃하되
단 내 과 모　　　여 내 봉 인

無敢不善하라
무 감 불 선

『너희들의 갑옷과 투구를 잘 고르고 너희들의 방패를 끈매되 감히 몸에 맞지 아니함이 없게 하며 너희들의 활과 화살을 갖추며 너희들의 짧은 창과 긴 창을 단련하며 너희들의 창날과 칼날을 갈되 감히 좋지 아니함이 없게 하라.』

　● 여기에서는 출정하는 군사들에게 개인병기를 완벽하게 갖출 것을 명령하였다.

　료(敫)는 선택하여 고르는 것이고 내(乃)는 병사를 지칭하는 대명사이며 갑(甲)은 갑옷, 주(冑)는 투구이다. 교(敿)는 끈을 매는 것이니 가지고 다니기에 편리하도록 함이고 간(干)은 방패, 적(吊)은 지(至)의 뜻이니 몸에 알맞은 것이며 단(鍛)은 단련함이니 쇠붙이를 불에 달구어 두드려서 굳게 함이다. 과(戈)는 짧은 창이고 모(矛)는 긴 창이며 봉(鋒)은 창날이요 인(刃)은 칼날이다.

　병사의 무술과 용기는 우수한 무기에서 발휘되는 것이므로 개인병기의 완비를 먼저 지시한 것은 당연하다.

4-31-3 ···················· 　　今惟淫舍牲牛馬하리니　　杜乃擭하며
금 유 음 사 곡 우 마　　　두 내 화

$$\text{斂}\overset{\text{염}}{乃}\overset{\text{내}}{穽}\overset{\text{정}}{}하야 \quad \text{無}\overset{\text{무}}{敢}\overset{\text{감}}{傷}\overset{\text{상}}{牿}\overset{\text{곡}}{}하라$$

염 내 정 　　　　무 감 상 곡
斂乃穽하야　無敢傷牿하라

곡 지 상 　　　　　여 즉 유 상 형
牿之傷이면　汝則有常刑하리라

『이제 오직 외양간에 소와 말을 풀어두리니 너희들의 우리를 막으며 너희들의 구덩이를 막아서 감히 외양간을 손상함이 없게 하라. 외양간이 손상되면 너희는 곧 일정한 형벌이 있으리라.』

☯ 여기에서는 외양간을 튼튼하게 만들어 소와 말을 잃어버림이 없게 하라고 경계하였다.

음(淫)은 방(放)의 뜻이고 사(舍)는 쉬도록 두는 것이며 곡(牿)은 외양간이다. 두(杜)는 나무로 막는 것이고 화(攃)는 가축을 기르는 우리이며 염(斂)은 막는 것이요 정(穽)은 구덩이로서 곧 구덩이를 파서 소나 말이 탈출하지 못하게 함이다. 상형(常刑)은 나라의 군법에 일반적으로 정해진 형벌이다.

소와 말은 군사에 있어서 필요불가결한 운송수단이므로 잃어버리면 안 되기 때문에 항상 잘 보호하라고 하였으니 당연한 경계이다.

4-31-4 ································

마 우 기 풍 　　　　　신 첩 포 도
馬牛其風하며　臣妾逋逃어든

물 감 월 축 　　　　지 복 지
勿敢越逐하고　祗復之하라

아 상 뢰 여 　　　　내 월 축 　　불 복
我商賚汝하리라　乃越逐하며　不復하면

여 즉 유 상 형 　　　　무 감 구 양
汝則有常刑하리라　無敢寇攘하라

유 원 장 　　　　　절 마 우
踰垣牆하야　竊馬牛하며

유 신 첩 　　　　여 즉 유 상 형
誘臣妾하면　汝則有常刑하리라

『말과 소가 그 홀레하며 신하나 첩이 죄를 범하고 도망하거든 감히 수비구역을 넘어가서 쫓지 말고 공경하여 즉각 돌아오너라. 내가 생각하여 너희에게 주리라. 너희가 수비구역을 넘어가서 쫓으며 돌아오지 아니하면 너희에게는 곧 일정한 형벌이 있으리라. 감히 도적질이나 훔치지 말라. 담장을 넘어서 말과 소를 훔치며 신하나 첩을 유혹하면 너희에게는 일정한 형벌이 있으리라.』

　◉ 여기에서는 어떤 일이 있어도 부대를 이탈하지 말고 민간인의 피해가 없도록 하라고 엄중히 경고하였다.

　풍(風)은 짐승의 암컷과 수컷이 홀레를 하는 것이고 신첩(臣妾)은 신하와 첩으로 곧 남복(男僕)과 여비(女婢)를 지칭하며 포도(逋逃)는 죄를 범하고 도망하는 것이다. 월축(越逐)은 자기 부대의 수비구역을 넘어가서 쫓는 것이고 지복(祗復)은 군대의 수칙을 공경하여 즉각 돌아오는 것이며 상(商)은 알맞게 헤아려 생각함이다. 구(寇)는 밖에서 안으로 들어가서 도적질함이고 양(攘)은 자기의 수비지역으로 들어온 것을 훔치는 것이며 절(竊)은 절도요 유(誘)는 유혹함이다.

　군인은 부대를 이탈해서는 안 되고 또한 주민에게 피해를 주어도 안 되는 것이므로 천자의 군대는 천하의 의군(義軍)으로서 엄격한 군율을 세워 인민의 생명과 재산을 보호하는 책임을 다해야 한다.

4-31-5 ························· 甲戌에 我惟征徐戎하리니
峙乃糗糧하되 無敢不逮하라
汝則有大刑하라 魯人은 三郊三遂에
峙乃楨榦하라 甲戌에 我惟築하리니
無敢不供하라 汝則有無餘刑非殺이니라

노 인　　삼 교 삼 수　　치 내 추 교
魯人은 三郊三遂에 峙乃楨榦하되

무 감 불 다　　　여 즉 유 대 형
無敢不多하라 汝則有大刑하리라

『갑술일에 우리가 오직 서나라의 오랑캐를 정벌하리니 너희들의
미숫가루 식량을 갖추되 감히 미치지 못함이 없게 하라. 너희에게는
곧 큰 형벌이 있으리라. 노나라 사람은 세 곳의 교외와 세 지역의 실
개천에 그대들의 담쌓을 때 양쪽 모서리에 세우는 나무기둥을 준비하
라. 갑술일에 우리가 오직 보루를 쌓으리니 감히 공급하지 못함이 없
도록 하라. 그대에게는 곧 남은 형벌로 죽이지 않음이 없음이 있으리
라. 노나라 사람은 세 곳의 교외와 세 지역의 실개천에 그대들의 꼴과
마른 풀을 비축하되 감히 많지 않음이 없게 하라. 너희에게는 큰 형벌
이 있으리라.』

◯ 여기에서는 작전 개시일까지 식량준비를 완료하고 특히 노나라
군인에게는 보루를 구축한 목재와 우마초를 충분히 비축할 것을 명령
하였다.

갑술(甲戌)은 일진(日辰)인데 작은 토벌전이므로 사관이 연월을 생
략하였으나 갑일(甲日)을 선택한 사실만 밝혔다. 서융(徐戎)은 서(徐)나
라의 오랑캐로 회이(淮夷)의 오랑캐보다 그 세력이 작고 지리적으로
가깝기 때문에 먼저 토벌한 것이요 치(峙)는 갖추어 쌓는 것이며 구량
(糗糧)은 미숫가루 식량으로 병사들이 전시에 휴대하는 비상식량이다.
체(逮)는 미치는 것이니 충분하게 보급함이요 노인(魯人)은 노(魯)나라
의 군인이니 비(費) 땅이 노나라의 영토인 까닭에 그 지리와 산물에
밝으므로 특별히 지시한 것이다. 삼교(三郊)는 노나라의 남쪽과 동쪽
과 서쪽의 교외이니 서나라가 노나라의 동남쪽에 위치한 까닭이고 삼
수(三遂)는 그 삼교의 밖에 있는 실개천인데 보루를 설치하기가 좋은
곳이다. 정간(楨榦)은 담쌓을 때 양쪽 모서리에 세우는 나무기둥인데
정(楨)은 담틀마구리대이고 간(榦)은 담의 안팎에 대고 흙을 다지는 거

푸집널이다. 축(築)은 보루나 방어선을 구축함이요 공(供)은 공급함이며 여형(餘刑)은 남은 형벌이니 본래의 형벌 이외에 여죄를 묻겠다는 뜻인바 곧 군법뿐만 아니라 여타 형법까지 적용하겠다는 말이다. 추(芻)는 꼴이고 교(茭)는 마른 풀이니 소와 말을 먹이는 사료이며 다(多)는 풍족하게 많음이다.

　모름지기 작전은 그 계획이 완벽해야 되고 군대의 기강이 확립되어야 일사불란하게 병력을 사용하여 목적을 달성할 수 있는 것이다. 그러므로 군사를 출동함에는 군율을 엄숙하게 세우는 것이 전쟁승리의 기본인즉 군량의 조달과 보루 구축의 원자재와 우마초의 비축에 털끝만치도 차질이 없도록 하기 위하여 군법은 대형(大刑)으로 다스리는 것이니 비상한 전쟁중에는 조그마한 착오가 승패의 대세를 결정하는 위험을 초래하는 까닭이다.

　문후가 멀리 동남방의 오랑캐를 평정하기 위하여 노나라 비읍에 제후의 군대를 집결하여 토벌작전을 지휘하면서 그 병기와 우마를 검열하고 그 행동수칙을 가르치며 작전요령과 책임완수 등을 자세히 밝혀 군율을 엄숙하게 세우니 이것은 비록 오랑캐를 정벌하면서도 적을 가볍게 보지 아니하는 어진 사람인저.

32. 진세(秦誓) / 진(秦) 땅에서 맹세(盟誓)함

　진(秦)은 나라이름으로 서쪽에 오랑캐와 접경한 국가이고 세(誓)는 군사들에게 맹세(盟誓)한 말이다.

　평왕(平王)시대에 서쪽지역의 오랑캐가 극성하므로 문후(文侯)가 회이(淮夷)와 서(徐)나라의 오랑캐를 토벌하여 평정한 다음에 서쪽 제후의 연합군을 이끌고 진(秦)나라에 집결하여 서쪽 오랑캐를 토벌하면서 천군(天軍)으로서의 갖추어야 되는 덕목을 훈계한 내용을 사관(史官)이 기록하였다.

　전배(前輩)들은 이 경문을 진(秦)나라 목공(穆公)이 효(殽) 땅에서 진(晉)나라의 군사에게 패배한 다음에 반성한 말이라고 하였으나 옳지 않다. 진세(秦誓)는 『서경(書經)』의 끝 편인데 공자가 어찌 당당한 주(周)나라의 실록을 진(秦)나라 역사로 끝을 맺겠는가? 진(秦)나라 군사가 효(殽) 땅의 전쟁에서 대패한 사실은 노(魯)나라 희공(僖公) 33년 여름 4월 신사일(辛巳日)이라고 공자(孔子)가 『춘추(春秋)』에 분명히 기록하였는바 여기에 진(秦)나라 목공이 회개하였다는 말이 없고 오히려 2년 뒤인 노나라 문공(文公) 2년 봄 2월에 진(晉)나라를 침략했다가 또 대패하였으며 그 해 겨울에는 진(晉), 송(宋), 진(陳), 정(鄭)의 연합군이 진(秦)나라를 정벌하였고 그 다음해인 노나라 문공 3년 여름 5월에 진(秦)나라가 또다시 진(晉)나라를 침략하였기 때문에 그 다음해 가을에 진(晉)나라가 진(秦)나라를 정벌하였던 것이다.

　진(秦)나라 목공 임호(任好)는 재위 39년인데 백리혜(百里傒)와 건숙(蹇叔) 등을 등용하여 부국강병책을 써서 마침내 서쪽의 패권국가를 건설하였으나 그 죽음에 대부(大夫) 엄식(奄息), 중행(仲行), 겸호(鍼虎)를 비롯하여 77인을 순장했기 때문에 공자는 『춘추』에서 그 무도함을 징계하여 노나라 문공 여름에 그가 졸(卒)한 사실을 삭제하고 역시 그

의 장(葬)도 쓰지 아니하였던 것이다.

공자의 춘추필법(春秋筆法)이 이러하거늘 하물며 춘추난세 이전의 성왕(聖王)에 대한 실록에다가 이미 춘추의 난세가 된 지 96년이 된 춘추시대 중기에 있었던 진(秦)나라 패주(霸主)의 이야기를 어찌 성스러운 실록에 첨가하겠는가? 앞의 비세(費誓)와 더불어 이 편은 그 문체가 비세와 같으므로 역시 문후의 맹세로 보는 것이 옳다.

이 편은 『금문상서(今文尙書)』와 『고문상서(古文尙書)』에 모두 수록되어 있다.

4-32-1 ·························· 公이 曰嗟라 我士야 聽無譁하라
予誓告汝群言之首하노라

『공이 말하기를 '아이고' 우리 병사들이여, 들음에 시끄럽게 떠들지 말라. 내가 너희들에게 여러 가지 말 가운데 우두머리를 맹세하여 알리노라.』

◉ 서쪽 오랑캐가 준동하므로 이를 정벌하기 위하여 진나라 땅에 제후들의 군사를 집결하고 총사령관인 문후가 여러 가지 말 가운데 제일 중요한 교훈을 맹세하여 알리는 것을 사관이 기록하였다.

사(士)는 병사이고 무화(無譁)는 앞(4-31-1)에서 이미 해설하였으며 군언(群言)은 여러 가지 교훈이 되는 말이요 수(首)는 우두머리로 특히 군인에게 제일 중요한 것이다.

4-32 -2 ·························· 古人有言하니 曰民訖自若是하고
多盤하나니 責人이 斯無難이요

惟受責을 俾如流가 是惟艱哉인저 하니라

『옛사람의 말이 있나니 말하기를 사람은 자기가 옳은 것처럼 끝내
고 대부분 편안하나니 남을 책망함은 이에 어려움이 없고 오직 책망
을 받음을 물이 흐르듯이 좇음이 이에 오직 어려운저 하니라.』

　◯ 여기에서는 옛사람의 말을 인용하여 사람은 대부분 사건을 인식
함에 있어서 자기에게 유리한 쪽으로 해석하는 속성이 있기 때문에
남을 책망하기는 쉽고 자기의 책임으로 받아들이기는 어려움을 밝혔
다.
　글(訖)은 끝냄이니 곧 결론을 냄이고 자(自)는 자기이며 약시(若是)
는 옳은 것같이 해석함이다. 다(多)는 대부분, 반(盤)은 편안함이니 책
임감을 느끼지 아니함이며 책(責)은 책망하고 문책함이요 비(俾)는 좇
음이다.
　변경의 수비대가 오랑캐와 대치함에 있어서 분쟁을 일으키는 것은
항상 상대적인 것이므로 그 분쟁의 책임을 상대방에게 묻기가 쉬우나
이것은 일방적인 생각일 수도 있으므로 스스로 반성하여 상대방의 말
도 수용해야 된다는 뜻을 암시하였다.

4-32-3 ······················ 我心之憂는 日月이 逾邁라 若弗云來니라

『내 마음의 근심은 해와 달이 지나가므로 돌아오지 않을 것처럼 함
이니라.』

　◯ 여기에서는 문후가 즉시 개과천선하는 용단을 내리기가 어려운
일임을 고백하였다.
　아심(我心)은 문후(文侯)의 마음이고 유매(逾邁)는 지나가는 것이며

운(云)은 귀(歸)의 뜻이다.

　잘못은 즉각 반성해야지 우물쭈물 머뭇거리면 그 시기를 잃게 되므로 용기가 있는 사람만이 즉각 결단하여 사태를 슬기롭게 수습하는 것이다. 대저 사람이 남을 책망하는 데는 밝고 자기자신을 책망하는 데는 어둡기 때문에 문후 같은 어진 이도 자기 반성을 걱정하였으니 독자는 스스로 살피기 바란다.

4-32-4 ························· 惟古之謀人이란 則曰未就予라하야
　　　　　　　　　　　　　　　　忌하고 惟今之謀人이란 姑하고
　　　　　　　　　　　　　　　　將以爲親이라하니 雖則云然이나
　　　　　　　　　　　　　　　　尙猷詢玆黃髮하면 則罔所愆하리라

　『오직 옛날의 모사에는 곧 말하기를 능히 취할 수 없다고 하여 꺼리고 오직 오늘날의 모사에는 고식책이고 또한 친절하다고 말하나니 비록 곧 그렇게 말할지나 오히려 이 노인들에게 논의하여 물어서 도모하면 허물되는 바가 없으리라.』

　◉ 여기에서는 분쟁사건이 발생했을 때에 감정적으로 대응하지 말고 옛 모사들의 선례를 살피며 또한 경륜이 높고 경험이 풍부한 노인에게 물어서 대처하면 허물이 없을 것이라고 경계시켰다.
　모인(謀人)은 모사(謀士) 또는 책사(策士)이고 취(就)는 능(能)의 뜻이며 여(予)는 취(取)의 뜻이다. 기(忌)는 기피함이니 시의적절하지 못하다고 생각하여 회피함이고 고(姑)는 고식책(姑息策)으로 당장에 편한 것만을 취하는 계책이며 장(將)은 또한, 이위(以爲)는 생각하고 말함이요 친(親)은 친절함이니 가깝고 절실함이다. 상(尙)은 오히려, 유순(猷詢)은 논의하여 물어서 도모함이요 황발(黃髮)은 머리색이 노란 노인

이니 나이가 많아서 경험과 경륜이 풍부한 사람이며 건(愆)은 허물이다.

옛날의 모사는 장구한 평화를 보장하는 계책을 세우고 오늘날의 모사는 임시방편으로 편리하고 쉬운 방법을 채택하는바 임시방편으로 문제를 해결하는 가운데 장기적인 평화보장책을 아울러 세우면 더욱 안전할 것이다.

4-32-5 ·································· 番番良士가 旅力旣愆이라도

　　　　　　　　我尙有之하고 仡仡勇夫가

　　　　　　　　射御不違라도 我尙不欲커니와

　　　　　　　　惟截截善諞言하야 俾君子로

　　　　　　　　易辭를 我皇에게 多有之아

『하얗게 늙은 어진 병사가 등뼈의 힘이 이미 어그러졌어도 나는 오히려 있게 하고 날래고 씩씩한 용사가 활쏘기와 말타기를 어기지 않을지라도 나는 오히려 기약하여 바라지 아니하나 오직 번지르르하게 교묘한 말을 잘하여 군자로 하여금 말을 바꾸게 하는 사람을 우리 임금에게 많이 있게 하리오.』

◯ 여기에서는 문후가 늙었어도 어진 병사는 군문에 있게 하고 날래고 씩씩한 용사에게는 간혹 실수가 있어도 용서하겠지만 번지르르하게 교묘한 말을 잘하여 군사지휘관으로 하여금 오랑캐와의 협상에서 말을 바꾸게 하여 국제적인 신의를 잃게 하는 자는 주나라 임금의 신하로 종사하지 못하게 하겠다고 명령하였다.

파파(番番)는 머리색이 하얗게 센 노인이고 여력(旅力)은 등뼈의 힘이며 건(愆)은 차이가 있음이니 옛날만 못하다는 말이다. 유(有)는 군

문에 남아 있게 함이요 흘흘(仡仡)은 날래고 씩씩한 모양이며 용부(勇夫)는 용감한 무사이고 욕(欲)은 기약하여 바라는 것이다. 절절(截截)은 말만 번지르한 모양이고 편언(諞言)은 교묘하게 논리를 꾸민 말이며 군자(君子)는 군사지휘관으로 오랑캐와 협상하는 대표이며 역사(易辭)는 먼저 했던 말을 바꾸어 신의를 잃게 하는 사람이다. 황(皇)은 임금이니 곧 주(周)나라 평왕(平王)인데 채침(蔡沈)은 황(遑)의 뜻이라고 하였으나 옳지 않다.

이것은 주나라의 신하 속에는 교언으로 국가의 신의를 잃게 하는 사람이 없게 하겠다는 단호한 결의를 표명한 말로서 당당하고 떳떳하여 청청백일처럼 빛난다.

4-32-6 ···········

매매아사지 昧昧我思之하니 여유일개신 如有一介臣이

단단의 斷斷猗하야 무타기 無他技나

기심 其心이 휴휴언 休休焉인댄 기여유용 其如有容이라

인지유기 人之有技를 약기유지 若己有之하고

인지언성 人之彦聖을 기심호지 其心好之하며

불시여자기구출 不啻如自其口出이면 시능용지 是能容之라

이보아자손려민 以保我子孫黎民이니 역직유리재 亦職有利哉인저

『깊은 생각에 잠기어 내가 생각하니 만약에 한 사람의 신하가 있어 마음이 성실하고 한결같아서 다른 기술은 없으나 그 마음이 상냥하고 너그러울진댄 그 포용력이 있는 듯하므로 남의 기술이 있는 것을 마치 자기에게 있는 것처럼 하고 남의 뛰어나고 명철한 말을 그 마음이 좋아하며 뿐만 아니라 마치 그 입으로부터 나온 것처럼 하면 이것은 능히 포용하므로 우리 자손과 민중을 보호하게 되리니 또한 많은 이

로움도 있을진저.』

　　◉ 여기에서는 성실하고 한결같은 신하는 별다른 기술은 없을지라도 상냥하고 너그러운 마음으로 사람을 포용하여 화합단결을 추구함으로써 남의 기술을 인정하고 남의 말을 받아들여서 임무를 완수할 뿐만 아니라 많은 유리한 점이 있는 것을 변증하였다.
　　매매(昧昧)는 깊은 생각에 잠긴 모양이요 개(介)는 홀로의 뜻이니 개인이란 말이며 단단(斷斷)은 성실하고 한결같은 모양이고 의(猗)는 『대학(大學)』에서는 혜(兮)로 썼으니 감탄어조사이다. 기(技)는 특기이고 휴휴(休休)는 상냥하고 너그러운 모양이며 용(容)은 포용력이요 언성(彦聖)은 뛰어나고 명철한 말이다. 불시(不啻)는 뿐만 아니라, 이(以)는 위(爲)의 뜻이고 여민(黎民)은 서민대중이며 직(職)은 많은 것이다.
　　변경을 수비하는 군사는 성실하고 한결같은 충직한 마음으로 상냥하고 너그럽게 화합단결하여 국방을 튼튼하게 지키고 오랑캐를 감화시켜서 안정을 도모해야만 평화로운 시대를 열어서 국태민안을 보장할 수 있는 것이므로 문후의 가르침은 길이 후세의 교훈인저.

4-32-7······························ 人之有技를 冒疾以惡之하고
　　　　　　　　　　　　　　　　　人之彦聖을 而違之하야
　　　　　　　　　　　　　　　　　俾不達하면 是不能容이라
　　　　　　　　　　以不能保我子孫黎民이니 亦曰殆哉인저

　　『남의 기술이 있는 것을 시기하고 질투하여 미워하고 남의 뛰어나고 명철한 말을 이에 어기어 하여금 전달하지 아니하면 이것은 능히 포용하지 못하므로 우리 자손과 민중을 보호하지 못하게 될 것이니 또한 위태롭다고 하리라.』

☯ 여기에서는 비록 재능은 있으나 심술이 사나운 신하는 배타적이고 독선적인 행태로 인하여 화합분위기를 저해하며 분열과 갈등과 모순을 증폭하여 분쟁을 일으키기 때문에 나라가 위태롭게 될 것임을 경고하였다.

모(冒)는 시기함이고 질(疾)은 질투함이며 오(惡)는 미워함이다. 이(而)는 이에, 달(達)은 전달하여 통함이니 『대학(大學)』에서는 통(通)으로 썼으며 태(殆)는 나라가 위태롭게 된다는 말이다.

변방의 수비대로 있는 사람이 국토방위의 신성한 임무를 망각하고 개인출세의 기회로 이용하거나 자기 능력의 과시에 몰두하면 이것은 군대의 사기를 잃게 하고 조직의 이탈을 조장하는 것이므로 엄중히 징계하여 미리미리 위험인물을 제거해야 된다는 문후의 경고는 길이 후세의 교훈이로다.

4-32-8 ······························ 邦之杌隉^{방지올얼}이 曰由一人^{왈유일인}이라하나니
邦之榮懷^{방지영회}도 亦尙一人之慶^{역상일인지경}인저

『나라의 어지럽고 위태로움이 한 사람을 말미암은다고 말하며 나라의 번영과 안전도 또한 거의 한 사람의 착함인저.』

☯ 여기에서는 국경이 어지럽고 위태로움이 한 사람의 수비대장을 말미암는다고 말하는 것을 상기시키고 이어 나라의 번영과 안전도 또한 거의 한 사람의 수비대장의 착함에 있음을 강조하였다.

올(杌)은 수선을 떨어 시끄럽고 정신이 어지러운 것이고 얼(隉)은 위태로운 것이며 일인(一人)은 변방을 지키는 수비대장이나 그 참모이다. 영(榮)은 번영이고 회(懷)는 편안하고 안전함이며 상(尙)은 거의, 경(慶)은 착함이니 인(仁), 의(義), 예(禮), 지(智), 신(信)의 5덕을 모두 갖추어 중정공평(中正公平)한 도를 말미암아 사해 인류가 모두 자유

롭고 평등하게 행복을 누리도록 국제평화를 보장하는 사람이다.

　문후가 비세(費誓)에서는 토벌작전의 완벽한 준비를 명령하고 진세 (秦誓)에서는 선무공작의 진실한 감화력을 갖추도록 명령하여 주나라의 군사력이 천하 정의의 상징이 되게 함으로써 평왕이 극도로 어지러운 시대에 즉위하였으나 재위 52년간 국제질서를 유지할 수 있었던 것이니 문후의 공적이 크도다.

　그러나 문후가 졸한 뒤에 문후와 같은 현명한 사마(司馬)가 나오지 않음으로써 평왕 49년부터 춘추의 난세가 시작되어 주나라의 세력이 미약하게 되고 제후가 발호하였는바 그래도 주나라의 정통성은 오랫동안 존중되어 환왕(桓王), 장왕(莊王), 희왕(僖王), 혜왕(惠王), 양왕(襄王), 경왕(頃王), 광왕(匡王), 정왕(定王), 간왕(簡王), 영왕(靈王), 경왕(景王), 도왕(悼王), 경왕(敬王) 등이 춘추시대를 거쳐 전국시대에 이르기까지 240년간 이어왔으니 이것은 주나라의 정치이념이 지극히 문명하고 그 전통과 역사가 지극히 찬란하여 사람들로 하여금 도저히 잊을 수 없게 하는 저력이 있었기 때문이라고 할 것이다.

■ 부록 : 하(夏)·상(商)·주(周)나라 세계도(世系圖)

※ 제왕(帝王)의 각호(各號)가 경전(經典)에 나타난 것은 크게 쓰고 나타나지 않은 것은 작게 썼으며, 전위(傳位)는 굵은 줄로 표시하고 전세(傳世)는 가는 줄로 표시함.

1. 하(夏)나라 세계(世系)

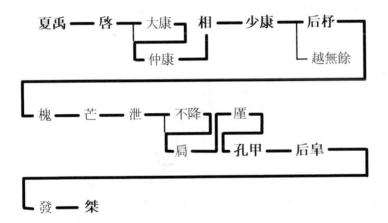

2. 상(商)나라 세계(世系)

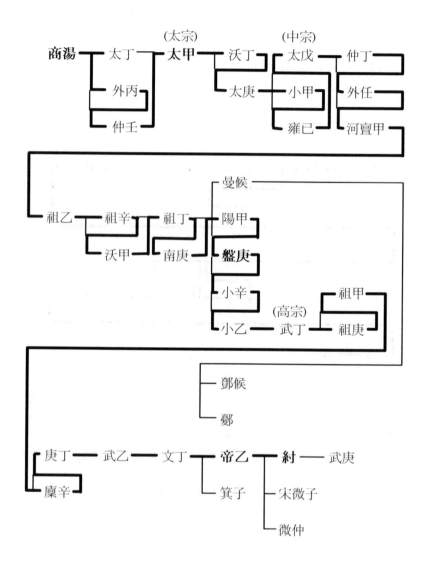

3. 주(周)나라 세계(世系)

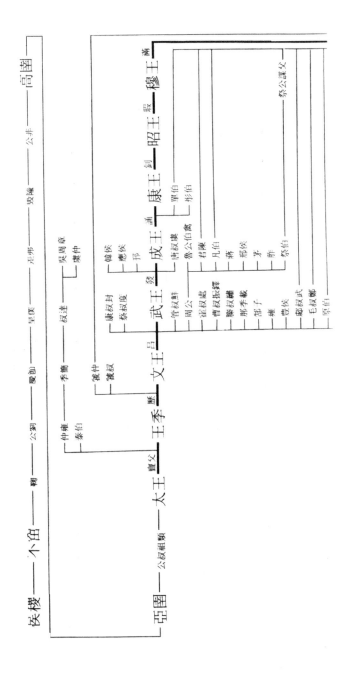

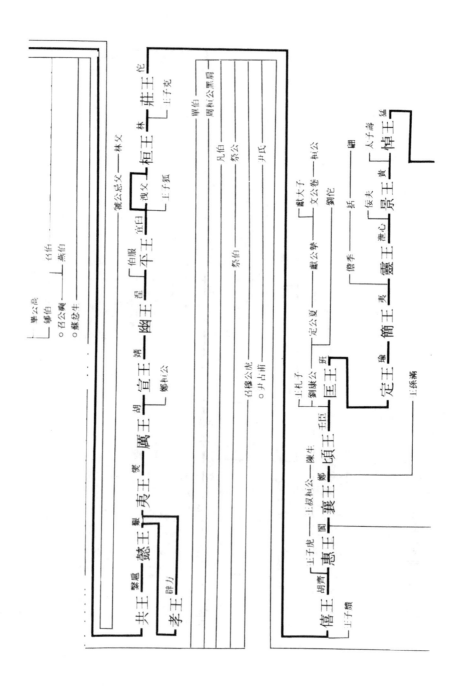

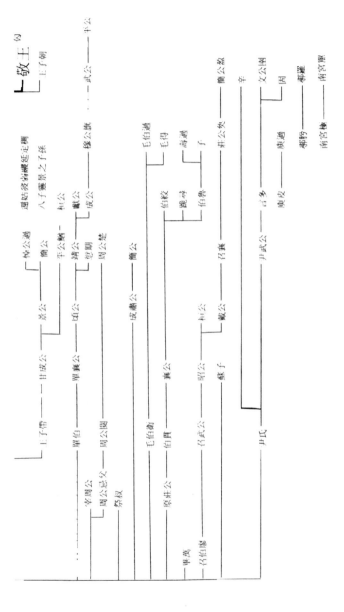

새 시대를 위한 서경 (하)

처음 찍은날 · 2003년 5월 1일

처음 펴낸날 · 2003년 5월 3일

역주자 · 서정기

펴낸이 · 송영현

펴낸곳 · 살림터

주소 · 121-820 서울시 마포구 망원1동 57-413 (1층)

전화 · 3141-6553 (대표)

전송 · 3141-6555

등록번호 · 제2-1008호 (1990년 5월15일)

인쇄 · 신화인쇄공사

제본 · 성용제책사

북디자인 · 애드브레인

값 17,000원

ⓒ 서정기, 2003

▶ 잘못된 책은 바꾸어 드립니다.

ISBN 89-85321-78-3 (03140)

ISBN 89-85321-76-5 (전2권)